Betrifft: Geschlecht

Diskussionsbeiträge junger Wissenschaftlerinnen

herausgegeben von:
Maria Bitzan, Doris Knab,
Susanne Maurer, Gabriele Stumpp

Band 3

Frauen und Verhältnisse

Eine sozialpolitische Netzwerkanalyse

Maria Knab

Centaurus Verlag & Media UG 2001

Die Autorin, geb. 1961, Dr. rer.soc., Diplompädagogin, ist Professorin für Beratung und Theorie der Sozial-pädagogik/Sozialarbeit an der Evangelischen Fachhochschule Darmstadt und Mitarbeiterin des Tübinger Instituts für frauenpolitische Sozialforschung (TIFS) e.V.

Die Deutsche Bibliothek – CIP-Einheitsaufnahme

Knab, Maria:
Frauen und Verhältnisse : eine sozialpolitische Netzwerkanalyse /
Maria Knab. - Herbolzheim : Centaurus-Verl., 2001
  (Betrifft: Geschlecht ; Bd. 3)
  Zugl.: Tübingen, Univ., Diss., 2000
  ISBN 978-3-8255-0349-9   ISBN 978-3-86226-400-1 (eBook)
  DOI 10.1007/978-3-86226-400-1

ISSN 1434-744X

© *CENTAURUS Verlags-GmbH & Co. KG, Herbolzheim 2001*

Satz: Vorlage der Autorin
Umschlagabbildung: Gemälde der Autorin
Umschlaggestaltung: DTP-Studio, Antje Walter, Lenzkirch

Inhalt

‚Warum sollen Frauen keine Verhältnisse haben,
können Sie mir sagen – warum?'
(frei nach Zarah Leander)

Einführung

Frauen und Verhältnisse – ein vieldeutiger, schillernder Titel. Der Titel deutet auf Beziehungsverhältnisse und gesellschaftlich-strukturelle Verhältnisse, vor allem deutet er auf deren Zusammenspiel: wie gesellschaftliche Verhältnisse Frauennetzwerke prägen und die Gestaltung gesellschaftlicher Verhältnisse durch Frauennetzwerke.[1]

Um diese Verhältnisse kreist die vorliegende Arbeit in mehreren Runden, nimmt sie theoretisch und empirisch in den Blick. Der Blick selbst wird zum Thema: Welche Sicht kann dieser Komplexität gerecht werden und zumindest eine Ahnung vom ‚Kosmos der Frauenbeziehungen' (Heide Funk) mit seinen gesellschaftlichen Konstanten und Auswirkungen vermitteln. Welche Fokussierung ist nötig, um das, was immer wieder – auch von Frauen selbst – als privat und informell abgetan wird, in seiner tragenden Bedeutung für die gesellschaftlichen Verhältnisse wahrzunehmen? Wie dies ins rechte Licht rücken? Was verstellt und trübt hierbei den Blick? Auch um diese Verzerrungen in Wahrnehmung und Bewertung soll es hier als Ausdruck gesellschaftlicher Verhältnisse gehen.

Wir leben heute in paradoxen gesellschaftlichen Verhältnissen: Trotz der Hochkonjunktur von sogenannten ‚Frauenthemen' werden die darin artiku-

---

[1] Die Begriffe ‚Geschlechterverhältnis bzw. -verhältnisse' haben sich als analytische Begrifflichkeiten in den Sozialwissenschaften durchgesetzt. Mit dem Titel ‚Frauen und Verhältnisse' stelle ich die Bezugnahme zwischen Frauen in den Mittelpunkt meiner Analyse; da die gesellschaftlichen Verhältnisse – als Bedingung und Auswirkung dieser Bezugnahme – untersucht werden, stellt das Geschlechterverhältnis als geschlechtshierarchisches gesellschaftliches Konstrukt einen zentralen analytischen Horizont dieser Untersuchung dar.

lierten Interessen und Konflikte gerade über ihre Definition als ‚Frauenthemen', also über ihre Art und Weise, *wie* sie gesellschaftlich und politisch anerkannt werden, aus dem allgemein-politischen Diskurs ausgegrenzt und in ihrer gesellschaftlichen Relevanz verdeckt. Dies betrifft v.a. Gewalt gegen Frauen und die Arbeit von Frauen. Der Löwenanteil der überlebensnotwendigen Sorge- und Fürsorgearbeit, die Verantwortung für menschliche Bedürfnisse ist so selbstverständlich in die Zuständigkeit von Frauen verschoben, daß ihr Charakter als gesellschaftlich notwendige Arbeit unsichtbar bleibt. Mit dieser Verzerrung der Perspektive werden die, aus gesellschaftlichen Aufgaben und Verhältnissen resultierenden Belastungen von Frauen, zu individuellen Problemen erklärt und in die persönliche Bewältigung verwiesen. Als Konsequenz hieraus entsteht ein gesellschaftliches Bild von Frauen, in dem sie ihre scheinbar individuellen Aufgaben und Konflikte – Frauenthemen eben – nicht alleine bewältigen können, sondern hierfür gesellschaftlich-öffentlicher Unterstützung bedürfen. Die erhalten sie dann wegen scheinbar individueller Bedürftigkeit und nicht aufgrund ihrer Zuständigkeit für gesellschaftlich notwendige Arbeiten. Damit ist ein aktuell wirksames förderungspolitisches Marginalisierungsmuster skizziert, das über die Gleichzeitigkeit von Anerkennung und Besonderung funktioniert.

Zu diesen Besonderungsmustern im Geschlechterverhältnis kommen Besonderungstendenzen im Verhältnis zwischen Frauen. Daß keine Frauengruppierung *die* Interessen von Frauen formulieren und *die* Vorgehensweisen, mit denen sie öffentlich geltend gemacht werden, vorgeben kann, wurde in den letzten Jahren vor allem durch die Kritik Schwarzer Frauen an Eurozentrismus und Mittelschichtorientiertheit weißer Frauenbewegungen und Frauenforschung aufgedeckt (vgl. u.a. hierzu beiträge zur feministischen theorie und praxis 1990; Hügel/Lange/Ayim/Bubeck/Aktas/Schultz 1993; Neusel/Tekeli/ Akkent 1991). Der dadurch angestoßene Differenzdiskurs machte deutlich, daß Frauen in der gegenseitigen Wahrnehmung ähnliche Besonderungsmuster, wie sie sie selbst im Geschlechterverhältnis kritisiert haben, praktizieren. Die Erkenntnisse dieses Diskurses sind bezüglich sozialräumlich bedingter Unterschiede zwischen Frauen in sogenannten modernen Gesellschaften, z.B. bezogen auf Unterschiede durch großstädtische und ländliche Lebenswelten, noch wenig diskutiert. Daß dies geschieht, halte ich für wichtig, da m.E. feministische Diskurse häufig unreflektiert großstädtisch geprägt sind, wodurch die von Frauen in ländlichen Regionen formulierten Interessen sowie die We-

ge und Formen ihrer Artikulation übergangen oder aber – gemessen an großstädtischen Formen – als rückschrittlich, im günstigeren Fall als zu spezifisch
eingestuft werden.[2] Diese entwertenden Besonderungstendenzen haben mit
einem in unserer Gesellschaft üblichen Muster zu tun, wie wir Unterschiede
und das Verhältnis von Allgemeinem und Besonderem denken, nämlich als
hierarchisches und dichotomes Verhältnis. Ein Ziel des Differenzdiskurses ist
es, nicht-hierarchische, egalitäre Denk-Modelle für das Verhältnis von Allgemeinem und Besonderem zu entwickeln, damit nicht immer wieder Vorstellungen und Lebensweisen einzelner dominierender Gruppierungen zu allgemeinen Maßstäben erhoben werden, an denen alles andere als anders und
besonders gemessen wird.[3] In einem nicht-hierarchischen Denkmodell stehen
spezifische Lebensverhältnisse nicht dem Allgemeinem gegenüber, sondern
das Allgemeine setzt sich aus lauter Spezifika und Sonderformen zusammen.
In diesem nicht-hierarchischen Modell gelten dann städtische Lebensräume
und Lebensweisen als genauso spezifisch und besonders wie ländliche.[4]

Mein Anliegen ist es, Erkenntnisse dieses Diskurses um eine ‚Politik der Differenz' (Young 1990) für die Gewichtung von Unterschieden zwischen städtischen und ländlichen Lebenswelten und ihren jeweiligen Öffentlichkeitsformen in unserer Gesellschaft zu übertragen.[5]

---

2 Auch wenn quantitative Daten hier nicht im Vordergrund stehen, sei hier doch darauf verwiesen, daß es sich bei Frauen in ländlichen Regionen nicht um eine kleine
Frauengruppierung, sondern um ca. die Hälfte der Frauen in der Gesamtbevölkerung
des Bundesgebietes handelt (vgl. Keppelhoff-Wiechert 1990, S. 23).
3 Das bedeutet nicht, daß es zwischen den genannten Gruppen und Sozialräumen keine Hierarchien gibt. Sondern es geht hier darum, die häufig unbemerkte Verankerung
von Hierarchien in selbstverständlichen Denkmustern wahrzunehmen und zu überschreiten. Es geht darum, dieses selbstverständliche Denken, was als besonders und
allgemein gilt, als gesellschaftliche Konstruktion, die Hierarchisierungsprozesse befördert, zu erkennen und Vorstellungen von einer egalitären Differenz (vgl. Prengl 1990)
zu entwickeln.
4 „A relation understanding of difference relativises a previously universal position of
privileged groups, which allows only the oppressed to be marked as different. When
groups difference appears as an function of comparison between groups, whites are
just as specific as blacks or latinos, men just as specific as women, abel-bodied people
just as specific as disabled people." (Young 1990, S. 171). Und: die Lebensweise von
Menschen mit heterosexueller Orientierung gelten dann als genauso spezifisch oder
besonders wie die von Menschen mit homo- oder bisexueller Orientierung.
5 Ich gehe davon aus, daß den Analysen von Besonderungstendenzen, die im Rahmen
des Differenzdiskurses zwischen Frauen aus unterschiedlichen Kulturen durchgeführt

Angesichts dieser skizzierten Besonderungstendenzen im Verhältnis zwischen Frauen und im Geschlechterverhältnis frage ich nach Qualitäten von Frauenbeziehungen, die Marginalisierungsmuster aus beiden Ungleichheitsverhältnissen überwinden: Was heißt Veröffentlichung angesichts solcher Verhältnisse? Wie können Frauen in ländlichen Regionen das „öffentlich verhandelbar machen, was bisher ins Haus, ins Frauenleben als Konflikt, als Interesse eingeschlossen war" (Funk 1993, S. 194)? Wie können sie, mit Rommelspacher (1992) gesprochen, „Mitmenschlichkeit mit Macht ausstatten"?[6]

Ich gehe davon aus, daß Frauen solche die Marginalisierung überwindenden Schritte unternehmen und setze dabei auf die Bezugnahme zwischen Frauen – ihr gilt meine Hoffnung. Empirischer Gegenstand dieser Arbeit ist deshalb das komplexe Zusammenspiel vielfältiger Unterstützungs- und Verständigungsprozesse in sozialen Netzwerken von Frauen in ländlichen Regionen (Kap. 3).[7] Ich möchte in diesem Handeln von Frauen Aspekte sichtbar machen, mit denen sie ihre Interessen und Belastungen und die derjenigen, für die sie Verantwortung übernehmen, in einer solchen Art und Weise wahrnehmen, definieren und in verschiedenen politischen Arenen öffentlich zur Geltung bringen, daß darin deren allgemein-gesellschaftliche Relevanz deutlich

---

wurden, Anregungen für die Untersuchung weiterer Differenzverhältnisse zu entnehmen sind. Damit setze ich jedoch keinesfalls die Auswirkungen dieser verschiedenen Besonderungs- und Entwertungsmuster gleich.

[6] Dabei kann weder von *den* Frauen in ländlichen noch von *den* Frauen in großstädtischen Lebenswelten als einheitliche Gruppe die Rede sein. Diese Gruppierungen unterscheiden sich intern wiederum durch weitere Differenzen, wie z.B. Schicht- oder ethnische Zugehörigkeit, Alter oder durch die für die Bundesrepublik aktuell wichtige Differenz zwischen Ost- und Westdeutschland (zur genauen Beschreibung der Untersuchungsgruppe vgl. Knab 1999, Kap. 2).

[7] Die empirischen Daten wurden zum großen Teil in einem gemeinsam mit Helga Huber durchgeführten Forschungsprojekt erhoben (vgl. Huber/Knab 1992). Das Projekt war am Institut für Erziehungswissenschaften der Universität Tübingen unter Leitung von Prof. Dr. Heide Funk und Prof. Dr. Hans Thiersch angesiedelt und wurde vom Ministerium für Familie, Frauen, Weiterbildung und Kunst Baden-Württemberg finanziert. Die hier vorliegende Arbeit ist die gekürzte und überarbeitete Fassung meiner Dissertation (vgl. Knab 1999). Als ich bei der Ausstellung der Promotionsurkunde um die Verwendung der weiblichen Form bat, teilte mir die Fakultät folgendes schriftlich mit: „Die Fakultät für Sozial- und Verwaltungswissenschaften vergibt Doktorurkunden nicht in weiblicher Form, da von der Universität nicht hinreichend geklärt werden konnte, wie die weibliche Form von Doktor heißt." Dies als Anmerkung zu universitären Verhältnissen im Jahr 1999.

wird. So begebe ich mich auf Spurensuche wie Miss Marples Schwestern[8]. Welchen Blick, welchen Focus braucht es, um diese Spuren zu sichten?

Damit sind wir wiederum beim Blickwinkel und der Frage nach der Forschungsperspektive angelangt. Um diese Handlungsaspekte sichten und ins rechte Licht rücken zu können, braucht es eine gesellschafts- und handlungstheoretische Reflexivität, die in der Lage ist, einerseits gesellschaftliche Marginalisierungsmuster als *Handlungsbedingungen für Frauen* und andererseits diese Muster *überschreitenden Handlungsaspekte von Frauen* analytisch zu erfassen. Die Entwicklung einer Untersuchungsperspektive, die diese Bedingungen erfüllt und dabei mehrere Ungleichheitsverhältnisse gleichzeitig berücksichtigen kann, ist ein zentraler Bestandteil dieser Arbeit. Diese Untersuchungsperspektive wird zwar für spezifische Differenzkategorien entwickelt; sie ist jedoch im exemplarischen Sinne allgemein, insofern sie am Beispiel von Frauen in ländlichen Regionen eine aufdeckende Perspektive auf das Handeln von marginalisierten Frauenzusammenhängen eröffnen möchte.

Für die Entwicklung dieser Untersuchungsperspektive verbinde ich Forschungsergebnisse weiterer Schwestern von Miss Marple: Feministische Gesellschafts- und Sozialstaatsanalysen haben die Ausgrenzung und gleichzeitige Indienstnahme von Frauen aus und durch das sozialstaatlich-sozialpolitische System nachgewiesen (vgl. dazu u.a. Kickbusch/Riedmüller 1984; Gerhard/Schwarzer/Slupik 1988)[9]. Auf der Basis dieser Analysen von Ausgrenzungsstrategien kann nun nach Wegen und einzelnen Schritten auf diesen Wegen gefragt werden, mit denen die Ausgrenzungsmuster überwunden werden können (Kap. 1). Hierfür werde ich Ergebnisse der Sozialstaatsanalysen mit Erkenntnissen des Differenzdiskurses verbinden und diese auf die Handlungsdimension transformieren. D.h. auch wenn im Vordergrund dieser Arbeit ein rekonstruktives Vorgehen steht, knüpfe ich an Ergebnisse von Dekonstruktionsanalysen an, um Handlungen von Frauen im Zusammenhang mit ihren je spezifischen Handlungsbedingungen analysieren zu können.

---

8 So nennt sich treffend ein Zusammenschluß von Frauen, die Spuren von Frauenleben zusammentragen, um sie im Rahmen von Frauenstadtrundgängen öffentlich zu machen.

9 Das sozialstaatlich-sozialpolitische System stellt zwar nur *einen* Faktor unter anderen für die gesellschaftliche Marginalisierung von Frauen dar, jedoch einen zentralen; deshalb wird es im Mittelpunkt meiner Analyse stehen.

Erkenntnisse des Differenzdiskurses zu berücksichtigen erfordert, die Interessen und Belastungen einer Frauengruppierung und ihre spezifischen Formen der Artikulation als Bestandteil des Allgemeinen deutlich zu machen, ohne jedoch das Spezifische zu übergehen. Konkret heißt das, die widerständigen und veröffentlichenden Schritte von Frauen in ländlichen Regionen sind vor dem Hintergrund ihrer spezifisch sozialstaatlich geprägten Lebenssituation mit ihren je spezifischen Hürden und Möglichkeiten wahrzunehmen. Nur so kann vermieden werden, daß sich das unter Frauen fortsetzt, was ein wichtiger Kritikpunkt ihrerseits war: auf der Basis von vermeintlich allgemeinen, jedoch spezifisch geprägten Vorstellungen davon Abweichendes zu entwerten.

Für die Analyse der Bezugnahme zwischen Frauen (Kap. 2) schließe ich an Untersuchungen zu verschiedenen Qualitäten und Formen von Beziehungen an: Beziehungen zwischen Müttern und Töchtern oder zwischen Freundinnen, lesbischen Beziehungen, Beziehungen von Frauen in verschiedenen Arbeitsbereichen (z.B. Erwerbsarbeit, Familien- und Fürsorgearbeit) und Netzwerken oder Beziehungen zwischen Frauen aus unterschiedlichen Kulturen. Hier weist der Forschungsstand eine erfreuliche Ausdifferenzierung auf, die in den letzten Jahren auch durch die Netzwerkforschung belebt wurde.

Da es mir um Themen *und* Strukturen von Frauenbeziehungen, also um ihre inhaltlichen Vermittlungsleistungen und ihre strukturellen bzw. strukturbildenden Aspekte geht, schließe ich an solche Ansätze der Netzwerkforschung an, die die Untersuchung von social support mit einer Strukturanalyse von Netzwerken verbinden (Mayr-Kleffl 1991; Nestmann/Schmerl 1990; Nestmann 1988). Dabei gilt es eine häufig implizit bleibende Einschränkung der Netzwerkforschung zu überwinden, auf die Funk/Kaschuba (1994, S. 11) hinweisen: Austausch und Unterstützung in Netzwerken werden häufig ausschließlich unter dem Blickwinkel von Entlastung und weniger im Sinne politischer Gestaltung gesehen. In der hier vorgenommenen sozialpolitisch orientierten Netzwerkforschung gilt es beide Qualitäten in den Blick zu nehmen, um eine Wahrnehmung zu überschreiten, die Bezugnahme zwischen Frauen immer wieder auf ihre Beziehungsaspekte reduziert und ihre gesellschaftlichen Verhältnisse gestaltende Seite verkennt.

Die benannten Forschungsstände zu verbinden bedeutet – inhaltlich gesprochen – folgendes Vorhaben[10]: Nach einer Phase, in der unterschiedliche Frauenbeziehungen zunehmend differenzierter, jedoch häufig isoliert untersucht
wurden, erkunde ich die Alchimie ihres Zusammenspiels im Hinblick auf die
Transformation von sogenannten privaten Angelegenheiten in öffentlich relevante in dem Sinne, daß sie in ihrer allgemein-gesellschaftlichen Relevanz
öffentlich und sozial-politisch anerkannt werden. Eine solche Transformation
halte ich für eine Voraussetzung, um das oben skizzierte Paradoxon der
Gleichzeitigkeit von Anerkennung und Besonderung überwinden zu können.
Denn angesichts der aktuellen Ausgrenzungsmuster geht es nicht nur darum,
Interessen öffentlich geltend zu machen, sondern vor allem auch um den Prozeß der Formulierung von Interessen; ein Prozeß, der vielfältige Verständigungsprozesse innerhalb und zwischen unterschiedlichen Frauengruppierungen verlangt, um die je spezifischen Ausgrenzungserfahrungen der Wahrnehmung zugänglich zu machen und Ausgegrenztes jenseits herrschender Definitionen mit neuen Bedeutungen zu versehen. „Das Mitmischen in der institutionalisierten Politik bedarf ... des Pendants des eigenen Raums. (...) Wir ...
brauchen einen Raum (besser mehrere Räume), in denen Platz ist, das eigene
Anliegen zu entwickeln. Es muß ein Raum sein, in dem Widersprüchlichkeiten nicht nur geduldet, sondern herausgefordert werden, ein Ort, der Ver-
schwiegenes, Abgespaltenes ins Bewußtsein und damit zur Darstellung bringen kann. (...) Und es muß ein Raum der Anerkennung sein, in dem genau die
Widersprüchlichkeiten, die Suche, das Ausprobieren auf positive Resonanz
treffen, auf Interesse, auf Ernstgenommenwerden, auf Erwiderung. ... Es geht
also um einen Ort, der eine inhaltliche Vergewisserung möglich macht und
gegenseitig bestärkt, ein Ort, in dem die eigene Wahrnehmung von Wirklichkeit benannt, gegenseitig mitgeteilt und schließlich als miteinander geteilte
Wirklichkeit definiert werden kann – unter Umständen auch gegen dominante
Interpretationen ....“ (Bitzan 1996, S. 8). Erst wenn Frauen in der sogenannten
institutionalisierten Politik sich auch auf solche Verständigungsprozesse als
expliziter Bestandteil von Frauenpolitik beziehen, kann es m.E. gelingen, daß
nicht nur Frauen in institutionalisierten Politikfeldern präsent sind, sondern
mit ihnen auch die ausgegrenzten Inhalte.

---

10 Mit unterschiedlichen Akzentuierungen wird eine Verbindung der skizzierten Forschungsstände auch von anderen unternommen; z.B. Libreria delle donne di Milano
(1989), Bitzan/Klöck (1993), Menne 1994.

Damit schließt diese Arbeit über die Entwicklung einer lebenslagenorientierten Differenzperspektive an die Diskussion um ein erweitertes Politikverständnis im Sinne einer „Politik des Sozialen" an[11]. Mit diesem Begriff stellt sie die sozialen AkteurInnen mit ihrem Beitrag und ihren Ansprüchen zur Gestaltung des Sozialen in den Vordergrund. In diesem Begriff steckt „... ein erweitertes Politikverständnis, das Politik, als Regelung des Gesellschaftlichen, *auch* (Ergänzung M.K.) unterhalb der hierzu vorgesehenen öffentlichen Veranstaltungen und Institutionen begreift und vor allem die Leistungen und Übereinkünfte, aber auch die beeinflußbaren Spielräume mit ihren Ein- bzw. Ausschlußmechanismen thematisiert. Es geht dabei um die ‚Herstellung des Sozialen' als Wechselwirkung zwischen staatlichen ... Veranstaltungen und den Beiträgen der einzelnen (als Subjekte und Interessenorganisationen) dazu. Die traditionelle Spaltung zwischen dem Öffentlichen (dem Staatlichen) und dem im politischen Bereich dagegen abgewerteten Lebensweltlichen wird in diesem Konzept überwunden bzw. in ihrer Funktionalität aufgedeckt und damit werden sämtliche Bereiche der kritischen Reflexion und aktiven Gestaltung zugänglich gemacht." (Bitzan/Klöck 1993, S. 17f)

Im Kontext dieser Überlegungen können nun auch die sozialpädagogischen Bezüge dieser Arbeit benannt werden: Sie versteht sich als Beitrag zur Weiterentwicklung einer Sozialen Arbeit, die sich, neben ihrer Zuständigkeit für individuelle Hilfe, auch als professionelle Unterstützung bei der Entwicklung von Infrastrukturen und Öffentlichkeiten versteht, um Menschen in kollektiven Zusammenhängen zur eigenen Interessenformulierung und -vertretung zu ermuntern (Thiersch 1992). Dies setzt eine genaue Kenntnis der je spezifischen lebensweltlichen Belastungen und Ressourcen voraus. Deshalb gilt es die Intention sozial-politischer Gestaltung mit der „Hinwendung zum Alltag, zum Alltäglichen" (Thiersch 1992) zu verbinden,[12] da nur so die spezifischen lebensweltlichen Ressourcen wahrgenommen und aktiviert werden können.

---

11 (vgl. dazu vor allem die Diskussion in der Zeitschrift „Widersprüche"; Widersprüche-Redaktion 1989)

12 Ansätze, wie z.B. ‚Netzwerkorientierung in der Sozialen Arbeit' (Nestmann 1989), eine bestimmte Ausrichtung systemischer Ansätze (Pfeiffer-Schaupp 1995) oder das Konzept des ‚Empowerment' (Keupp 1996, Balke/Thiel 1991) betonen mit unterschiedlichen Akzentuierungen ebenfalls diese Verbindung.

Diese Arbeit möchte auch zu einer sozialräumlichen Reflexion professioneller Ansätze einladen, damit fachliche Standards und Konzepte, die häufig unbenannt auf großstädtische Lebensbedingungen ausgerichtet sind, nicht unreflektiert ‚eine Landpartie' antreten und dadurch die spezifischen Bedingungen ländlicher Lebenswelten übergehen. Denn die Organisation und Aktivierung hilfreicher Ressourcen setzt nicht nur im interkulturellen Kontext einen Prozeß der „Decodierung fremder Lebenswelten" (Müller 1993) voraus, um die je spezifischen Ressourcenqualitäten erschließen zu können. Da Professionellen in der Sozialen Arbeit häufig Lebenswelten und subjektive Sinnkonstruktionen ihrer Zielgruppe fremd sind, ist m.E. der reflektierte Umgang mit dieser Fremdheit und damit vor allem auch die Reflexion des eigenen Blickwinkels als Schlüsselqualifikation Sozialer Arbeit zu betrachten und (weiter-) zu entwickeln. Diese (Weiter-)Entwicklung, zu der diese Arbeit beitragen will, braucht u.a. die Transformation von forschungsmethodologischen Überlegungen zur Aufschließung fremder Lebenswelten in professionelle Fähigkeiten für die Praxis Sozialer Arbeit.[13]

In der Diskussion um die Profilierung eines sozialpädagogischen Beratungsansatzes wird die genauere Untersuchung von Alltagsberatung in sozialen Netzwerken, wie sie diese Arbeit vornimmt, als eine wesentliche Grundlage für die methodische Elaborierung eines professionellen Beratungsverständnisses gesehen, das an vorhandene alltägliche Bewältigungspotentiale anschließen, diese stützen und erweitern kann (Thiersch 1997, Nestmann 1997, Sickendiek u.a. 1999, Pearson 1997, Galuske 1999).

Schließlich versteht sich der hier entwickelte theoretische Bezugsrahmen, der Alltagszusammenhänge sozialpolitisch strukturieren kann, als Beitrag zur Weiterentwicklung einer lebenslagenorientierten sozialpädagogischen Forschungsperspektive im Sinne eines kooperativen und integrativen Wissenschaftsverständnisses. Dieses zeichnet sich durch eine Ergebnisse aus ver-

---

[13] Hier kann an Diskussionen angeknüpft werden, welche die wechselseitigen Anschlussstellen zwischen professionellen Kompetenzen in der Sozialen Arbeit und forschungsmethodologischen Kompetenzen betonen, wie z.B. Jakob/Wensierski (Hg.) 1997; Müller, B. 1993; Tübinger Institut für frauenpolitische Sozialforschung e.V. (Hg.) 1998.

schiedenen Disziplinen integrierende Vorgehensweise aus[14]. Ein solches Wissenschaftsverständnis sowie die Sozialpädagogik mit ihrem auf die Komplexität des Alltags ausgerichteten Ansatz teilt das Schicksal vieler Frauen: Ihre Spezialisierung auf die Komplexität und Offenheit lebendiger Prozesse, ihre Zuständigkeit für das Selbstverständliche, Alltägliche und Verbindende zwischen den vielen aufgespaltenen Lebens- und Wissensbereichen wird unter dem Diktat einer einseitigen Vorstellung von Spezialisierung und Fachlichkeit verkannt und entwertet. Dieses „Aschenputtelgeschäft" gilt es ins rechte Licht zu rücken.

---

14 Die methodologische Verortung der Arbeit, die Vorstellung methodischer Vorgehensweisen sowie der Frageleitfaden und die Reflexion meiner Forscherinnenrolle ist in Knab 1999, Kap. 2 nachzulesen; dieses Kapitel wurde für die Veröffentlichung gekürzt.

Dank

Diese Arbeit über Bezugnahme zwischen Frauen entstand vor allem durch vielfältige Frauenbezugnahme in Theorie und Praxis: Zu allererst möchte ich Helga Huber danken, mit der ich die empirische Untersuchung gemeinsam durchführte und die mir in allen Phasen dieser Arbeit beistand. Unserer Projektleiterin Prof. Heide Funk einen herzlichen Dank für die vielen anregenden Diskussionen. Diese beiden Frauen haben mich in die Kunst der Frauenforschung eingeführt. Ebenfalls einen herzlichen Dank den Interviewpartnerinnen, die mich an ihrem Kosmos von Frauenbeziehungen teilnehmen ließen, sowie den engagierten Kooperationspartnerinnen der Workshops. Weiter danke ich den Frauen vom Frauenforschungskolloquium und meinen Kolleginnen vom Tübinger Institut für frauenpolitische Sozialforschung e.V. für ihre diskursive Begleitung. Schließlich möchte ich Heinz Bartjes für seine alltagsorientierte Fürsorge und inhaltliche Unterstützung herzlich danken. Herrn Prof. Thiersch und Herrn Prof. Böhnisch danke ich für ihr Interesse am Thema und ihre Begleitung.

Entwicklung der Forschungsperspektive

1. Eine lebenslagenorientierte Differenzperspektive

1.1. Lebensbewältigung und Gestaltung in Zeiten sozialstaatlicher Vergesellschaftung. Das Lebenslagenkonzept als Struktur- und Handlungsmodell

Für die Entwicklung einer Untersuchungsperspektive, die Bezugnahme zwischen Frauen in ländlichen Regionen und ihre Veröffentlichungsschritte in ihrer aktuellen allgemein-gesellschaftlichen Relevanz, d.h. auch in ihren gesellschaftlichen Gestaltungsmöglichkeiten, analysieren kann, bedarf es eines Konzeptes, das folgende Anforderungen erfüllt: Es muß einerseits in der Lage sein, die Wechselwirkung zwischen gesellschaftlich-strukturellen Verhältnissen und subjektivem Handeln in seiner aktuellen sozialstaatlichen Prägung analytisch zu fassen; dabei muß die Handlungsdimension neben Handlungsdeterminanten nicht nur Gestaltungsmöglichkeiten analysieren können, sondern auch die Relevanz kollektiver Vorgehensweisen – also die Bezugnahme zwischen Menschen – analytisch berücksichtigen. Andererseits muß das Konzept bei der Analyse der genannten Wechselwirkung verschiedene Differenzkategorien, wie z.B. ‚Geschlecht' und ‚Sozialraum', gleichzeitig und von vorneherein als Bestandteil allgemeiner Verhältnisse und nicht erst in einem zweiten Schritt als jeweils spezifische Ausprägungen des ‚Allgemeinen' berücksichtigen. Ein Ansatz, der diesen Anforderungen gerecht wird, stellt das Konzept der ‚Lebenslage/Lebensbewältigung' dar.

Im folgenden werden die für meine Fragestellung wesentlichen Aspekte dieses Konzeptes entlang von zwei Leitfragen skizziert[1]. Im Zusammenhang damit nehme ich erste Konkretisierungsschritte meiner Fragestellung für die empirische Untersuchung vor.

---

[1] Zu einer Gesamtdarstellung des Konzeptes vgl. Böhnisch 1982.

Leitfrage 1: Weshalb ist es wichtig, Lebensumstände öffentlich und sozialpolitisch zur Geltung zu bringen?
Zur Beantwortung dieser Frage ist ein Exkurs in die Entwicklungsgeschichte des Konzeptes aufschlussreich. Die Ursprünge des Konzeptes gehen zurück auf die Tradition der Lebenslagenforschung in der wissenschaftlichen Sozialpolitik, wonach Sozialpolitik als Politik zur sozialökonomischen Beeinflussung von Lebenslagen gesehen wird. Dieser Ansatz wurde vor allem von Weisser (1956) entwickelt. Für meine Fragestellung beziehe ich mich auf das von Böhnisch in Zusammenarbeit mit Funk und Schefold weiterentwickelte Lebenslagenkonzept. Lebenslagen sind hier definiert als „... sozialpolitisch beeinflußte Lebensverhältnisse (Einkommen, Bildung, Gesundheit, Wohnen) und Handlungsspielräume (Mitbestimmung, Freizeit), die den Menschen Lebensperspektive und Interessenentfaltung ermöglichen." (Böhnisch 1982, S. 164)

Grundlegend für dieses Konzept ist die Annahme, daß die bisherige wohlfahrtsstaatliche Steuerungs- und Kontrollpolitik, in der man eine Erweiterung des sozialstaatlichen Instrumentariums von oben erhoffte, an ihre historische Grenzen gelangt ist. Diese Erkenntnis kommt in der Anlage des Konzeptes zum Ausdruck, indem das bisherige auf den Staat zentrierte Lebenslagenkonzept, im Sinne der von Böhnisch entwickelten historischen Methode reformuliert wird, d.h. „ ... aus der sozialen Dynamik der Lebensverhältnisse her(ge)leitet (wird), die sich in ihrer historischen Entwicklung natürlich im Rahmen des Sozialstaats bewegen, gleichzeitig sich aber auch über den Sozialstaat hinaus entfalten und seine Grenzen bloßlegen können." (Böhnisch 1982, S. 77)

Damit ist ein erster, für meine Fragestellung zentraler Aspekt des Konzeptes angesprochen: Die optimistische Grundannahme von der sozialen Dynamik der Lebensverhältnisse, die sich auch über den Sozialstaat hinaus entfalten können. Damit werden Veränderungsperspektiven in bezug auf bestehende Grenzen des Sozialstaates an die soziale Dynamik der Lebensverhältnisse und damit an das Handeln von Menschen gekoppelt.

In seiner Reformulierung des Konzeptes bezieht sich Böhnisch vor allem auf Nahnsen (1975). Während Weisser (1956) mit dem Begriff der Lebenslage den „Spielraum" bezeichnet hatte, den die äußeren sozialen Umstände „nachhaltig" (also im Sinne länger andauernder sozialer Bedingungen) für die Befriedigung von Lebensinteressen bieten, die den Sinn seines Lebens bestimmen, stellt Nahnsen (1975) mit dem Begriff der Lebenslage vor allem die Frage nach der Ausprägung von Bedingungen, unter denen Interessen überhaupt ins Bewußtsein gehoben und befriedigt werden können, ins Zentrum wissenschaftlicher Betrachtung. Das Maß öffentlicher Interessenentfaltung und Realisierung hängt nach Nahnsen (1975, S. 150) dabei von einer Vielzahl von Bedingungen ab, die sie aus analytischen Gründen nach Komplexen ordnet, d.h. zu mehreren Einzelspielräumen der Lebenslage zusammenfaßt: Versorgungs- und Einkommensspielraum, Kontakt- und Kooperationsspielraum, Lern- und Erfahrungsspielraum (erworben durch Erziehung, Bildung und Ausbildung), Muße und Regenerationsspielraum und schließlich Beteiligungsspielräume, die in Institutionen und Öffentlichkeit zugelassen sind. Damit steckt im sozialpolitischen Lebenslagenkonzept die Vorstellung, daß die Möglichkeiten der Interessenwahrnehmung und -durchsetzung erst auf der Grundlage bestimmter sozial-ökonomischer und soziokultureller Versorgungs und Entwicklungsniveaus möglich sind.

In zwei Dimensionen entwickelt Böhnisch das Konzept weiter: in der historischen Dimension und der Subjekt- bzw. Handlungsdimension. Für meine Fragestellung ist dabei besonders die Verknüpfung dieser beiden Dimensionen interessant, denn mit Böhnisch bin ich der Ansicht, daß es wohl das wichtigste am Lebenslagenkonzept ist, „ ... daß es in der Analyse des Vergesellschaftungsprozesses auch den Zugang zum Subjekt ermöglichen kann." (Böhnisch 1982, S. 112) Vergesellschaftungskonzepte, die primär von der Staatstätigkeit ausgehen, vernachlässigen den Aspekt, wie der Mensch historisch zur Geltung kommt. Sie können ihn deshalb in der Regel nur als Produkt des Vergesellschaftungsprozesses, als sozialpolitisch zugerichtete ‚Lohnarbeiterfigur' begreifen. Dagegen ist das Lebenslagenkonzept in seinem historischen Charakter offen für die sozialstaatlich nicht kalkulierbaren Formen menschlicher Lebensentfaltung. Neu und weiterführend ist die Erkenntnis, daß sich Lebenslagen nicht nur aus sozialen und ökonomischen Lebensbereichen zusammensetzen, sondern vor allem auch nach historischen Gesetzmäßigkeiten entwickeln. Da erst in Kenntnis dieser historischen Gesetzmäßigkeiten oder auch historischen ‚Grundstruktur' der Lebenslage, Aussagen darüber gemacht werden können, wie die sozialen und ökonomischen Komponenten zur Geltung kommen und – was für meinen Zusammenhang besonders interessiert – welche Chancen der Interessenentfaltung sich aus dieser Lebenslage heraus ergeben, wird diese historische Grundstruktur im folgenden erläutert; in den weiteren Kapiteln wird diese historische Grundstruktur dann für Frauen in ländlichen Regionen zu konkretisieren sein.

Die historische Dimension des Lebenslagenkonzeptes verweist darauf, daß sich Lebenslagen nicht zufällig konstituieren, sondern in Abhängigkeit von der jeweiligen gesellschaftlich-politischen Entwicklung. Dabei ist die aktuelle Entwicklung wesentlich sozialstaatlich geprägt, d.h. kollektive Lebenssituationen sind unter modernen sozialstaatlichen Bedingungen nicht allein durch den marktförmigen sozialökonomischen Kontext von Produktion und Reproduktion und ihr Gegenstück – Haus-Frauen-Arbeit – geprägt, sondern darin immer auch durch die besonderen Wirkungen sozialstaatlicher Politik (Familien-, Sozial-, Regional-, Bildungspolitik) mitbestimmt. „Ohne ausgeprägte sozialstaatliche Interventionen waren die Lebensverhältnisse an den Markt und an die ‚Eigenarbeit‘ in verschiedener Form gebunden. In der sozialstaatlichen Epoche der Industriegesellschaft bis heute gilt das Markt- und Tauschprinzip weiter. Die subsistenzwirtschaftliche Lebensgrundlage ist auf Randbereiche und in die Hausarbeit von Frauen ausgegrenzt und zugleich dem Markt- und Tauschprinzip untergeordnet. Das bedeutet aber nicht – das zeigt uns die Kritik der modernen Hausarbeit – daß Markt und soziale Dienstleistungen die Hausarbeit und andere subsistenzorientierte Tätigkeiten der Lebensführung ersetzt haben, sondern sie voraussetzen und ‚verbrauchen‘.“ (Böhnisch/Funk 1989, S. 57)[2]

In diesem historischen Kontext kann auch die geschlechtsspezifische Gewichtung der Lebensverhältnisse benannt werden: „So stand am Beginn unserer Sozialpolitik die geschlechtshierarchische Spaltung als Festschreibung der Frau auf ihren abhängigen, rechtlosen Hausfrauenstatus, die Definition eines Familienlohns als Lohn des Mannes, mit der Folge, daß damit einerseits Frauen Lohnarbeit verweigert wurde, andererseits als ‚Zuarbeit‘ von Frauen ihr Status als billigste Arbeitskraft erzwungen werden konnte. Die Lösung der sozialen Frage war die Einbindung der Frauen ins Haus, ihre Doppelarbeit, ihre unbezahlte Hausarbeit ‚aus Liebe‘.“ (Böhnisch/Funk 1989, S. 55)

Zentrales Merkmal der aktuellen gesellschaftlichen Grundstruktur der Lebenslagen stellt also die sozialstaatliche Vermitteltheit dar. Hieraus leitet sich die Relevanz des Vorgangs, Lebensumstände öffentlich und sozialpolitisch zur Geltung zu bringen, ab. Bevor dies weiter erörtert wird, soll hier zunächst auf einen weiteren zentralen Aspekt der historisch aktuellen Grundstruktur hingewiesen werden. Die Grundstruktur der Lebenslagen im Sozialstaat wird wesentlich durch

---

2 Daß diese allgemeine Marginalisierung der Haus- und Fürsorgearbeit im Zusammenhang mit der Minderbewertung des Landes wahrzunehmen ist, wird in Kap. 1.2 ausführlicher dargestellt.

die Ambivalenz der sozialstaatlichen Vergesellschaftung[3] bestimmt. Nach Böhnisch/Schefold (1985) sind die durchschnittlichen sozialen Lebenslagen so beschaffen, daß sie die soziale Reproduktion des komplexen ökonomisch-technischen Entwicklungsprozesses der Gesellschaft gewährleisten können (Modernisierung). Das bedeutet aber auch, daß die damit verbundenen Versorgungs-, Bildungs- und Partizipationsniveaus soziale Ansprüche hervorbringen, die über diesen einfachen Reproduktionszweck hinausgehen.

Mit diesen Ansprüchen ist wiederum die staatliche Sozialpolitik konfrontiert. Nach Böhnisch wird sie immer versuchen, „... diese Interessen so aufzunehmen und zu kanalisieren, daß zwei Probleme vereinbar bleiben: der Staat muß darauf bedacht sein, seine ökonomisch-soziale Balancepolitik nicht zu gefährden, muß aber gleichzeitig den ökonomisch-technischen Fortschritt und dessen soziale Reproduktion in Gang halten. Das ist in der sozialstaatlichen Epoche die Logik, in der sich Lebenslagen entwickeln." (Böhnisch 1982, S. 80) Damit trägt der Sozialstaat historisch schon Elemente einer anderen Rationalität in sich, die mit der Störung der Balance denkbar werden. Im Konzept der sozialstaatlichen Vergesellschaftung ist somit – ganz im Sinne der entwicklungsgeschichtlichen Annahmen der historischen Methode – „ein Konzept historischen Wandels" (Böhnisch 1982, S. 70) enthalten.

Als zentrale Instrumente sozialstaatlicher Balancepolitik nennen Böhnisch/Schefold (1985, S. 44) u.a. die Dimensionen „Öffentlichkeit" und „Privatheit" (zu weiteren Instrumenten vgl. unten). Angesicht der Krise des Sozialstaates weisen sie darauf hin, daß anstelle der bisher zentralen Integrationslogik, dem Wechsel zwischen öffentlicher Anerkennung und Reprivatisierung, neue Formen der Sozialintegration notwendig werden. Jedoch sperre sich das politische System einer historisch neuen Rationalität der Sozialintegration und bleibe seiner herkömmlichen Integrationslogik verhaftet. Dies geschieht, indem die typischen sozialstaatlichen Vermittlungsmechanismen restriktiv eingesetzt werden. Die im sozialstaatlichen Vergesellschaftungsprozeß freigesetzten und erweiterten Ansprüche in der Bevölkerung sollen eingedämmt und entöffentlicht – ‚reprivatisiert' – werden (vgl. dazu Böhnisch/Schefold 1985, S. 56). Hieraus ergibt sich die Frage, ob das im empirischen Teil zu untersuchende Handeln von Frauen Hinweise für eine neue Integrationslogik enthält.

---

3 Mit dem Begriff ‚sozialstaatliche Vergesellschaftung' wird der historisch-ökonomische Vorgang bezeichnet, in dem sich der Sozialstaat entwickelt hat und in dem er bis heute Normen, Institutionen und Lebensbereiche unserer Gesellschaft prägt.

Ich gehe also von der sozialstaatlichen Vermitteltheit von Lebenslagen aus. Aufgrund dieser sozialstaatlichen Vermitteltheit ist die sozialpolitische Anerkennung zu einem Kernproblem der Konstitution von Lebenslagen geworden (Böhnisch/Funk 1989, S. 58). Für meine Fragestellung ist nun besonders interessant, wovon diese sozialpolitische Anerkennung abhängt.

Leitfrage 2: Wovon hängt die sozialpolitische Anerkennung ab?
Böhnisch/Funk (1989, S. 58) nennen, in Anlehnung an Nahnsen, folgende Dimensionen, von denen diese sozialpolitische Anerkennung abhängig ist:

- von Horizonten und Kapazitäten des politisch-administrativen Systems
- von den Öffentlichkeiten, die sich um Lebensprobleme bilden oder kümmern (genauso wie von Nichtöffentlichkeiten)
- von dem Maße, in dem die Betroffenen ihre Situation veröffentlichen oder privatisieren, erleben oder routinisieren
- davon, ob sie sie individuell oder kollektiv regulieren können.

Mit diesen Dimensionen sind sowohl gesellschaftlich-strukturelle Aspekte als auch subjektive Handlungsaspekte als Konstanten für sozialpolitische Akzeptanz benannt. Außerdem spielen innerhalb dieser Dimensionen kollektive Vorgehensweisen, z.B. über die Bildung von Öffentlichkeiten oder Nichtöffentlichkeiten, eine wesentliche Rolle, womit für meine Frage nach der Relevanz der Bezugnahme eine Analysestruktur gegeben ist.

Auf der Grundlage dieser Dimensionen kann nun meine Frage nach der Bedeutung von Frauenbezugnahme für den Vorgang, Lebensumstände öffentlich und sozialpolitisch zur Geltung zu bringen, folgendermaßen ausdifferenziert werden:

Welche Rolle spielen unterschiedliche Formen, Qualitäten und Vernetzungsstrukturen von Frauenbezugnahme in ländlichen Regionen für die oben genannten Dimensionen?

Stellen sie Öffentlichkeiten her bzw. Nichtöffentlichkeiten dar, die sich um Lebensprobleme von Frauen bilden oder kümmern?

Helfen Sie dabei, daß betroffene Frauen ihre Situation eher veröffentlichen als privatisieren, eher erleben als routinisieren?

Helfen Sie dabei, daß sie kollektiv oder individuell reguliert werden können?

Und schließlich: Können sie darüber auch die Horizonte und Kapazitäten des politisch-administrativen Systems beeinflussen?

Zugespitzt lautet meine Frage: Führen Netzwerke unter Frauen in modernisierter Form die Privatisierung bzw. eine privatisierende Veröffentlichung und Bewältigung fort oder können sie Vermittlungsschritte organisieren, wodurch Lebensumstände von Frauen in ländlichen Regionen in einer solchen Art und Weise öffentlich gemacht werden, daß für eine sozialpolitische Akzeptanz im Interesse von Frauen zentrale Voraussetzungen geschaffen sind? Und: Was bedeutet hier: ‚im Interesse von Frauen‘?

Meine Hoffnung hinsichtlich dieser Fragen lautet: Über die Vielfalt unterschiedlicher Formen und Qualitäten von Frauenbezugnahme – unterschiedlich z.B. durch Intensität oder durch gesellschaftliche Verortung – können Frauen innerhalb der verschiedenen Dimensionen, von denen sozialpolitische Akzeptanz abhängig ist, handlungsfähig werden.

Ein analytischer Gehalt der oben genannten Dimensionen besteht darin, daß ich mit ihnen nun eine Struktur für die weiteren Konkretisierungsschritte benennen kann. Die oben aufgelisteten Dimensionen, von denen sozialpolitische Anerkennung abhängt, verweisen erstens auf gesellschaftlich-strukturelle Bereiche (Horizonte und Kapazitäten des sozialpolitisch-administrativen Systems), zweitens auf subjektive Handlungsaspekte und drittens auf Schnittpunkte zwischen diesen beiden; entsprechend haben meine weiteren Konkretisierungsschritte diese drei Perspektiven zu berücksichtigen.

Mit den bisherigen Ausführungen ist die sozialpolitische Akzeptanz von Lebensumständen als ein unter sozialstaatlich geprägten Lebensverhältnissen wichtiges ‚Ziel‘ benannt. Mit der Dimension ‚Horizonte und Kapazitäten des sozialpolitischen Systems‘ als einer strukturellen Konstante für sozialpolitische Akzeptanz, wird darauf hingewiesen, daß es für eine sozialpolitische Anerkennung nicht ausreicht, Lebensumstände öffentlich zur Geltung zu bringen, sondern, daß dies nur dann zu einer sozialpolitischen Akzeptanz führt, wenn Horizonte und Kapazitäten des sozialpolitischen Systems dies ermöglichen. Hieraus ergeben sich folgende Leitfragen als Grundlage für weitere Konkretisierungsschritte auf der strukturellen Ebene:

Was bedeuten die Horizonte und Kapazitäten des derzeitigen sozialadministrativen Systems für Frauen in ländlichen Regionen? Werden darin ihre Lebensumstände berücksichtigt und wenn ja, in welcher Weise? Sind diese Horizonte und Kapazitäten des sozialadministrativen Systems in der Lage, veröffentlichte Interessen von Frauen aufzunehmen und wenn ja, in welcher Weise werden sie aufgenommen? Diesen Fragen wird in den Kapiteln 1.1.4 – 1.1.7

nachgegangen und damit die strukturelle Dimension ‚Horizonte und Kapazitäten des sozial-administrativen Bereichs' für Frauen in ländlichen Regionen konkretisiert. Da für meine empirische Untersuchung außerdem die oben genannten Dimensionen, die sich auf der Handlungsebene bewegen, interessant sind, ist in diesem Kapitel zunächst zu klären, wie im Lebenslagenkonzept die Handlungsdimension eingeführt wird[4] und wie der Schnittpunkt zwischen strukturellen Dimensionen und Handlungsdimensionen analytisch erfaßt wird.

Lebensbewältigung, eine subjektive Handlungsdimension, die soziostrukturelle Momente berücksichtigt

Böhnisch/Funk (1989) bezeichnen die subjektive Seite der Lebenslage mit dem Begriff der ‚Lebensbewältigung'. „Die Lebenslage gibt dabei den strukturellen Kontext der Lebensbewältigung ab; das bedeutet nun nicht, daß die Lebensbewältigung durch die Lebenslage determiniert ist, sondern vielmehr, daß die Ansatzpunkte für die Wahrnehmung sozialer Chancen aber auch ihrer Begrenzungen – also allgemein die sozialen Entwicklungshorizonte – in der Lebenslage enthalten sind." (Böhnisch/Funk 1989, S. 55) Soziale Lebenslagen stellen ein Set von Möglichkeiten und Mustern der Bewältigung von Lebensproblemen, die aus sozialen Problemen (Arbeit, Wohnen, soziale Beziehungen, Zukunft etc.) entstehen, dar. Was aus diesem Set von dem einzelnen Subjekt realisiert wird, ist die individuelle Form der Lebensbewältigung.

Zur begrifflichen Präzisierung sei darauf hingewiesen, daß das Konzept der Lebensbewältigung vor dem Hintergrund der Lebenslage eine weitergehende Bedeutung beinhaltet als die entwicklungspsychologischen Bewältigungskonzepte der „coping-Theorie" (Oerter/Montada 1982). Die coping-Theorie beschäftigt sich im Kontext entwicklungspsychologischer Prämissen mit der Frage, wie einzelne Subjekte mit Problemsituationen umgehen. Sie sucht dabei nach interindividuellen Verhaltensunterschieden, also nach Unterschieden zwischen Personen. Dagegen hat das Konzept lebenslagenbezogener Lebensbewäl-

---

4 Zur Entwicklungsgeschichte der Theorie ist anzumerken, daß Böhnisch in seiner Weiterentwicklung des Konzeptes die Subjektdimension grundlagentheoretisch zwar hergeleitet, sie jedoch zunächst v.a. analytisch eingeführt hat. Als kategoriale Struktur wurde diese Dimension dann mit dem Terminus ‚Lebensbewältigung' entwickelt und somit als Bezugsrahmen empirischer Sozialforschung tauglich gemacht. Dies geschah in unterschiedlichen empirischen Untersuchungen (Böhnisch/Schefold 1985, Böhnisch/Funk 1989), in denen das Konzept auch zunehmend hinsichtlich verschiedener Kategorien (Geschlecht, Region, etc.) ausdifferenziert wurde.

tigung das sozial Geronnene in solchen Problemsituationen, das individuell nicht mehr einfach Verfügbare im Blick. Dies ist nicht nur als Kranz von Bedingungen von Handlungssituationen zu fassen, sondern als „Struktur von Belastungen, Deutungs- und Handlungsmustern (mit ein- und ausschließenden Möglichkeiten) bis hin zu Entwicklungshorizonten der Bewältigung." (Böhnisch/-Funk 1989, S. 60).

Mit diesem Konzept der Lebensbewältigung knüpfen Böhnisch/Funk an die sozialepidemiologische Ausrichtung der Entwicklungspsychologie an, weil in dieser, im Gegensatz zu der von Oerter/Montada (1982), auch die institutionelle und sozialpolitische Ebene ausdrücklich thematisiert wird (vgl. hierzu: Keupp/ Rerrich 1982). Mit der sozialepidemiologischen Ausrichtung kann die Intention, eine subjektive Handlungsdimension zu entwickeln, die gleichzeitig sozialstrukturelle Momente berücksichtigt, realisiert werden. Zentrales Moment dieser Ansätze stellt die Bewältigung belastender Lebensereignisse (Krankheit, Partnerverlust, etc.) dar. Hier wird davon ausgegangen, daß Bewältigungsformen, die in psychisches Leiden umschlagen können, nicht zwangsläufig Folgen bestimmter Belastungen sind, sondern daß die Art und Weise, wie Personen solche Lebensereignisse bewältigen, davon abhängig ist, welche psychischen, sozialen und materiellen Möglichkeiten die betroffenen Personen in ihren Handlungsfeldern sehen bzw. glauben realisieren zu können. Im Kern geht der sozialepidemiologische Bewältigungsansatz davon aus, daß Lebensbewältigung und soziale Lebenslage miteinander korrespondieren; hier wird der sozialstrukturelle Kontext der Lebensbewältigung betont, wonach die Muster der Lebensbewältigung schichtspezifisch, geschlechtsspezifisch und sozialräumlich beeinflußt werden.[5]

Die Dimensionen von Anspruch und Zumutung als zentrale sozialstaatliche Verteilungs- und Vermittlungsmuster

Lebenslagenorientierte Forschung – als sozialpolitisch verpflichtete Forschung – ist weniger daran interessiert, welche psychologischen Zusammenhänge es etwa zwischen kognitiven Stilen und Formen der Problembewältigung gibt, sondern wie Lebensumstände öffentlich zur Geltung kommen können, weil, wie vorne ausgeführt, die sozialpolitische Akzeptanz zu einem Kernproblem der Konstitution von Lebenslagen geworden ist. Die Interessen der Forschenden richten sich

---

5 Dies wird durch sozialpsychiatrische Forschungen bestätigt: Je nach sozialer Lebenslage werden dieselben belastenden Lebensereignisse bei verschiedenen Personen unterschiedlich bewältigt (vgl. dazu: Faltermaier 1982).

dabei nach Böhnisch/Schefold (1985, S. 94) darauf, „... die Wendepunkte herausfinden, an denen Versuche der Lebensbewältigung in aktive Interessendurchsetzung oder passives, privates Leiden umgeschlagen sind". Die interessante Frage dabei lautet: Sind solche Wendepunkte sozial beeinflußbar oder existieren von vornherein Bewältigungssstereotype, die eine sozial aktive Lebensbewältigung blockieren und deren Veränderung bei den Institutionen und nicht bei den Betroffenen zu suchen sind. Bewältigungssstereotype als Bestandteil der Lebenslage verweisen, da sie u.a. geschlechtsspezifisch geprägt sind, auf die öffentlichen Frauenbilder und die damit verbundenen sozialpolitischen Definitionen von Anspruch und Zumutbarkeit.[6]

Mit diesem Ansatz wird analytisch in den Blick gerückt, daß Lebensbewältigung vor dem Hintergrund einer sozialen Lebenslage geschieht, in der die sozialen und kulturellen Bewältigungsmöglichkeiten enthalten sind, in die aber genauso kulturell verfestigte Bewältigungssstereotype eingegangen sind.

Aus struktureller Perspektive formuliert bedeutet dies: Lebenslagen spiegeln auch die jeweilige Sozialpolitik in ihren Auswirkungen auf die Bewältigung von Lebensproblemen wider. Hervorzuheben ist hier, daß mit den Auswirkungen von Sozialpolitik nicht nur sozialpolitische Leistungen gemeint sind, welche die Einkommens- und Versorgungsniveaus regeln, „... sondern vor allem die sozialpolitischen Dimensionen von Anspruch und Zumutbarkeit, in denen kulturelle Stereotype über Jugend, Frau, Familie, Region etc. enthalten sind". (Böhnisch/Schefold 1985, S. 86) Damit umfaßt Lebenslage als sozial-strukturelle Kategorie „... neben materiellen Bedingungen auch die von der jeweiligen Personengruppe existierenden Bilder/Klischees und die damit verbundenen Zuschreibungen – sprich: alles das, was so wenig greifbar ist und doch die Lebenssituationen so nachhaltig prägt: Die in unterschiedlichen Mustern von Normalität geronnenen Zumutungen, Erwartungen, Chancen und Entwicklungshorizonte." (Stauber 1996, S. 55) Damit erfüllt der Ansatz ‚Lebenslage/Lebensbewältigung' die von Habermas (1981) vorgegebene und von Nancy Fraser (1994) für eine feministische Theorie konkretisierte methodologische Aufgabenstellung, strukturale und interpretative Ansätze zur Erforschung des sozialen

---

6 „Sozialpolitischen Leistungen sind soziale Stereotype unterlegt, welche das Verhalten der Leistungsempfänger an das vorgegebene Leistungsverständnis der Sozialpolitik anpassen sollen." (Böhnisch 1982, S. 83) Damit öffnet die Perspektive Lebenslage/Lebensbewältigung analytisch auch den Horizont für die Fragestellung, ob die herrschende Sozialpolitik für die betroffenen Sozialgruppen überhaupt „lebensgerecht" ist (Böhnisch/Schefold 1985, 94).

Lebens miteinander in Verbindung zu bringen. Mit einer solchen Verbindung können „Dinge, die gewöhnlich als ‚ökonomische' Phänomene aufgefaßt werden, als institutionalisierte Deutungsmuster" (Fraser 1994, S. 21) begriffen werden. „Entscheidend ist, daß sozialstaatliche Programme mehr als nur materielle Hilfen bereitstellen: Sie liefern ihren Klienten und der Allgemeinheit eine implizite, aber mächtige interpretative Topographie normativer, unterschiedlich bewerteter Geschlechterrollen und geschlechtsspezifischer Bedürfnisse." (ebda.)

An dieser Stelle kann der analytische Gehalt des Konzeptes für meine Fragestellung resümiert werden. Oben wurde benannt, daß es aufgrund der sozialstaatlichen Vermitteltheit von Lebenslagen wichtig ist, Lebensumstände öffentlich zur Geltung zu bringen, d.h. auch Ansprüche öffentlich zu formulieren, Konflikte öffentlich sichtbar zu machen. Damit wurden soziale Ansprüche und deren Veröffentlichung als unserer sozialstaatlichen Vergesellschaftung immanent hergeleitet; sie stellen den Motor gesellschaftlicher Entwicklung dar. Soziale Ansprüche können damit analytisch als notwendiger Bestandteil gesellschaftlicher Entwicklung unter sozialstaatlichen Verhältnissen gefaßt werden und stellen „... nichts hedonistisches, von der Gesellschaft weg ‚nach Genus strebendes' dar, wie dies immer wieder von Seiten konservativer Sozialstaatskritik ideologisiert wird". (Böhnisch/Schefold 1985, S. 47) Als weiterer immanenter Bestandteil sozialstaatlicher Vergesellschaftung wurden aber auch die Auswirkungen der ‚anderen' Seite der Balancepolitik des Sozialstaates genannt. Es wird versucht, die Interessen und Ansprüche so aufzunehmen und zu kanalisieren, daß die Balance zwischen ökonomischen Prinzipien der Kapitalverwertung und sozialen Prämissen (soziale Wohlfahrt, soziale Chancen) nicht gefährdet wird.[7] (Böhnisch 1982, S. 47) Als ein zentrales Instrumentarium der Balancepolitik wird – neben den vorne angeführten Dimensionen Öffentlichkeit und Privatheit – die gruppenspezifisch unterschiedliche ‚Verteilung' von Ansprüchen und Zumutungen in Gestalt von öffentlichen Definitionen und Bewältigungsstereotypen

---

[7] Diese Konflikte zwischen ökonomischen Funktionserfordernissen und sozialstaatlich abgeleiteten Ansprüchen zwingen den Staat zu dauernder gesellschaftspolitischer Balance. Dieses historische Gesetz der Staatstätigkeit im Spätkapitalismus ist auch der Hintergrund, der die Entwicklung von Sozialpolitik und Sozialpädagogik und ihres Verhältnisses zueinander beeinflußt: „Gleichzeitig Partizipation in Gang setzen und soziale Kontrolle ausüben, zum Versorgungsanspruch ermuntern und zum Bedürfnisaufschub und Verzicht drängen, soziale Probleme öffentlich annehmen, um sie dann zur ‚Lösung' an das Individuum bzw. die Familie pädagogisch zurückgeben, zu privatisieren." (Böhnisch 1982, S. 47f; vgl. dazu auch Böhnisch/Schefold 1985, S. 44)

genannt. Je nach Schichtzugehörigkeit, Geschlecht, Alter, sozialräumlicher Zugehörigkeit und kultureller Zugehörigkeit gelten nach Böhnisch/Schefold (1985) andere Definitionen von Ansprüchen und Zumutbarkeiten. Damit kommt über die Frage danach, wie die Balance zwischen ökonomischen und sozialen Prämissen hergestellt wird, ein weiterer, für meine Fragestellung zentraler Aspekt des Lebenslagenansatzes in den Blick, nämlich der Differenzgehalt des Konzeptes. Konkret heißt das: Für bestimmte Personengruppen existieren Bewältigungsstereotype, die gerade eine Veröffentlichung ihrer Lebensumstände, das Formulieren von Ansprüchen und so schließlich das Erreichen sozialpolitischer Akzeptanz erschweren oder gänzlich verhindern. Damit wird mit dem Konzept analytisch faßbar, daß für bestimmte Personengruppen gerade die Formen gesellschaftlicher Teilhabe, die unter sozialstaatlichen Bedingungen möglich sind, aufgrund der sozialstaatlichen Balancepolitik erschwert bzw. verhindert werden.[8]

Indem als ein zentrales Medium für diese gruppenspezifisch unterschiedliche Verteilung die symbolische Ordnung bzw. ein Ausschnitt dieser in Gestalt der sozialpolitischen Steuerung von Anspruch und Zumutbarkeit hervorgehoben wird, kommt deren historisch neue Bedeutung für die Aufrechterhaltung und Veränderung gesellschaftlicher Hierarchien in den Blick. „Mit der sozialpolitischen Steuerung von Anspruch und Zumutbarkeit ist also ein ‚Aushandeln' von Sinnfragen und Lebensentwürfen verbunden, die dem Sozialstaat eine gewisse kulturelle Hegemonialstellung zuschieben. Er ist zum Hüter des ‚Gesellschaftswohls' geworden und hat damit einen neuen soziokulturellen Bezugsrahmen für Verteilungsgerechtigkeit geschaffen, der den historischen Klassenkonflikt überformt. Denn Anspruch und Zumutbarkeit sind ja keine Konfliktpole wie z.B. Arbeit und Kapital, Lohn und Besitz sondern eben Bezugspunkte des Aushandelns von Lebenszusammenhängen und Lebensentwürfen." (Böhnisch/Schefold 1985, S. 48) M.E. rührt ein ‚Machtfaktor' dieses neuen soziokulturellen Bezugsrahmens für Verteilungsgerechtigkeit daher, daß er sehr schwer in eben dieser Funktion wahrnehmbar ist. Mit den vorne bereits erwähnten Ausführungen von Stauber (1996) habe ich darauf hinge-

---

8 Damit kann nun deutlicher der Utopiegehalt des Konzeptes von der Realitätsdimension unterschieden werden. Während es vorne als Möglichkeit formuliert wurde, daß Lebensumstände sozialpolitisch zur Geltung gebracht werden können, kann nun erfaßt werden, daß durch die gruppenspezifisch unterschiedliche Verteilung von Ansprüchen und Zumutungen diese Möglichkeit von verschiedenen Personengruppen in unterschiedlichem Ausmaß realisiert werden kann.

wiesen, daß die Bilder und die damit verbundenen Zuschreibungen, die von der jeweiligen Personengruppe existieren, die Zumutungen und Erwartungen so wenig greifbar sind und doch die Lebenssituation so nachhaltig prägen.

Für eine Veränderungsperspektive ist dabei von Interesse, daß mit dem Konzept der Vorgang, öffentliche Zuschreibungen und Definitionen bzgl. Anspruch und Zumutung (und damit von Bewältigungsstereotypen) zu verändern, in seiner zweifachen Relevanz analytisch faßbar wird: Erstens als eine Form gesellschaftlicher Partizipation unter sozialstaatlichen Bedingungen und zweitens auch in seinem Potential, gesellschaftliche Strukturen zu verändern. Letzteres ergibt sich daraus, daß öffentliche Definitionen, Zuschreibungen und Bewältigungsstereotype als Bestandteil der Lebenslage hergeleitet wurden.

Konkretisierung meiner Fragestellung

In Variation der oben von Böhnisch/Schefold formulierten Fragestellung lautet nun meine Frage: Sind die Wendepunkte, an denen Versuche der Lebensbewältigung von Frauen in aktive Interessendurchsetzung oder passives, privates Leiden umschlagen, sozial beeinflußbar, **indem** sie Bewältigungsstereotype hinterfragen und verändern, die eine aktive Lebensgestaltung verhindern? Und: Welche Rolle spielt die Bezugnahme zwischen Frauen dabei? Hinter diesen Fragen verbirgt sich eine weitere: Gelingt durch ein Zusammenwirken unterschiedlicher Formen von Frauenbeziehungen ‚der Spagat‘, Veränderungen sowohl auf Seiten der Institutionen als auch auf Seiten von Betroffenen zu ermöglichen bzw. die Vermittlung zwischen diesen beiden Polen zu leisten? Oben wurde ja als Frage formuliert, ob die Veränderung von Bewältigungsstereotypen, die eine aktive Lebensbewältigung verhindern, nicht eher bei den Institutionen als bei den Betroffenen zu suchen ist. Obwohl ich auf der analytischen Ebene diese Meinung teile, scheint mir bezüglich einer nachhaltigen Veränderungsperspektive unerläßlich, nach einer Veränderung von Bewältigungsstereotypen auf beiden Seiten zu fragen und dabei die Wechselwirkung zwischen diesen beiden Polen in den Blick zu nehmen.

Damit kann eine weitere Konkretisierung der oben benannten Fragen formuliert werden: Bei den Fragen danach, wie Lebensumstände öffentlich und sozialpolitisch zur Geltung gebracht werden können, ob Menschen ihre Situation eher erleben als routinisieren können, eher kollektiv als individuell verhandeln, ist somit wesentlich auch zu fragen, wie Bewältigungsstereotype und öffentliche Definitionen, die gerade dies verhindern, hinterfragt werden können. Bei der Frage nach der Bedeutung von Frauenbezügen für das Vorhaben, Lebensumstände öffentlich zur Geltung zu bringen, ist deshalb auch zu fragen: Wie helfen Frauenbezüge dabei, öffentliche Zuschreibungen und Bewältigungsstereotype, die gerade eine Veröffentlichung von Lebensumständen verhindern, zu verändern?

Bisher wurde ausgeführt, daß es aufgrund der sozialstaatlichen Vermitteltheit von Lebenslagen wichtig ist, Lebensumstände öffentlich zur Geltung zu bringen mit dem Ziel der sozialpolitischen Akzeptanz. Weiter wurden Dimensionen eingeführt, von denen diese sozialpolitische Akzeptanz abhängig ist. Deutlich wurde, daß diese Dimensionen durch sozialstaatliche Vermittlungsmechanismen und deren gruppenspezifisch unterschiedlicher Wirksamkeit, für verschiedene Personengruppen unterschiedlich geprägt sind. Dabei haben sich die Dimensionen Öffentlichkeit/Privatheit und öffentliche Zuschreibungen bzw. Definitionen von Zumutungen und Ansprüchen als zentrale sozialstaatliche Vermittlungsmechanismen und damit auch als zentrale Ansatzpunkte für Veränderungen herausgestellt.

Da sich meine Fragestellung in der empirischen Untersuchung vor allem auf der Handlungsebene bewegt, kommt es nun entsprechend einer lebenslagenorientierten Forschung darauf an, die bisher eher allgemein genannten sozialstaatlich vermittelten Handlungsbedingungen (und damit auch die Dimensionen, von denen sozialpolitische Akzeptanz abhängt) für Frauen in ländlichen Regionen zu konkretisieren. Damit wird die Basis formuliert, auf der in der empirischen Untersuchung gezielt nach überschreitendem Handeln gefragt werden kann.

Gedicht eines Stadtfräuleins

Nicht um alles in der Welt möchte ich auf dem Lande leben,
Schmutzige Häuser, Kotlaken, Düngerhaufen hat man vor der Nase,
dazu die schlechte Kost, die schwere Arbeit und
diese abscheulichen Leute.
Da mußt du Dir mal einen Begriff von unserem Stadtleben machen:
Morgens bringt die Mama den Kaffee, Butter und feines Brot,
mittags gibt es mancherlei Speisen und abends gehen wir noch in
einen Garten, wo uns die militärische Tanzmusik unterhält und
so haben wir ein Vergnügen um das andere.

1.2. Zum Verhältnis zwischen den Verhältnissen: z. B. zwischen Geschlechterverhältnis und Stadt-Land-Verhältnis

Wechselseitige klischeehafte Zuschreibungen sind ein wesentlicher Bestandteil des Verhältnisses zwischen Stadt und Land. Es sind heute andere Zuschreibungen als die im Gedicht des Stadtfräuleins genannten, die meine Mutter und ihre Schwester als kleine ‚Landmädchen' in Versform vortrugen. Während sie Zuschreibungen in Gedichtform ‚be- und verarbeiteten', waren sie für mich, eine Generation in unserem verwandtschaftlichen Frauenverhältnis später, Anlaß wissenschaftlicher Bearbeitung, die nun, nach dieser Einstimmung, fortgesetzt wird.

Die bisherigen Aussagen zum Lebenslagenkonzept sind im weiteren in bezug auf meine Untersuchungsgruppe in zweifacher Hinsicht zu konkretisieren. Zum einen gilt es, charakteristische Bestimmungsfaktoren der Lebenslage von Frauen in ländlichen Regionen zu benennen, mit dem Ziel, die bisher eher allgemein eingeführten Termini ‚Lebensumstände' und den Vorgang, diese öffentlich und sozialpolitisch zur Geltung zu bringen, hinsichtlich meiner Untersuchungsgruppe zu differenzieren. Zum anderen gilt es für die Bestimmung charakteristischer Faktoren der Lebenslage von Frauen in ländlichen Regionen eine Untersuchungsperspektive zu konkretisieren, die in der Lage ist, die Kategorien ‚Geschlecht' und ‚Sozialraum' in ihrer Vermitteltheit zu erfassen. In diesem Kapitel wird es nun um Letzteres gehen.

In den obigen Ausführungen zum Lebenslagenkonzept wurde deutlich, daß das Konzept in seiner Gesellschaftsanalyse Unterschiede kategorial berücksichtigt und damit als Differenzkonzept angelegt ist. Aufgezeigt wurde, daß sozialstaatliche Balancepolitik über die gruppenspezifisch unterschiedliche Verteilung von Ansprüchen und Zumutungen in Gestalt von öffentlichen Definitionen und Bewältigungssstereotypen funktioniert. Folgende Kategorien wurden als Grundlage für jeweils unterschiedliche sozialstaatliche Definitionen von Ansprüchen und Zumutbarkeiten angeführt: Schichtzugehörigkeit, Geschlecht, Alter, sozialräumliche und kulturelle Zugehörigkeit. Damit ist jedoch noch nicht benannt, welche sozialstaatlichen Verteilungsmuster hinsichtlich jeweils spezifischer Gruppen wirken und was diese für die jeweiligen Gruppen vor allem hinsichtlich des Vorgangs, ihre Lebensumstände öffentlich zur Geltung zu bringen, bedeuten; dies ist in den weiteren Kapiteln für meine Untersuchungsgruppe herauszuarbeiten. Im einzelnen ist zu fragen:

- Welche charakteristischen Lebensumstände sind Teil der Lebenslage von Frauen in ländlichen Regionen?
- Welche öffentlichen und sozialpolitischen Definitionen von Ansprüchen und Zumutungen existieren, u.a. in Gestalt von Bewältigungsstereotypen, für Frauen in ländlichen Regionen aufgrund ihres Status als Frauen und aufgrund ihres Status als Landbewohnerinnen? Wie wirkt sich also die gruppenspezifisch unterschiedliche Verteilung von Ansprüchen und Zumutungen auf sie aus?
- Welche spezifischen Bedingungen existieren damit für Frauen in ländlichen Regionen für den Vorgang, ihre Lebensumstände öffentlich und sozialpolitisch zur Geltung zu bringen?

Wie vorne bereits erwähnt, haben feministische Analysen die Konkretisierung sozialstaatlicher Verteilungsmuster für die Zielgruppe ‚Frauen' vorgenommen und dabei Reproduktion der Geschlechterhierarchie durch den Sozialstaat nachgewiesen. Dabei wurde die Kategorie ‚Geschlecht' als eine Grundlage für unterschiedliche Zuteilungsmuster herausgearbeitet[9] (vgl. dazu etwa Ger-

---

9 Dies geschieht nicht offensichtlich, da gerade die formale Gleichberechtigung der Geschlechter im Sozialstaat das Geschlechterverhältnis als Ungleichheitsverhältnis re-

hard/Schwarzer/Slupik 1988; Ostner 1988; Kickbusch/Riedmüller 1984).
Während in anderen Untersuchungen im Rahmen der Frauenforschung weitere Kategorien, wie z.B. Alter (Wichert 1988; Kohleiss 1988), berücksichtigt wurden, kamen sozialräumliche Aspekte als Grundlage für unterschiedliche sozialstaatliche Zuteilungsmuster bisher noch wenig in den Blick[10]. Zwar können wir inzwischen erfreulicherweise auf einen beachtlichen feministischen Diskurs blicken, der die Kategorie ‚Sozialraum' für Frauen konkretisiert. Jedoch wird hier danach gefragt, wie die Lebensweisen von Frauen durch soziale Räume, für welche die Begriffe Wohnung, Stadt, Land, öffentlicher und privater Raum usw. stehen, strukturiert werden (vgl. dazu Rodenstein 1990, S. 205)[11]. D.h. in diesem Diskurs wiederum wurden bisher kaum solche hierarchischen Elemente thematisiert, die durch sozialräumlich unterschiedliche sozialstaatliche Verteilungsmuster entstehen, wie sie z.B. bezüglich städtischer und ländlicher Regionen existieren und die auch Hierarchien zwischen Frauen begründen[12].

Hier bietet m.E. der von Funk (1993) für die Frauenforschung im ländlichen Raum entwickelte Forschungsansatz eine weiterführende Perspektive. In meiner weiteren Konkretisierung werde ich mich auf den von ihr entwickelten theoretischen Rahmen beziehen, da in ihm sozialräumliche und geschlechtsspezifische Dimensionen der Lebenslage – mit ihren jeweiligen hierarchischen Aspekten – in ihren wechselseitigen Verbindungen berücksichtigt werden. Indem ich mit Funk nach dem komplexen sozialstaatlich vermittelten Verhältnis zwischen dem Status ‚Frau' und dem Status ‚Landbewohnerin' frage, können zentrale Erkenntnisse des Differenzdiskurses unter Frauen[13]

---

produziert: „Im Kern erweist sich der Sozialstaat, dessen Ziel die Beseitigung von sozialer Ungleichheit ist, nicht nur als untauglich, die Disparitäten zwischen den Geschlechtern auszugleichen. Vielmehr konstituiert und verrechtlicht er zentrale Ungleichheiten der Lebenschancen und Lebensbedingungen zwischen Frauen und Männern... ". (Reinl 1995, S. 9)

[10] Als eine der wenigen Ausnahmen ist hier die Thematisierung von sozialen Brennpunkten zu nennen (vgl. hierzu Bitzan/Klöck 1993; Neumaier/Rösgen 1987).

[11] Vgl. u.a. Dörhöfer 1990; Siemonsen/Zauke 1991; FREI.RÄUME 1992/1993; FREI.RÄUME 1993.

[12] Mit Lenz (1992) bin ich der Ansicht, daß es nicht ausreicht, Differenzen unter Frauen wahrzunehmen, sondern daß auch die hierarchischen Elemente in den Unterschieden zu berücksichtigen sind.

[13] Vgl. hierzu u.a. beiträge zur feministischen theorie und praxis 1990.

bzgl. der Kategorie ‚Sozialraum' konkretisiert werden.[14] Diese besagen, daß neben der Kategorie ‚Geschlecht' auch andere Grundkategorien – Klasse, Ethnie, Alter, ein Leben mit oder ohne Behinderung usw. – von vorne herein und eben nicht erst in einem zweiten Schritt und dann z.b. als besondere Ausprägung (und damit Besonderung) des Allgemeinen zu berücksichtigen sind. Angestoßen durch die Kritik Schwarzer Frauen wurde in diesem Diskurs der Umgang mit ‚den Anderen' in der feministischen Forschung weißer Frauen hinterfragt und dadurch die Art und Weise der Berücksichtigung verschiedener Grundkategorien in den Blick gerückt (Schultz 1992). Dabei wurde deutlich, daß feministische Forschung den Fehler, den sie der männlich dominierten Wissenschaft auf einer anderen Ebene vorwarf, selbst wiederholte: „Sie verallgemeinerte die soziale Konstruktion des Begriffes Frau und isolierte sie von Kategorien wie Klasse und ethnische Zugehörigkeit." (Schultz 1990, S. 49; vgl. hierzu auch Lenz 1992) Schultz nennt diesen Vorgang der ‚Vereinnahmung und Auslöschung' eine typische theoretische Fehlkonstruktion in Untersuchungen, basierend auf einer ethnozentristischen Sichtweise, bei der nicht nur spezifische Formen von Unterdrückung, sondern auch spezifische Stärken und Widerstandsformen von Frauen ausgelöscht werden. Als weitere typische Fehlkonstruktionen in Untersuchungen, die mehrere Kategorien miteinbeziehen, führt sie das ‚Addieren von Unterdrückung' und die ‚Hierarchisierung von Kategorien' an. Beim Addieren von Unterdrückung wird davon ausgegangen, „... daß alle Frauen unterdrückt sind und einige noch eine zusätzliche Unterdrückung durch Ethnozentrismus, Rassismus, Antisemitismus, Klassismus oder Homophobie erfahren." (Schultz 1990, S. 52) Bei der Hierarchisierung von Kategorien wird angenommen, „... daß Sexismus im Vergleich zum Rassismus die primäre oder fundamentalere Form von Unterdrückung ist." (Schultz 1990, S. 54)

Diese von Schultz ausgemachten typischen Fehlkonstruktionen schleichen sich auch in Untersuchungen zu Frauen in ländlichen Regionen ein. Auch hier wird häufig aufgrund eines unreflektierten großstädtischen Blicks in der feministischen Forschung die Situation von Frauen in ländlichen Regionen ent-

---

14 Als ein Beispiel für die Untersuchung des komplexen Verhältnisses zwischen den Kategorien Ethnie und Geschlecht ist bell hooks (1994) zu nennen. Am Beispiel von Produkten der Massenkultur der achtziger und neunziger Jahre geht sie dem komplexen Verhältnis der diskursiven Konstrukte ‚Rasse' und ‚Geschlecht' nach und arbeitet heraus, welche Verhältnisse von ‚Rasse' und ‚Geschlecht' sich in ihnen manifestieren.

weder völlig übergangen und ausgelöscht oder aber Frauen vom Lande werden ähnlich wie Frauen aus der europäischen Peripherie oder aus Afrika, Asien und Lateinamerika (vgl. hierzu Neusel/Tekeli/Akkent 1991; Lutz 1991) als ‚traditionell' oder ‚weniger emanzipiert' eingeschätzt. Häufig werden ländliche Lebensverhältnisse ausschließlich als die Situation von Frauen zusätzlich verschlimmernde wahrgenommen.

Solche Fehlkonstruktionen lassen sich erst dann vermeiden, wenn die beiden Kategorien Geschlecht und Sozialraum bzw. die beiden entsprechenden Hierarchien in ihrem komplexen und spezifischen Verhältnis wahrgenommen werden. Deshalb ist es für die Entwicklung meiner Untersuchungsperspektive notwendig, so grundlegend den spezifischen sozialstaatlich geprägten Verhältnissen zwischen den beiden Kategorien nachzugehen.[15]

Funk leitet die heute für Frauen in ländlichen Regionen gültigen sozialstaatlichen Bestimmungsfaktoren auf der Grundlage einer ausführlichen historischen Analyse her, die eine grundlegende Dekonstruktion von Denkvoraussetzungen darstellt. Dies erweist sich als notwendig, weil wir nur dann klären können, in welchem Sinne Geschlechterhierarchie und Stadt-Land-Hierarchie zentrale Kategorien der Lebenslage und Lebensbewältigung sind, wenn wir „hinter die jeweils mit historisch geschlechtsspezifischen Inhalten und Prakti-

---

15 An dieser Stelle möchte ich auf ein Dilemma hinweisen: Das Verhältnis zwischen zwei Kategorien genauer in den Blick zu nehmen, beinhaltet wieder die Gefahr einer Verallgemeinerung. Es gibt jedoch kein allgemeines Verhältnis zwischen zwei Kategorien z.B. zwischen den Kategorien Geschlecht und Ethnie oder zwischen den Kategorien Geschlecht und Sozialraum, sondern dieses manifestiert sich abhängig von weiteren Kategorien wie z.B. Schichtzugehörigkeit, ethnischer Zugehörigkeit oder Alter in einer ganz spezifischen Weise. Deshalb kann nicht von ‚den Frauen in ländlichen Regionen' geredet werden (vgl. hierzu Lenz 1992). Exemplarisch möchte ich auf drei Veröffentlichungen innerhalb meines Themenbereichs hinweisen, in denen versucht wird, mehrere Kategorien gleichzeitig zu berücksichtigen: Zum einen Lorch-Göllners (1989) qualitative Untersuchung zu den Lebensbedingungen und Entwicklungsmöglichkeiten junger türkischer Frauen in einem ländlich strukturierten Gebiet der Bundesrepublik Deutschland. Lorch-Göllner hat auch in der Beschreibung der Herkunft der Familien, aus denen die jungen Frauen stammen, sozialräumliche Differenzen im Blick, d.h. ob die Familien aus einem ländlichen Gebiet der Türkei oder aus großstädtischen Gebieten stammen (ebda., S. 177). Zum zweiten auf die Dokumentation eines Workshops, in der mehrere Studien vorgestellt werden, die die Armut im ländlichen Raum unter Berücksichtigung der Kategorie ‚Geschlecht' thematisieren (Chassé/ Pfaffenberger 1992); zum dritten auf die Vorstellung eines Spektrums der Frauenforschung aus der Türkei, in der sowohl städtische als auch ländlich-industrielle und landwirtschaftliche Strukturen berücksichtigt werden (Neusel u.a. 1991).

ken gesetzten Bedingungen zurück ... gehen." (Funk 1993, S. 12) Damit werden folgende Erkenntnisse feministischer Wissenschaftstheorie berücksichtigt: Mit Rückgriff auf die historisch wandelbaren Denkvoraussetzungen ist zu klären, an welchen Punkten diese selbst zu Fesseln für unsere (weibliche) Selbsterkenntnis und unsere Denkhorizonte werden können (vgl. dazu Studer 1989). In einer solchen historischen Rekonstruktion lassen sich daher nicht nur die Grundzüge der Diskriminierung von Frauen und Mädchen bestimmen, vielmehr müssen im Zuge dieser historischen Rekonstruktion die patriarchalen Zuschreibungen selbst dekonstruiert werden und neuen vielseitigen Wahrnehmungen Platz machen.[16]

Diese Dekonstruktion von Denkvoraussetzungen führt Funk auch im Hinblick auf sozialräumliche Aspekte durch und kann damit Zuschreibungen dekonstruieren, die aus einer Stadt-Land-Hierarchie resultieren. Damit erweitert sie den Diskurs um das Konstrukt ‚der anderen Frau' für die Wahrnehmung von Zuschreibungen zwischen Frauen aus städtischen und ländlichen Regionen. Bisher wurde in diesem Diskurs vor allem nach Zuschreibungen von Seiten weißer Frauen gegenüber Frauen mit ‚anderem' kulturellen Hintergrund gefragt. Dabei wurde das Konstrukt von der ‚Anderen' als noch nicht ‚so Emanzipierten', als noch mehr in traditionellen Vorstellungen Verhaftete in seiner Bedeutung für die eigene Selbstaufwertung sichtbar (vgl. dazu ausführlicher Lutz 1991). Solange sich Untersuchungen der Frauenforschung nur auf die Dekonstruktion geschlechtsspezifischer Zuschreibungen beschränken, können zwar patriarchale Zuschreibungen entlarvt werden, die Zuschreibungen bzgl. Land jedoch wird reproduziert.

Im nächsten Kapitel skizziere ich zentrale Ergebnisse einer solchen historischen Analyse; auf dieser Basis können dann in einem weiteren Schritt nicht nur die heute für Frauen in ländlichen Regionen geltenden sozialstaatlichen Bestimmungsfaktoren benannt (1.4), sondern auch ein theoretisches Konstrukt eingeführt werden, das in der Lage ist, diese Faktoren in ihrer Komplexität zu analysieren (1.5).

---

16 Zu diesem methodologischen Ansatz der Dekonstruktion vgl. Krüll 1990.

1.3. Dekonstruktion marginalisierender Denkvoraussetzungen

In ihrer historischen Analyse arbeitet Funk die Definitionen von Allgemeinem und Besonderem und Ausgrenzung durch Besonderung als zentrale ideologische Muster der patriarchalen Denkvoraussetzungen heraus: „Der männliche Lebenszuschnitt gilt als der allgemeine, die Lebensbedingungen von Frauen und Mädchen gelten als das Besondere." (Funk 1993, S. 11) Zur Klärung der Begrifflichkeiten führt sie aus: Alle Vorstellungen von Männlichkeit und Weiblichkeit sind praktisch wirksame gesellschaftliche und soziale Konstrukte oder auch „Realfiktionen" (Becker-Schmidt 1987). Jedoch sind dies Zuschreibungen, die in der Geschichte primär Männer über Frauen konstruiert haben. Das Herausarbeiten der Gültigkeit dieser Muster für Frauen und die Begründung des untergeordneten Status durch sie ist das Ergebnis zahlreicher feministischer Analysen. Unter Bezugnahme auf diese Ergebnisse hat Funk herausgearbeitet, daß diese Besonderung und Ausgrenzung sowohl für Frauen als auch für Land ein wirksames Verteilungsmuster ist. „Wenn wir nun im weiteren den Lebenslagenbegriff nicht nur frauenspezifisch sondern auch landspezifisch qualifizieren, so fällt uns – in vergleichbarer Begrifflichkeit – vor allem auch die Ausgrenzung und Besonderung des Landes und der Lebensverhältnisse seiner BewohnerInnen aus einer scheinbar allgemein urbanen Weltdeutung auf." (Funk 1993, S. 12)

Die Perspektive auf beide Ausgrenzungsmuster verbindet sie, indem sie historisch nachzeichnet, in welcher Weise die Zuschreibungen, die mit der Ausgrenzung und Besonderung des Landes entstanden, in die Lebenslage von Mädchen und Frauen im ländlichen Raum eingeschrieben sind. Sie vergewissert sich historisch über die Geschichte des Stadt-Land-Gegensatzes als Geschichte der Lebensbedingungen und Veränderungen des Status von Frauen. Die Rolle der Sozialpolitik innerhalb dieser Entwicklung wird von ihr herausgearbeitet im Zusammenhang der Klärung, welche Qualitäten der Status von Frauen im Laufe der Geschichte der Modernisierung des Landes durchlaufen hat.

Weiter zeichnet sie mit ihrer Analyse der Denkvoraussetzungen nach, daß diese Muster der Ausgrenzung und Besonderung ihre Wurzeln in der Identitätslogik des abendländischen Denkens mit seinen universalistischen Ansprüchen haben. Dieses Denken nimmt die Welt in Dichotomien wahr, die sich gegenseitig ausschließen, und stellt sie in ein hierarchisches Verhältnis. Beispiele solcher Dichotomien sind: Mann – Frau, Stadt – Land, Kultur – Natur,

Öffentlichkeit – Privatheit, Erwerbsarbeit – Hausarbeit, Moderne – Tradition als lineare Fortschrittsidee. Erst über eine Zusammenschau dieser verschiedenen Dichotomien läßt sich die spezifische Qualität der Ausgrenzung und Besonderung von Frauen in ländlichen Regionen begreifen. Indem Funk nach dem Ineinandergreifen dieser verschiedenen Dichotomien fragt, kann sie auch die vielen historischen Schritte benennen, mit denen Ausgrenzung und Entwertung des Weiblichen mit versteckter und offener Gewalt erzwungen wurden. „So läßt sich die Entstehung des dichotomen Gegensatzes zwischen Hausarbeit und Beruf historisch als Aufspaltung in den Gegensatz von subsistenzwirtschaftlicher und marktorientierter Arbeitsweise begreifen." (Funk 1993, S. 15)

Für die Frage nach dem Schnittpunkt zwischen den Kategorien Geschlecht und Sozialraum ist dabei interessant, „... daß diese Entgegensetzung mit der Entwicklung eines städtischen Lebenszusammenhangs zusammenfällt. Mit der Entstehung der zünftigen Arbeit wurde nicht nur die Trennung von der umfassend gültigen agrarisch-bäuerlichen Wirtschaftsweise herbeigeführt, sie betraf grundlegend auch die Arbeitsteilung zwischen Mann und Frau im Haus." (ebda.) Dies bedeutete, daß der Frau sukzessive produktive Arbeit entzogen wurde. Diese Arbeitsteilung wurde auch mit offener Gewalt durchgesetzt. So sind die Hexenverbrennungen auch im Zusammenhang des Hinausdrängens von Frauen aus Zünften und Gewerben zu verstehen. Eine historisch neue Variation des dichotomen Denkmusters stellt die Konstitution der Gegensätzlichkeit von Männern und Frauen über deren Benennung als Geschlechtscharaktere dar (vgl. dazu ausführlicher Knab 1988, S. 125ff.).

Folgende historischen Schritte der Ausgrenzung können nun ausgemacht werden: In einem ersten Schritt der Arbeits-Teilung wurde der Subsistenzbezug von Arbeit abgetrennt und entwertet. Arbeit, die unmittelbar im Zusammenhang mit der Befriedigung von Bedürfnissen vollzogen wurde, galt fortan nicht mehr als ‚wichtige' Arbeit bzw. nicht mehr als Arbeit. Mit der Konstituierung der Geschlechtscharaktere wurden dann in einem weiteren Schritt diese entwerteten und ausgegrenzten Anteile von Arbeit dem weiblichen Geschlecht, die höher bewerteten Arbeitsanteile dem männlichen Geschlecht als Charaktereigenschaften zugeschrieben. Die Arbeit von Frauen wurde als ihrem Wesen zugehörig, als Teil der weiblichen Natur definiert und damit als Arbeit unsichtbar gemacht (vgl. dazu ausführlicher Hausen 1978).

Im Zusammenhang der Festschreibung der Geschlechtscharaktere spielte eine weitere Dichotomie, Kultur-Natur, eine zentrale Rolle. Während weibliche Arbeit als naturhaft definiert wurde, galt männliche Arbeit als Kulturleistung. Da die Dichotomie Kultur-Natur ebenfalls in einem hierarchischen Verhältnis steht – Kultur gilt als Überhöhung und Aneignung von Natur – bedeutet die Tatsache, daß die Arbeit von Frauen als ihrem natürlichen Wesen innewohnende definiert wird, nicht nur eine Entwertung, sondern stellt auch die Grundlage für die Ausbeutung von Frauen dar. In der patriarchalisch-männlichen Definition des Gesellschaftlichen ist die Natur nicht integriert, d.h. sie wird aus der Gesellschaftlichkeit ausgegrenzt. Diese Ausgrenzung gilt auch für alles, was als natürlich definiert wird.[17] Mit der geschlechtsspezifischen Zuschreibung von ausgegrenzter und entwerteter Arbeit wurde die Ausgrenzung und Entwertung von Frauen betrieben. Dieser Prozeß verlief nicht für alle Frauen gleichzeitig, sondern gewann je nach Schichtzugehörigkeit in verschiedener Weise ideologische Gültigkeit. Sie galt zunächst für die Frauen des Bürgertums und gewann später für Frauen der Arbeiterschicht Bedeutung. Für Frauen in ländlichen Regionen war dieser Prozeß noch einmal in einer spezifischen Weise geprägt, weil das dichotome Denkmuster Kultur-Natur nicht nur das Geschlechterverhältnis, sondern auch das Stadt-Land-Verhältnis hierarchisch strukturiert. „Das Herrschafts-Paradigma Frau/Natur besagt auch,

---

17 Funk leitet aus dieser Hierarchie Kultur – Natur zahlreiche aktuelle Probleme her, die hier nicht im einzelnen ausgeführt werden können. Interessant für meinen Zusammenhang ist ein aus dieser Dichotomie resultierender Doppelstandard, der im Zusammenhang mit Gewalt gegen Frauen eine wichtige Rolle spielt. Außerdem analysiert Funk die heutige Phase als eine, in der Frauen und Land systematisch in das naturüberlegene Modell der gesellschaftlichen Modernisierung einbezogen werden sollen. Denn die berufliche Tauglichkeit von Frauen werde daran bemessen, in welchem Maße sie die praktische Verantwortlichkeit für Kinder und Pflegebedürftige ignorieren können, um dem Arbeitsmarkt zur Verfügung zu stehen (Funk 1993, S. 19). Außerdem diskutiert Funk mit Verweis auf Bennholdt-Thomsen (1989) die Gefahr von biologistischem Denken. Wir laufen auch Gefahr diesem zu erliegen, „...wenn wir unsere Überlegungen nur jenseits der biologischen Unterschiede zwischen Mann und Frau ansiedeln. Denn das Verdikt des Biologismus greift nicht erst da, wo wir den Frauen gerade aufgrund ihrer biologischen Eigenschaften ... entweder weniger Fähigkeiten oder ganz im Gegenteil mehr Fähigkeiten zusprechen. Wir geraten vielmehr auch dann in den biologistischen Strudel, wenn wir versuchen, Gebärfähigkeit und die damit zusammenhängenden Körpervorgänge von Frauen aus der Gesellschaftlichkeit auszuschließen. Denn gerade dieser Ausschluß bildet die Grundlage für die Abwertung von Frauen und nicht unser jeweils gerichtetes Interesse, damit positive oder negative Eigenschaften zu verbinden." (Funk 1993, S. 19f)

daß Frauen und Bauern die Zuschreibung gemeinsam ist, die scheinbar einzigen naturgebundenen ProduzentInnen zu sein und nach diesen gemeinsamen Eigenschaften ausgebeutet werden zu können. (...) Wenn man das Prinzip des naturabhängigen Produzententums in die Moderne übersetzt, so erklärt sich das vorherrschende kulturelle Muster, nach dem die Frau prinzipiell zuarbeitet und ebenso abhängig ist, wie das Land von den Zentren, als deren Ressource es gehandelt wird." (Funk 1993, S. 21)

Zusammengenommen heißt dies: Die Arbeit von Frauen in ländlichen Regionen wurde aufgrund ihres Status als Frauen und aufgrund ihres Status als Landbewohnerinnen ausgegrenzt, entwertet und unsichtbar gemacht.[18] Eine zentrale Erkenntnis dieser Analyse ist, daß diese ausgegrenzten Momente eben nicht archaische Überbleibsel sind, die bald verschwinden, sondern daß sie in ihrer heutigen Gestalt nicht nur von der modernen Gesellschaft selbst geschaffen wurden, sondern für deren Funktionieren gerade in dieser Form als ausgegrenzte und entwertete ge- und verbraucht werden können. Bock/Duden (1977) haben dies für die Hausarbeit aufgezeigt: Sie ist in ihrer heutigen Form eben kein Relikt traditionalen Wirtschaftens, sondern ist erst mit der Industrialisierung in dieser Form geprägt worden. Sie stellt als notwendiger Gegensatz zur Erwerbsarbeit die Grundlage menschlichen Lebens und Arbeitsvermögens her und zwar sowohl unter den Anforderungen und der Vorherrschaft industrieller Produktion sowie zugleich im Gegensatz dazu. Diese Tendenzen, die sowohl hinsichtlich der Familien-, Haus- und Fürsorgearbeit als auch für ländliche Regionen gelten, sind im Zusammenhang wahrzunehmen. Die allgemeine Marginalisierung der Haus- und Fürsorgearbeit und die Minderbewertung des Landes bilden zusammen einen spezifischen Reproduktionszusammenhang stellen eine „regionalspezifische ,*Übergangenheit*' dar." (Böhnisch/Funk 1989, S. 57 f)[19]

---

18 Wie diese Entwertung sich historisch für die Arbeit von Frauen in ländlichen Regionen vollzog, wird von Funk ausführlich nachgezeichnet (Funk 1993, S. 31ff).

19 Mit dieser Analyse schließe ich an eine Forschungstradition an, mit der die auch in den Sozialwissenschaften seit langem gültigen Denkvoraussetzungen – als Ausdruck des universalistischen Denkens – in Frage gestellt werden. Dieses Denken führte dazu, daß es eine Vorstellung von Normalität gab, in der die nicht dazu passenden Momente als Anomalien, Behinderungen, Überreste, kurz, als archaische Phänomene beschrieben wurden, die dazu bestimmt seien, zu verschwinden. Archaische Phänomene wurden als Probleme definiert – als intellektuelle, als politische Probleme. „Auf diese Weise sind wir dazu gekommen, über das Nationalitäten-Problem, das Rassen-Problem, die Bauern-Frage, die Juden-Frage, die sogenannte ,orientalische Frage', die

Mit dieser kritischen historischen Rekonstruktion gelingt es, die geschichtlichen Veränderungen als einen Prozeß vom historischen zum modernen Übergehen der Realität von Frauen sichtbar zu machen; (dies wird in Kap. 1.4 inhaltlich ausgeführt). In diesem Zusammenhang spielt eine weitere hierarchisch-dichotome Denkfigur der modernen Geschichtsphilosophie eine wesentliche Rolle: die Idee eines linearen Fortschritts; diese betrifft ebenfalls sowohl das Geschlechterverhältnis als auch das Verhältnis Stadt-Land. Nach dieser Idee, „... hätten sich auch die heutigen Möglichkeiten und Ansprüche nach Gleichberechtigung zwischen Mann und Frau und nach einer Gleichberechtigung zwischen Stadt und Land ‚linear‘ entwickelt." (Funk 1993, S. 22) Mit einem solchen modernistischen Denkmuster werde aber übergangen, „... wie sich im Verlauf der Geschichte der Status und die Lebensrealität von Frauen *unterschiedlich* verbessert und wieder verschlechtert haben, wie Elemente der Unterdrückung und Verfügung über Frauen nicht verschwunden sind, sondern modernisiert wurden und dabei quasi naturwüchsig unsichtbar geworden sind." (ebda.) Hinsichtlich der Wahrnehmung des Landes sieht sie ebenfalls diese modernistische Bewertungsperspektive wirksam, z.B. durch die Zuschreibung traditionaler Beharrungstendenzen.

Gefordert ist hier nicht nur eine Sensibilität für die Auswirkungen dieser linearen Fortschrittsidee für unseren Blick auf die Geschichte, die zu einer selektiven Wahrnehmung führt, sondern es gilt auch dafür aufmerksam zu werden, wie diese selektive Geschichtswahrnehmung den Blick auf die heutige Realität des Frauenlebens trübt. Konkret arbeitet ein solcher Blick auf die Geschichte mit an der Unsichtbarmachung der Arbeit von Frauen und der Unsichtbarmachung der Verfügung über die Arbeitskraft von Frauen – früher

---

Kolonial-Frage und die Frauen-Frage zu sprechen. Gut 90 % der Menschheit wurde zum Problem, welches die Gesellschaft und die historischen Sozialwissenschaften zu lösen hatten. Die theorieorientierte Sozialwissenschaft erklärte, warum sie Problem waren. Die angewandte Sozialwissenschaft arbeitete daran, mit dem Problem fertig zu werden. Nach 150 Jahren Arbeit zur Lösung dieser Probleme geschah etwas Seltsames. Weit davon entfernt, geringer zu werden, sind die ‚Probleme‘ anscheinend immer größer geworden. Es gibt heute mehr, nicht weniger Nationalismus .... In den letzten zwanzig Jahren haben einige Geschichts- und Sozialwissenschaftler begonnen sich zu fragen, ob das, was ‚anormal‘ genannt worden ist, nicht tatsächlich das ist, was in unserem derzeitigen System ‚normal‘ ist, ob das, was ‚primordial‘ oder ‚traditional‘ genannt worden ist, nicht vielmehr historisch ‚neu‘ und gesellschaftlich geschaffen ist." Dies sei „... von integraler Bedeutung für das Funktionieren des modernen Weltsystems, das eine kapitalistische Weltökonomie ist." (Wallerstein 1985, S. 18f)

und heute. Gewalt an Frauen werde ebenso unsichtbar gemacht, wie die Aggression und Gegenwehr von Frauen; zudem wird unsichtbar gemacht, wie Elemente von Unterdrückung und Verfügung von Frauen, von Zumutungen und Belastungen von Frauen modernisiert wurden. Der selektive Blick auf die Geschichte bewirkt, daß Arbeit und Konflikte von Frauen noch einmal mehr unsichtbar werden, als sie real in der jeweiligen Epoche waren. Mit ihrer kritisch historischen Rekonstruktion will Funk eine bestimmte Seite der Realität zurückgewinnen, die heute unterschlagen werde, wenn von Tradition die Rede ist. Dies soll an Beispielen, die für meine Fragestellung relevant sind, verdeutlicht werden.

Es läßt sich nachzeichnen, wie sich die Begründungen für die Einschränkung der Bewegungsfreiheit von Frauen historisch verändert haben. In der vorindustriellen Geschichte der Moderne wurden Frauen aus der Öffentlichkeit vertrieben mit der Begründung, sie stellten ein öffentliches Ärgernis und eine schamlose Verführung dar. Dadurch wurden ihnen nicht nur Arbeitsmöglichkeiten verweigert, sondern auch Kommunikationsmöglichkeiten unter Frauen. Gleichzeitig wurden die Frauen mit dieser Argumentation selbst für männliche Übergriffe verantwortlich gemacht. Geschah die Einschränkung der Bewegungsfreiheit in dieser Epoche durch die Zuschreibung einer spezifisch weiblichen Zügellosigkeit, wurde diese Argumentation in den darauffolgenden Jahrhunderten ersetzt durch die einer besonderen Schutzbedürftigkeit von Frauen und Mädchen. Indem Funk solche historischen Veränderungen beschreibt, weist sie auch auf den Prozeß hin, in dem sexuelle Gewalt gegenüber Frauen unsichtbar gemacht wurde; außerdem kann damit aufgezeigt werden, daß nicht nur die Gewalt selbst unsichtbar wurde, sondern auch das historische und praktische Recht von Frauen sich zur Wehr zu setzen. Dieser reduzierte Blick auf Geschichte prägt die Gegenwart mit: „Die historische Verleugnung dieses Rechts hat heute wohl mit dazu beigetragen, daß Mädchen mangelndes Durchsetzungsvermögen und Aggressionshemmung als einschränkendes Lebenselement attestiert wird." (Funk 1993, S. 24) Die detaillierte Beschreibung dieses Prozesses als eine Entwicklung vom historischen zum modernen Übergehen kann im Rahmen dieser Arbeit nicht weiter ausgeführt werden. Für meinen Zusammenhang ist nun vor allem von Bedeutung, was diese historische Analyse im Hinblick auf die heute geltenden sozialstaatlichen Verteilungsmechanismen besagt. Dies wird im Weiteren ausgeführt.

1.4. Arbeit und Gewalt. Zur Modernisierung von Marginalisierungsmustern

Auf der Basis dieser im vorangegangenen Kapitel grundlegenden Entschlüsselung der ‚Grammatik unserer Denkvoraussetzungen' und des Nachzeichnens der historisch je unterschiedlichen Konkretisierung dieser Denkvoraussetzungen kann ich im folgenden die für Frauen in ländlichen Regionen heute gültigen sozialstaatlichen Verteilungsmuster als modernisierte Variante der oben benannten hierarchisierenden Dichotomien bestimmen. Sie betreiben Modernisierung der Ausgrenzung der Lebensumstände von Frauen aus dem gesellschaftlich Allgemeinen in folgenden Formen bzw. mit folgenden Konsequenzen: sozialpolitische bzw. förderungspolitische Marginalisierung, Besonderung, Entwertung, Privatisierung, Übergehen, Normalisierung, Unsichtbarmachung und Verdeckung.[20]

Als zentrale Dimensionen der Lebensumstände von Frauen, die von dieser Marginalisierung betroffen sind, sind zu nennen: Die Arbeit von Frauen, ihre Konflikte, Gewalt gegen Frauen und der Bereich der Beziehungen zwischen Frauen und ihr Selbstbezug. „Frauen wird die Bezugnahme auf sich selbst, ein eigener Subjektstatus und darin auch die Bezugnahme aufeinander auf ihre unterschiedlichen Erfahrungen als Frauen verwehrt." (Funk/Schmutz/Stauber 1993, S. 156; vgl. dazu auch ausführlicher Frauenfortbildungsgruppe Tübingen 1993) Als Grundlage hierfür ist wiederum der Ausschluß aus dem Allgemeinen, die Besonderung zu nennen. Aufgrund dieser Besonderung fehlt Frauen ein Symbolsystem, das es ihnen ermöglicht, sich als allgemeine zu denken und sich aufeinander als allgemeine zu beziehen. Dieses fehlende Symbolsystem und die Schwierigkeit, sich als allgemeine zu denken verhindert wiederum, daß Frauen ihre Einsichten untereinander und in die Öffentlichkeit vermitteln können. (Funk 1993, S. 190)[21] Dieses fehlende Symbolsystem aufgrund der Besonderung wirkt sich nicht nur auf die Beziehungen von Frauen aus, sondern auf alle Lebensdimensionen; es fehlt (ihnen) auch ein

---

20 Ich gehe nicht davon aus, daß diese diagnostizierten Marginalisierungsmuster ausschließlich ein Ergebnis sozialstaatlich induzierter Prozesse darstellen.
21 Diese Vermittlung scheitert jedoch noch an einem weiteren Faktor. Die Zusammenhänge, in denen Frauen ihre Einsichten formulieren, werden häufig nicht als Teil der Öffentlichkeit wahrgenommen; dies ist begründet in hierarchischen Bewertungen, die in Kap. 1.7 und 2 ausgeführt werden.

Symbolsystem, das die Arbeit von Frauen (vgl. dazu Hagemann-White 1993), und ihre Konflikte (vgl. dazu Bitzan/Klöck 1993) als allgemein gesellschaftliche definiert.

Zur Struktur der folgenden Ausführungen:

Im folgenden werde ich die genannten modernen Formen sozialpolitischer Marginalisierung – *Übergehen, Privatisierung, Besonderung, Unsichtbarmachung, Entwertung* – im Einzelnen erläutern. Diese Erläuterung geschieht in diesem Kapitel v.a. bezogen auf folgende zwei zentrale Lebensdimensionen: Arbeit von Frauen und Gewalt gegen Frauen. Die Marginalisierungsmuster, die hinsichtlich der Dimension Frauenbezugnahme wirksam sind, analysiere ich in Kapitel 2.

Übergangenheit wird von Böhnisch/Funk (1985, S. 58) als Strukturmerkmal ländlicher Lebensverhältnisse benannt. Sie sprechen von der mangelnden oder fehlenden sozialpolitischen Akzeptanz dem Land gegenüber, die als Strukturmerkmal die ländlichen Lebensverhältnisse bestimme. Übergangenheit meine dabei nicht, daß die Lebensprobleme nicht wahrgenommen oder behandelt werden, sondern verweise auf die Art und Weise, *wie* sie behandelt werden. Da sozialstaatliche und sozialpädagogische Unterstützung häufig städtisch orientiert sind, liegt der Wahrnehmung ländlicher Lebensverhältnisse meist eine Vergleichsperspektive zu städtischen zugrunde. Resultat davon ist, daß ländliche Lebensverhältnisse in Stereotypen wahrgenommen werden. Diese bewegen sich zwischen der Wahrnehmung von „Land als Defizit" (Böhnisch/Blanc 1987)[22] oder „als gesunde, naturwüchsige Lebensräume" (ebda.), als gewissermaßen ,heiler Welt'. Bei ersterem wird auf eine an städtischen Maßstäben orientierte nachholende Entwicklung gesetzt, bei der die eigenen spezifischen soziokulturellen Gegebenheiten genauso übergangen werden wie die eigenen Entwicklungspotentiale in ländlichen Regionen. Bei letzterem wird für die Lösung von Problemen und Konflikten auf die Selbstheilungskräfte spekuliert. Damit werde übergangen, daß im Zuge der strukturellen Veränderungen ländlicher Regionen „... die in ihnen steckenden Lösungspotentiale angesichts moderner Probleme der Lebensbewältigung nicht

---

22 Böhnisch/Blanc (1987) haben am Beispiel einer Untersuchung von Materialien zur Bestandsaufnahme und Planung der Jugendhilfe in ländlichen Regionen dieses defizitäre Wahrnehmungsmuster herausgearbeitet.

mehr produktiv zum Zuge kommen können oder verkümmern." (Böhnisch/ Blanc 1987, S. 245; vgl. hierzu auch Böhnisch/Funk 1991) Mit der historischen Rekonstruktion wurde vorne darauf hingewiesen, daß die historische Entwicklung auch eine Entwicklung vom historischen zum modernen Übergehen der Realität von Frauen darstellt.

Übergehen der Lebensverhältnisse von Frauen in ländlichen Regionen erfolgt auch über das sozialpolitische Marginalisierungsmuster der *Besonderung*, d.h., zentrale menschliche Lebensdimensionen werden dem Land wie auch den Frauen als ‚besondere' zugeschrieben (Funk 1993, S. 28). Mit dieser Besonderung einher geht *Privatisierung, Unsichtbarmachung und Entwertung:* Denn eine Konsequenz der Besonderung ist, daß die Frauen und Land als ‚besondere' zugeschriebenen Lebensdimensionen als Thema von sozialpolitischen Auseinandersetzungen und als Aufgabe für gesellschaftliche Organisationen unsichtbar und entwertet bleiben. Deshalb gehöre zur Marginalisierung des Frauenstatus auch, daß die von Frauen erfahrenen Lebenskonflikte keine gesellschaftliche Bedeutung entfalten können, sondern zur Lösung in die Privatheit verwiesen werden und als private bzw. individuelle Konflikte erscheinen.[23] Im Rahmen feministischer Kritik wird betont, daß diese Seite von Individualisierung im weiblichen Leben eine zentrale Rolle einnimmt.[24] Im Anschluß an diese Ausführungen wird in der empirischen Untersuchung zu fragen sein, wie es über Frauenbezugnahme möglich wird, daß diese ‚ins Frauenleben eingeschlossenen Konflikte' wieder gesellschaftliche Bedeutung entfalten können, um aus dem Zirkel von verinnerlichter und gegenseitiger Abwertung von Frauen herausgeholt zu werden.

Nach Stauber (1996, S. 15) stellt „... die moderne Sozialpolitik ... eine gesellschaftliche Delegation von Sorge, das Sich-Kümmern um den allgemeinen menschlichen Tatbestand der Bedürftigkeit an Frauen dar. Dabei verschwindet jedoch sowohl diese Bedürftigkeit als allgemein menschlicher Tatbestand

---

[23] Michaelsen/Rösgen (1987) verweisen darauf, daß die öffentliche und die private Sphäre zueinander im Widerspruch stehen und widersprüchliche Interessen, Bedürfnisse, Vorstellungen, Einstellungen und Verhaltensweisen hervorrufen. Der widersprüchliche Bedingungszusammenhang dieser Lebensbereiche bestimme wesentlich das Leben von Frauen. Besonders problematisch dabei sei, „... daß die ‚Lösung' dieser Widersprüche als ‚Privatsache' gesehen wird, auch von Frauen selbst." (Michaelsen/ Rösgen 1987, S. 55).

[24] Zum Begriff der Individualisierung als gesellschaftsanalytisches Theorem vgl. Beck 1986; unter einem geschlechtsspezifischen Blickwinkel wurde das Theorem u.a. von Diezinger (1991, 1993) und Mayr-Kleffel 1991 diskutiert.

als auch die Zuständigkeit der Frauen dafür aus dem öffentlichen Bewußtsein". Betrieben wird diese gesellschaftliche Ausblendung durch eine auf Erwerbsarbeit zentrierte Sozialpolitik, mit der eine systematische Abwertung
und Unsichtbarmachung der nicht erwerbsförmigen, gleichwohl gesellschaftlich notwendigen Arbeit einherging. Mit dieser Analyse schließen Funk und
Stauber an zahlreiche Untersuchungen an, in denen die sozialpolitische Indienstnahme von Frauen für wesentliche Aufgaben der Gesellschaft bei
gleichzeitiger Ausgrenzung ihrer eigenen Interessen nachgewiesen wird. So
zeigen Ostner/Schmidt-Waldherr (1987), wie durch sozialpolitische Regelungen ‚Familie' und in ihr die Frau als Sorgende konstruiert werden, ohne daß
jedoch für die Sorgen der Frau ausreichend gesorgt wäre. Der Sozialstaat
plant Hausfrauenarbeit in die sozialstaatliche Versorgung ein, ohne den Frau-
en jedoch eine angemessene Sicherung der eigenen Existenz und der eigenen
persönlichen Sicherheit zuzugestehen. Eine wesentliche Rolle spielt dabei ein
privatisierendes Konstruktionsprinzip, das an die oben beschriebene Privatisierung der Subsistenzarbeit anknüpft. Die Entstehung von Hausarbeit hat
nach Bock/Duden (1977) die Sorge für das Überleben an einen neuen privaten
Frauen- und Mütterstatus gebunden.

Diese Zuweisung und Entwertung der überlebensnotwendigen Fürsorgearbeit ist im Zusammenhang der ‚modernen' Version der Einbindung von
Frauen in den Erwerbsarbeitsmarkt als ‚doppelte Vergesellschaftung'
(Becker-Schmidt 1987) zu analysieren, um damit die beiden zugrundelegen-
den Machtstrukturen in den Blick zu bekommen. „Die doppelte Vergesellschaftung von Frauen, die neben der Sozialisation für Aufgaben der privaten
Reproduktion auch die Ausbildung für marktvermittelte Arbeit umfaßt und
die sie im privaten wie öffentlichen Bereich verortet basiert auf zwei verschiedenen Herrschaftsformen: In unserer Gesellschaft überlagern sich patriarchali-
sche und kapitalistische Macht- und Privilegienstrukturen. So sind die Lebensverhältnisse von Frauen einmal durch ihre Position in der Geschlechterhierarchie bestimmt, zum anderen durch die Klassen- oder Schichtzugehörigkeit." (Becker-Schmidt/Bilden 1991, S. 25) So geschieht die moderne, auch
sozialstaatlich forcierte Entwertung der Arbeit von Frauen auch über ihre spezifische Positionierung innerhalb der Erwerbsarbeit, indem sie z.B. zu Zuar-
beiterinnen erklärt wurden[25]. Da nach Jurczyk (1977) in der modernen Lohn-

---

[25] Neben der Haus- und der Erwerbsarbeit ist noch auf einen dritten Bereich hinzuweisen: auf das, „... was sozialpolitisch an Frauen als ‚Ausfallbürgen des Sozialstaa-

arbeiterfamilie der Mann als alleiniger Ernährer gilt, erhält er die höheren und steuerrechtlich begünstigten Löhne. Dadurch kann die Lohnarbeit der Frauen auf einem unterbezahlten Stand[26] festgeschrieben bleiben[27].

Im bäuerlichen Bereich entwickelte sich im Zuge der Modernisierung analog zum industriellen Bereich das Betriebsleitermodell, welches die Frau zur mithelfenden Familienangehörigen degradiert. Funk (1993) weist nach, wie die Arbeit von Frauen auf dem Land übergangen und entwertet wird, weil es Frauenarbeit ist und wie sie entwertet wird durch einen modernistischen Blick, der die Arbeit auf dem Land ausschließlich unter dem Etikett ‚Tradition' wahrnimmt. Dabei haben luxemburgische Frauenforscherinnen an den drei Abschnitten der Modernisierung des Landes nach dem Kriege aufgezeigt, daß gerade die Frauen mit Kirchenpolitik, Bildungspolitik und Landwirtschaftspolitik zugleich zu Hüterinnen des traditionalen Land- und Familienlebens und zu Helferinnen der Modernisierung gemacht wurden. „Sie mußten sich sowohl bewahrende Aufgaben zu eigen machen, wie sie zugleich neue betriebswirtschaftliche, landwirtschaftliche und psychologische Kenntnisse anwendeten." (Funk 1993, S. 24)[28]

---

tes' delegiert wird, wie z.B. Hausaufgabenhilfe, ehrenamtliche Fürsorge und Mitmenschlichkeit (Enders-Dragässer/Block/Müller 1981; Backes 1987).

[26] Im Zuge der Armutsforschung haben Frauen herausgearbeitet, wie sozialstaatliche Benachteiligung und Armut für Frauen über eine Wechselwirkung zwischen zwei zentralen gesellschaftlichen Verteilungssystemen hergestellt wird: Zwischen einerseits dem sogenannten primären Verteilungssystem, dem geschlechtshierarchischen Arbeitsmarkt, und andererseits dem sekundären Verteilungssystem, den sozialstaatlichen Leistungen, das sich wiederum aus den Bereichen Sozialhilfe und Sozialversicherung (z.B. Rentenansprüchen) zusammensetzt. Da sich Leistungen im Bereich der Sozialversicherung nach wie vor wesentlich an der Stellung im Erwerbsarbeitsmarkt orientieren, führt das für Frauen aufgrund ihrer prekären Stellung im Arbeitsmarkt (u.a. durch niedrigere Löhne, Teilzeitarbeit, ungeschützte Arbeitsverhältnisse) auch zu geringeren sozialstaatlichen Absicherungen (beispielhaft hierzu Köppen 1985).

[27] Zu neueren Entwicklungen vgl. Westphal-Georgi 1982, Möller 1983, Kulawik 1990, Reinl 1995.

[28] Ein weiteres Beispiel hierzu: In jüngeren Untersuchungen werden immer wieder die fehlenden Vorbilder berufstätiger Frauen für Mädchen auf dem Land angefügt, obwohl, aufgrund bäuerlicher Arbeit, auf dem Lande nie in dem Ausmaß wie im städtischen Bereich – bzw. präziser: wie in höheren Schichten im städtischen Bereich – ‚Hausfrauendasein' gelebt wurde. Auch das bedeutet Entwertung durch den modernistischen Blick (vgl. dazu Stauber 1996, S. 112).

Neben Privatisierung, Entwertung und Unsichtbarmachung ist noch ein weiteres marginalisierendes Muster zu nennen, das Bitzan/Klöck (1993) treffend als förderungspolitische Marginalisierung, Funk (1993) als förderungspolitische Besonderung benannt haben. Gemeint ist damit folgendes: Unter heutigen sozialstaatlichen Bedingungen werden Frauen mit der ihnen über die bereits genannten Marginalisierungsmuster zugewiesenen allgemein gesellschaftlichen Arbeiten nicht mehr allein gelassen, sondern darin in vielfältiger Weise sozialstaatlich unterstützt, was auch als Erfolg zu werten ist.[29] Diese sozialstaatliche Unterstützung der scheinbar privaten Arbeiten von Frauen gilt es jedoch genauer wahrzunehmen. Sie geschieht nämlich in einer Weise, die deren Definition als private und individuelle Aufgaben und ihre Zuschreibung an Frauen nicht prinzipiell verändert. Als Konsequenz hieraus entsteht ein gesellschaftliches Bild von Frauen, in dem sie ihre scheinbar ‚individuellen' Arbeiten und die damit verbundenen Konflikte nicht alleine bewältigen können, sondern hierfür gesellschaftlich-öffentliche Unterstützung erhalten. Daß sie aufgrund der Tatsache, daß sie die Hauptlast der gesellschaftlichen Arbeit tragen, öffentliche Unterstützung einfordern, bleibt häufig verdeckt. So erhalten sie scheinbar aufgrund individueller Bedürftigkeit bzw. Unzulänglichkeit öffentliche Unterstützung[30]. Nancy Fraser (1994) zeigt mit einer differenzierten Analyse des US-amerikanischen Wohlfahrtssystems auf, wie die impliziten Normen der beiden (vorne beschriebenen) Versicherungssysteme zum einen dazu führen, daß der Zugang zu Leistungen, die nicht an die Erwerbsarbeit gebunden sind, mit viel mehr Aufwand verbunden ist; zum anderen erscheinen die Menschen, die über den Erwerbsarbeitsmarkt Ansprüche erworben haben, als ‚Träger von Rechten' während diejenigen, die z.B. aufgrund ihrer Zuständigkeit für die Fürsorgearbeit kaum bzw. weniger Ansprüche im Erwerbsarbeitsmarkt erwerben können, im Verteilungssystem als ‚Nutznießer staatlicher Freigiebigkeit' dargestellt werden. Weil der allgemeingesellschaftliche Aspekt dieser Arbeiten nach wie vor verdeckt bleibt, erfahren Frauen

---

29 Dies ist auch als Resultat der vielen Versuche von Frauen zu werten, mit denen sie die scheinbar privaten Zuständigkeiten von Frauen immer wieder in ihrer grundlegenden gesellschaftlichen Bedeutung in der Öffentlichkeit thematisiert haben. Auf die Geschichte solcher Versuche, die nicht erst mit der neuen Frauenbewegung beginnt, weist Christel Eckart (1991) hin.

30 In diesem Zusammenhang ist auch auf das Mißverhältnis hinzuweisen zwischen dem immensen Ausmaß, in dem zur Zeit (1997) die staatliche Förderung sozialer Arbeiten öffentlich kritisiert wird und der fehlenden öffentlichen Diskussion zur enormen staatlichen Förderung von privaten Unternehmen.

– in der öffentlichen Wahrnehmung – nicht aufgrund ihrer Zuständigkeit für gesellschaftlich notwendige Arbeiten öffentliche Unterstützung und Anerkennung, sondern sie erfahren sie, weil ihnen besondere Problemlagen attestiert werden und sie so sozialpolitisch zur Problemgruppe definiert werden. Mit der Gewährung sozialstaatlicher Leistungen auf der Grundlage dieser Problemdefinition ist häufig auch eine Kontroll- und Normalisierungsfunktion verbunden, wie dies von Stauber (1996) am Beispiel alleinerziehender Frauen aufgezeigt wird. Nach Bitzan/Klöck (1993) gehen mit dieser förderungspolitischen Marginalisierung eine Infantilisierung, Pazifierung und Isolierung von Frauen einher. Funk (1993) pointiert diesen Zusammenhang folgendermaßen: der gesellschaftlichen und wirtschaftlichen Marginalisierung von Frauen soll durch eine besondere Förderung begegnet werden, die diese Marginalisierung auf eine andere Art und Weise bestätige und erneuere. Diese infantilisierende Behandlung macht es Frauen schwer, ihre Lebensumstände öffentlich zur Geltung zu bringen.

Die von Frauen öffentlich vorgebrachten Interessen werden heute nicht mehr nur über individuelle Sozialleistungen anerkannt, sondern es werden hierfür in vielfältiger Weise frauenpolitische Zuständigkeiten eingerichtet, wie z.B. Frauenbeauftragte oder Frauenministerien. Damit werden sie öffentlich und politisch zu Frauenthemen erklärt. Auch dies ist als Erfolg und Weiterentwicklung anzusehen – einerseits. Andererseits beinhaltet dieser Vorgang m.E. eine neue öffentliche Qualität von Verdeckung. Ohne die Chancen und Erfolge dieser Einrichtungen zu übersehen, möchte ich doch auch die „Marginalisierungsfallen" dieser Einrichtungen benennen: Die von Frauen in die Öffentlichkeit getragenen Interessen werden nun hochoffiziell zu Frauenthemen erklärt, indem sie in für Frauen geschaffene Institutionen delegiert werden. Damit werden sie in die Zuständigkeit dieser bezüglich finanzieller Mittel und Entscheidungsbefugnissen marginal ausgestatteten Einrichtungen verwiesen; obwohl bei genauerem Hinsehen deutlich wird, daß Frauen sich mit den sogenannten Frauenthemen ja nicht nur für ihre eigenen Interessen einsetzen, sondern sie aufgrund ihrer Verantwortung anderen Menschen gegenüber – seien es Kinder, kranke oder alte Menschen oder Menschen mit Behinderungen – deren Interessen artikulieren. Die Marginalisierung besteht hier darin, daß sie erstens durch diese Kanalisierung in wenig ausgestattete Bereiche aus den als allgemeine Politikfelder definierten Bereichen ausgeklammert werden und sich alle anderen politischen Gremien der Verantwortung mit dem Verweis auf die zuständigen Einrichtungen entziehen können. Zweitens wird mit dieser Kanalisierung wiederum verdeckt, daß diese ‚Frauenthemen' zum großen Teil aus allgemein-gesellschaftlichen Aufgaben oder Problemen resultieren, die in die Zuständigkeit von Frauen delegiert wurden.[31] Aus diesem Grunde sehen sich häufig Frauen, die solche Positionen innehaben (z.B. kommunale Frauenbeauftragte) vor die paradoxe Aufgabe gestellt, die an sie verwiesenen Themen wieder zu Querschnittsthemen zu erklären, ohne dabei jedoch den formulierten Standard der Geschlechterdifferenzierung aufzugeben.

Ein weiteres Marginalisierungsmuster, das in den bisher genannten bereits angeklungen ist, ist zu benennen: die sozialstaatlich strukturell vorgegebene Defizitperspektive auf Frauen und ländliche Regionen. Frauen, die für eigene Interessen eintreten und Frauen, die z.B. als Professionelle Interessen von Frauen vertreten, werden durch die Logik der sozialstaatlichen Förderungspolitik tendenziell dazu ‚gezwungen', Mädchen und Frauen als ‚Problemfälle' darzustellen. Öffentliche Gelder für Frauen werden vor allem dann gewährt, wenn mit Defiziten und Schwierigkeiten von Frauen argumentiert wird. Damit ist einer der sozialstaatlich induzierten Hintergründe genannt, weshalb es Frauen so schwerfällt, sich und andere Frauen in den eigenen Stärken und Kompetenzen wahrzunehmen und sich in dieser Seite aufeinander zu beziehen. Den strukturellen Hintergrund hierfür zu benennen, ist m.E. notwendig, weil Frauen und Männer dazu neigen, das Übergehen der eigenen Kompetenzen von Frauen ausschließlich subjektiv, z.B. im mangelnden Selbstbewußtsein von Frauen bedingt zu thematisieren. Unter dem Stichwort ‚Übergangenheit' wurde diese strukturell angelegte defizitäre Wahrnehmung gegenüber ländlichen Regionen bereits angeführt. Damit sind Frauen in ländlichen Regionen in zweifacher Hinsicht mit einer Defizitperspektive konfrontiert.

Bisher wurden die modernen sozialstaatlichen Formen gesellschaftlicher Marginalisierung primär in bezug auf die Lebensdimension ‚Arbeit' erläutert. Nun will ich den Blick auf Marginalisierungsformen richten, die bezogen auf

---

31 Es gibt dann allgemein-gesellschaftliche, meist von Männern vertretene Themen und es gibt Frauenthemen. Als ob Gewalt gegen Frauen und Mädchen kein Thema wäre, um das sich Männer zu kümmern hätten. Es sind meist Männer, die Gewalt ausüben und es sind meist Männer, die keinen Einfluß auf ihre Geschlechtsgenossen, die Täter, ausüben. Anlaß zur Hoffnung geben einige theoretische und praktische Ansätze von Männern (vgl. hierzu etwa die Initiativen „Männer gegen Männergewalt" in verschiedenen deutschen Städten; Widersprüche 1995; Baurmann 1991; Diekmann/Herschelmann/Pech/Schmidt 1994; Bartjes 1997).

eine weitere zentrale Lebensdimension von Frauen wirksam sind, nämlich der Gewalt gegen Frauen und Mädchen.

Gewalt gegen Frauen und Mädchen

Mit Beginn der neuen Frauenbewegung wurde die Privatisierung von Gewalt gegen Frauen als ein Marginalisierungsmuster analysiert, das die gesellschaftlich-strukturelle Verankerung des Problems verdeckt. Frauen begannen, Gewalt gegen Frauen als Ausdruck patriarchaler gesellschaftlicher Strukturen öffentlich zu thematisieren. „Gewalt gegen Frauen und Mädchen ist mehr als der individuelle Akt eines Mannes gegenüber einer Frau, sie ist als gesellschaftlich und kulturell gegebene Möglichkeit tief im Geschlechterverhältnis – in unseren Bildern von Männlichkeit und Weiblichkeit – verankert." (Brückner 1993, S. 47) Dementsprechend wurden auch gesellschaftliche statt individuelle Lösungen gefordert.

Der aktuelle sozialstaatliche Umgang mit Gewalt gegen Frauen und Mädchen stellt m.E. ein Paradebeispiel für ein Marginalisierungsmuster dar, das oben als förderungspolitische Marginalisierung benannt wurde: Ein von Frauen veröffentlichtes Problem wird nun zwar öffentlich und sozialpolitisch anerkannt – so werden ja Hilfen für mißhandelte Frauen (z.T.) finanziert – jedoch geschieht dies in einer Weise, die das Problem wieder als individuelles erscheinen läßt. Zwar wurde durch die Hartnäckigkeit und immense Arbeit vieler Frauen inzwischen ein beachtliches Hilfesystem eingerichtet[32] und diese individuelle Hilfe wird auch gesellschaftlich geachtet, jedoch bleibt diesem nicht nur eine langfristig finanzielle Absicherung versagt, sondern die Art und Weise der Finanzierung ist nach wie vor überwiegend an Einzelfallhilfe orientiert; damit wird die Gesellschaftlichkeit des Themas negiert. „Wie bei jeder anderen Notlage wird die jeweilige individuelle Situation isoliert betrachtet, als ausschließlich persönlicher Defekt des Mannes oder gar der Frau und als individualisierter Sozialfall begriffen, der der Einzelfallhilfe bedarf." (Brückner 1988, S. 40) Dies obwohl die Autonome Frauenhausbewegung gerade aus der Kritik an dem herkömmlichen sozialpolitischen und -pädagogischen Umgang mit der Hilfe für mißhandelte Frauen entstanden ist. Die bisherigen Formen sozialer Hilfen wurden entlarvt in ihrer Funktion, Frauen in die bestehende Geschlechterhierarchie einzuordnen, ihre Ausbruchsversuche

---

[32] Vgl. hierzu die Bestandsanalyse des Hilfsangebotes und des Helferinnensystems von Hagemann-White u.a. 1992.

und Widerstandsformen zu pazifizieren. Die Geschichte der Autonomen Frauenhausbewegung ist die Geschichte einer Auseinandersetzung um die Veränderung marginalisierender sozialpolitischer Standards; verhindert werden sollte, daß die Abhängigkeit von Frauen – als Teil ihrer Lebenslage – immer wieder neu sozialpolitisch hergestellt wird: d.h. daß die Abhängigkeit vom Ehemann eben nicht durch spezifische Formen sozialpolitischer Regelungen abgesichert und/oder ersetzt werden sollte (vgl. dazu Bitzan/Klöck 1993). Deshalb wurden öffentliche Gelder für eine Unterstützung mißhandelter Frauen in einer Art und Weise eingefordert, welche die damit üblicherweise verbundenen kontrollierenden, isolierenden und stigmatisierenden Folgen verhindern sollte.[33]

Neben diesem marginalisierenden Umgang, resultierend aus einer spezifischen Art der finanziellen Unterstützung möchte ich mit Margit Brückner noch auf ein weiteres, ebenfalls sozialstaatlich induziertes Dilemma sozialpädagogischer Hilfen für mißhandelte Frauen hinweisen, dem auch die Autonome Frauenhausbewegung ausgesetzt ist. Ein Erfolg dieser Bewegung, entstanden aus der Kritik an der patriarchalen Gewalt gegen Frauen in der Ehe, ist die Einrichtung von Frauenhäusern, in denen Frauen und ihre Kinder Schutz vor männlicher Gewalt finden. Jedoch wird „... in den Häusern selbst und im Frauenhausalltag ... jetzt aber nicht mehr das gesellschaftliche Elend durch männliche Vorherrschaft sichtbar, sondern das individuelle Elend der Frauen, die in Frauenhäuser fliehen und als Personen mit all ihren Stärken und Schwächen sozusagen dem öffentlichen Augenschein preisgegeben werden. Die schlagenden Männer bleiben demgegenüber weitgehend im Dunkeln, ebenso wie die kulturellen Werte und geschlechtsspezifischen Ordnungen, welche die jeweilige Mißhandlungssituation erst ermöglichen. Dieses Problem des unsichtbar bleibenden gesellschaftlichen Gesamtzusammenhanges teilt die Frauenhausbewegung mit jeder Reformbewegung. Das heißt, die Frauenhäuser offenbaren nicht das abstrakte, gesellschaftlich fundierte Gewaltverhältnis, sondern veröffentlichen das Schicksal einzelner geschlagener Frauen und manchmal einzelner schlagender Männer." (Brückner 1988, S. 41) Die überfüllten Frauenhäuser machen also nicht nur das Ausmaß männlicher Gewalttätigkeit deutlich, „... sondern im Frauenhaus wird zwangsläufig auch die Lebensweise der hilfesuchenden Frauen, ihre Verstrickungen

---

33 Vgl. hierzu der Kampf gegen die BSHG-Finanzierung von Autonomen Frauenhäusern, der zur Zeit (Mitte der neunziger Jahre) wieder aktuell ist.

in weibliche Traditionen, das Festhalten an autoritären Erziehungsstilen usw. sichtbar." (ebda.)

In diesem Zusammenhang kommt auch wieder das vorne benannte Marginalisierungsmuster der ‚Defizitperspektive' zum Tragen. Gelder für Frauenhäuser können öffentlich nicht mit dem Argument eingefordert werden, daß hier Räume für die Frauen eingerichtet werden sollen, die sich aus Mißhandlungsbeziehungen befreien konnten und ein ‚autonomes' Leben planen. Hier ist meist ausschließlich mit der Unterstützungsbedürftigkeit dieser Frauen zu argumentieren. Dadurch wird es erschwert, Frauen in unterschiedlichen und auch scheinbar widersprüchlichen Seiten wahrzunehmen: z.B. als starke *und* unterstützungsbedürftige Frauen.

Ein weiteres aktuelles Muster einer reduzierten Verhandlung von Gewalt gegen Frauen kann mit Hagemann-White (1992) angeführt werden. In ihrer, mit weiteren Autorinnen durchgeführten Bestandsanalyse des Helferinnensystems weist Hagemann-White (1992) zu Recht darauf hin, daß das Hilfsangebot eher einem System der Fluchthilfe als einem Ansatz gesellschaftlichen Wandels gleiche. Sie stellen die Frage, „... ob wir bei alldem uns mit Gewalt gegen Frauen einrichten. Sind die Frauenhäuser so etwas wie der Sicherheitsgurt im Auto? Das hieße: Da niemand davor geschützt ist, in eine Karambolage zu geraten, selbst bei vorsichtigster Fahrweise, einigen wir uns auf Vorkehrungen, welche die Folgeschäden begrenzen. Übertragen auf die Ehe: Mißhandlung ist eine Sache, die Frauen eben passieren kann, und wenn sie geschieht, soll die Betroffene ins Frauenhaus gehen. Vorausgesetzt wird nach wie vor, daß die Gewalt stattfindet, und wir leben damit gewissermaßen wie unsere Großmütter: Die Männer sind nun mal so, dagegen ist kein Kraut gewachsen. Nachttaxis und Beleuchtung dunkler Ecken in der Stadt bestätigen zugleich, daß mit Vergewaltigung gerechnet werden muß, sobald Gelegenheit dazu gegeben ist. Die Benennbarkeit männlicher Gewalt gegen Frauen und Mädchen wandelt sich so unversehens in ihre Normalisierung." (Hagemann-White 1992, S. 10 f.)

Hier wird Normalisierung und zwar eine Form der Normalisierung, die ich als ‚moderne' bezeichnen möchte, als ein Marginalisierungsmuster benannt. M.E. existieren heute verschiedene Normalisierungsmuster von Gewalt gegen Frauen gleichzeitig nebeneinander. Neben der oben genannten ‚modernen' Version, die Gewalt durchaus benennt, wirkt nach wie vor auch die Form von

Normalisierung, in der Übergriffe, Erniedrigungen usw. als normaler Bestandteil weiblichen Lebens gesellschaftlich wahrgenommen und z.T. auch subjektiv so erlebt werden und deshalb nicht als Gewalt benannt werden. Oben hatte ich die Normalisierung von Gewalt gegen Frauen unter dem Mantel der Belastbarkeit aufgezeigt. Mit Brückner soll dieser Normalisierungsaspekt auf der Ebene von körperlicher Gewalt erläutert werden: „In unseren Alltag sind diese kleinen und größeren Verletzungen körperlicher Unversehrtheit so eingewoben, daß viele Frauen und Mädchen, die Gewalt erleiden, erst nach geraumer Zeit in der Lage sind, ihre Erfahrungen als gewalttätige einzuordnen. Sie sind sich unsicher darüber, was Gewalttätigkeit eigentlich ist, vor allem wo sie beginnt. Diese Verunsicherung muß auf das allgemeine Verhältnis von Gewalt und Familie und von Gewalt und Sexualität in unserer Gesellschaft zurückgeführt werden. Weder unserer Vorstellung von Familien – noch unserer Vorstellung von Liebesbeziehungen liegt ein allgemein akzeptiertes Konzept der Unversehrbarkeit des eigenen Körpers und damit des Körpers des jeweils anderen zugrunde. In der Familie und in der Ehe sind Überschreitungen der Intimitäts- und Unversehrtheitsgrenzen durchaus gestattet und in gewissen Grenzen ‚normal'. Diese ‚normalen' Überschreitungen körperlicher Unversehrtheit sind geregelt und generations- und geschlechtsspezifisch festgelegt: Eltern haben ein generelles Zugriffsrecht auf den Körper ihrer Kinder und Männer auf den Körper ihrer Frauen." (Brückner 1993, S. 48 f)

Diese Gleichzeitigkeit verschiedener Normalisierungsmuster von Gewalt sind bei der Untersuchung von unterstützenden öffentlichen Thematisierungsformen von Gewalt gegen Frauen zu berücksichtigen. Neben der eindeutigen Benennung von Übergriffen usw. als Gewalt gilt es m.E., Zugang zu den Erklärungsmustern und den subjektiven Begriffen für Übergriffe von den Frauen zu finden, die das, was ihnen angetan wird, nicht als Gewalt benennen. Diese Begrifflichkeiten aufzugreifen ist deshalb wichtig, da sich diese Frauen über öffentliche Veranstaltungen oder Unterstützungsangebote mit dem Titel ‚Gewalt' nicht angesprochen fühlen.

Ein weiteres gängiges Marginalisierungsmuster ist es, Gewalttätigkeit gegen Frauen auf gruppenspezifische (z.B. schichtspezifische) Phänome zurückzuführen. Ziel der Wahrnehmung solcher Erklärungsmuster ist zum einen, ihre Rolle bei der Negierung der gesellschaftlich-strukturellen Verankerung von Gewalt gegen Frauen aufzuzeigen; zum anderen soll durch ein Weg-Räumen dieser reduzierten Erklärungsmuster der Blick frei werden für real unterschiedliche Betroffenheiten von der gesamtgesellschaftlich verankerten Gewalt.

Ein marginalisierendes Argumentationsmuster, das von der allgemeinen Gesellschaftlichkeit des Themas ablenken soll, ist es, Gewalttätigkeit spezifischen Schichten, d.h. der sogenannten Unterschicht zuzuschreiben. Dieses Erklärungsmuster wurde sowohl von seiten der Sozialadministration als auch in wissenschaftlichen Erläuterungen verwendet, wie Burgard (1985) und Marquard (1988) ausführen, die diese Zuschreibung als reduzierende Erklärungen thematisieren. Dabei werden zur Zeit schichtspezifisch reduzierende Erklärungsmuster u.a. befördert durch den Veröffentlichungsaspekt, der an spezifische sozialstaatliche Leistungen gebunden ist. So ,gelangen' über Frauenhäuser vor allem Frauen in das öffentliche Blickfeld, die nicht die Ressourcen zur Verfügung haben, um ,private' oder andere Wege der Trennung einzuschlagen. Mißhandelnde Männer in sogenannten höheren Schichten kommen auch dadurch weniger in die Öffentlichkeit, weil „... die schlagenden Männer, die vor Frauenhäuser randalieren ... keine subtileren und weniger sichtbaren Mittel des Terrors zur Verfügung (haben) – beides Formen des Umgangs mit Gewalt in Beziehungen, die in der Mittelschicht häufig sind." (Brückner 1988, S. 42) Nach Brückner (ebda.) ist Gewalt gegen Frauen in der Ehe „ ... jedoch keineswegs schichtspezifisch begrenzt, sie wird nur unterschiedlich offenbar, z.B. in der privaten therapeutischen Praxis, beim Arzt, vor dem Familienrichter etc."

Neben diesen schichtspezifischen Zuschreibungen wurden ethnische bzw. rassistische erkannt in ihrer Funktion, von der Normalität von Gewalt gegen Frauen und Mädchen in allen patriarchalen Kulturen abzulenken. Als jüngeres Beispiel ist hierzu die Art der Auseinandersetzung mit den grausamen Massenvergewaltigungen im ehemaligen Jugoslawien zu nennen (vgl. u.a. Stiglmayer 1993). Auf die Notwendigkeit, auch innerhalb der Frauenhausbewegung stereotype Erklärungsmuster bezogen auf ethnische Gruppierungen zu hinterfragen, macht Gülsen Aktas (1993) mit ihrer Analyse rassistischer Zuschreibungen und Verhaltensweisen in Frauenhäusern aufmerksam.

Seit einiger Zeit kommen in Ansätzen sozialräumliche Differenzierungen in den Blick. So haben Bergdoll/Namgalies-Treichler (1987) z.B. die Situation von mißhandelten Frauen und von Frauenhäusern in ländlich strukturierten Gebieten untersucht. In ihrer Bestandsanalyse des Helferinnensystems zum

Problemfeld ,Gewalt gegen Frauen und Mädchen' haben Hagemann-White u.a. (1992), auch nach den Möglichkeiten und Problemen der Hilfe im ländlichen Bereich gefragt.

M. E. besteht jedoch nach wie vor – auch in feministischen Diskussionen – die Gefahr, reduzierende Bilder und Zuschreibungen in der Thematisierung von Gewalt gegen Frauen in ländlichen Regionen zu reproduzieren, solange diese nicht reflektiert werden. Eine Grundlage für die Reflexion von landspezifischen Zuschreibungen bietet die vorne ausgeführte Dekonstruktion unserer dichotomen Denkvoraussetzungen und die Konkretisierung dieser Ergebnisse bzgl. des Themas Gewalt.

Indem Funk die Ergebnisse ihrer hinsichtlich der Kategorie Geschlecht und Sozialraum vorgenommenen Dekonstruktion auch bzgl. Gewalt gegen Frauen und Mädchen konkretisiert hat, eröffnet sie den Blick für die spezifischen Zuschreibungen, mit denen in ländlichen Regionen Gewalt gegen Frauen marginalisiert bzw. tabuisiert wird.[34] Mit dieser Behandlung des Themas werden Klischees und Zuschreibungen sichtbar, die aus einer Stadt-Land-Dichotomie resultieren. Das Land wird im Gegensatz zur modernen Großstadt zur heilen Welt erklärt, um es als Ressource zur Verfügung zu haben. „Die Ressource des Landes in der Moderne besteht darin, daß es noch ,heil' und ,natürlich' ist." (Funk 1993, S. 45) Fatalerweise führt dieses Bild oder auch sozialpolitische Stereotyp von der heilen und intakten ländlichen Welt auf sozialpolitischer Ebene dazu, keinen Handlungsbedarf bzgl. der Unterstützung von Gewalt betroffenen Frauen und Mädchen zu sehen, da es ,hier bei uns' nicht vorkomme.

Diese öffentliche Propagierung eines positiven kulturellen Status des Landes gegenüber der Großstadt ist im Zusammenhang des sozialpolitischen Übergehens ländlicher sozialer Probleme wahrzunehmen; letzteres wurde durch diese Art der öffentlichen Propagierung kompensiert.

Eine Konsequenz dieser Zuschreibung stellt die moderne Tabuisierung all dessen dar, was diesem Bild widerspricht. Dabei ist, nach Funk (1993), Gewalt gegen Frauen sowohl zu einem regionalen Tabu als auch zu einem per-

---

[34] Diese Marginalisierungsmuster sind in der sozialadministrativen Behandlung des Themas wirksam; sie fließen jedoch auch in Untersuchungen ein, da ForscherInnen ein Teil einer sozial-politischen Veranstaltung sind. Nach Funk u.a. (1993) müssen Forscherinnen nicht nur fragen, was sie warum nicht sehen wollen oder im Forschungsprozeß reduzieren, sondern auch, was sie tun können, um im Forschungszusammenhang die Reduzierungen zu überschreiten.

sonalen Statustabu geworden. Es gehöre zur Betonung von Eigenständigkeit bei Mädchen und Frauen dazu, daß sie signalisieren, sich jenseits der Erfahrung von Diskriminierung und sexueller Gewalt zu befinden. Diese moderne Tabuisierung werde auch durch die Idee der romantischen Liebe verstärkt, die m.E. durch die derzeitige Individualisierungsideologie verschärft wird. Es liegt an der eigenen Wahl des Partners und damit in der eigenen Verantwortung, ob Frauen und Mädchen sich jemand aussuchen, der sie mißhandelt oder nicht. Dazu kommt als weiteres Hemmnis der Veröffentlichung die ‚Gleichberechtigungsideologie‘, nach der doch heute Frauen nicht mehr unterdrückt würden. In unserer Untersuchung berichteten Unterstützerinnen davon, wie schwer es von Gewalt betroffenen Frauen fällt, das Erleiden von Gewalt sichtbar zu machen, da es mit folgendem Gefühl einhergehe: „Wenn ich trotz der so fortgeschrittenen Gleichberechtigung Gewalt erleide bzw. es mir nicht gelingt, mich davor zu schützen, muß es an mir liegen."

Neben dem Klischee von der ‚heilen Welt‘ existiert die entgegengesetzte Zuschreibung, der ebenfalls eine dichotome Stadt-Land-Wahrnehmung zugrunde liegt: ‚Auf dem Land ist es ganz besonders schlimm.‘ Oder: Frauen im ländlichen sind besonders gravierend in ihre traditionellen Rolle eingebunden (Bergdoll/Namgalies-Treichler 1987), was ein Sich-Wehren gegen Gewalt erschwere. Funk macht hier darauf aufmerksam, daß mit einem solchen Blick nur eine Seite wahrgenommen werde. Nicht gesehen werde hier jedoch, was diese Anbindung auch an Stärke und Selbstbewußtsein von Frauen bedeutet oder auch an Bezugnahme unter Frauen. Wird dieser Gedankengang auf die Wahrnehmung von Unterstützungsmöglichkeiten hin konkretisiert, kommt folgendes in den Blick: Aus der Perspektive einer großstädtischen Öffentlichkeit wird das Engagement von Frauen in ländlichen Regionen gegen Gewalt häufig als wenig offensiv wahrgenommen oder völlig übergangen. Erst wenn wir das Engagement vor dem Hintergrund spezifisch ländlicher Öffentlichkeitsbedingungen wahrnehmen, erschließt sich der Mut der engagierten Frauen.

Ein weiteres dichotomes Muster, das die Wahrnehmung von Gewalt in ländlichen Regionen verzerrt, resultiert nach Funk aus der linearen Fortschrittsidee; entgegen diesem die Realität verzerrenden Klischee, plädiert Funk für eine Betrachtung, die sich „... gegen die eindimensionale Vorstellung von irrationaler Gewalttätigkeit in der Vergangenheit einerseits und zunehmender aufgeklärter Sexualität andererseits wendet." (Funk 1993, S. 45) Mit Funk bin ich der Meinung, daß auch heute Aufklärung und Zivilisierung mit der Selbstverständlichkeit von Gewalt gegen Frauen und Schwächere einhergehen; jedoch wird Gewalt dabei unsichtbar gemacht, reguliert und legitimiert.

Resümee

Mit diesen Ausführungen wurden einige der oben allgemein benannten modernen sozialstaatlichen Marginalisierungsmuster bezogen auf Gewalt herausgearbeitet. Neben der förderungspolitischen Marginalisierung, der veröffentlichenden Funktion sozialpädagogischer Einrichtungen, die häufig mit kontrollierenden Aspekten einhergeht, wurden verschiedene Normalisierungsprozesse von Gewalt als Marginalisierungsmuster erläutert; als weitere marginalisierende Thematisierungsmuster kamen Erklärungsmuster in den Blick, die Gewalt auf gruppenspezifische Phänomene (z.b. Schicht, Ethnie) reduzieren; schließlich wurden die für ländliche Regionen spezifischen Marginalisierungs- und Tabuisierungsmuster ausgeführt.

Der Gewinn einer solchen Reflexion von Zuschreibungen und Marginalisierungsformen, die häufig auch in unseren eigenen Köpfen wirksam sind, liegt darin, daß bestimmte Bilder als Zuschreibungen wahrnehmbar werden und nach dem Wegräumen dieser Bilder reale Unterschiede in den Blick kommen können.

Wurden in diesem Kapitel die Marginalisierungsmuster und die davon betroffenen Lebensdimensionen im Einzelnen benannt, frage ich im nächsten Kapitel nach Zusammenhängen zwischen verschiedenen Marginalisierungsformen.

1.5. Das Ganze ist mehr als die Summe der einzelnen Teile (I).
Der Verdeckungszusammenhang

Verschiedene feministische Theorietraditionen erklären die große Wirksamkeit einzelner Marginalisierungsmuster in deren Relevanz in verschiedenen gesellschaftlichen Lebensbereichen und hinsichtlich unterschiedlicher Lebensdimensionen. Dementsprechend sind, so wird betont, wissenschaftliche Untersuchungsperspektiven zu entwickeln, welche die Qualität des Ineinandergreifens der verschiedenen Hierarchisierungsprozesse erfassen können. Hierfür können folgende zwei Beispiele genannt werden. Nach Claudia von Werlhof (1985, S. 38) ist die Gewalt gegen Frauen nicht zu erklären ohne die Arbeit, die man von Frauen erwarte. Ohne ein ökonomisches Ausbeutungsinteresse wäre auch eine Politik der Unterdrückung sinnlos.[35] Michaelsen/Rösgen (1987) haben in ihrer Auseinandersetzung mit dem Lebensweltkonzept als Analyseinstrument für den weiblichen Lebenszusammenhang formuliert: Einen neuen Zugang zur Lebenssituation von Frauen zu suchen bedeute, daß es nicht genügt, die Benachteiligung von Frauen in ihren Lebensbereichen getrennt voneinander zu betrachten, weil das Leben von Frauen wesentlich durch den widersprüchlichen Bedingungszusammenhang dieser Lebensbereiche bestimmt sei.

Eine neue Perspektive, um das Ineinandergreifen der oben herausgearbeiteten Hierarchisierungsmuster im Kontext unterschiedlicher Lebensdimensionen von Frauen (Arbeit, Konflikte, etc.) und gleichzeitig verschiedener gesellschaftlicher Bereiche in den Blick zu nehmen, bietet ein Konstrukt, das dieses Ineinandergreifen als Verdeckungszusammenhang analysiert (vgl. dazu Funk/Schmutz/Stauber 1993)[36] Damit stellt dieses Konstrukt einen weiteren und m.E. ergiebigen Versuch dar, das Ineinandergreifen als Gesamtwirkungszusammenhang erklären zu helfen. Bevor ich dieses Konstrukt vorstelle und die für meine Fragestellung wichtigen Aussagen und Erweiterungsmöglichkeiten herausarbeite, ist es mir ein Anliegen auf folgendes hinzuweisen: Die ausführliche Analyse behindernder gesellschaftlicher Bedingungen geschieht keinesfalls in der Absicht, gesellschaftliche Verhältnisse aufzuzeigen, die Veränderungen unmöglich machen. Vielmehr möchte ich mit der genauen

---

[35] So werde zum Beispiel häufig die männliche Behauptung, Frauen ‚arbeiteten nicht‘ von den Frauen selber übernommen, „... was ja nicht die Richtigkeit der Behauptung der Männer beweist, sondern die Gewalt, die sie ausüben, ausgeübt haben oder bereit sind auszuüben, um diesen Mythos, den sie offenbar als Legitimation brauchen, aufrechtzuerhalten." (von Werlhof 1985, S. 38; vgl. dazu auch Bennhold-Thomsen 1985)
[36] Zur Entstehungsgeschichte des Konstruktes: In verschiedenen Forschungs- und Praxiszusammenhängen (z.B. Frauenfortbildungsgruppe Tübingen 1993) wurde die Notwendigkeit und der analytische Gehalt sichtbar, die verschiedenen Formen der Hierarchisierung als Verdeckung und verschiedene Lebensdimensionen, auf die sie sich beziehen, im Zusammenhang wahrzunehmen. Funk/Schmutz/ Stauber (1993) haben diese Gedanken dann in einen systematischen theoretischen Zusammenhang gebracht.

Analyse der aktuellen Wirkungsweise von Marginalisierungsmustern Ausgangsbedingungen und Möglichkeiten für das Handeln von Frauen aufzeigen. M.E. können erst auf der Grundlage dieser genauen Bestimmung der komplexen Wirkungsweise widerständige und verändernde Vorgehensweisen von Frauen entwickelt bzw. vorhandene in ihrer die Behinderungen überschreitenden Qualität wahrgenommen werden.[37]

Funk/Schmutz/Stauber fassen verschiedene Marginalisierungsmuster – Unsichtbarmachung, Entwertung, Reduzierungen, förderungspolitische Besonderung, Übergehen – unter dem Oberbegriff ‚Verdeckung‘ zusammen und stellen diese mit den verschiedenen Lebensdimensionen, auf die sich die Verdeckungen beziehen – Arbeitsleistungen von Frauen, Gewalt gegen Frauen, Konflikte von Frauen und Bezugnahme unter Frauen – in einen systematischen theoretischen Zusammenhang. Als eine Konsequenz für die Analyse benennen Funk/Schmutz/Stauber: „Es geht nicht mehr darum, die Geschlechterhierarchie in den einzelnen Bereichen aufzuweisen, sondern zu analysieren, daß sie als Verdeckungs*zusammenhang* funktioniert, als Verdeckungszusammenhang, der sich in unterschiedlichen Bereichen des weiblichen wie auch des männlichen Lebenszusammenhangs findet. Diese Verdeckungen lassen sich zwar analytisch trennen, *realiter* stehen sie jedoch in einem – einmal mehr, einmal weniger offensichtlichen – Bezug zueinander. Sie bilden einen *Zusammenhang*.“ (Funk/Schmutz/Stauber 1993, S. 160 f.)[38]

Funk/Schmutz/Stauber entwickeln das theoretisch-analytische Konstrukt des Verdeckungszusammenhangs, indem sie das Lebenslagen-Lebensbewältigungskonzept mit der Kritik der Geschlechterhierarchie und der Kritik der

---

37 Im Rahmen der im Anschluß an die Untersuchung durchgeführten Workshops (vgl. Knab 1996) habe ich diesen Zusammenhang mit folgendem Bild erläutert: Der Verdeckungszusammenhang kann mit dem Bild einer dicken Dreckschicht veranschaulicht werden, die sich aus sehr unterschiedlichen Schmutzsorten zusammensetzt, die wiederum in raffinierter Weise miteinander vermischt sind. Um die Dreckschicht beseitigen zu können, ist es für die Wahl eines geeigneten Putzmittels hilfreich zu wissen, aus welchen Arten von Schmutz diese Schicht besteht und welche Verbindungen diese eingehen. Gegen eine ölhaltige Substanz z.B. komme ich mit Wasser allein nicht an.

38 Mit diesem Zitat wird deutlich, daß die Autorinnen den Begriff des ‚Verdeckungszusammenhangs‘ nicht nur als analytischen Begriff (‚theoretisch-analytisches Konstrukt des Verdeckungszusammenhangs‘) verwenden, sondern auch als ein die Realität beschreibenden Begriff. In meinen weiteren Ausführungen benutze ich ihn ebenfalls in dieser zweifachen Weise.

Stadt-Land-Hierarchie im Hinblick auf verdeckende Mechanismen zusammenführen. Sie führen aus, wie reduzierende und verdeckende Wahrnehmungsmuster als real wirksame Konstrukte – oder auch als Realfiktionen – den Horizont der Lebensbewältigung bilden. Damit rücken sie gesellschaftlich vermittelte Zuschreibungen und Selbstbilder – in ihrer verdeckenden Qualität – als zentralen Bestandteil der Lebenslage und damit in ihrer das Handeln strukturierenden Qualität in den Blick. Konstrukte der Geschlechterhierarchie „... leiten unser Denken und Handeln insofern, als sie eine polare und hierarchische, sich wechselseitig ausnehmende Wahrnehmungsstruktur hervorbringen, die wesentliche Seiten des Lebenszusammenhangs, des individuellen und soziokulturellen Selbstbezugs ausmacht, abwertet und verdeckt. Die Verdeckung betrifft also bestimmte Seiten der individuellen und gesellschaftlichen Erfahrung." (Funk/Schmutz/Stauber 1993, S. 159) Diese Verdeckung zensiere Handlungs- und Ausdrucksformen zugleich. Erfahrungen, die widersprüchlich nebeneinander stehen – z.B. verletzt sein und widerständig sein, bedürftig und selbständig sein – sind nicht zugelassen. Ausdruck dieser Zensur sei auch, daß bestimmte Erfahrungen von Frauen und Männern als weibliche abgewertet und ausgegrenzt werden. (Zu reduzierenden Wahrnehmungsmustern aufgrund der Stadt-Land-Hierarchie vgl. oben.)

Für meine Untersuchungsperspektive ist folgendes von Bedeutung:

* Der für meine Fragestellung wichtige Schnittpunkt zwischen gesellschaftlichen Strukturen und individuellem Handeln wird in Gestalt von Verdeckungsmechanismen, resultierend aus Stadt-Land-Hierarchie und Geschlechterhierarchie, konkretisiert. Zum einen wird mit einer solchen Konkretisierung des Schnittpunkts der immensen Relevanz der symbolischen Dimension als strukturellem Machtfaktor Rechnung getragen; damit schließe ich an feministische Analysen an, welche die symbolische Ordnung als einen strukturellen Faktor neben und im Zusammenspiel mit anderen (z.B. ökonomischen) bei Herstellung und Aufrechterhaltung der Geschlechterhierarchie betont haben (vgl. hierzu u.a. Knapp 1992). Indem konkretisiert wird, wie Marginalisierung über (verdeckende) Definitionen und Zuschreibungen geschieht, wird eine Wirkungsweise der symbolischen Ordnung sichtbar. Vor diesem Hintergrund können Um-Wertungen und Neu-Definitionen auch in ihrer strukturellen Veränderungsqualität wahrgenommen werden (vgl. hierzu auch die Ausführungen im Kap. 1.1.)

Indem zum anderen benannt wird, daß Verdeckungsmechanismen aus der Stadt-Land-Hierarchie und der Geschlechterhierarchie resultieren, ist die Grundlage dafür geschaffen, nach den spezifischen Mustern des für Frauen in ländlichen Regionen geltenden Verdeckungszusammenhangs zu fragen.

* Als gesellschaftliche Konsequenzen einer als Verdeckungszusammenhang funktionierenden Geschlechterhierarchie nennen Funk/Schmutz/Stauber kollektiven und individuellen Realitätsverlust: „Eine Gesellschaft ‚verdrängt‘ ihre sozialen Grundlagen, sie zentriert ihre institutionellen Settings um ein Subjekt, das es so – nämlich als autonomes, körper- und bindungsloses Arbeitsmarkt-Subjekt – überhaupt nicht gibt." (Funk/Schmutz/Stauber 1993, S. 161) Individuell oder biographisch bewirken diese Mechanismen des Verdeckens „... die Übernahme eines individualistischen und auf ungebrochenes Funktionieren abgestellten Lebenskonzeptes bei gleichzeitiger Abwertung und Nicht-Wahrnehmung real existierender Angewiesenheiten, Bindungen und Unterstützungszusammenhänge." (ebda.) Dies führe nicht nur dazu, allseits handlungsfähig und problemlos gelten zu müssen, sondern damit können individuell Bindungen und Unterstützungszusammenhänge auch nicht als reale Elemente der Lebensbewältigung gesehen werden. Für meine Fragestellung bedeutsam ist diese Analyse deshalb, weil mit ihr erst die Leistungen von Frauen beim Versuch, ihre verdeckten Lebensumstände öffentlich zur Geltung zu bringen, in ihrer gesamtgesellschaftlichen Relevanz erkannt werden können. Indem Frauen die verdeckten und verdrängten Anteile, die in ihre Verantwortung geschobenen und aus dem gesellschaftlichen Bewußtsein als gesellschaftliche Aufgaben ausgegrenzten Anteile – nämlich die unmittelbare Verantwortlichkeit für menschliches Leben – wieder individuell und öffentlich wahrnehmbar machen, wirken sie dem gesamtgesellschaftlichen Realitätsverlust entgegen.

* Neben der Verdeckung der für das Funktionieren der momentanen Gesellschaft lebensnotwendigen Elemente ist es auch Bestandteil des Verdeckungszusammenhangs, die über den Status quo hinausweisenden und verändernden Elemente unsichtbar zu machen. Vor dem Hintergrund des Lebenslagenkonzepts finden nach Funk/Schmutz/Stauber (1993, S. 156) individualisierte Lebensbewältigung als individuell gesetzte Aufgabe der produktiven Umformung von gesellschaftlichen Voraussetzungen in immer neues lebendiges Dasein zwar in einem sozialpolitisch vorgegebenen Horizont statt, gehe aber gerade nicht darin auf. Elemente der Lebensbewältigung, die über diese sozialpolitisch vorgegebenen Muster hinausgehen, werden entwertet und verdeckt. Damit wird mit dem Konstrukt des Verdeckungszusammenhangs analytisch faßbar, daß und wie das im Lebenslagenkonzept auf der Handlungsebene angelegte Veränderungs- und Entwicklungspotential unter sozialstaatlichen Lebensverhältnissen ebenfalls verdeckt wird. Als eine Konsequenz hieraus ist für meine empirische Untersuchung darauf zu achten, beide Perspektiven in den Blick zu bekommen; so ist z.B. bei der Wahrnehmung von Frauenbezügen zum einen danach zu fragen, wo Frauenbezugnahme verhindert wird, wo Frauen isoliert werden oder nur in funktioneller Weise aufeinander Bezug nehmen können. Zum anderen jedoch gehe ich nach dem Gesagten davon aus, daß Frauen sich jenseits dieser sozialpolitischen Verhinderungen in einer Weise aufeinander beziehen, welche die sozialstaatlich vorgegebenen und einschränkenden Formen überschreiten, aber diese überschreitenden Elemente durch reduzierende Wahrnehmungsmuster verdeckt werden und so deren Wahrnehmung verhindert wird. Es gilt im Untersuchungsprozeß auch Wege zu suchen, diese reduzierenden Wahrnehmungsmuster in ihrer spezifischen Qualität durch Geschlechter- und Stadt-Land-Hierarchie selbst wahrnehmbar zu machen und damit die neuen Elemente sichtbar zu machen. So ist etwa für die Wahrnehmung der Arbeit von Frauen zum einen nach den Mustern der Privatisierung zu fragen und zum anderen, wo Frauen angefangen haben, diese Privatisierung zurückzuweisen und zu überschreiten und wie diese Überschreitung jedoch durch Zuschreibungen wiederum verdeckt wird.

* Weiter ist dieser Ansatz für mich von Bedeutung, weil mit ihm Zusammenhänge zwischen Prozessen der Verdeckung in verschiedenen gesellschaftlichen Bereichen und zwar zusammen mit der Verdeckung verschiedener Lebensdimensionen (z.B. Arbeit und Konflikte) analytisch erfaßt werden können. Stauber nennt hierzu folgendes Beispiel: „Der Zusammenhang zwischen dem strukturell verdeckten Beitrag von Frauen auf der volkswirtschaftlichen Ebene und den sozialpolitischen Normalisierungsmustern, welche Frauen quasi selbstverständlich gesellschaftliche Arbeitsbereiche von geringem Status und geringen Gratifikationen zuweisen." (Stauber 1996, S. 27) Verdeckt werden dabei auf beiden Ebenen, nämlich der sozioökonomischen und sozialpolitischen, nicht nur die Arbeitsleistungen von Frauen, sondern auch ein zentraler gesellschaftlicher Widerspruch: „Der Widerspruch zwischen einem an der (vermeintlichen) Autonomie des (Erwerbs-) Arbeitssubjektes orientierten sozialstaatlichen Grundgerüst und dem unhintergehbaren Faktum menschlicher Bedürftigkeit." (ebda.) Dieser Widerspruch werde zwar als ge-

sellschaftlicher Widerspruch verdeckt, trete jedoch als individuelles Bewältigungsproblem im weiblichen Lebensentwurf auf. Dies führe auch dazu, daß die aus diesem Widerspruch resultierenden Konflikte von Frauen keine gesellschaftliche Relevanz erfahren können, da sie ja als individuelle Konflikte erscheinen. Mit diesen Ausführungen wird deutlich, daß in das Konstrukt des Verdeckungszusammenhangs Ergebnisse aus der feministischen Version der Lebensweltanalyse, nämlich das Leben von Frauen als wesentlich durch den widersprüchlichen Bedingungszusammenhang der verschiedenen Lebensbereiche bestimmt zu begreifen, eingeflossen sind und unter dem Aspekt der Verdeckung weiterentwickelt wurden.

An dieser Stelle kann als ein Vermittlungsschritt von Frauenzusammenhängen für das Vorhaben, Lebensumstände öffentlich zur Geltung zu bringen, formuliert werden: Wie helfen sie dabei, die scheinbar individuellen Widersprüche und die daraus resultierenden ebenfalls scheinbar individuellen Konflikte als Ausdruck allgemein gesellschaftlicher Widersprüche und Konflikte wahrnehmbar zu machen?

* Indem mit dem Konstrukt die gleichzeitige Verdeckung verschiedener Lebensdimensionen von Frauen sichtbar wird, wird deutlich, welche Hürden Frauen zu nehmen haben, wollen sie ihre verdeckte Bezugnahme, ihre verdeckte Arbeit und ihre verdeckten Konflikte – als wesentliche Dimensionen ihrer Lebensumstände – öffentlich zur Geltung bringen. Nicht nur der Gegenstand der Veröffentlichung ist verdeckt, sondern auch das Medium, mittels dessen er öffentlich gemacht werden soll – nämlich die Bezugnahme unter Frauen. Damit erweist sich das Konstrukt des Verdeckungszusammenhangs als Konzept, mit dem die eingangs skizzierten Forschungsstände – auf der einen Seite sozialwissenschaftliche Strukturanalysen und auf der anderen Seite Untersuchungen zu Beziehungen zwischen Frauen – verbunden werden können (vgl. hierzu Kap. 2.).

* Schließlich begründet sich aus den Erkenntnissen des Verdeckungszusammenhangs die Mehrdimensionalität meiner empirischen Fragestellung. Geschieht Marginalisierung von Frauen in ländlichen Regionen über einen Verdeckungszusammenhang so ist m.E. ebenfalls ein Zusammenspiel von Aufwertungs- und Veröffentlichungsvorgängen in verschiedenen gesellschaftlichen Bereichen und verschiedene Lebensdimensionen betreffend erforderlich, um dem Verdeckungszusammenhang entgegenzuwirken. D.h. für die Frage danach, wie die vom Verdeckungszusammenhang betroffenen Lebensum-

stände von Frauen in ländlichen Regionen öffentlich zur Geltung gebracht werden können, habe ich nach Auf-Deckungs-, Aufwertungs- und Veröffentlichungsmechanismen zu fragen, die verschiedene Lebensdimensionen betreffen und in verschiedenen gesellschaftlichen Bereichen angesiedelt sind. Außerdem ist eine empirische Untersuchungsperspektive zu entwickeln, die das Zusammenspiel von Aufdeckungsmechanismen fassen kann. Die vom Verdeckungszusammenhang unsichtbar gemachten Lebensumstände sind durch einen Ent-Deckungs*zusammenhang* sichtbar zu machen.

Resümee und Ausblick

Mit diesen Ausführungen wurde die Forschungsperspektive konkretisiert und die Lebensumstände von Frauen in ländlichen Regionen wurden präziser charakterisiert: als vom Verdeckungszusammenhang in spezifischer Weise betroffene Lebensumstände aufgrund des Status als Landbewohnerin und aufgrund des Status als Frau. Dabei enthalten die für Frauen in ländlichen Regionen wirksamen Verdeckungsmuster spezifische Verbindungen zwischen Geschlechterhierarchie und Stadt-Land-Hierarchie. Nach den Ausführungen in Kapitel 1.2 ist jedoch zu berücksichtigen, daß die Lebenslage von Frauen in ländlichen Regionen neben dem spezifischen Verhältnis zwischen Geschlechterhierarchie und Stadt-Land-Hierarchie durch weitere gesellschaftliche Hierarchien geprägt wird. Wenn ich nun davon ausgehe, daß sich auch diese Hierarchien über Verdeckungsmechanismen vermitteln, so komme ich zu dem Schluß, daß die land- und frauenspezifischen Muster des Verdeckungszusammenhangs durch weitere Differenzkategorien, wie z.B. Ethnie, Klasse, Alter, und damit weitere gesellschaftliche Hierarchien geprägt werden; d.h. daß für unterschiedliche Frauen in ländlichen Regionen verschiedene Muster des Verdeckungszusammenhangs wirksam sind. Solche in der Empirie zu suchen, wäre eine Grundlage für eine Weiterentwicklung des Konstruktes des Verdeckungszusammenhangs. Während Funk/Schmutz/ Stauber das Konstrukt des Verdeckungszusammenhangs primär bzgl. der Geschlechterhierarchie und Stadt-Land-Hierarchie ausgeführt haben, halte ich es für notwendig, das Konstrukt so zu erweitern, daß es Verdeckungsqualitäten aus weiteren gesellschaftlichen Hierarchien erfassen kann.

Um nun die aus dieser Analyse von Bedingungen resultierenden Schritte benennen zu können, die Frauen (-bezüge) zu leisten haben, wollen sie ihre

Lebensumstände öffentlich und sozialpolitisch zur Geltung bringen, gilt es noch folgenden zwei Fragen nachzugehen. Über welche sozialstaatlichen Mechanismen wird diese mehrfache Marginalisierung an Frauen in ländlichen Regionen vermittelt? Wie ist die Dimension der Öffentlichkeit frauen- und landspezifisch zu präzisieren? Zunächst zur ersten Fragestellung.

1.6. Das Bewältigungsstereotyp ‚Belastbarkeit'

Wurde oben die Funktionsweise verschiedener gesellschaftlicher Hierarchien als Verdeckungszusammenhang analysiert, geht es nun darum, nach den Mechanismen zu fragen, mit denen der Verdeckungszusammenhang einzelnen Subjekten vermittelt wird. Hierfür erinnere ich an das Kap. 1.1 Dort habe ich ausgeführt, daß die sozialstaatliche Balancepolitik über eine gruppenspezifisch unterschiedliche Verteilung von Ansprüchen und Zumutungen in Gestalt von öffentlichen Definitionen und Bewältigungsstereotypen betrieben wird. Nach den für Frauen in ländlichen Regionen spezifischen Mustern zu fragen, mit denen ihnen die Marginalisierung vermittelt wird, ist deshalb von besonderem Interesse, weil darin der Schnittpunkt der strukturellen Dimension – in Gestalt von Definitionsmustern bzw. Bewältigungsstereotypen – und der Dimension des subjektiven Handelns in seiner für diese Gruppe spezifischen Weise analytisch erfaßt werden kann. Erst diese Spezifizierung ermöglicht, für diese Gruppe wirksame Ansatzpunkte für veränderndes Handeln bestimmen zu können.

Als ein zentrales sozialstaatliches Vermittlungsinstrument, mit der die spezifische Qualität förderungspolitischer Marginalisierung – als Verdeckungszusammenhang – Frauen in ländlichen Regionen vermittelt wird, ist das Bewältigungsstereotyp ‚Belastbarkeit' zu nennen. Nach Anmerkungen zur Herleitung dieses Bewältigungsstereotyps, führe ich den analytischen Gehalt dieses Stereotyps für meine Fragestellung aus.

Mit Funk (1993) kann aufgezeigt werden, wie dieses Bewältigungsstereotyp an eine spezifische Form der Zumutung und Entwertung der weiblichen Arbeit auf dem Land anschließt. Der historische Beginn dieser Zuschreibung der Belastbarkeit von Frauen liege in der Herausbildung und Fortsetzung zweier entgegengesetzter Sphären des Wirtschaftens, die im Modell der Vorherrschaft der Profitökonomie und der Unterlegenheit der Subsistenzwirtschaft aufgehe (vgl. dazu Funk 1993, S. 42). Interessant ist dabei nun die sozialpolitische Transformation dieses Belastbarkeitsmusters. Diese bezieht sich nicht nur auf Frauen im landwirtschaftlichen Bereich, sondern es wurde auf Frauen und den ländlichen Bereich verallgemeinert. Diese Verallgemeinerung konnte auch deshalb ‚geschehen‘, weil im ländlichen Bereich soziale und politische Öffentlichkeiten fehlten, die, wie dies im urbanen Bereich geschah, in öffentlichen sozialen Konflikten und gewerkschaftlichen Kämpfen diesen sozialpolitischen Definitionskontext von Zumutung und Belastung neu aushandelten. Aufgrund des Fehlens solcher Öffentlichkeiten konnte die Sozialpolitik im ländlichen Bereich „... an dem traditionalen, selbstverständlichen, nicht thematisierten Belastungsmuster, wie es der Landfrau innewohnte, anknüpfen." (Funk 1993, S. 43)

In dieser historischen Herleitung des Bewältigungsstereotyps ‚Belastbarkeit‘ zeigt sich der Gehalt der vorgenommenen Dekonstruktion von Denkvoraussetzungen. Das Anknüpfen und Gebrauchen des traditionalen Belastungsmusters wird als Bestandteil moderner Sozialpolitik sichtbar. Dieses heute geltende Stereotyp stellt also kein archaisches Überbleibsel dar, sondern eine für die heutige Gesellschaft modernisierte und damit funktionale Form des traditionalen Belastungsmusters.

Zum analytischen Gehalt für meine Fragestellung:

* Mit dem Bewältigungsstereotyp ‚Belastbarkeit‘ kann ich analytisch fassen, daß die darin enthaltenen Zumutungen verschiedene Lebensdimensionen von Frauen gleichzeitig verdecken und in welcher Weise dies jeweils auf der subjektiven und gesamtgesellschaftlichen Ebene geschieht. Nicht nur die Arbeit und die Konflikte von Frauen werden durch die Zuschreibung (gesamtgesellschaftliche Dimension) und subjektive Übernahme dieser Zuschreibung (subjektive Dimension) dieses Bewältigungsstereotyps verdeckt, sondern diese Zuschreibung wirkt nach Funk (1993, S. 44) „... auch dort weiter, wo Gewalt gegen Mädchen und Frauen – vor allem sexuelle Gewalt – öffentlich wird." Dies geschehe nach dem Motto: ‚Frauen haben etwas auszuhalten‘. D.h. Gewalt ist nicht völlig tabuisiert, sondern teilweise existiert die öffentliche Erwartung, sie auszuhalten. Das daraus resultierende ‚Nebeneinander‘ von offenem Wissen, daß Frauen geschlagen und Mädchen mißbraucht werden und der gleichzeitigen Tabuisierung dieses Tatbestands, ist ein wichtiger Anhaltspunkt für die empirische Frage nach unterstützenden öffentlichen Thematisierungsmustern von Gewalt. Dieses diagnostizierte Nebeneinander von offenem Wissen und Tabuisierung ist wiederum Ausdruck des Mangels einer

sozialpolitischen Öffentlichkeit, die diese Belange von Frauen aufnehmen könnte.

* Indem Belastbarkeit als Bewältigungsstereotyp sichtbar wird, kann ich weiter fassen, daß Zumutungen nicht als Zumutungen erlebt werden, sondern als normal gelten. Dieser Befund der subjektiven Normalisierung von Belastungen wird in einer qualitativen Studie von Faltermaier (1987) über Belastungen und Bewältigungsstile von jungen Krankenschwestern bestätigt. Als eine Form mit Bewältigung umzugehen, arbeitet er die Normalisierung von Belastungen heraus und stellt fest: „Frauen mit einem derartigen Bewältigungsstil kamen fast ausschließlich aus dörflichen – bäuerlichen Verhältnissen." (Faltermaier 1987, S. 411) In diesem Bewältigungsstil werden Belastungen „... als normal definiert: Es ist völlig ‚normal', daß eine Arbeit (vor allem viel Arbeit) belastend ist und man dabei müde und kaputt wird. Das muß so sein und gehört zu jeder richtigen Arbeit. Wenn man also arbeiten will, dann hält man das aus." (ebda.) Ein solcher Arbeitsbegriff kennt, nach Faltermaier, keine besonderen Belastungen, diese sind vielmehr notwendig darin enthalten.[39] Als methodische Konsequenz weist er darauf hin, daß diese Frauen ihre Arbeitstätigkeit nicht als ‚belastend' bezeichnen würden.

Für meine Fragestellung, was Frauenbezüge zu leisten haben, wollen sie die ganz normalen Zumutungen und Belastungen von Frauen öffentlich zur Geltung bringen, ist als Konsequenz hieraus zu formulieren: zunächst sind ganz normale Anforderungen als Zumutungen wahrnehmbar zu machen; weiter ist zu hinterfragen, daß besondere Belastungen selbstverständlicher Bestandteil weiblichen Lebens sind. Dies bedeutet m.E. einen Schritt *vor* der ‚modernen' sozialpädagogisch-psychologischen Frage nach dem subjektiven Umgang mit Anforderungen, die eigene Grenzen überschreiten, anzusetzen. Zunächst ist die Idee zu vermitteln, daß überhaupt ein Recht auf eine Begrenzung von Zumutungen besteht.

* Indem dieses Bewältigungsstereotyp und die damit verbundenen Zumutungen als sozialstaatliches Vermittlungsmuster sichtbar wird, wird deutlich, daß

---

39 Auch Wonneberger (1992) und Lasch (1992) kommen in ihrer Untersuchung zur Belastungs- und Beanspruchungssituation von Bäuerinnen zu dem Ergebnis, daß Belastungen als selbstverständlich auszuhaltende angesehen werden und problematisieren das wissenschaftliche Erfassen von Belastungen, die in dieser Weise subjektiv interpretiert werden. Sie thematisieren die Konsequenzen einer solchen Belastungswahrnehmung primär unter dem Aspekt der Gesundheitsfürsorge.

das Ertragen von Zumutungen nicht ausschließlich Resultat eines subjektiven Verhaltens ist, sondern vor allem auch Ergebnis öffentlich sozialstaatlicher Zuschreibungsprozesse. Damit kann zum einen dem Klischee von der übergroßen Duldsamkeit und Bescheidenheit der Landbewohnerinnen begegnet werden; zum anderen wird dadurch deutlich, daß andere Bevölkerungsgruppen, z.b. die in Städten lebenden Frauen, von dieser gruppenspezifisch unterschiedlichen Verteilung profitieren, da für diese zwar als Frauen dieses Bewältigungsstereotyp wirksam ist, jedoch nicht aufgrund ihres Status als Frauen in ländlichen Regionen. Diese Einsichten eröffnen neue Perspektiven für überregionale frauenpolitische Bündnisse. Bisher scheinen mir in überregionalen Bündnissen häufig Standards bzgl. frauenpolitischer Arbeit im Vordergrund, die aus der Perspektive von Frauen(-gruppen) aus städtischen Lebenswelten formuliert wurden. Übergangen werden dabei meistens die unterschiedlichen regionalen Voraussetzungen für frauenpolitische Arbeit, wie sie z.B. in Gestalt verschiedener sozialpolitischer Zuschreibungsprozesse und -ergebnisse existieren.

* Angesichts der Diagnose, dieses Muster habe deshalb so große Gültigkeit, weil soziale und politische Öffentlichkeiten fehlten, die den sozialpolitischen Definitionskontext von Belastbarkeit und Zumutung immer wieder neu aushandelten, können als Ansatzpunkte für Veränderungen die Entwicklung solcher Öffentlichkeiten benannt werden. In diesem Zusammenhang wird in der empirischen Untersuchung zu fragen sein, ob Frauenzusammenhänge in ländlichen Regionen solche Qualitäten von Öffentlichkeiten herstellen. Dies verweist auf die Klärung des Öffentlichkeitsbegriffs.

1.7. Öffentlichkeiten. Land- und frauenspezifische Konkretisierung von Öffentlichkeitsvorstellungen

Wenn wir nun abschließend den herrschenden Öffentlichkeitsbegriff land- und frauenspezifisch hinterfragen, wird deutlich, vor welche Hürden oder auch Herausforderungen sich Frauen in ländlichen Regionen gestellt sehen, wollen sie ihre Lebensumstände öffentlich zur Geltung bringen.

Bisher hatten wir gesehen, daß ein Großteil gesellschaftlich notwendiger Arbeit Frauen zugewiesen und mit ihnen zusammen in die Privatheit verwiesen wird. Das gleiche geschieht mit den hieraus entstehenden Konflikten und mit der Bezugnahme unter Frauen: sie werden ebenfalls privatisiert und verdeckt. Dies geschieht, obwohl sich zumindest in großstädtischen Bereichen Öffentlichkeiten bildeten, in denen sozialpolitische Definitionen in sozialen Konflikten immer wieder auch ausgehandelt wurden (vgl. Funk 1993). Die Lebensumstände von Frauen blieben jedoch aus diesen öffentlichen Verhandlungen weitgehend ausgenommen. Das verwundert nicht weiter, wenn wir uns der Entstehungsgeschichte bürgerlicher Öffentlichkeiten vergewissern. Sie entstanden gleichzeitig mit der Privatisierung der den Frauen zugeschriebenen Arbeiten und dem Ausschluß von Frauen aus dem öffentlichen Bereich. Die Genese bürgerlicher Öffentlichkeiten stellt eine Geschichte des zunehmenden Frauenausschlusses dar (vgl. Hausen 1990; Gerhard/Jansen 1990; Funk 1993, Schaeffer-Hegel 1990, Köhler 1990). Während diese geschlechtshierarchische Spaltung der Öffentlichkeit ein zentraler Gegenstand feministischer Analysen darstellt, wird selten nach sozialräumlich bedingten hierarchischen Aspekten gefragt. Um Hierarchisierungsprozesse auch innerhalb feministischer Öffentlichkeiten zu vermeiden, sind für meine Fragestellung beide Hierarchisierungsaspekte und diese wiederum in ihrem Ineinandergreifen wichtig.

Die geschlechtshierarchische Spaltung innerhalb von Dorföffentlichkeiten beschreiben Böhnisch/Funk (1991) folgendermaßen: Einerseits gibt es die informelle Ebene, die aus der alltäglichen Kommunikation des miteinander oder übereinander Redens auf der Straße und der alltäglichen Interaktion bestehe. Aus dieser herausgehoben existiert die ‚formelle‘ Dorföffentlichkeit, die in den Vereinsvorständen und kommunalpolitischen Gremien hergestellt wird. „In diesen beiden Dimensionen der Dorföffentlichkeit vermittelt sich auch eine signifikante geschlechtsspezifische Teilung. Die Frauen sind ... vor allem in der informellen ... Dorföffentlichkeit präsent, beziehen hieraus ihre Stärke und Möglichkeiten sozialer Kontrolle für den privaten Bereich. Die ... formelle Dorföffentlichkeit der Vereine und Kommunalpolitik ist aber vor allem von Männern besetzt, organisiert sich in ihren Ritualen und Kooptationen als Männeröffentlichkeit." (Böhnisch/Funk 1991, S. 32) In welchem Ausmaß diese Analyse noch zutrifft, wird in der empirischen Untersuchung zu fragen sein.

Wie oben bereits benannt, fehlen in ländlichen Regionen nach wie vor weitgehend Öffentlichkeiten, die sozialpolitische Fakten aushandeln, z.B. Definitionen von Zumutungen und Ansprüchen. Nach Böhnisch/Funk sind die dörfliche Welt der beschränkten Gegenseitigkeit und die modernen sozialstaatlichen Öffentlichkeiten (z.B. der Sozialarbeit) nicht miteinander vermittelt. „Während es ein Kennzeichen städtischer Öffentlichkeiten ist, daß sie Interessen und Bedürfnisse aus dem privaten Bereich in einen qualitativ anderen ‚öffentlichen' Bereich vermitteln (sei es die bürgerliche Öffentlichkeit der Medien oder Bürgerinitiativen oder die sozialstaatliche Öffentlichkeit des sozialen Dienstleistungsapparates), fehlt in der ländlichen Tradition der Dorföffentlichkeit diese Trennung und damit auch die Muster der Vermittlung von öffentlich und privat. Dorföffentlichkeit und Alltagswelt des Dorfes sind miteinander vermischt, gehen ineinander über." (Böhnisch/Funk 1991, S. 32)

Aufgrund des Fehlens solcher Öffentlichkeiten, die sozialpolitische Fakten aushandeln, haben Menschen in ländlichen Regionen ihre Lebensumstände bisher kaum öffentlich und sozialpolitisch zur Geltung gebracht[40]. Daß dies jedoch nicht bedeutet, daß sie öffentlich und sozialpolitisch gar nicht wahrgenommen werden, wurde vorne ausgeführt. Sie werden sozialpolitisch akzeptiert, aber eben auf der Grundlage von Stereotypen und Zuschreibungen, die von anderen formuliert werden (z.B. Besonderung, Defizitperspektive oder Stereotyp von der heilen Welt). Daß diese Zuschreibungen für Frauen in ländlichen Regionen noch einmal eine spezifische Qualität annehmen durch ihre Färbung mit der Geschlechterhierarchie, wurde ebenfalls vorne ausgeführt.

Diese mangelnden Möglichkeiten, die eigenen Lebensumstände selbst öffentlich und sozialpolitisch zur Geltung zu bringen, sie mit eigenen Definitionen zu versehen, begründet m.E. u.a. eine Stadt-Land-Hierarchie zwischen Frauen. Versorgungsansprüche in großstädtischen Regionen werden, vor dem Hintergrund der gruppenspezifisch unterschiedlichen Verteilung sozialstaatlicher Leistungen, auch auf Kosten des Landes anerkannt.

Nicht nur Zuschreibungen von außen, aus großstädtischen Zusammenhängen, verhindern die Entwicklung von Öffentlichkeiten, die soziale Konflikte thematisieren könnten. Auch ein an Konfliktvermeidung gebundener neuer Regionalismus hat zur Folge, daß bestimmte soziale Probleme und regionale

---

[40] Auch wenn in ländlichen Regionen von einzelnen Bewohnern und Bewohnerinnen ‚moderne' sozialpolitische Muster von Anspruch und Leistung als selbstverständlich empfunden werden, führte dies selten zur Bildung neuer öffentlicher Verhandlungs- und Vermittlungsprozesse. Hinsichtlich einer Entwicklungsperspektive stellt sich die Frage, wie die bisher v.a. individuell anderen Umgangsweisen öffentlich verhandelt werden.

Disparitäten übergangen werden und sie „... angesichts des öffentlichen An-
spruchs dieses ideologischen Regionalismus keine regionale Öffentlichkeit
finden können." (Böhnisch 1989, S.27) Ein solcher konfliktvermeidender Regionalismus verstärkt die traditionalen ländlichen Muster privater und personaler Problemzuschreibungen und ‚modernisiert' sie. Formuliert und getragen
wird dieser neue Regionalismus von Bewohnern und Bewohnerinnen des
ländlichen Raums selbst; jedoch stellt er u.a. eine Reaktion auf die wohl-
fahrtsstaatlichen Zuschreibungen des ‚defizitären ländlichen Raums' der 60er
und 70er Jahre dar. Böhnisch berichtet, wie er in Gesprächen auch mit kritischen Gewährsleuten in ländlichen Regionen immer wieder erfahren habe:
„Man möchte heute auf dem Lande nicht mehr als gesellschaftliche Problemgruppe oder Defizitgruppe gelten, man will auch im ländlichen Raum dabei
sein". (ebda.) Als Kehrseite dieser Betonung des ‚Dabeiseins' werden individuelle Lebensschwierigkeiten, soziale Konflikte und Probleme auf personaler
und regionalpolitischer Ebene zurückgehalten und verdeckt und so die Bildung von Öffentlichkeiten zu diesen Konflikten verhindert.

Zu dem Mangel an Öffentlichkeiten, die Lebensumstände/-schwierigkeiten
öffentlich und sozialpolitisch zur Geltung bringen könnten, kommt die Aus-
dünnung bisher vorhandener Bewältigungsmuster. Die alltägliche Dorföffentlichkeit wurde nach Böhnisch/Funk (1991, S. 33) im Zuge des Strukturwan-
dels (demographische und soziale Umschichtungen, Trennung und Auslage-
rung der Lebensbereiche, Assimilation urbaner Lebensformen) in ihrer Kon-
troll- und Kommunikationsgegenseitigkeit ausgedünnt und überformt. Damit
ist dörfliche Kontrolle ihrer Verbindlichkeit aber auch ihres Orientierungsge-
halts entleert. Da neue Öffentlichkeiten, die Lebensschwierigkeiten mediatisieren, Konflikte entpersonalisieren und den kommunalen Umgang mit sozialen Problemen steuern können, in der Regel nicht entstanden sind, werde
die Privatisierung von Lebensschwierigkeiten verstärkt, ohne daß damit die
Einbuße an familialer Selbstregulierungsfähigkeit sichtbar wird. Dies führe
dazu, daß das, was in der dörflichen Welt der Gegenseitigkeit nicht regulier-
bar oder akzeptierbar ist, privatisiert, tabuisiert oder ausgegrenzt werde, z.B.
Suchtprobleme, z.B. Gewalt in der Familie, wobei diese Muster der Privatisierung, Tabuisierung und Ausgrenzung wiederum geschlechtsspezifisch geprägt
sind. Institutionelle Hilfe, die sich hier einbringen will (oder die eingefordert
werden könnte), erscheint, so Böhnisch/Funk (1991) weiter, immer noch als
‚Intervention von außen' – als Symbol, daß die dörfliche Normalität oder die

betreffende Familie nicht mehr funktioniert – und damit als Bedrohung und Kontrolle. Wahrnehmungsveränderungen im Hinblick darauf, Hilfe als berechtigte Hilfe ansehen zu können, sind deshalb für ländliche Öffentlichkeiten als notwendige Vermittlungsleistungen zu nennen.

Auf der Basis dieser Ausführungen kann die aktuelle Situation in ländlichen Regionen folgendermaßen gekennzeichnet werden: Auf der einen Seite haben bisherige Formen der Bewältigung an Gültigkeit verloren und auf der anderen Seite sind neue, unter sozialstaatlichen Verhältnissen ‚notwendige' öffentliche Verhandlungsmuster noch kaum entstanden bzw. werden ‚modern', z.B. über einen ideologischen Regionalismus, verhindert. Als Anforderung formuliert bedeutet das: Frauen in ländlichen Regionen haben nicht nur ihre aus Öffentlichkeiten ausgeschlossenen Lebensumstände darin zur Geltung zu bringen, sondern sie haben Öffentlichkeiten, die sozialpolitische Fakten, den Definitionskontext von Anspruch und Zumutung aushandeln können, als neuen gesellschaftlichen Bereich in ländlichen Regionen erst zu entwickeln.

In diesem Zusammenhang ist in der Empirie zu fragen:

Entwickeln Frauenzusammenhänge solche in ländlichen Regionen qualitativ neuen öffentlichen Vermittlungsmuster und -strukturen, d.h. Öffentlichkeiten, die in der Lage sind, die Lebensschwierigkeiten in ihrer geschlechts- und sozialräumlichen Prägung aus dem Privaten in einen qualitativ anderen Bereich zu mediatisieren? Gelingt es diesen Frauenzusammenhängen, solche Formen öffentlicher Thematisierungsmuster und -strukturen zu entwickeln, welche die spezifischen Ausgrenzungsmuster aus Öffentlichkeiten durch die Geschlechterhierarchie und die Stadt-Land-Hierarchie überschreiten und die an die in ländlichen Regionen vorhandenen Thematisierungs- bzw. Öffentlichkeitsmuster anknüpfen und diese erweitern; d.h., die eine einfache Übertragung von in großstädtischen Zusammenhängen – auch in Frauenzusammenhängen – entwickelten öffentlichen Vermittlungsmuster und -strukturen vermeiden.

Diese zweite Frage ist Resultat einer historischen Vergewisserung der spezifischen Strukturen ländlicher und urbaner Öffentlichkeiten. Für diese historische Vergewisserung beziehe ich mich auf Ansätze der Urbanisierungsdiskussion in den Sozialwissenschaften (Martwich 1977; Léfêbvre 1975; Schneider-Kuszmierczyk 1984). Im Rahmen der Urbanisierung, als qualitativ neue Stufe der Industrialisierung, wird die Stadt nicht nur zentraler Ort der Produktion, sondern selbst Produktivkraft, indem die Elemente des industriellen Produktionsprozesses in ein qualitativ neues – räumliches – Verhältnis zueinander gebracht werden. Der städtische Raum ist mehr als nur eine Anhäufung von Technik, Reichtum und industrieller Lebensweise, weil die ökonomischen, sozialen und kulturellen Inhalte, die im städtischen Raum konzentriert sind, sich gegenseitig in eben dieser Nähe aufschließen. Im städtischen Bereich prallen kontroverse ökonomische, soziale und kulturelle Inhalte räumlich aufeinander, werden in diesem Aufeinandertreffen jedoch immer wieder befriedet. „Diese urbane Dialektik von Konfrontation und Befriedung bringt typische Institutionen und Öffentlichkeiten hervor, in denen die ökonomischen, sozialen und kulturellen Widersprüche historisch neu vermittelt und so urban vergesellschaftet werden." (Böhnisch/Funk 1989, S. 115) Die sozialräumliche Dialektik des städtischen Raums stellt also eine Dialektik von Konfrontation und Befriedung dar und mediatisiert bzw. vermittelt als solches das urbane Sozialverhalten. „Diese urbane Gleichzeitigkeit von Konflikthaftigkeit und Befriedung ist gerade in städtischen Institutionen der Sozialpolitik und Sozialarbeit aufgehoben. Soziale Konflikte und ihre psychosozialen Korrelate sind hier ... politisch und therapeutisch handhabbar, verwaltbar, bearbeitbar gemacht". (Böhnisch/Funk 1991, S. 35)

In der historischen Struktur des ländlichen Raums dagegen fehlt diese Dialektik von Konfrontation und Befriedung. „ ‚Nähe' des ländlichen Raums war und ist im Vergleich zur urbanen ‚Nähe' sozial nicht transformiert, sondern bleibt etwas Nicht-Widersprüchliches, Komplementäres, traditional Nebeneinander-Gesetztes, Widersprüche Ausgrenzendes" (Böhnisch/Funk 1989, S. 115f) und dies trotz der urbanen Vergesellschaftungstendenz auch des ländlichen Raums. Als Konsequenz hieraus benennen Böhnisch/Funk, daß alle modernen sozialen Erscheinungsformen irgendwie auf dem Lande vorhanden sind, aber eben in diesem unvermittelten Nebeneinander nicht mediatisiert sind, sondern meist nur in Situationen und über Personen aufeinander bezogen werden.

Ergebnis einer solchen Vergewisserung ist, daß öffentliche Vermittlungsmuster z.B. in Form institutioneller Hilfeformen oder öffentliche Thematisierung, die großstädtischen Ursprungs sind, nicht einfach auf ländliche Regionen übertragen werden können, da hier die dafür notwendigen sozialstrukturellen Voraussetzungen fehlen, nämlich: die für öffentlich-urbane Zusammenhänge typische Dialektik von Konfrontation und Befriedung. Darüber hinaus wirft eine solche Analyse städtischer Lebenswelten die Frage auf, ob öffentliche Vermittlungsmuster, wie sie in Städten entwickelt wurden, überhaupt erstrebenswert sind. Darauf verweist nicht nur die Kritik an der urbanen Öffentlichkeiten immanenten Geschlechterhierarchie, sondern auch die, im Rahmen linker Kritik (vgl. u.a. Negt/Kluge 1977) vorgenommene Entlarvung städtischer Öffentlichkeit als „... Scheinöffentlichkeit, die lediglich die Partialinteressen des Kapitals und die daraus abgeleiteten Machtverhältnisse legitimiert hatte" (Köhler 1990, S. 68). Diese Kritik deutet auf die Notwendigkeit hin, städtische Öffentlichkeiten und die mit dem Urbanitätsbegriff assoziierten Vorstellungen auch jenseits der Frage nach dem Übertragungsmodus auf ländliche Regionen skeptisch hinsichtlich ihres Ideologiegehalts zu prüfen. Weiterführend in diesem Zusammenhang ist das Werk ‚Urbanität und Ideologie' von Schneider-Kuszmierczyk (1984), in dem sie eine historisch-kritische Rekonstruktion des Urbanitätsbegriffs vornimmt.

Als ein Fazit ist zu formulieren: Wollen Frauen in ländlichen Regionen ihre Lebensumstände öffentlich zur Geltung bringen, stehen sie vor der Aufgabe, das spezifische – durch die Stadt-Land-Hierarchie und Geschlechterhierarchie geprägte – Ausgrenzungsverhältnis aus herrschenden ‚Öffentlichkeiten' wahrzunehmen und zu überschreiten.

Ein Ergebnis der Analyse: Ein Dilemma und die Präzisierung der Frage nach der sozialpolitischen Akzeptanz
Aufgrund der vorgenommenen Analyseschritte in den vorangegangenen Kapiteln kann nun als Ergebnis das Dilemma benannt werden, das sich Frauen in ländlichen Regionen zeigt, wollen sie ihre Lebensumstände öffentlich und sozialpolitisch zur Geltung bringen. Über sozialstaatliche Vermittlungsmechanismen, z.B. in Gestalt von Bewältigungsstereotypen und öffentlichen Definitionen wird Frauen in ländlichen Regionen sehr viel zugemutet, diese Zumutungen werden über verschiedene Mechanismen verdeckt und so wird ver- bzw. behindert, daß sie überhaupt Ansprüche formulieren und öffentlich thematisieren. Gerade die für Frauen in ländlichen Regionen geltenden Definitionen von Anspruch und Zumutbarkeit wurden als Muster deutlich, welche die gesellschaftliche Relevanz der Lebensumstände von Frauen in ländlichen Regionen verdekken und gleichzeitig eine Veröffentlichung dieser verdeckten Lebensumstände behindern. Deutlich wurde, daß sowohl mit dem Status ‚Frau' als auch mit dem Status ‚Landbewohnerin' Definitionsmuster verbunden sind, die vor allem dazu

führen, Lebensumstände zu privatisieren, unsichtbar zu machen und zu verdekken. Außerdem wurde als weiterer, eine Veröffentlichung verdeckter Lebensumstände behindernder Faktor der Mangel an sozialpolitisch vermittelnden Öffentlichkeiten in ländlichen Regionen offensichtlich. D.h. die spezifischen Muster der sozialpolitischen Akzeptanz der Lebensumstände von Frauen in ländlichen Regionen selbst begründen deren gesellschaftliche Marginalisierung.
Diese Tatsache, nämlich daß Lebensumstände von Frauen gerade aufgrund
der spezifischen Qualität ihrer sozialpolitischen Akzeptanz marginalisiert
werden, wird ebenfalls verdeckt.

Auf der Basis dieser Ergebnisse kann ich nun Rückschlüsse bzgl. des analytischen Gehalts der in Kap. 1.1 eingeführten Dimensionen und Fragen ziehen und
diese gleichzeitig präzisieren. Während sich die benannten Dimensionen, von
denen sozialpolitische Akzeptanz abhängt, analytisch als ergiebig erwiesen,
zeigte sich, daß die Frage nach der sozialpolitischen Akzeptanz differenzierter
zu stellen ist, will sie nicht irreführen. Es ist nicht nur danach zu fragen, ob Lebensumstände sozialpolitisch akzeptiert werden, sondern es ist vor allem danach zu fragen, wie sie akzeptiert werden. Denn sozialpolitische Akzeptanz
bietet noch keine Gewähr dafür, daß dies im Interesse von Frauen geschieht.
Die Konsequenzen hieraus für meine empirische Fragestellung wurden bereits
oben benannt. In der Empirie habe ich nicht nur danach zu fragen, ob Frauen
ihre verdeckten Lebensumstände öffentlich und sozialpolitisch zur Geltung
bringen, sondern es ist v.a. die inhaltliche Qualität dieser Veröffentlichung zu
analysieren; denn diese Qualität ist entscheidend dafür, ob die veröffentlichenden Schritte zu einer sozialpolitischen Akzeptanz im Interesse von Frauen führen. Kriterien für diese Qualität wurden ebenfalls bereits oben als Ergebnis der
theoretischen Herleitung deutlich. Demnach ist bei der Veröffentlichung der Lebensumstände – d.h. der Arbeit und Konflikte von Frauen, ihren Gewalterlebnissen und ihren Bezügen zu anderen Frauen – deren allgemeingesellschaftliche
Relevanz deutlich zu machen. Dies setzt voraus, die hinsichtlich dieser Lebensumstände bestehenden Definitionen zu hinterfragen und neue Definitionen zu
entwickeln und zu veröffentlichen.

Diese Qualität in der Veröffentlichung von Lebensumständen kann m.E. über
die Bezugnahme zwischen Frauen erreicht werden. Im Zentrum meiner Frage
danach, wie Frauen verdeckte Lebensumstände qualitativ neu definieren und

sie, versehen mit diesen Definitionen, öffentlich und sozialpolitisch zur Geltung bringen, steht deshalb die Dimension der Bezugnahme zwischen Frauen. Diese Dimension ist Gegenstand des folgenden Kapitels.

2. Frauenbezugnahme. Von a wie abgewertet bis z wie zerstört. Verdeckungsmuster und Veränderungsperspektiven

Zur Einstimmung

abgewertet
bagatellisiert, nicht ernstgenommen
vergessen
Verdeckt
verdrängt
unsichtbar gemacht
verstellt
versperrt
verzerrt
entstellt durch Klischees, Zuschreibungen und Stereotype
reduziert durch Bilder, Vorstellungen und Mythen
entwertet
privatisiert
be-deutungslos, nicht-erwähnenswert
zu selbstverständlich
tabuisiert
stigmatisiert
unterdrückt
verächtlich gemacht
ins Versteck und zur Verkleidung gezwungen
übergangen
verstümmelt
demontiert
zerstört

Ein gesellschaftlich verwehrter Selbstbezug für Frauen und eine – ebenfalls gesellschaftlich – behinderte Bezugnahme zwischen Frauen stellen eine Dimension des Verdeckungszusammenhangs dar; dies zeigte die bisherige Analyse. Bezogen auf meine Fragestellung heißt das, nicht nur die ‚Gegenstände‘, die öffentlich und sozialpolitisch zur Geltung gebracht werden sollen (Arbeit,

Konflikte, Bezüge unter Frauen), sind vom Verdeckungszusammenhang betroffen, sondern auch das Medium, mittels dessen aufgedeckt und veröffentlicht werden soll: Frauenbezugnahme. Deshalb werde ich mich in diesem Kapitel verdeckender Zuschreibungs- und Wahrnehmungsmuster, die hinsichtlich dieser Dimension wirksam sind, genauer vergewissern. Außerdem werden hier methodische Konsequenzen für eine aufdeckende Wahrnehmung entwickelt. Ziel dieser Vergewisserung ist es, die Funktionsweise von Verdeckungsmustern präziser bestimmen zu können und in Kenntnis dieser Funktionsweise, aufdeckende Vorgehensweisen, u.a. für den empirischen Forschungsprozeß, aufzeigen zu können. Als Ergebnis werden also zwei Spektren vorgestellt: einmal ein Spektrum an Verdeckungsmuster und zum zweiten ein Spektrum an (methodischen) Hinweisen zur Überwindung dieser Verdeckungsmechanismen, zur Ent-Deckung.

Diese Vergewisserung stellt eine forschungsmethodologische Konsequenz des Verdeckungszusammenhangs dar. Funk/Schmutz/Stauber (1993, S. 165) betonen die Notwendigkeit einer Reflexion hinsichtlich einer „potentiellen Mittäterschaft am Verdeckungszusammenhang". Ohne eine solche bestehe die Gefahr, im Untersuchungsprozeß selbst, verdeckte Dimensionen nicht wahrnehmen und thematisieren zu können und damit die Verdeckung zu reproduzieren.

Die Vergewisserung geschieht, indem ich den Forschungsstand zum Thema ‚Frauenbeziehungen' in gezielt ‚einseitiger Weise', nämlich unter dem Focus des analytischen Konstrukts des Verdeckungszusammenhangs (vgl. Kap. 1.5) sichte:

- Ich trage Befunde über Verdeckungsmuster hinsichtlich verschiedener Aspekte von Frauenbezugnahme – z.B. zu unterschiedlichen Qualitäten, Inhalten und Formen von Frauenbeziehungen, z.B. zur gesellschaftlichen Verortung von Frauenbeziehungen – zusammen und frage nach deren Synergieeffekten;
- Ich befrage die Verdeckungsmuster nach ihrer Wirksamkeit in unterschiedlichen gesellschaftlichen Dimensionen, um so die von Funk/Schmutz/Stauber (1993) benannten Dimensionen des Verdeckungszusammenhangs – die sozioökonomische, sozialstaatliche, regionale und biographische Dimension, hinsichtlich ‚Frauenbezugnahme' zu konkretisieren.

Indem ich verstreute Einzelbefunde hinsichtlich Verdeckungsmechanismen, aufdeckender Vorgehensweisen und Entdeckungsmethoden vor dem Hintergrund des Konstruktes des Verdeckungszusammenhangs zusammentrage, bündle ich sie unter eine synthetisierende theoretische Konstruktion.[1] Dies sehe ich als Bestandteil der Weiterentwicklung einer Erkenntnisperspektive auf die Dimension ‚Frauenbezugnahme' an, die in ihren methodischen und theoretischen Zugängen die hinsichtlich dieser Dimension bestehenden Wahrnehmungsbarrieren berücksichtigt[2]

Im folgenden stelle ich ein Spektrum an Verdeckungsmuster und an u.a. methodischen Hinweisen für überschreitende Aspekte vor. Strukturiert wird diese Vorstellung durch verschiedene Verdeckungsqualitäten, um so die Spezifika einzelner Verdeckungsmuster herauszuarbeiten. Abschließend formuliere ich Ergebnisse zu Querbezügen.

2.1. versperrt und verstellt durch patriarchal geprägte Wahrnehmung

Fast gänzlich versperrt ist nach Brauckmann (1983) der Blick auf die Bedeutung von Freundinnen im Alltag von Frauen. Deshalb hält sie es hinsichtlich des **methodischen Vorgehens** für notwendig, hinter die Kultivierung des Männlichen zu schauen. Damit meint sie, „... einen Blick zu werfen auf das Erleben von Frauen, ihre Bewußtheiten, ihr Vergessen, ihr Sprechen darüber. Fragen zu stellen, um neues Sehen und Denken zu ermöglichen." (Brauckmann 1983, S. 3)

---

[1] Angesichts des Forschungsstandes hielt ich es für sinnvoll, unterschiedliche Reflexionsebenen – von stichwortartigen Bemerkungen bis hin zu ausgearbeiteten Analysen – einzubeziehen. So stehen z.B. wissenschaftstheoretische Befunde über die Verdeckung durch die Forschung selbst (vgl. u.a. Mayr-Kleffel 1991, Raymond 1990) neben Erkenntnissen aus der Bildungspraxis (Frauenfortbildungsgruppe Tübingen 1993). Das Ziel, ein Spektrum unterschiedlicher Verdeckungsmuster aufzuzeigen, führt ‚notwendigerweise' dazu, daß einzelne Bestandteile dieses Spektrums in eher phänomenologischer Weise bearbeitet werden. D.h. auch bei Diagnosen, zu denen es elaborierte analytische Ansätze und theoretische Diskurse gibt, wie z.B. zum Thema ‚Stigmatisierung' oder zum Thema der ‚fehlenden symbolischen Repräsentanz von Frauen' beleuchte ich die Erkenntnisstände, ohne sie zu vertiefen, um auf ihre ‚Rolle' innerhalb des Spektrums aufmerksam zu machen.

[2] Dies entspricht dem Postulat der ‚Gegenstandsangemessenheit von Methoden' (vgl. Knab 1999, Kap. 2.)

Die Projektgruppe Mädchen- und Frauenarbeit, ein Zusammenschluß von Mitarbeiterinnen unterschiedlicher evangelischer Bildungsinstitutionen, formuliert die Hypothese, daß Frauen entgegen der häufig formulierten Feststellung sehr wohl neue Formen der politischen Gestaltung suchen, kreieren und weiterentwickeln; aber diese spezifischen Formen von politischen Verhältnissen unter Frauen fallen „... weitgehend durch das Netz männlich geprägter Wahrnehmung und Beurteilung". (Projektgruppe Mädchen- und Frauenarbeit 1991, S. 43f) Männliche Kriterien für die Wahrnehmung von politischem Handeln verstellen den Blick auf politische Handlungsformen von Frauen. Die Formen der Bezugnahme unter Frauen werden von dieser männlich geprägten Wahrnehmung nicht als Gruppenbildung zur Interessenartikulation und damit nicht als politische Gruppenbildung erkannt und gewürdigt.

Als **methodische Konsequenz** halten sie es für notwendig, „... die Wahrnehmung zu schulen und zu erweitern." (Projektgruppe Mädchen- und Frauenarbeit 1991, S. 44) Damit weisen die Autorinnen auf die Notwendigkeit einer anderen Wahrnehmung hin und auch darauf, daß diese zu schulen ist. Eine bewußte Entscheidung allein genügt also nicht, sondern ein aktiver Lernprozeß ist für eine Wahrnehmungsveränderung zu vollziehen.

Dieser allgemeine Befund – Verdeckung durch eine patriarchal geprägte Wahrnehmung und Beurteilung – wird im folgenden weiter ausdifferenziert. Zunächst wird beispielhaft konkretisiert, in welcher Gestalt sich diese Wahrnehmung und Beurteilung zeigt.

2.2. verstellter Blick durch Mythen, durch systematische Geringschätzung und Glorifizierung

Die Wahrnehmung der Arbeitsverhältnisse von Frauen ist nach Koppert (1993) verstellt durch Mythen und Vorurteile und durch systematische Geringschätzung und Glorifizierung[3]. „Frauen seien untereinander kooperativ, heißt es, aber auch, sie seien sich spinnefeind und boshafte Rivalinnen. Den Mythen und Vorurteilen, die über die Zusammenarbeit von Frauen herrschen, setzt dieser Band reale Erfahrungen entgegen." (Koppert 1993, Klappentext)

---

[3] Auch Rommelspacher (1992) nennt Idealisierung und Abwertung als zwei Seiten einer die Realität verdeckenden ‚Medaille'.

„Erschwerend kommt hinzu, daß das Verhältnis zwischen Frauen sowieso als problematisch gilt und mit Skepsis und Häme betrachtet wird: ‚Die kratzen sich doch die Augen aus', heißt es nicht nur von männlicher Seite. Andererseits wird – nicht nur von Frauen – weibliche Kooperation als ideal vorgestellt. Das ist keineswegs neu: Bereits naturalistische Maler wie Max Liebermann zeigten Landarbeiterinnen als Inbegriff des sozialistischen Gemeinschaftsideals. Systematische Geringschätzung und Glorifizierung sind bisher kaum durch Berichte aus der Realität relativiert worden: Die meist unspektakuläre alltägliche Zusammenarbeit von Frauen gerät erst allmählich in den Blick der Frauenforschung, die sich oft nur auf das Geschlechterverhältnis konzentriert." (Koppert 1993, S. 8) Hier spricht Koppert neben der alltäglichen Wahrnehmung auch die Wahrnehmungsbarrieren der Wissenschaftlerinnen an, die u.a. in deren Konzentration auf das Geschlechterverhältnis begründet ist.

Als **methodische Konsequenz** sind nach Koppert, den Mythen reale Erfahrungen entgegenzusetzen bzw. Abwertung und Idealisierung sind durch Berichte aus der Realität zu relativieren. Dazu hält sie es für notwendig, Erfahrungen aufzudecken, ernstzunehmen – und als weiterer Schritt – sie durch Reflexion in allgemeineres Wissen zu überführen. „Um eine neue Verbindlichkeit und Sicherheit mit Frauen zu entwickeln – also eine Kultur der Zusammenarbeit – und damit mehr als nur pragmatische Lösungen, ist es erforderlich, Erfahrenes immer wieder in allgemeineres Wissen umzuwandeln und damit wirksam und nutzbar zu machen. (Koppert 1993, S. 9) Die inzwischen vieldiskutierten Reflexionen des mailändischen Frauenbuchladenkollektivs nennt sie einen der wenigen Versuche in dieser Richtung (Libreria delle donne di Milano 1988). Nach Koppert muß also zu der Wahrnehmung der Erfahrung deren Reflexion hinzukommen[4].

2.3. abgewertet, entwertet und schließlich vergessen

In den bisher angeführten Befunden zu Verdeckungsmustern wurde bereits auf einen zentralen Hintergrund der Verdeckung hingewiesen: die Bewertung oder Wertsetzung. Koppert deutet mit ihrer Diagnose ‚Geringschätzung' dar-

---

[4] Zu den methodischen Konsequenzen hieraus vgl. unten.

auf hin und die Frauen der Projektgruppe Mädchen- und Frauenarbeit hatten formuliert, daß die politischen Formen der Bezugnahme von Frauen zuwenig gewürdigt würden, u.a. weil sie durch das Netz männlich geprägter Beurteilung von politischen Organisationsformen fallen. Brauckmann zeigt auf, wie Frauen „... die alltägliche meist bedürfnisbefriedigende Lebensbewältigung mit Frauen zugunsten des Mythos vom Mann relativieren, entwerten und vergessen." (Brauckmann 1983, S. 6) Die Bedeutung von Frauenbeziehungen ‚im normal-weiblichen Alltag der sogenannten heterosexuellen Frau' diagnostiziert sie deshalb als eine gründlich vergessene Wirklichkeit. Damit benennt sie Relativierung und Entwertung als Verdeckungsprozesse die zum Vergessen führen.[5]

Brauckmann zieht hieraus die **Konsequenz**, die Kategorie des Wertes als eine zentrale in ihrer Analyse der Beziehungen unter Frauen zu setzen. Und hier meint sie „... die Wertsetzung von Beziehungen durch den sozial vorgegebenen Wert eines Menschen – durch die Werthaftigkeit des Mannes und des Männlichen und die Minderbewertung der Frau und des Weiblichen." (Brauckmann 1983, S. 4)

Da sich ‚Bewertung' bzw. ‚Wertsetzung' als eine zentrale Dimension in Verdeckungsmustern herausgestellt hat, soll diese im folgenden weiter ausdifferenziert werden. Eine Differenzierungsrichtung fragt nach verschiedenen gesellschaftlichen Dimensionen der Verdeckung über Bewertung, Wertsetzung (z.B. die subjektive Dimension); eine andere Differenzierungsperspektive verweist auf verschiedene Facetten der Verdeckung über diese Dimension (z.B. negative Bewertung). Zunächst zu ersterem.

Gesellschaftliche Dimensionen der Verdeckung über die Dimension ‚Bewertung'

Brauckmann weist daraufhin, daß das Vergessen der Bedeutung der Beziehungen unter Frauen „für die tagtäglich in diesen Beziehungen lebenden Frauen selbst, wie für das öffentliche Bewußtsein allgemein, die Wissenschaft und – erstaunlich genug – nicht zuletzt für die autonome Frauenbewegung" (1983, S.2) gilt. Als Ziel ihrer Untersuchung nennt sie deshalb, diese vergessene

---

[5] Maya Nadig (1987) weist auf eine extreme und sehr manifeste Form des Vergessens hin: die Verdrängung.

Wirklichkeit, sowohl im Erleben der einzelnen Frauen als auch in der Wissenschaft wieder in Erinnerung zu bringen.

Raymond (1990) zeigt auf, wie im Gegensatz zur Männerfreundschaft, die eine sehr hohe gesellschaftliche Wertschätzung erfahre und deshalb Gegenstand unzähliger philosophischer Überlegungen war und ist, Freundschaften zwischen Frauen gesellschaftlich als Zeichen von Unreife bewertet werden. Die subjektive Verinnerlichung dieser kulturellen Entwertung der Freundschaft unter Frauen, zeigt sich in folgender Aussage einer Frau in einer Untersuchung über die Einstellung von Frauen zur Frauenfreundschaft: „Einer Freundschaft mit einer Frau zuviel Bedeutung beizumessen, ist unreif." (Block 1980, S. 33)

Huber/Rehling (1989) stellen in ihrer Untersuchung über Freundinnen die Frage nach der Geringschätzung: „Eigentlich unverständlich, daß uns unsere Frauenfreundschaften, von denen jede von uns tief im Herzen weiß, wie wichtig sie sind, im Gegensatz zu allen anderen Beziehungen in unserem Leben nicht als ‚sooo' wichtig erscheinen. Wie kommt das eigentlich? Haben wir selbst die Frauenverachtung unserer Kultur so verinnerlicht, daß wir die Bedeutung unserer Frauenfreundschaften herunterspielen?" (Huber/Rehling 1989, S.10). Sie verweisen im Weiteren auch auf die Verdeckung durch die Wissenschaft. „Die wissenschaftliche Literatur gibt dazu kaum Aufschlüsse: Zwar wurde alles, aber wirklich alles an unseren Beziehungen zu Mutter, Vater, Kindern, Geschwistern, Partnern, Geliebten etc. erforscht. Doch Freundinnen tauchen in der sozialwissenschaftlichen Fachliteratur extrem selten auf, und wenn, dann meist in der Form der lesbischen Partnerin." Sie mutmaßen, ob Freundinnen erst dann ernstgenommen werden, wenn Sexualität im Spiel ist und eine Frau sie einem Mann als Liebespartner vorzieht?[6] „Es ist jedenfalls wirklich verblüffend: Wissenschaftliche Literatur zu nicht-sexuellen Frauenfreundschaften gibt es allenfalls in Form von Einzelbefunden, etwa zu Kinderfreundschaften; und hinter Begriffen wie ‚stützende Personen' oder ‚Vertraute' oder ‚Nachbarn', die in der neueren Sozialforschung zu ‚Sozialen

---

[6] In diesem Zusammenhang ist auf ein weiteres Verdeckungsmuster hinzuweisen, das darin besteht, daß lesbische Beziehungen häufig ausschließlich auf Sexualität reduziert wahrgenommen werden. Um diese Reduzierung begrifflich aufzuheben verwendet Anja Meulenbelt anstelle des Begriffs ‚Homosexualität' den Begriff ‚Homosozialität' (Meulenbelt 1985).

Netzwerken' auftauchen, darf durchaus auch die Freundin vermutet werden. Und das war's dann?" (ebda.)

Dieser Befund der Verdeckung auch durch die neuere Sozialforschung wird von Mayr-Kleffel (1991) bestätigt. In ihrer fundierten Analyse zahlreicher Forschungsansätze zur Untersuchung von sozialen Netzwerken stellt sie die „dominante Unaufmerksamkeit der etablierten Netzwerkforschung für die Spezifika der Netzwerkbeziehungen von Frauen" (Mayr-Kleffel 1991, S. 11) fest.[7] Frauen und ihre Ressourcen privater Beziehungen sind ihrer Meinung nach lange mit einer ‚verzerrten Optik' untersucht worden; die benutzten Untersuchungsskalen blendeten ihre spezifischen Lebensumstände aus, so daß ein authentisches Belastungs- und Unterstützungsprofil von Frauen gar nicht sichtbar werden konnte.

Mayr-Kleffel weist außerdem darauf hin, daß Netzwerkbeziehungen von Frauen im Zwischenreich von Privatheit und Öffentlichkeit – der Gegenstand ihrer empirischen Untersuchung – auch in der Frauenforschung kaum untersucht werden. Obwohl diese vielfältigen Übergangsformen zwischen ‚privater' Fürsorgearbeit und bezahlter Erwerbsarbeit, etwa in Gestalt nachbarschaftlicher Kontakte, des Ehrenamtes oder der Hilfeleistungen so nebenbei an KollegInnen, ihrer Meinung nach ebenso konstitutiv für weibliches Leben sind wie die sogenannte private Arbeit von Frauen oder ihre ambivalenzreichen Integrationsleistungen der privaten mit der bezahlten Arbeit.

Mit den Ausführungen dieser Autorinnen habe ich hier auf einige gesellschaftliche Dimensionen der Verdeckung über die ‚Bewertung' von Frauenbeziehungen aufmerksam gemacht: Zunächst auf die kulturelle Dimension, die Frauenverachtung in unserer Kultur, dann auf die biographische oder subjektive Dimension, auf die subjektive Verinnerlichung der Frauenverachtung und schließlich auf die Verdeckung durch die Wissenschaft, die auf die sozialstaatliche Dimension verweist, da ich mit Funk/Schmutz/Stauber (1993) davon ausgehe, daß Wissenschaft als Teil der sozialpolitischen Veranstaltung zu verstehen ist. Hierbei wurde auch auf die Reproduktion der Verdeckung in der Frauenforschung hingewiesen.

---

[7] Auch Nestmann/Schmerl (1991) hatten auf den Mangel und den Erkenntnisgehalt eines geschlechtsdifferenzierenden Blicks in der Netzwerkforschung hingewiesen.

Die subjektive Dimension der Entwertung kann weiter in eine intersubjektive – die bereits genannte Entwertung der Freundschaft mit anderen Frauen durch Frauen selbst – und in eine innersubjektive Dimension differenziert werden, auf die Raymond hinweist: „Die Verstümmelung von Frauenfreundschaft bedeutet zunächst einmal die Verstümmelung des frauenidentifizierten Selbst. Dieses Fehlen von Selbst-Liebe wurde dem weiblichen Selbst im Patriarchat aufgepfropft. Wenn diese Aufpfropfung gelingt, können Frauen, die sich selbst nicht lieben, auch keine andere, die ihnen gleicht ... lieben." (Raymond 1990, S. 11)

Brauckmann formuliert die Konsequenzen aus den Erfahrungen mit der vorne beschriebenen sozialen Hierarchie für das weibliche Leben folgendermaßen: „Die Frau erfährt sich als in einem sozial verursachten existentiellen Mangel befindlich, der sich in Ich-Leerräumen manifestiert. Unter diesem Begriff fasse ich die Existenz und das Bewußtsein bzw. Erspüren jener sozial induzierten Defizite. Mit diesem Ich-Leerraum, der für jede Frau existiert, ist nicht zu leben, er verlangt nach Auffüllung. Die Frau erstrebt die Teilhabe am Werthaft-Männlichen, entweder durch seine Integration oder durch Projektion dieser Möglichkeiten auf den Mann. In jedem Fall verlangen die Ambivalenzen zwischen personeller Werthaftigkeit und sozialer Minderbewertung, um nicht zur Zerrissenheit zu führen, nach einer Auflösung. Diese weist traditionellerweise immer noch meist in die Richtung der Projektion. Das Leben der Frau ist von früh auf ausgerichtet auf eine Erfüllung durch den Mann. Diese gelernte Erwartungshaltung baut sich zu einer Mythenbildung um das Männliche, den Mann auf". (Brauckmann 1983, S. 5; vgl. hierzu auch Ausführungen zum fehlenden Selbstbezug in Frauenfortbildung Tübingen 1993, S. 66–69)

Adrienne Rich macht auf den explosiven Gehalt unserer verinnerlichten Entwertung und dessen abschreckender Auswirkungen für die Bezugnahme zwischen Frauen aufmerksam: „Annäherungen unter Frauen, auch um wesentliche gehaltvolle Bindungen einzugehen, sind mit dem **vermint,** was man uns beigebracht hat über uns zu glauben, was wir von einander und von uns selbst denken." (Rich 1983, S. 161) Entsprechend der offensichtlich gewordenen verschiedenen gesellschaftlichen Dimensionen der Verdeckung haben Überlegungen zur Ent-Deckung bzw. Auf-Deckung auf diese verschiedenen Dimensionen hinzuweisen.

Veränderungen auf der subjektiven Ebene

Zu der Diagnose der Verdeckung der Bedeutung von Frauenbeziehungen aufgrund verinnerlichter Abwertung von Frauen, gibt es eine Anzahl (methodischer) Konsequenzen. Nach Raymond beginnt „Frauenfreundschaft ... im Umgang mit dem eigenen Selbst. ... mit der Affinität, ... die eine Frau zu ihrem lebendigen Selbst hat." (Raymond 1990, S. 12 f) Eine Konsequenz daraus ist auch die Feststellung: „Die Frau deines Lebens bist du." (Alix Dobkin, zitiert in Raymond 1990, S. 12)

Eine andere Perspektive verweist auf die Notwendigkeit, die verinnerlichte Abwertung wahrzunehmen und „weg-zulernen". bell hooks weist mit diesem Begriff darauf hin, daß wir nicht darauf hoffen können, unseren verinnerlichten Sexismus einfach zu verlernen, sondern – im Gegensatz zu diesem eher passiven Vorgang – aktive Schritte notwendig sind, um die verinnerlichte Abwertung – den verinnerlichten Sexismus – ‚weg-zu-lernen'. In Seminaren mit Frauen aus sehr unterschiedlichen kulturellen Zusammenhängen, in denen neben Sexismus auch der verinnerlichte Rassismus thematisiert wurde, hat sie für diesen Vorgang des ‚Weg-Lernens' methodische Schritte erprobt. Aufgrund der Auswertung dieser Seminare, stellt für sie das bewußte Organisieren eines Prozesses des ‚Weg-Lernens' eine zentrale Grundlage dar, um sowohl bestätigend persönliche Bindungen wie auch eine langfristig tragfähige politische Solidarität unter Frauen aufbauen zu können. (vgl. dazu ausführlicher bell hooks 1990).

Eine weitere Veränderungsperspektive verweist darauf, daß Frauen durchaus eine Wahrnehmungsfähigkeit für den Wert von Frauenbeziehungen haben. Da sie jedoch aufgrund der gesamtgesellschaftlichen Entwertung ihren eigenen Wahrnehmungen nicht trauen, spricht Audre Lorde von der Notwendigkeit und dem ‚Kampf, mir meine Wahrnehmungen zu erhalten' (Rich 1991).

Die verinnerlichte bzw. subjektive Entwertung von Frauenbeziehungen zu verändern ist als ein Bestandteil einer gesellschaftlichen Veränderung der Wertsetzung von Frauenbeziehungen zu sehen, da die subjektive Dimension eine gesellschaftliche Dimension darstellt.

Veränderungen im Bereich wissenschaftlicher Wahrnehmung

Brauckmann nennt als Ziel ihrer Untersuchung, die von ihr diagnostizierte ‚gründlich vergessene Wirklichkeit' der Bedeutung von Frauenbeziehungen

im Leben der sogenannten heterosexuellen Frauen sowohl bei ihren Interviewpartnerinnen als auch in der wissenschaftlichen Wahrnehmung wieder in
Erinnerung zu bringen. Dabei geht es ihr neben einer Deskription auch um
eine „.... theoretische Neufassung der .... analysierten Phänomene." (Brauckmann 1983, S. 3) Zu diesem theoretischen Neuentwurf gehört die „grundlegende Diskussion der Begriffe homosexuell und heterosexuell und die Infragestellung der Polarität, wenn nicht gar der Existenz dieser Phänomene."
(ebda., S. 7)

Mayr-Kleffel (1991) hat aufgrund ihrer Erkenntnis, daß bisherige Ansätze der
Netzwerkforschung die Spezifika der Netzwerkbeziehungen von Frauen nicht
erfassen können, aus verschiedenen Einzeltraditionen der Netzwerkforschung
einschlägige Ergebnisse zusammengetragen und zentrale theoretische Positionen der Netzwerkforschung reformuliert, mit dem Ziel, „ ... empirische Ergebnisse hinsichtlich weiblicher Netzwerkbeziehungen auch erklärbar zu machen." (Mayr-Kleffel 1991, S. 12)

Auf der Ebene der Veränderung von wissenschaftlicher Wahrnehmung gibt es
ein breites Spektrum an methodischen Konsequenzen: von stichwortartigen
Hinweisen über die Neubestimmung von Begrifflichkeiten bis hin zur Entwicklung geeigneter Forschungskonzepte und deren Erprobung. Für letzteres
steht das Vorgehen von Mayr-Kleffel; jedoch räumt Mayr-Kleffel am Schluß
ihrer Arbeit selbstkritisch ein: „Mein eigenes empirisches Material erfüllte nur
teilweise die Erfordernisse einer frauenspezifischen Erhebung." (Mayr-Kleffel
1991, S. 292)

Inhaltliche Facetten der Dimension ‚Be-Wertung'
Nach dem Hinweis auf verschiedene gesellschaftliche Dimensionen der Verdeckung und Ent-Deckung über die Dimension der Be-Wertung, will ich nun
den Blick auf inhaltliche Facetten dieser Dimension lenken. Dabei wird zugleich auf die Bedeutung der Wirksamkeit der Verdeckungsmuster in verschiedenen gesellschaftlichen Dimensionen hingewiesen.
  Mit Koppert hatte ich oben bereits auf zwei Facetten der Verdeckung durch
die Dimension ‚Wertsetzung' hinsichtlich der Arbeitsverhältnisse von Frauen
hingewiesen: die systematische Geringschätzung und Glorifizierung. Während ebenfalls oben bereits methodische Konsequenzen zu dem Aspekt der

Abwertung ausführlicher behandelt wurden, sollen hier methodische Konsequenzen bzw. Veränderungsperspektiven aus der Diagnose ‚Glorifizierung oder Idealisierung' von Frauenbezugnahme vorgestellt werden.

Vielen Autorinnen gemeinsam ist der Hinweis, daß die Bedeutung von Frauen für Frauen ernstzunehmen nicht nur erfordert, die unterstützenden, ‚positiven' Seiten von Frauenbezügen zu untersuchen, sondern auch die negativen Seiten: die Konflikte und Schwierigkeiten unter Frauen, die verinnerlichte Frauenverachtung und den eigenen Sexismus. Anstatt in das angebotene Bewertungsschema von ‚Abwertung versus Idealisierung' zu verfallen – und z.B. die Abwertung einfach durch Idealisierung zu ersetzen – wird die Wahrnehmung der schwierigen Seiten in Frauenbezügen als impliziter und notwendiger Bestandteil der Wertschätzung von Frauenbeziehungen genannt.

So nennen Huber/Rehling als eine zentrale Frageperspektive ihrer Untersuchung jene nach den Auswirkungen der gesellschaftlichen Abwertung von Frauen innerhalb der Beziehungen von Frauen. Sie haben „... bewußt sehr oft die ‚schwarze Seite' der Frauenfreundschaft betrachtet: die Stellen, an denen Frauen einander weh tun, nicht ernst nehmen, sich nicht mit ihnen auseinandersetzen, sie verlassen. Uns interessiert, herauszufinden, was Frauen daran hindert, sich gemeinsam den Raum zu nehmen, der ihnen zusteht, und die Frei-Räume auszunutzen, die sie haben. Und wir müssen unbedingt erfahren, warum manche Frauen einander – natürlich in bester Absicht – eher ‚runterziehen', als in ihrer Entwicklung bestärken. Kurz, wir wollen unseren Teil dazu beitragen, die Frauenunterdrückung durch Frauen aufzudecken". (Huber/Rehling 1991, S. 15)[8]

Janice G. Raymond (1990, S. 31) betont, sie habe nicht die Absicht „... Frauenfreundschaft zu ontologisieren, romantisieren, sentimentalisieren oder zu glorifizieren." Deshalb nimmt bei ihrer Untersuchung der ‚Hindernisse für Frauenfreundschaft' das feindliche Verhalten zwischen Frauen in ihrem Werk breiten Raum ein. Dabei geschieht diese Untersuchung der schwie-

---

[8] Hier möchte ich auf die Problematik der Verwendung ‚schwarze Seite' zur Kennzeichnung einer negativen, schwierigen Seite, hier in Frauenbeziehungen, hinweisen. Mit dieser Kennzeichnung wird die Konnotation von dunkel/schwarz = negativ; weiß/hell = positiv weitergeführt, die Teil des rassistischen Gedankenguts des christlich weißen Abendlandes sind. Das Setzen des Wortes ‚schwarze Seite' in Anführungszeichen durch die Autorinnen selbst könnte als Sensibilität der Autorinnen interpretiert werden.

rigen Seiten jedoch mit dem Ziel der Verbesserung der Bezugnahme, dies im Gegensatz zu einer Thematisierung mit dem Ziel der Diffamierung. Nach Raymond wurde durch die ständig verbreitete Botschaft ‚Frauen sind sich die schlimmsten Feinde' sichergestellt, daß viele Frauen tatsächlich die schlimmsten Feindinnen sind. „Die Hindernisse für eine Frauenfreundschaft haben eine gute Presse. ... Das ständige Geschrei, daß Frauen keine Frauen leiden könnten, wird ergänzt durch das historische Schweigen über die Tatsache, daß Frauen immer Frauen geliebt haben. Frauenhassende Frauen leben von dem Schweigen, das frauenliebende Frauen umgibt." (Raymond 1990, S. 201 f)

2.4. als abartig und abscheuerregend diffamiert und stigmatisiert

In zahlreichen Beispielen aus Literatur und Sozialwissenschaften spürt Adrienne Rich (1991) das zwangsheterosexuelle Vorurteil auf, aufgrund dessen lesbische Erfahrung auf einer Wahrnehmungsskala zwischen abartig und abscheuerregend rangiere und so stigmatisiert oder einfach unsichtbar gemacht werde.[9]

Im Duden[10] ist zu Stigma folgendes nachzulesen: Mal, Zeichen, Wundmal, ein den Sklaven aufgebranntes Mal bei Griechen und Römern, auffälliges Krankheitszeichen, bleibende krankhafte Veränderung. Der Vorgang ‚stigmatisieren' bedeutet, jemanden brandmarken, anprangern, bestimmte, von der Gesellschaft als negativ bewertete Merkmale zuordnen; jemanden in diskriminierender Weise kennzeichnen (Duden 1982, S. 727f). Dieser Ausflug in das Fremdwörterbuch zeigt, daß Stigmatisierung ein Vorgang ist, der bereits eine (negative) gesellschaftliche Wertsetzung bestimmter Merkmale oder Verhaltensweisen voraussetzt, diese negativ bewerteten Merkmale aufgreift und jemanden zuordnet. In der Rollentheorie, der Ethnomethodologie und der Theorie des symbolischen Interaktionismus bedeutet Stigmatisierung „... die entehrende und vom normalen gesellschaftlichen Umgang ausschließende Bewertung von Verhaltens- oder sonstigen Auffälligkeiten." (Fachlexikon der so-

---

[9] Zu den Begriffen ‚Zwangsheterosexualität' und ‚lesbische Erfahrung' vgl. meine Ausführungen weiter unten.

[10] Hier geht es mir vor allem um einen ersten, eher phänomenologischen Zugang zu dem Begriff ‚Stigmatisierung' und nicht um eine differenzierte Herleitung aus der umfangreichen sozialwissenschaftlichen Diskussion.

zialen Arbeit 1993, S. 928) Nach Aussage dieses Fachbuchs für soziale Arbeit umfaßt Stigmatisierung, als Unterfall der alltagsüblichen, die soziale Orientierung und Interaktion strukturierenden Definitions- und Etikettierungsprozesse, deren negativste und intensivste Varianten. Dies ist mit ein Grund, weshalb in den Diskursen der Sozialwissenschaften und Sozialarbeit stigmatisierende Definitionsprozesse breiten Raum einnehmen (vgl. hierzu u.a. Eyferth/Otto/Thiersch (Hg.) 1987.) Die unterschiedliche Schwerpunktsetzung in den verschiedenen theoretischen Ansätzen verweisen auf die Notwendigkeit und Problematik, in Stigmatisierungsprozessen deren unterschiedliche gesellschaftliche Dimensionen analytisch zu erfassen. So betone das Konzept der Stigmatisierung den ‚subjektiven Faktor' in der sozialen Dynamik und fungiere damit als wichtiges Korrektiv für den Objektivismus funktionalistischer und marxistischer Gesellschaftskonstrukte. Andererseits wird es als Verdienst von funktionalistischen und marxistischen Ansätzen hervorgehoben, daß sie „... deutlich zu machen vermögen, daß Stigmatisierungsprozesse und Stigma-Theorien nie zufällig, sondern regelmäßig aus verdeckten Klassen- oder Interessenkonflikten entstehen." (ebda.)

Für unseren Zusammenhang heißt dies: Mit der Stigmatisierung lesbischer Beziehungen werden also nicht die Beziehungen insgesamt verdeckt, sondern verdeckt wird die reale Bedeutung lesbischer Beziehungen für Frauen über deren sehr offensichtliche und extrem negative Bewertung. Und die Stigmatisierung lesbischer Beziehungen ist Ausdruck von und Indiz für Interessenkonflikte zwischen den Geschlechtern, die ebenfalls verdeckt sind.

Die **methodischen Konsequenzen** aus dieser Diagnose ‚Stigmatisierung' haben sich analog zu den verschiedenen gesellschaftlichen Ebenen von Stigmatisierungsprozessen in unterschiedliche Richtungen zu orientieren: Zum einen sind die hinter den stigmatisierenden Bewertungs- und Definitionsprozessen liegenden und verdeckten gesellschaftlichen Interessenskonflikte zwischen den Geschlechtern offenzulegen; zum anderen sind die Auswirkungen der subjektiven Verinnerlichung negativer Bewertungen für die von Stigmatisierung betroffenen Menschen zu reflektieren.

2.5. tabuisiert und pathologisiert

Im Gegensatz zu dem Vorgang der Stigmatisierung bezieht sich Tabuisierung ursprünglich auch auf etwas positiv Bewertetes. Laut Duden (Duden 1982, S. 747) bedeutet ein Tabu: 1. bei Naturvölkern die zeitweilige oder dauernde Heiligung eines mit Mana erfüllten Menschen oder Gegenstandes mit dem Verbot, dies anzurühren. 2. Etwas, das sich dem (sprachlichen) Zugriff aus Gründen moralischer, religiöser oder konventioneller Scheu entzieht; eine sittliche, konventionelle Schranke. Etwas ist tabu bedeutet, es ist unverletzlich, unantastbar; davon darf nicht gesprochen werden. Es wird totgeschwiegen.

Inzwischen bezieht sich Tabuisierung fast ausschließlich auf etwas negatives, heikles und wird meistens im Zusammenhang mit Problemen verwendet. Als heikle Angelegenheiten in unserer Gesellschaft gelten nach wie vor lesbische Frauenbezüge. Das war nach Wild (1988) nicht immer so. Erst als die Rolle der Frau in der Gesellschaft sich änderte, weil Frauen mehr Rechte für sich erkämpften und für sie zunehmend Möglichkeiten zu einem von Männern unabhängigen Leben entstanden, „... änderte sich schlagartig die gesellschaftliche Bewertung der Liebe zwischen Frauen (zwischen 1850 und 1920 etwa), die nun für schlecht, dekadent und krankhaft erklärt und zum Tabu gemacht wird." (Wild 1988, S. 126)

Wild beschreibt die Pathologisierung von Frauenbeziehungen durch die neue Psychiatrie und Psychoanalyse. Sie hält es für aufschlußreich, „... die schwärmerische und idealisierte romantische Freundschaftsliebe unter bürgerlichen Frauen des 19. Jahrhunderts zu betrachten, die zu ihrer Zeit eine sozial anerkannte und wertvolle Einrichtung war." (ebda., S. 119) Nach dem Aufkommen der deutschen Psychiatrie und Psychoanalyse gelte dieselbe Erscheinung nur wenige Jahrzehnte später als pathologisch. An historischen Beispielen zeigt sie auf, wie mit der Entdeckung des Anomalen und Pathologischen in Frauenbeziehungen neue gesellschaftliche Formen von Abwertung der Bezugnahme zwischen Frauen entstehen.

Auf historisch variierende Bewertungen gleichgeschlechtlicher Beziehungen weist auch Brauckmann (1983) hin und macht dabei noch auf einen weiteren Aspekt gesellschaftlicher Veränderungen – als ein Motiv für veränderte Bewertung – aufmerksam. Mit der Verbürgerlichung der Gesellschaft veränderte sich die Grundlage für Mann – Frau – Beziehungen. Während vorher in bestimmten Gesellschaftsschichten heiraten aus Standes- oder Erbgründen üblich war, wurde nun „... die Liebe und damit nicht zuletzt die Sexualität zum Träger der Mann-Frau-Beziehung." (Brauckmann 1983, S. 9) Als Folgen dieser Veränderung mußten „... Liebe und Sexualität aus den gleichgeschlechtlichen Freundschaftsbeziehungen ausgeklammert bleiben. Andernfalls wäre die Einzigartigkeit der geschlechtlichen Verbindung in Frage gestellt gewesen. Dann kam es langsam zur ‚Entstehung' der ‚Homosexualität'. Durch die Notwendigkeit einer Abgrenzung wurde die Stigmatisierung und damit begriffliche Zuschreibung unausweichlich. Niemand sollte nunmehr in einer gleichgeschlechtlichen Freundschaft ungestraft das tun, was Mann und Frau vorbehalten bleiben mußte. Mit dem Begriff Homosexualität ist sehr exakt das bestimmt, was nicht sein durfte, nämlich das, was zwischen Mann und Frau sein mußte, um eine Beziehung zu etablieren: Sexualität und Liebe." (ebda.) Diese beschriebenen Veränderungen hatten nach Brauckmann einen unüberschätzbaren Einfluß auf die Freundschaften zwischen Frauen, „... jedoch weniger auf ihre Realität, als vielmehr auf das Bewußtsein über diese Erfahrungen." (ebda.)

Mit diesen Ausführungen zu Pathologisierung, Tabuisierung und Stigmatisierung wurde deutlich, daß die Verdeckung und Entwertung der Beziehungen zwischen Frauen in verschiedenen historischen Situationen unterschiedliche Gestalten annehmen und zwar abhängig von den jeweiligen historischen Erfordernissen einer Ehe und der je spezifischen gesellschaftlichen Stellung der Frau. Solange Frauen keine gesellschaftlich bedeutenden Stellungen einnahmen oder beanspruchten, waren Freundschaften unter Frauen sozial anerkannt, weil sie als harmlos eingestuft wurden, was ebenfalls eine Form der Entwertung darstellt. Beziehungen unter Frauen ‚ernstzunehmen' – z.B. in Gestalt von Stigmatisierung – geschah, wie ich oben ausführte, zu einem Zeitpunkt als Frauen mehr Rechte für sich beanspruchten, „... gerade dann als man entdeckt, wie die ‚wahre Freundschaft' zwischen Frauen, ... das Potential in sich trägt, ein ungerechtes System männlicher Vorherrschaft und weiblicher Unterordnung zu bedrohen." (Wild 1988, S. 126; vgl. hierzu auch Fadermann 1990)

Die gesellschaftliche Umwertung der vorher sozial geschätzten Beziehungen zwischen Frauen durch Literaten und Wissenschaftler, die nach Wild als eine ihrer Kampfmethoden den Horror vor Frauenbeziehungen verbreiteten, analysiert sie „... als Reaktion auf die zunehmende weibliche Unabhängigkeit, Bildung und Berufstätigkeit und auf den Kampf um bürgerliche Rechte für Frauen." (ebda., S. 123)

Damit können die historisch unterschiedlichen Formen der Abwertung von Frauenbezugnahme auch als Indizien für den jeweiligen – realen oder beanspruchten – gesellschaftlichen Status von Frauen gedeutet werden. Tabuisierung, Stigmatisierung und Pathologisierung stellen gesellschaftliche Reaktionen auf den Versuch und die Realität einer größeren gesellschaftlichen Einflußnahme von Frauen dar.

2.6. zu selbstverständlich

Viele Aspekte der Bedeutung von Frauenverhältnissen werden deshalb so wenig wahrgenommen und wertgeschätzt, weil sie zu selbstverständlich ist. Dieses Verdeckungsmuster ist – im Gegensatz zur Stigmatisierung – schwieriger zu erkennen; dies gilt für die alltägliche und für die wissenschaftliche Wahrnehmung.

Huber/Rehling fragen im Zusammenhang ihrer Suche nach Ursachen für die Mißachtung der Bedeutung von Freundinnen: „Sind Freundinnen für uns so selbstverständlich ‚da‘, wie wir es früher von unserer Mutter erwarteten?" (Huber/Rehling 1989, S.10) Mit dieser Frage verweisen die Autorinnen auf folgenden Zusammenhang: Weil die Mütter – im Gegensatz zu den Vätern – so selbstverständlich da sind, erwarten wir auch von anderen Frauen z.B. unseren Freundinnen, daß sie selbstverständlich für uns da zu sein haben. Wenn sie da sind, nehmen wir dies meistens hin, ohne dies besonders wertzuschätzen, eben als Selbstverständlichkeit. Ohne allgemein die Notwendigkeit von Selbstverständlichkeiten also von Vorgängen in unserem Alltag, die nicht immer wieder neu benannt und ausgehandelt werden müssen und auf die wir uns verlassen können zu hinterfragen[11], erhebt sich die Frage nach dem, was in unserer Gesellschaft als selbstverständlich gilt und von welchen Grundannahmen wir häufig stillschweigend ausgehen. Mit Rich (1991) weise ich auf eine weitere selbstverständliche Grundannahme hin, die zu einer reduzierten Wahrnehmung von Frauenbeziehungen führt. Nach Rich (1991) setzen auch

---

[11] Diese Thematik stellt einen zentralen Gegenstand der sozialwissenschaftlichen Alltagsdiskussion dar: z.B. bei Heller 1981; Kosik 1976; Thiersch 1986, S. 10–54.

feministische Forscherinnen häufig stillschweigend voraus, daß Heterosexualität die ‚sexuelle Vorliebe' der ‚meisten Frauen' sei. Sie bezeichnet dies als ‚zwangsheterosexuelles Vorurteil'.

Eine **methodische Konsequenz** in diesem Zusammenhang bedeutet wahrzunehmen, was sich hinter Selbstverständlichkeiten verbirgt und danach zu fragen, weshalb etwas zur Selbstverständlichkeit erklärt wird. D.h. mit Jutta Brauckmann (1983, S. 7) gesprochen „die Ideologie des Selbstverständlichen" zur Debatte zu stellen. Mit ‚Enttabuisierung' verfügen wir über einen Begriff in unserem Wortschatz, mit dem der Vorgang, etwas Tabuisiertes der Wahrnehmung zugänglich zu machen, benannt wird. Dagegen existiert kein Begriff für den Vorgang, mit dem wir Selbstverständlichkeiten der Wahrnehmung wieder zugänglich machen. Auch dies scheint mir ein Indiz dafür, daß negative Formen von Be-Wertung mehr im Bewußtsein sind im Gegensatz zu solchen, die ‚stillschweigend' entwerten.

2.7. bedeutungs-los

Neben Abwertung und zu geringer Würdigung stellt die Bedeutungslosigkeit von Aspekten der Frauenbezugnahme eine weitere Qualität von Verdeckung dar. Hier handelt es sich nicht nur darum, spezifische Aspekte von Frauenverhältnissen mit negativen Be-Deutungen zu versehen, sondern Be-Deutungen, Be-Wertungen und Symbole zur Wahrnehmung dieser fehlen gänzlich. Die fehlende symbolische oder auch kulturelle Repräsentanz der Erfahrungen von Frauen und damit auch der Beziehungen unter Frauen wurde nicht erst seit Beginn der neuen Frauenbewegung thematisiert.[12] Im Bereich der Frauenforschung gibt es hierzu eine breite und sehr kontrovers geführte Diskussion. Erstaunlich ist dabei, wie viele Autorinnen in ihren Analysen zwar die enorme Bedeutung von patriarchalen Symbolen und Begrifflichkeit für die entwertende Wahrnehmung von Frauenverhältnissen hervorheben, jedoch in ihren

---

[12] Monique Wittig (1969) stellt in der neuen Frauenbewegung ein sehr frühes Beispiel der literarischen Suche und Entwicklung eigenständiger Symbole für Frauenbeziehungen dar. Als ein jüngeres Beispiel kann Hagemann-White (1993, S. 79) genannt werden, die auf die Problematik der fehlenden symbolischen Repräsentanz von weiblichen Arbeitserfahrungen und Kompetenzen im Zusammenhang mit der Berufsfindung von Mädchen hingewiesen hat.

Veränderungsperspektiven die Entwicklung anderer, eigener Symbole entweder vergessen oder dies für höchst problematisch halten.

Viele der Untersuchungen, die sich einer Entwicklung von Symbolen auf der Basis von Erfahrungen von Frauen annehmen, beziehen sich auf Luce Irigaray (1980), die aufgezeigt hat, daß in unserer Kultur die Repräsentation der Mutter-Tochter-Beziehung fehlt: die Mutter hat immer den Sohn im Arm. Diese Überlegungen von Luce Irigaray haben vor allem durch das Buch einer Frauengruppe um den Mailänder Frauenbuchladen große Verbreitung gefunden. Ihr Buch handelt „von der Notwendigkeit, der Beziehung einer Frau zu einer anderen Frau Sinn und Wert zu verleihen, sie in Worten und Bildern darzustellen." (Libreria delle donne di Milano 1988, S. 17) Auch sie benennen die spezifische Problematik, über einen Mangel zu reflektieren, der noch keinen Namen hat: „Normalerweise beziehen sich theoretische Reflexionen auf Dinge, die schon einen Namen haben, hier aber geht es zum Teil um Dinge, die noch keinen hatten." Und als eines der Phänomene, die noch keinen Namen hatten, nennen sie „... das Leiden daran, auf diese Weise – ohne symbolisches Bezugssystem – in die Welt gesetzt zu werden." (ebda.) Damit weisen sie einerseits auf die subjektiven Auswirkungen des Fehlens eines gesamtgesellschaftlich-symbolischen Bezugssystems und andererseits auf den Zusammenhang zur mangelnden wissenschaftlichen Wahrnehmung hin. Das alltägliche Leiden an der fehlenden gesellschaftlichen symbolischen Repräsentanz ist, weil namenlos, auch der theoretischen bzw. wissenschaftlichen Reflexion schwer zugänglich.

Als **methodische Konsequenzen** im Zusammenhang dieser Diagnosen sind zu nennen: es gilt hier grundsätzlich über symbolische Repräsentanz und Deutungen und – als eine Form der Konkretisierung von Deutungen – über Symbole, z.B. in Form von Begriffen oder Bildern für verschiedene Aspekte der Bezugnahme unter Frauen nachzudenken.

Weshalb fehlen diese weitgehend? Wie können diese entwickelt werden und zu einer gesellschaftlichen Anerkennung gelangen?

Bei der Suche nach Antworten auf diese Fragen geben die Frauen um den Mailänder Frauenbuchladen (Libreria delle donne di Milano 1989) hilfreiche Anregungen. In ihrer Analyse der Entwicklung der Frauenbewegung legen sie auf den Begriff des Symbolischen einen besonderen Wert. Er stellt für sie das Code-Wort im Diskurs über die Frauenbefreiung dar, wie dies Claudia Bernardoni im Vorwort formuliert. „Aufgrund des Machtgefälles zwischen den

Geschlechtern haben Männer die gesellschaftliche Realität prägen können und insofern Symbole für ihre Identität und Geschichtlichkeit gesetzt, während den Frauen, ohne Möglichkeit sich selbst gesellschaftlich auszudrücken und zu interpretieren, die Ebene der Symbole verschlossen war. (...) In der Sprache der ‚Praxis des Unbewußten' findet die symbolische Geburt des Selbst mit Hilfe einer ‚autonomen Mutter' statt." (Libreria delle donne di Milano 1989, S. 11) Dabei handelt es sich jedoch nicht um die individualpsychologische Persönlichkeitsentwicklung, sondern um den Erwerb der gesellschaftlichen Identität. „Erst die Arbeit in der Gruppe, bei der die autonome Mutter eine Frau aus der Gruppe oder die ganze Gemeinschaft sein kann, schafft einen Raum für die gesellschaftliche Identität des weiblichen Geschlechts. Einer anderen Frau in der Öffentlichkeit Wert und Autorität zuzubilligen, heißt gleichzeitig, sich selbst Wert zu verleihen. Wenn Frauen sich in ihrem Denken, Sprechen, Handeln und Auftreten in der Öffentlichkeit auf andere Frauen beziehen, kulturelle, soziale und politische Verbindungen zu ihnen herstellen, machen sie damit der symbolischen Sterilität des weiblichen Geschlechts ein Ende." (ebda.)

In diesen Ausführungen wurde bereits auf die Bedeutung des Zusammenspiels verschiedener gesellschaftlicher Dimensionen – der inner- und intersubjektiven Dimension, der Dimension der Öffentlichkeit – für die Entwicklung von Symbolen hingewiesen. Als ein Beispiel für das Bemühen um die symbolische Repräsentation der Beziehungen zwischen Frauen kann Gabriele Meixners Werk (1995) angeführt werden. Sie hat Bilder von Frauenpaaren in kulturgeschichtlichen Zeugnissen von der Ur- und Frühgeschichte über die Antike und das Mittelalter bis zur Kunst unserer Tage aufgespürt.

2.8. privatisiert

Privatisierung von Frauenbeziehungen, als ein Muster, um die gesellschaftliche Relevanz von Frauenbezugnahme zu verdecken, stellt ein Ergebnis meiner Sichtung der inhaltlichen Entwicklungslinien wissenschaftlicher Thematisierung von Frauenbeziehungen dar. Indem ich danach gefragt habe, welche Beziehungen zwischen Frauen vor allem wissenschaftlich untersucht wurden und in welcher Weise sie untersucht wurden, wurden folgende zwei Privatisierungstendenzen sichtbar. Erstens: Frauenbeziehungen kamen zunächst vor allem im Bereich von familiären Beziehungen in den wissenschaftlichen Blick: Mutter-Tochter Beziehungen (z.B. Friday 1984, Chodorow 1985, Oliver 1984, Hammer 1982). Der Blick wurde dann erweitert auf Beziehungen zwischen Frauen als Freundinnen (vgl. dazu z.B. Kast 1992; Huber-Rehling 1989). Auch im Rahmen der Netzwerkforschung wurden Beziehungen unter Frauen zunächst primär im Bereich von sozialer Unterstützung im familiären Nahumfeld (z.B. zwischen Müttern) und weniger Netzwerke im Bereich von beruflichen, öffentlichen und politischen Zusammenhängen untersucht. Funk/ Kaschuba formulieren es als eine Einschränkung im Netzwerkansatz, „... daß Austausch und gegenseitige Hilfe unter dem Blickwinkel von Entlastung und weniger im Sinne der Einmischung und politischer Gestaltung gesehen werden." (Funk/Kaschuba 1994, S. 11)[13]

Diese eingeschränkte und privatisierende Thematisierung von Frauenbeziehungen und Netzwerken ist in Veränderung begriffen (vgl. hierzu u.a. Nestmann/Schmerl 1990).

Zweitens: Diese untersuchten Beziehungen, die zunächst vorwiegend im privaten Bereich bzw. im Nahumfeld der Familie angesiedelt waren, wurden, wie Gloria Joseph (1993) konstatiert, häufig primär nach ihrer internen oder innerfamiliären Beziehungsstruktur befragt und wenig in ihrer gesellschaftlichen Relevanz bzw. in ihren Möglichkeiten öffentlicher und politischer Einflußnahme untersucht, worauf Funk/Kaschuba (1994) im Zusammenhang der Netzwerkforschung hinwiesen (vgl. oben). Damit wirkte auch die Art ihrer Thematisierung tendenziell privatisierend.

Entsprechend dieser zwei Privatisierungstendenzen haben **Veränderungs-perspektiven** ebenfalls in zwei Richtungen zu gehen. Einerseits wird im Rahmen der Frauenforschung in Untersuchungen zu den sogenannten privaten Beziehungen zunehmend auf deren gesamtgesellschaftliche Relevanz hingewiesen (vgl. hierzu auch unten die Ausführungen von Gloria Joseph 1993) oder nach deren gesellschaftlichen Partizipationsmöglichkeiten gefragt. So beschreibt Mayer-Kleffel (1991) die scheinbar privaten Netzwerkbeziehungen von Frauen als Zwischenreich zwischen Privatheit und Öffentlichkeit und zeigt deren sozialpolitischen Ressourcencharakter auf. Funk fordert im Schlußplädoyer ihrer Arbeit dazu auf, „nicht nur die .... Schritte von Politike-

---

[13] Eine zweite Reduzierung sehen sie in Anlehnung an (Nestmann/Schmerl 1990) „ ... in der Auffassung von Netzwerken als Ressourcen in einem ansonsten ‚individualisiert' verstandenen Lebenskonzept.

rinnen und politischen Initiativen, sondern auch die freie Verständigung und Organisation unter Frauen, die bisher immer wieder als informell, privat, ehrenamtliche Praxis abgetan wurde" (Funk 1993, S. 194) als wichtige Voraussetzung und Bestandteil einer Veröffentlichung und Durchsetzung von Fraueninteressen wahrzunehmen. Darin sieht sie einen neuen Schritt gegen die Hierarchie von Öffentlichkeit und Privatheit (vgl. hierzu auch Ballhausen 1986).

Andererseits rückt die Bezugnahme zwischen Frauen auch in anderen als dem sogenannten privaten Bereich, also im beruflichen, öffentlichen und politischen Bereich zunehmend ins Blickfeld des wissenschaftlichen Interesses. Im Mittelpunkt eines von Claudia Koppert (1993) herausgegebenen Bandes stehen Arbeitsverhältnisse zwischen Frauen. Dabei kommen zum einen die vielen verschiedenen Facetten ihrer Bedeutung für Frauen zur Sprache, worauf bereits der Titel des Buches hindeutet: Glück, Alltag und Desaster. Zum anderen werden die Arbeitsbeziehungen von Frauen aus der Perspektive verschiedener Gesellschaften, Milieus und historischer Zusammenhänge thematisiert; auch wird unterschieden zwischen Frauenarbeitsbeziehungen in Männerdomänen und ausschließlichen Frauenarbeitszusammenhängen (vgl. zu letzterem auch Stotz 1996). Dabei wird auch nach der Privatisierungstendenz beruflicher Beziehungen durch Frauen selbst gefragt. Metz-Göckel spürt dem Unterschied zwischen den von Frauen als privat und den als öffentlich empfundenen Dimensionen in Arbeitsbeziehungen im akademischen Bereich nach und zeigt auf, „... wie qualifizierte Frauen ihre Berufsidentität in einen öffentlichen, berufszugewandten und einen informellen privaten Teil aufspalten." (Metz-Göckel 1993, S. 131) Neben dem Einblick in spezifische Arbeitsverhältnisse unternehmen Claudia Koppert und Birgit Lindberg den Versuch, die Zusammenarbeit von Frauen in Frauenprojekten vor dem Hintergrund aktueller gesellschaftlicher Entwicklungen zu analysieren und lenken dabei „den Blick von der allgemeinen Patriarchatsanalyse weg und auf die weltweit stattfindenden Modernisierungsprozesse." (Koppert/Lindberg 1993, S. 77) Dieser m.E. gelungene Versuch zeigt, welche Faktoren eine Analyse der Arbeitsbeziehungen von Frauen einzubeziehen hat, will sie diese in ihrer gesellschaftlichen Relevanz und Prägung wahrnehmen.

Mit der Priorität auf den Aspekt der ‚Konkurrenz' untersuchen Barber/Watson (1991) und Miner/Longino (1990) ebenfalls Arbeitszusammenhänge von Frauen. Als Beispiele der Thematisierung von öffentlicher und politischer Bezugnahme zwischen Frauen möchte ich auf Reflexionen der Beziehungen innerhalb der Frauenbewegung hinweisen. Unter dem Titel ‚die Töchter der Emanzen' wird nach den Kommunikationsstrukturen in der Frauenbewegung (Koch-Klenske 1990) und nach dem Verhältnis zwischen unterschiedlichen Frauengenerationen in der Frauenbewegung gefragt (vgl. zu letzterem auch Stoehr 1995); H. Landweer (1995) fragt nach unterschiedlichen Frauengenerationen in der Frauenforschung.

Senganata Münst (1994) wendet sich mit ihrer Untersuchung lokaler Netzwerke feministisch-lesbischer Frauen im großstädtischen Bereich gegen einen privatisierenden und individualisierenden Blick auf lesbische Existenz. Sie zeigt auf, wie mit der Arbeit in diesen Netzwerken öffentliche Frauenräume hergestellt werden.

Im Bereich von öffentlich und politischer Bezugnahme ist vor allem auch auf den Aspekt der Thematisierung von Möglichkeiten politischer Bezugnahme zwischen Frauen aus unterschiedlichen Kulturen und trotz interner Machthierarchien hinzuweisen (beispielhaft hierzu: beiträge zur feministischen theorie und praxis 1990; bell hooks 1990). Unter dem Titel ‚Entfernte Verbindungen' fragen Hügel/Ayim/Bubeck/Aktas/Schultz (1993) nach den Auswirkungen von Rassismus, Antisemitismus und Klassenunterdrückung für den Umgang von Frauen miteinander und ihrer politischen Praxis und Theorie. Allgemeiner gesprochen wird zunehmend die Frage nach politischen Bündnissen trotz Unterschieden und unter Wahrnehmung von Machthierarchien gestellt. So z.B. auch die Frage nach politischen Bündnissen zwischen lesbischen und ‚heterosexuellen' Frauen: Audre Lorde (1988) reflektiert unter dem Titel „wie Schwarze Frauen sich über Sexualität hinaus organisieren", über Heterosexismus und Homophobie als zwei schwerwiegende Barrieren, die die politische Organisation Schwarzer Frauen verhindern. (vgl. hierzu auch Meulenbelt 1985 oder Raymond 1990). Sie fordert dazu auf, Unterschiede ‚als Quelle von Macht' zu entdecken und das alte Muster, sie zu fürchten, zu überwinden.

Mit Gloria Joseph möchte ich abschließend auf eine weitere und oben bereits angekündigte ‚Entprivatisierungsperspektive' der Untersuchung von Mutter-Töchter-Beziehungen hinweisen. Gloria I. Joseph fragt in ihrem Artikel zu schwarzen Müttern und Töchtern nach deren Rolle und Funktionen in der US-amerikanischen Gesellschaft. „Wenn es um Schwarze Mütter und Töchter geht, ist es realistischer, sinnvoller und ergiebiger, über ihre Rollen, Positionen und Funktionen innerhalb der Schwarzen Gesellschaft und über die Beziehung der Schwarzen zur größeren (weißen) Gesellschaft in den USA zu sprechen." (Joseph 1993, S. 86) Eine Diskussion über die Beziehungen zwischen Schwarzen Müttern und Töchter in Gang zu setzen, „... die sich auf die zwischen ihnen wirksamen spezifischen psychologischen Mechanismen, auf die Dynamiken dieser Bindung und auf Erklärungen der offensichtlichen Rolle des Patriarchats konzentrierte, ohne zugleich die essentielle Bedeutung der Rassenunterdrückung als entscheidenden Faktor in die Überlegungen einzubeziehen..." (Joseph 1993, S. 86), wäre ihrer Meinung nach unangemessen. Mit ihren Ausführungen macht Joseph einerseits darauf aufmerksam, daß trotz der großen Aufmerksamkeit, die der Mutter-Tochter-Beziehung in der heutigen feministischen Bewegung zuteil wurde, kaum auf die Beziehungen zwischen Schwarzen Müttern und Töchtern eingegangen wird. Und sie macht darauf aufmerksam, daß Untersuchungen über Schwarze Mütter und Töchter nicht den gängigen Mustern solcher Untersuchungen folgen können, da sie sich auf weiße Wertvorstellungen und weiße Formen von Familienbeziehungen gründen. Weitergehend scheint es mir jedoch notwendig, daß die von Joseph vorgeschlagene Erweiterung, die Dimension ‚Rassismus' betreffend, auch in Untersuchungen zwischen weißen Müttern und Töchtern zu berücksichtigen ist. Hier wären die Auswirkungen von Rassismus für Mutter-Tochter-Beziehungen aus der Perspektive der ‚Dominanzkultur' (Rommelspacher 1995) zu thematisieren.

2.9. verstümmelt

Raymond redet nicht nur von verstellter oder vergessener Wirklichkeit der Bezugnahme unter Frauen, sondern verwendet den Begriff ‚verstümmelt', um auf die Gewalttätigkeit der Verdeckung bzgl. der Tradition von Frauenbezügen hinzuweisen. „Frauen sind seit Jahrtausenden Freundinnen. Frauen waren sich beste Freundinnen, Verwandte, verläßliche Gefährtinnen, haben sich emotional und wirtschaftlich unterstützt, waren sich treue Liebende. Diese Tradition weiblicher Freundschaft ist jedoch – wie so vieles im Leben von Frauen – verzerrt, demontiert, zerstört worden." (Raymond 1990, S. 10 f) Den Begriff ‚verstümmelt' übernimmt sie von Mary Daly für die Zusammenfassung dieser unterschiedlicher Formen von Vernichtung. Mary Daly beschreibt mit diesem Begriff, auf welche Weise Frauen der Geschichte und Tradition von Frauen beraubt wurden und wie man sie durch die patriarchale Auslöschung dieser Tradition zum Vergessen aufforderte.

Auch Adrienne Rich weist mit dem Begriff ‚Zwangsheterosexualität' auf die Gewalt hin, die hinter den Wahrnehmungsbarrieren bezüglich Frauenbezugnahme steht. Mit dem Begriff ‚Zwangsheterosexualität' meint sie ein gut funktionierendes Zusammenspiel von unterschiedlichen gesellschaftlichen Faktoren, die „... den Frauen gewaltsam ihre auf sich selbst und auf andere Frauen bezogenen Energien entreißen und sie mit allen Mitteln von frauenidentifizierten Werten abhalten." (Rich 1991, S. 145) In vielen Beispielen – aktuellen und aus der Geschichte – zeigt sie auf, „... daß diese Mittel von regelrechter körperlicher Versklavung bis zur Verschleierung und verzerrten Darstellung anderer Lebensmöglichkeiten reichten." (Rich 1991, S. 145) Damit analysiert sie Formen der Verdeckung und verzerrter Darstellung als einen Bestandteil des Systems der Zwangsheterosexualität.

Als **Veränderungsperspektive** will Raymond durch das Aufspüren von Frauenbeziehungen in der Geschichte der verstümmelten Tradition die verborgene, ungeschriebene Frauengeschichte gegenüberstellen. Für dieses Vorhaben benutzt sie die Methode der Ahninnenforschung oder auch Genealogie. Ihr Ziel ist dabei jedoch nicht, einen umfassenden Bericht der Genealogien von Frauenfreundschaft zu liefern, sondern sie möchte „ ... vielmehr darstellen, wie wir überhaupt Genealogien (von Frauen, Erg. M.K.) auffinden können". (Raymond 1990, S. 41) Dies erweist sich als notwendig, da sich die bisherige Ahnenforschung damit noch nicht beschäftigt habe und wie an ihrer Auseinandersetzung mit Foucault (1976), auf dessen Ansatz sie sich bezieht, deutlich wird, muß selbst ein kritisches Geschichtsverständnis überarbeitet werden, damit es in der Lage ist, Frauenbeziehungen untersuchen zu können und nicht wieder wissenschaftlich zu verdecken. Foucault kritisiert die Suche nach einer umfassenden Bedeutung und Totalität, nach großen Einheiten und Kontinuitäten im Denken traditioneller Geschichtsschreibung. Er sieht die Methode und den Inhalt von Geschichte gerade in der Unordnung der Dinge. Der eigentliche Stoff der Geschichte besteht nach ihm aus Unterbrechungen, Verlagerungen, Transformationen und Brüchen. Deshalb hat er eine Theorie von Geschichte als Diskontinuität entwickelt.

Die Beispiele, die Foucault zur Untermauerung seiner Theorie von Geschichte als Diskontinuität und Grenzüberschreitungen aufführe, stammen nach Raymond zum einen ausschließlich aus der Geschichte von Männern; zum anderen markieren die angegebenen Beispiele (Marquis de Sade und Georges Bataille) aus der Perspektive von Frauen mitnichten Diskontinuitäten in der Geschichte, da sie die „... hetero-historische Kontinuität nicht in Frage (stellen), nämlich das entsetzliche Mißhandeln, Erniedrigen und Verstümmeln von Frauen." (Raymond 1990, S. 66) Demgegenüber formuliert sie als Beispiele für Diskontinuitäten und Überschreitungen der Hetero-Geschichte, die von Freundinnen vollbracht wurden und die in einer historischen Forschung aus feministischer Sicht aufzuspüren sind, „... daß Frauen nicht immer in Beziehungen mit Männern oder auf Männer bezogen lebten, leben und leben werden, und zwar aus freier Entscheidung und nicht durch ein Versäumnis, aus Stärke und nicht aus Schwäche, weil sie sich zu Frauen hingezogen fühlen, nicht weil sie Opfer der Männer sind." (Raymond 1990, S. 68)

Raymonds' Verdienst ist es, den methodischen Ansatz der Genealogie für eine Ahninnenforschung reformuliert zu haben. Ähnlich wie Mayr-Kleffel dies für die methodischen Ansätze der Netzwerkforschung vorgenommen hat, hat sie den Untersuchungsansatz ‚Genealogie' selbst zum Forschungsgegenstand erklärt und ihn in einer Weise weiterentwickelt, damit er überhaupt in der Lage ist, Frauenbezugnahme wissenschaftlich wahrzunehmen.

Der Gewinn einer solchen anderen wissenschaftlichen Untersuchung der Geschichte von Frauenbezugnahme und ihrer Verstümmelung, kann exemplarisch an folgender Wahrnehmungsveränderung erläutert werden: „Aber trotz dieser seit jeher herrschenden Verstümmelung von Frauenfreundschaft und dem enormen Druck, der auf Frauen ausgeübt wurde und wird, nur für Männer zu existieren, waren und sind die unterschiedlichsten Frauen Freundinnen. Immer hat es Frauen gegeben und gibt es Frauen, die *für Frauen* sind." (Raymond 1990, S. 11) Während aus der Perspektive patriarchaler Geschichtsschreibung primär Empörung darüber laut wird, daß Frauen sich so abscheulich zueinander verhalten, eben nicht ‚miteinander können' und im Gegensatz zu den unzähligen historischen Männerbündnissen, nicht zu Bündnissen fähig seien, ermöglicht die Kenntnis der permanenten Verstümmelung der Geschichte von Frauenbeziehungen eine ganz andere Wahrnehmung: Diese ist zum einen in der Lage, Freundschaften von Frauen sichtbar zu machen; zum anderen kann sie die Tatsache, daß Frauen unter patriarchalen Lebensverhältnissen überhaupt zur Freundschaft unter Frauen fähig sind, als besondere, die patriarchalen Behinderungen überschreitende Leistungen von Frauen wertschätzen.

2.10. unreflektiert Fortschrittsgläubigkeit

Ein Verdeckungsmuster, das eng mit der Verstümmelung der Tradition von Frauenbezugnahme zusammenhängt, nenne ich unreflektierte Fortschrittsgläubigkeit. Hier wird davon ausgegangen, daß die Entwicklungen in ‚modernen' westlichen Industriegesellschaften gegenüber früheren Gesellschaftsformen oder auch gegenüber Kulturen, die als ‚traditionaler' gelten, für Frauen ausschließlich als Verbesserung zu werten sind.[14]

Eine solche Fortschrittsgläubigkeit kann sich zum einen in einer generellen Entwertung von Frauenbezugnahme ausdrücken, indem die Bezugnahme unter Frauen oder auch Frauenwelten ausschließlich als Bestandteil traditionaler Gesellschaftsformen angesehen werden, die jedoch in modernen Gesellschaften unter den Vorzeichen des Fortschritts in Gestalt der Individualisierung[15] und angesichts der ‚Integration' von Frauen in alle gesellschaftlichen Bereiche ‚überwunden' wurde und nicht mehr als notwendig erscheint. „Viele ‚Frauen von heute' ... meinen sie nicht nötig zu haben – was meist mehr Wunschdenken als Realität ist, denn ihr Spielraum wird nach wie vor zumindest *auch* von ihrer Geschlechtszugehörigkeit bestimmt." (Koppert 1993, S. 9). In extremer Weise kommt diese Wahrnehmung in der Annahme zum Ausdruck, Frauen könnten ihre entscheidendsten und befriedigendsten Beziehun-

---

[14] Damit werden die obigen Ausführungen zur linearen Fortschrittsidee hinsichtlich ihrer Auswirkungen für die Wahrnehmung von Frauenbezugnahme konkretisiert.

[15] In einer historischen Einordnung von feministischen Frauenprojekten der letzten zwanzig Jahre als ‚Projekte der Moderne' zeigt Claudia Koppert (1993, S.85) als ein Spannungsfeld, in dem diese Projekte stehen „... das antimoderne Streben nach Gemeinschaft, Gemeinsamkeit, nach einem Wir und das Bemühen um Individuation und individuelle Stärke, die moderne Ich-Orientierung" auf. Nach ihrer Meinung sind Feministinnen, „... – wenn auch oft widerstrebend – in der modernsten der Männermodernen angekommen, auch wertemäßig: Es gilt, etwas zu werden in der Welt, eine eigenständige, selbstbewußte, kompetente Frau. Den neuen Zwang: Jede muß als einzelne etwas werden, zumindest eine individuelle Persönlichkeit, empfinden Frauen als verlockende Chance und Freiheit." (Koppert 1993, S. 87)

gen nur mit Männer haben. Wie Brauckmann (1983) aufzeigt, stellt diese Annahme ein historisch relativ junges Phänomen dar.

Zum anderen kann sich diese Fortschrittsgläubigkeit in einer Haltung ausdrücken, die zwar um die Bedeutung der Beziehungen zwischen Frauen weiß, die heutigen Formen der Bezugnahme zwischen Frauen jedoch gegenüber früheren oder in anderen Kulturen praktizierten als überlegene ansieht, u.a. da sie freier gewählt und selbstbestimmt seien. Ein solcher Fortschrittsglaube macht uns nicht nur blind gegenüber der Geschichte von Frauenbezügen[16], sondern auch gegenüber der Bedeutung, die Frauenbezüge in Kulturen und Bevölkerungsgruppen, die als traditionaler definiert werden, real haben. Dies gilt auch für Frauenbezugnahme in ländlichen Regionen. Frauenbezugnahme in Gesellschaften oder Gruppierungen, die als traditionaler gelten, wird abgewertet, indem sie als rückschrittlich oder ausschließlich in ihrer einschränkenden Seite wahrgenommen wird. Claudia Bernardoni weist darauf hin, daß Frauen in traditionellen dörflichen Frauenzusammenhängen, „...nicht nur unter der Trennung von der Männerwelt litten, sondern diese auch zu genießen und für ihre Zwecke zu nutzen wußten. (Libreria delle donne di Milano 1989, S. 13)

Mit diesen Ausführungen wurde eine weitere gesellschaftliche Dimension in Verdeckungsmustern in den Blick gerückt und zwar die Verdeckung der Frauenbezugnahme durch *unterschiedliche* kulturelle Vorstellungen und Bewertungen und hier insbesondere unterschiedliche Vorstellungen durch die Zuordnung ,traditional' versus ,modern'.

Eine **methodische Konsequenz** hieraus ähnelt der im Zusammenhang der Verstümmelung der Geschichte von Frauenbezügen ausgeführten. Es geht darum, in der Geschichte nach Frauenbezügen zu suchen und so die Tradition der Frauenbezugnahme in ihrer realen Bedeutung aufzudecken. In einer anderen Veränderungsperspektive wird der klischeehaften Wahrnehmung von Frauenzusammenhängen aus anderen, als traditionaler geltenden Kulturen oder Gruppierungen, ein genaueres Wissen über die reale Bedeutung dieser

---

[16] Die Verdeckung von Frauenverhältnissen aufgrund eines blinden Fortschrittsglaubens ist einerseits Folge der Verstümmelung der Tradition von Frauenverhältnissen, wird aber andererseits auch zur Voraussetzung der Aufrechterhaltung dieser Verstümmelung; solange Frauen überzeugt sind, ein Blick in die Geschichte lohne sich nicht, kann darin auch nichts jenseits der bestehenden entwertenden Klischees entdeckt werden.

Frauenbeziehungen entgegengesetzt. Exemplarisch möchte ich auf zwei Untersuchungen hinweisen. Eckhardt-Aktas (1993) untersuchte Beziehungen zwischen Frauen in der Kultur des alevitischen Dersim-Volkes[17] Indem sie nach Neid, Aggression, Streit und Solidarität gefragt hat, vermied sie den Fehler, einer Idealisierung oder Romantisierung der Frauenbeziehungen durch eine ausschließlich negative Wahrnehmung zu begegnen. Nükhet Sirman (1991) untersucht in ihrer Feldstudie im Dorf Tuz in West-Anatolien die Rolle der Frauensolidarität in den Verhaltensstrategien von Bäuerinnen zur Stärkung ihrer Position in Ehe und Familie. Eine der Hauptstrategien der Frauen bei ihrem Versuch, innerhalb eines patriarchalen Rahmens einen eigenen Machtbereich zu schaffen, besteht nach Nükhet Sirman darin, daß sie ein Fraueninformations- und Dienstleistungsnetz mit anderen verheirateten Frauen bilden. Aufgrund dieser Beziehungen untereinander, die Sirman als eigenständige Frauenkultur benennt, leisten Frauen in bisher als rein patriarchal klassifizierten Dorfgesellschaften Widerstand.

Neben und durch diese konkreten Untersuchungen gilt es, die Eurozentriertheit dieser klischeehaften Wahrnehmungen von traditionellen Frauenzusammenhängen zu reflektieren und den eigenen kulturellen Standort als Hintergrund für diese entwertenden Interpretationen zu hinterfragen. Dabei gilt es auch, nach der Bedeutung des Konstruktes ,der anderen Frau' bzw. ,der anderen Frauenzusammenhänge' für die eigene Selbstaufwertung zu fragen. Dies wurde auf der Ebene der Reflexion der wissenschaftlichen Wahrnehmung in Knab 1999, Kapitel 1.1.2. ausgeführt.

Erstaunlich ist es, daß immer wieder bzw. immer noch mit dem Blick auf Frauenzusammenhänge in ländlichen Regionen die Idee der Rückständigkeit und Immobilität verknüpft blieb[18] und die Kritik der Modernisierung (in ihrer

---

17 Von besonderem Interesse für die Auseinandersetzung mit Frauenbeziehungen in ,traditionalen' und ,modernen' Kulturen ist diese Untersuchung auch deshalb, weil die befragten Frauen, aus einer ländlichen Region in der Ost-Türkei stammend, zur Zeit der Befragung seit 15 Jahren in Deutschland lebten und so innerhalb ihrer eigenen Biographie enorme Veränderungen durchlebten.
18 So formuliert Spiegel folgendes als ein Fazit ihrer Untersuchung von Frauennetzwerken in ländlichen Regionen: „Die eigenen Bezugssysteme der Frauen (Vereine, Gruppen) sind von ihrer inhaltlichen und organisationellen Ausrichtung her nicht dergestalt, daß sie über die Reproduktion der gewohnten frauenspezifischen Seins- und Bewußtseinsformen hinausweisen würden und die Entwicklung anderer Perspektiven ermöglichen könnten." (Spiegel 1990, S. 133)

doppelten Bedeutung für Frauen: Freisetzung aus Zwängen und moderne Funktionalisierung) bisher vor allen Dingen am Beispiel von Frauen aus ‚anderen' Kulturen oder aus der sogenannten ‚Dritten Welt' geleistet wurde. Die Frage danach, wie diese Fortschrittsgläubigkeit als ein Verdeckungsmuster die klischeehafte Wahrnehmung von Frauenbeziehungen in ländlichen Regionen prägt und die Frage nach der realen Bedeutung dieser Frauenbeziehungen, sind deshalb Fragen an die Empirie.

2.11. übergangen

Mit dem Verdeckungsmuster des ‚Übergehens' wird auf eine im Vergleich zur Stigmatisierung wenig offensive und somit auch wenig offensichtliche Form der Verdeckung hingewiesen. Auf dieses Verdeckungsmuster wird v.a. im Zusammenhang der Reflexion der wissenschaftlichen Wahrnehmung hingewiesen. So formuliert Rich, daß „... lesbische Daseinsweisen, lesbische Existenz, in zahlreichen Texten und Untersuchungen, selbst von feministischen Forscherinnen, weitgehend oder vollständig übergangen werden." (Rich 1991, S. 138) Als Beispiele führt sie hier die auch im deutschsprachigen Raum viel diskutierten Werke von Chodorow (1978), Dinnerstein (1976), Ehrenreich/English (1978) und Baker Miller (1976) an. Obwohl alle diese Autorinnen davon ausgehen, daß die Beziehungen zwischen den Geschlechtern in Unordnung geraten und äußerst problematisch für Frauen sind, obwohl alle nach Wegen der Veränderung suchen und obwohl sie viel aus diesen Büchern gelernt habe, bemängelt sie, daß in keinem dieser Bücher, die sich mit Mutterschaft, geschlechtsspezifischer Rollenverteilung, Beziehungen und gesellschaftlichen Vorschriften für Frauen befassen, die Zwangsheterosexualität als eine Institution untersucht werde, die mit Macht auf alle diese untersuchten Bereiche einwirke. Und in keinem von diesen Untersuchungen werde das Konzept der sexuellen ‚Vorliebe' oder ‚angeborenen Ausrichtung' von Frauen auf Männer auch nur indirekt in Frage gestellt.

Für sie besteht ganz offensichtlich ein Zusammenhang, zwischen diesem Übergehen durch Wissenschaftlerinnen und dem breiten Spektrum an weiteren Formen von Verdeckungen. Letzteres umschreibt sie folgendermaßen: „... für Frauen (wurde; Ergänzung durch M.K.) die Wahl von Frauen als leidenschaftliche Kameradinnen, Lebensgefährtinnen, Mitarbeiterinnen, Geliebte und soziale Bezugsgruppe unterdrückt, verächtlich gemacht, ins Versteck und zur Verkleidung gezwungen." (Rich 1991, S. 138)

Bei einer ersten Betrachtung erscheint ‚Übergehen' – im Gegensatz zu Formen offensiver Abwertung und Verachtung – als harmlose Verdeckungsqualität. Jedoch wird mit Hinweis auf Zusammenhänge zwischen diesen verschiedenen Verdeckungsqualitäten deutlich, daß die Auswirkungen der einzelnen Verdeckungsmuster nicht nur von ihrer jeweiligen inhaltlichen Ausgestaltung abhängen, sondern auch vom Status der Personengruppe, die das jeweilige Verdeckungsmuster anwendet. Wenn feministisch orientierte Wissenschaftlerinnen lesbische Existenz zwischen Frauen übergehen, so kann dies eine ebenso massive Verdeckungswirkung haben, als wenn Personengruppen, die Frauen allgemein entwerten, lesbische Existenz offensiv diffamieren. Unter der Perspektive des Zusammenwirkens der von verschiedenen Personengruppen vorgenommenen Verdeckungsmuster betrachtet, kommt auch in den Blick, daß das scheinbar harmlose ‚Übergehen' dem offensiven Stigmatisieren und Diffamieren Vorschub leistet oder ihm zumindest keinen Einhalt gebietet.

Als eine Veränderungsperspektive wäre hier das konsequente Einbeziehen lesbischer Existenz in die verschiedenen Bereiche feministischer Forschung zu nennen.

Böhnisch/Funk (1989) verwenden den Begriff des ‚Übergehens' im Zusammenhang mit einer spezifischen (sozialpolitischen) Wahrnehmungsweise ländlichen Lebenswelten gegenüber; hierauf wurde bereits oben hingewiesen. Mit ihrer begrifflichen Bestimmung möchte ich noch einen weiteren Aspekt der Verdeckung durch Übergehen in Erinnerung rufen: Übergangenheit meint hier nicht, daß etwas nicht wahrgenommen wird, sondern der Begriff verweist auf die Art und Weise, wie etwas wahrgenommen wird. Im Zusammenhang der Wahrnehmung von ländlichen Lebenswelten hatten sie darauf hingewiesen, daß diese reduziert wahrgenommen werden, aufgrund von Interpretations- und Wahrnehmungsstrukturen, die aus eher großstädtisch orientierten Lebenswelten stammen und dadurch den ‚Eigensinn' ländlicher Lebenswelten nicht erfassen können. Dies scheint mir ein wichtiger Hinweis für ein eingeschränktes Wahrnehmungs- bzw. Verdeckungsmuster hinsichtlich von Frauenzusammenhängen in ländlichen Regionen, das im empirischen Teil der Untersuchung zu berücksichtigen ist. Werden Beziehungen zwischen Frauen in ländlichen Regionen nach dem Maßstab von großstädtischen Lebensweisen

und Formen der Bezugnahme in großstädtischen Regionen gesucht und interpretiert, werden erstere in ihrer spezifischen Qualität, die sie für Frauen in
ländlichen Lebenswelten und damit auch unter spezifischen Öffentlichkeitsstrukturen haben, übergangen und verdeckt. Dabei kann das Zugrundelegen
eines großstadtorientierten Maßstabs entweder unbewußt erfolgen oder aber
aufgrund einer Höherbewertung der in großstädtischen Regionen vorhandenen Formen der Frauenbezugnahme, da diese als moderner und ‚selbstbe-
stimmter' gelten. D.h. im Zusammenhang mit dem Verdeckungsmuster des
Übergehens zwischen städtischen und ländlichen Regionen spielt die oben
ausgeführte blinde Fortschrittsgläubigkeit eine wesentliche Rolle.

Aufdecken, entdecken heißt hier, zu fragen, welche Bedeutungen Frauenbeziehungen und Bezugnahme unter Frauen für Frauen gerade vor dem Hintergrund ihrer spezifischen Lebensbedingungen, d.h. ihrer Eingebundenheit in
eine ländliche Alltagswelt haben.

2.12. (Methodische) Wege aus dem Verdeckungsgeflecht.
Zusammenfassung und Ausblick

Das dargestellte Spektrum verdeckender Wahrnehmungsmuster zeigt, daß der
Verdeckungszusammenhang hinsichtlich der Relevanzstrukturen von Frauenbezugnahme in sehr unterschiedlichem Gewande daherkommt:
Manchmal schrill auffallend, wie z.B. die Stigmatisierung, manchmal in einer
Weise, die kaum oder gar nicht wahrnehmbar ist, wie z.B. die ‚Ver-Selbstver-
ständlichung' oder die Bedeutungslosigkeit. Ziel dieser Darstellung war es
nicht, alle hinsichtlich verschiedener Aspekte von Frauenbezugnahme existierenden Verdeckungsmuster vollständig aufzulisten; vielmehr ging es mir
darum, zum einen darauf aufmerksam zu machen, daß die gesellschaftliche
Wirksamkeit einzelner Verdeckungsmuster und des Verdeckungszusammenhangs von sehr unterschiedlichen Faktoren abhängig ist und zum anderen einige dieser Faktoren herauszuarbeiten.

So konnte einerseits die Wirkungsweise des Verdeckungszusammenhangs
bezüglich der Dimension ‚Frauenbezugnahme' präzisiert werden; andererseits
wurden auch Analyse-Kriterien für die Wahrnehmung bzw. Bestimmung der
gesellschaftlichen Wirksamkeit von Verdeckungsmustern entwickelt.

Einige dieser Faktoren sollen hier noch einmal zusammenfassend dargestellt werden.

- Als ein wesentlicher Faktor für die gesellschaftliche Wirksamkeit von Verdeckungsmustern wurde die Tatsache ihrer gleichzeitigen 'Verankerung' in verschiedenen gesellschaftlichen Dimensionen sichtbar. Benannt wurde hierbei eine kulturelle, interkulturelle, eine sozialstaatliche, die subjektive und, als weitere Differenzierung dieser letzteren, eine inter- und eine innersubjektive Dimension. Auch hier war es nicht mein Ziel, alle in den Verdeckungsmustern relevanten gesellschaftlichen Dimensionen herauszuarbeiten; vielmehr wollte ich den Blick dafür schärfen, daß veränderte Wahrnehmungsmuster entsprechend in den unterschiedlichen gesellschaftlichen Dimensionen angesiedelt sein bzw. auf diese abzielen sollten.

- Die im Verlauf der Geschichte unterschiedliche Gestalten annehmenden Verdeckungsmuster (wie vorne ausgeführt) sind Ausdruck und Indiz der historisch je verschiedenen gesellschaftlichen Stellungen von Frauen. Zur Bestimmung ihrer Wirkungsweise sind sie deshalb im Zusammenhang mit der Situation von Frauen im jeweiligen historischen Kontext zu analysieren. Sie ausschließlich vor dem Hintergrund der heutigen gesellschaftlichen Situation aus zu interpretieren, stellt eine weitere Spielart einer die Realität reduzierenden Wahrnehmung dar.

- Dasselbe gilt für die Wahrnehmung der verschiedenen Formen der Bezugnahme in unterschiedlichen Kulturen. Mit den Ausführungen zur ,unreflektierten Fortschrittsgläubigkeit' wurde exemplarisch auf die Grundlage einer reduzierenden Interpretation der Bedeutung von Frauenbeziehungen in verschiedenen Kulturen hingewiesen. Als Voraussetzung für eine nicht-reduzierende Wahrnehmung ist der eigene kulturelle Standort und die darin enthaltenen Wertmaßstäbe hinsichtlich der Dimension ,modern versus traditionell' zu reflektieren.

- Gezeigt hat sich auch, daß für eine Bestimmung der gesellschaftlichen Wirksamkeit die einzelnen Verdeckungsmuster in ihren verschiedenen Facetten wahrzunehmen sind. Das Verdeckungsmuster der Stigmatisierung, das zunächst z.B. im Gegensatz zum harmloser erscheinenden Muster des ,Vergessens' oder der ,Bedeutungslosigkeit', in seiner sehr destruktiven Qualität ins Auge springt, kann auch noch anders interpretiert werden: nämlich als Ausdruck eines Wahr- und Ernst-Nehmens durch die Gesellschaft – wenn auch mit negativen Vorzeichen. Ein Indiz hierfür ist auch, daß lesbische Beziehungen schon viel länger Gegenstand wissenschaftlicher Betrachtung sind als andere Formen der Bezugnahme zwischen Frauen (vgl. hierzu Fadermann 1990). Dabei sollen jedoch die sozial und z.T. existenziell vernichtenden Auswirkungen eines Ernstnehmens in Gestalt von offensiv negativer Bewertung in keiner Weise bagatellisiert werden.[19]

- Weiter wurde deutlich, daß die gesellschaftliche Wirksamkeit des jeweiligen Verdeckungsmusters nicht nur durch seinen ‚inhaltlichen Gehalt' zu bestimmen ist, sondern auch durch den Status der Personengruppe, die es ‚anwendet'. So kann eine scheinbar harmlose Form der Verdeckung, z.B. in Gestalt von ‚Übergehen', von feministisch orientierten Frauen vorgenommen, sich genauso massiv auswirken wie eine offensive Stigmatisierung von Seiten einer anderen gesellschaftlichen Gruppierung. Darüber hinaus sind diese durch unterschiedliche Personengruppen ‚praktizierten' Verdeckungsmuster in ihrem Ineinandergreifen zu betrachten.

- Das Ineinandergreifen einzelner Verdeckungsmuster stellt einen weiteren wesentlichen Faktor ihrer gesellschaftlichen Wirksamkeit dar. Was in den obigen Ausführungen getrennt dargestellt wurde und verschiedene Aspekte von Frauenbezugnahme verdeckt, überlagert sich in vielfältiger und komplexer Weise und wird so zu einer geballten Verdeckungsgewalt.

In der Darstellung des Spektrums wurde zwar bereits vereinzelt auf Querverbindungen hingewiesen, jedoch wurden primär die Spezifika einzelner Verdeckungsmuster ausgeführt. Deshalb möchte ich hier noch einmal auf einige Aspekte dieses Ineinandergreifens aufmerksam machen. So kann, wie vorne bereits benannt, z.B. Abwertung und Tabuisierung der Bedeutung von Frauenbeziehungen für sogenannte heterosexuelle Frauen schließlich dazu führen, daß gesamtgesellschaftlich und damit auch von Frauen selbst die Bedeutung dieser Frauenbeziehungen vergessen wird.

- Ein weiterer Aspekt des Ineinandergreifens bezieht sich auf das Zusammenwirken der verschiedenen Verdeckungsmuster, die für unterschiedliche Frauengruppierungen bzw. für unterschiedliche Beziehungsformen wirksam

---

19 Vgl. hierzu die Hinweise von Fadermann (1990) auf eine Chronologie über ‚Homosexuelle und die Todesstrafe'. Ilse Kokula (1981) weist darauf hin, daß dem staatlichen und kirchlichen Terror, der im ausgehenden Mittelalter einsetzte und seinen Höhepunkt im 16. und 17. Jahrhundert erreichte auch lesbische Frauen zum Opfer fielen; wie Urteile belegen, wurden im Zuge der sogenannten ‚Hexenverbrennungen' Frauen u.a. auch deshalb hingerichtet, weil sie andere Frauen liebten.

sind. So werden lesbische Beziehungen in einer anderen Weise entwertet als Beziehungen zwischen heterosexuellen Frauen. Diese unterschiedlichen Verdeckungsmechanismen stellen jedoch verschiedene Bestandteile eines Verdeckungszusammenhangs dar, da damit jeweils einzelne Aspekte von Frauenbezugnahme verdeckt werden. Der analytische Gewinn dieser Wahrnehmung, also die für unterschiedliche Gruppierungen geltenden Verdeckungsmuster als Bestandteile eines Zusammenhangs zu sehen, ist es, einerseits die Betroffenheit aller Frauen vom Verdeckungszusammenhang aufzuzeigen, ohne jedoch andererseits je spezifische Betroffenheiten und ihre mehr oder weniger massiven Auswirkungen, denen z.b. lesbische Frauen ausgesetzt sind, zu übergehen. Der Blick wird damit geschärft, nach den spezifischen Verdeckungsmustern zu fragen und dies gleichzeitig als verschiedene Bestandteile eines übergreifenden Verdeckungszusammenhangs wahrzunehmen.

Übertragen auf meine empirische Untersuchung bedeutet dies: Ich werde hier einerseits die für Frauenbezugnahme in ländlichen Regionen geltenden spezifischen Muster der Verdeckung herausarbeiten und diese andererseits als einen spezifischen Ausschnitt des Verdeckungszusammenhangs – die regionale Dimension des Verdeckungszusammenhangs hinsichtlich Frauenbezugnahme – sichtbar machen.

- Neben der Frage nach dem Ineinandergreifen von verschiedenen Verdeckungsmustern hinsichtlich unterschiedlicher Formen von Frauenbeziehungen ist auch nach dem Ineinandergreifen der durch unterschiedliche Personengruppen vorgenommenen verschiedenen Verdeckungsmuster hinsichtlich ein und derselben Beziehungsform zu fragen. Wenn Frauen sich z.B. von einer mehr oder weniger offenen Distanzierung (‚Übergehen‘) gegenüber lesbischer Lebensweise erhoffen, damit der von einer anderen Personengruppe vorgenommenen Stigmatisierung zu entgehen, beteiligen sie sich nicht nur in ihrer spezifischen Weise an einer Verdeckung der Relevanz lesbischer Beziehungen, sondern, da diese einen Aspekt von Frauenbezugnahme darstellen, reproduzieren sie mit dieser Distanzierung darüber hinaus auch den Verdeckungszusammenhang hinsichtlich der Dimension ‚Frauenbezugnahme‘ insgesamt.

Zur methodischen Verortung

Im Zusammenhang mit den verschiedenen Verdeckungsmustern konnte ich auch ein Spektrum an methodischen Hinweisen für eine entdeckende Wahrnehmung sichten; von vereinzelten Stichworten bis hin zu ausgearbeiteten Untersuchungsansätzen zur Entdeckung eines spezifischen Ausschnitts von Frauenbezugnahme (vgl. Raymonds Genealogie für die Ahninnenforschung und Mayr-Kleffels Ansatz zur Untersuchung der Spezifika der Netzwerkbeziehungen von Frauen).

Deutlich wurde, daß unterschiedliche Verdeckungsmuster verschiedene ‚Ent-Deckungs oder Auf-deckungs'– Methoden benötigen. Als methodologisches Fazit kann deshalb formuliert werden: Zur Wahrnehmung der verschiedenen Aspekte von Frauenbezugnahme ist mit einer Kombination aus unterschiedlichen Methoden zu arbeiten; dies möchte ich mit einem Beispiel erläutern.

Die Methode, nach realen Erfahrungen zu fragen, mit dem Ziel, mit diesen Erfahrungen vorherrschende Mythen und Vorurteile über Arbeitsbeziehungen von Frauen zu verändern, kann nur begrenzt den Mythen widersprechende Erfahrungen zutage fördern. Dies hat mehrere Gründe:

Zum einen können nur die bewußten Erfahrungen durch direktes Nachfragen der Wahrnehmung zugänglich gemacht und auch benannt werden. Für die Erfahrungsaspekte, die verdrängt sind, werden methodische Zugangsweisen benötigt, wie sie Maya Nadig in ihrem Buch ‚Die verborgene Kultur der Frau' (1986) mit einer ethnopsychoanalytischen Reflexion als Teil ihrer Untersuchungsmethode entwickelt hat.[20]

Zum anderen nehmen Frauen häufig selbst ihre den reduzierenden Klischees widersprechenden Erfahrungen in eben diesen dafür existierenden Klischees und Vorurteilen wahr und benennen sie mit diesen. Als methodische Konsequenz gilt es hier zunächst, diese Klischees als die realen Erfahrungen versperrende Bilder der Wahrnehmung zugänglich zu machen und sie damit wegzuräumen (vgl. dazu ausführlicher Frauenfortbildung 1993).

Zum Dritten: Nur wenige Vorurteile können verändert werden, indem sie mit widersprechenden Erfahrungen konfrontiert werden. Nicht ohne Grund stellt diese ‚psychische Beharrlichkeit' einen der zentralen Gegenstände der Vorurteilsforschung dar. Beispielhaft seien hier Adornos Studien zum autoritären Charakter (1982) erwähnt. Aus diesem Forschungsbereich sind sicher-

---

[20] Ohne die Chancen einer so weitgehenden (Selbst-)reflexion zu leugnen, möchte ich auf die Problematik eines extremen Ungleichgewichts zwischen Forscherinnen und Interviewpartnerinnen bei dieser Methode hinweisen. Zur Kritik an den hierarchischen Elementen durch eine Verwendung psychoanalytischer Vorgehensweisen in Untersuchungsprozessen vgl. Becker-Schmidt/Bilden 1991.

lich wertvolle Hinweise für die Entwicklung von Methoden zur Untersuchung von Frauenbezugnahme zu entnehmen. Dies gilt auch für Konzepte, in denen die Reflexion der Wahrnehmungsbarrieren – auch vor allem die der Forschenden selbst – als wesentlicher Bestandteil einer Untersuchungsmethode entwickelt wurde (vgl. dazu Devereux 1973).

Andere Erfahrungen sind wiederum nicht nur verstellt oder verdrängt, sondern es fehlen symbolische Möglichkeiten (Begriffe, Bilder), um sich überhaupt über sie verständigen zu können. Die methodischen Konsequenzen hierzu wurden vorne ausgeführt.

Trotz des Ergebnisses der Notwendigkeit eines Komplexes an methodischen Zugängen kann es nicht darum gehen, alle Verdeckungsqualitäten mit einem entsprechend breiten Methodenspektrum gleichzeitig zu erfassen. M.E. ist mit mehreren Methoden zumindest ein bestimmter Ausschnitt wahrnehmbar zu machen. Mein methodischer Ansatz, den ich im Kap. 2. ausführlicher darstelle, bewegt sich zwischen den extremen Polen einer psychoanalytischen Reflexion einerseits und des ausschließlich ‚nach Erfahrungen Fragen' andererseits. Hier wird es darum gehen, methodische Vorgehensweisen zu entwickeln bzw. zu wählen, mit denen verdeckte Dimensionen der Wahrnehmung zugänglich gemacht, d.h. mit denen sowohl die verdeckenden Bilder und Klischees als auch die Realität hinter diesen Bildern der Wahrnehmung zugänglich gemacht werden können. Damit schließe ich an grundsätzliche Überlegungen der Frauenforschung an, die betont, daß angesichts behindernder, androzentrisch geprägter Denkformen, Deutungsmuster und Gefühlsnormierungen die Erfahrungen von Frauen „... nicht einfach so zugänglich sind" (Bekker-Schmidt/Bilden 1991, S. 26). (Vgl. hierzu auch Knab 1999, Kap. 2)

Aus der Erkenntnis, daß die Verdeckungsmuster ihre Wirksamkeit u.a. aus ihrer Verankerung in den verschiedenen gesellschaftlichen Bereichen beziehen, ergibt sich unter einer Veränderungsperspektive die Notwendigkeit, ebenfalls in den verschiedenen gesellschaftlichen Bereichen aufzudecken. Die wissenschaftliche Wahrnehmung wurde als Bestandteil der sozialstaatlichen Dimension des Verdeckungszusammenhangs genannt. Dies hat zur Folge, daß bei der Darstellung der empirischen Ergebnisse sowohl Beispiele für Ent-Dekkungen von Interviewpartnerinnen, als auch meine eigenen genannt werden, die während der Untersuchung stattfanden.

3. Fragen und Frageperspektiven für die empirische Untersuchung

In den vorausgegangenen Kapiteln habe ich aus dem forschungsleitenden Paradigma ‚Lebenslage/Lebensbewältigung' mit Hilfe des analytischen Konstruktes des Verdeckungszusammenhangs operationale Dimensionen entwickelt und diese z.T. bereits in Fragedimensionen umgesetzt. Die vorgenommenen Operationalisierungsschritte werden im folgenden zusammenfassend dargestellt und anschließend Fragestellungen und Frageperspektiven für die Empirie benannt. D.h. die Ergebnisse der theoretischen Herleitung kommen in der empirischen Untersuchung in mehrfacher Weise zum Tragen: zum einen in Form von inhaltlichen Fragestellungen und zum anderen in Gestalt von Aussagen zur Anlage der empirischen Evaluation, hier mit Frageperspektiven benannt.

In Kap. 1.1 wurde mit dem Lebenslagen-Konzept ausgeführt, daß unter sozialstaatlichen Verhältnissen Lebensumstände öffentlich zur Geltung zu bringen sind, mit dem Ziel sozialpolitischer Akzeptanz. Als Dimensionen, von denen diese sozialpolitische Akzeptanz abhängig ist, wurden benannt: *Horizonte und Kapazitäten des politisch-administrativen Systems; Öffentlichkeiten, die sich um Lebensprobleme bilden oder kümmern (genauso Nichtöffentlichkeiten); das Maß, in dem Betroffene ihre Situation veröffentlichen oder privatisieren, erleben oder routinisieren und ob sie sie individuell oder kollektiv regulieren können.* Im Weiteren wurden Lebensumstände für Frauen in ländlichen Regionen konkretisiert und charakteristische Bestimmungsfaktoren ihrer Lebenslage herausgearbeitet (Kap. 1.4). Damit wurden auch die genannten Dimensionen, von denen sozialpolitische Akzeptanz abhängig ist, für Frauen in ländlichen Regionen konkretisiert. Dies geschah, indem auf der Grundlage der Dekonstruktion von Zuschreibungen bzgl. Frauen und Land (Kap. 1.3) nach den spezifischen sozialstaatlichen Verbindungen zwischen der Geschlechterhierarchie und der Stadt-Land-Hierarchie gefragt wurde. Daß die beiden Hierarchien nicht nebeneinander, sondern in ihren spezifischen Verbindungen in den Blick zu nehmen sind, war das Ergebnis meiner Übertragung von Erkenntnissen des Differenzdiskurses für diese Fragestellung (Kap. 1.2).

Als Ergebnis dieser Schritte wurde deutlich, daß zentrale Dimensionen der Lebensumstände von Frauen in ländlichen Regionen – Arbeit, Konflikte, Bezugnahme zwischen Frauen – über die für sie geltenden sozialstaatlichen Definitionen entwertet, privatisiert, unsichtbar gemacht, übergangen werden und damit ihre gesellschaftliche Relevanz verdeckt wird. Damit wurde die theoretische

Dimension ‚sozialstaatliche Vermitteltheit von Lebensumständen' für Frauen in ländlichen Regionen in folgende operationale Dimensionen übersetzt:

- Die primäre Zuständigkeit der Frauen für die Sorge für andere und die Nicht-Anerkennung der allgemein gesellschaftlichen Relevanz dieser Arbeit u.a. über deren Privatisierung.
- Die mit dieser Entwertung und Privatisierung der Arbeit von Frauen einhergehende Privatisierung der daraus resultierenden Konflikte; diese werden ebenfalls in ihrer gesellschaftlichen Relevanz verdeckt.
- Gewalt gegen Frauen als gesellschaftlich-strukturelles Moment der Lebensumstände von Frauen und die spezifische Form der Verdeckung der gesellschaftlichen Verankerung von Gewalt in den Mustern des sozialstaatlichen Umgangs mit Gewalt.
- Die Bezugnahme zwischen Frauen und ihr Selbstbezug als weitere vom Verdeckungszusammenhang betroffene Lebensdimension.
- Die komplexe Verschränkung verschiedener Marginalisierungsmechanismen in unterschiedlichen gesellschaftlichen Bereichen und hinsichtlich unterschiedlicher Lebensdimensionen von Frauen, welche die große Wirksamkeit der Marginalisierung begründet.
- Schließlich die besondere Prägung der Lebensumstände durch die spezifischen Verhältnisse zwischen Stadt-Land-Hierarchie und Geschlechterhierarchie. Als analytisches Konstrukt, das dieses komplexe Geflecht in der für Frauen in ländlichen Regionen spezifischen Weise erfassen kann, wurde das theoretische Konstrukt des Verdeckungszusammenhangs eingeführt (Kap. 1.5).
- Das Bewältigungsstereotyp ‚Belastbarkeit' als Instrument, mit dem diese komplexe Verschränkung marginalisierender Muster, Frauen in ländlichen Regionen in seiner für sie spezifischen Qualität vermittelt wird.
- Fehlende bzw. kaum vorhandene Öffentlichkeiten in ländlichen Regionen, die in der Lage sind, sozialstaatliche Zuschreibungsprozesse auszuhandeln.

Als Ergebnis auf der inhaltlichen Ebene wurde das ganze Ausmaß des Dilemmas deutlich, vor das Frauen in ländlichen Regionen sich gestellt sehen, wollen sie ihre Lebensumstände öffentlich und sozialpolitisch zur Geltung bringen. Über sozialstaatliche Vermittlungsmechanismen in Gestalt von Bewältigungsstereotypen und öffentlichen Definitionen wird Frauen in ländlichen Regionen viel zugemutet und verhindert, daß sie überhaupt Ansprüche formulieren, und wenn sie dies tun, werden diese abgewehrt. D.h. gerade die für Frauen in ländlichen Regionen geltenden Definitionen von Anspruch und Zumutbarkeit behindern in spezifischer Weise ein Öffentlich-Machen ihrer verdeckten Lebensumstände; denn, sowohl mit dem Status ‚Frau' als auch mit dem Status ‚Landbewohnerin' sind Definitionsmuster verbunden, die vor allem dazu führen, Lebensumstände zu privatisieren, unsichtbar zu machen und zu verdecken. Weiter wird die Veröffentlichung verdeckter Lebensumstände dadurch erschwert, daß die Frauenzusammenhänge, die Lebensumstände von Frauen in ländlichen Regionen thematisieren könnten, nicht in ihrer Qualität als Öffentlichkeiten wahrgenommen werden und daß in ländlichen Regionen kaum sozialpolitisch vermittelnde Öffentlichkeiten existieren.

Pointiert lautet das Ergebnis: Das Problem liegt nicht darin, daß die Lebensumstände von Frauen keine öffentliche und sozialpolitische Akzeptanz erfahren, denn dies ist der Fall; sondern das Problem ist in der Art und Weise begründet, in der sie sozialpolitisch akzeptiert werden: Gerade die spezifische Form der sozialpolitischen Akzeptanz der Lebensumstände von Frauen in ländlichen Regionen führt zu deren gesellschaftlichen Entwertung, Privatisierung und Marginalisierung. Fatal daran ist, daß diese Tatsache, also daß und wie die Lebensumstände von Frauen aufgrund der spezifischen Qualität ihrer sozialpolitischen Akzeptanz marginalisiert werden, ebenfalls verdeckt ist.

Als Konsequenzen für die empirische Untersuchung wurde deshalb formuliert:

• die sozialstaatlichen Verdeckungsmuster sind ebenfalls der Wahrnehmung zugänglich zu machen;
• es ist nicht nur danach zu fragen, ob Frauen ihre privatisierten und verdeckten Lebensumstände öffentlich und sozialpolitisch zur Geltung bringen, sondern es ist v.a. nach der Qualität zu fragen, wie bzw. als was sie öffentlich und sozialpolitisch zur Geltung gebracht werden; denn von dieser Qualität hängt es u.a. ab, ob sie zu einer sozialpolitischen Akzeptanz im Interesse von Frauen führen. Inhaltliche Hinweise zu dieser Qualität erhielten wir ebenfalls als Ergebnisse der theoretischen Herleitung: Lebensumstände d.h. die Arbeit und Konflikte von Frauen, ihre Gewalterlebnisse und ihre Bezüge zu anderen Frauen, sind in ihrer allgemein-gesellschaftlichen Relevanz öffentlich und sozialpolitisch zur Geltung zu bringen. Hierzu sind sie mit eigenmächtigen Definitionen zu versehen und mit diesen öffentlich zu machen, um so gängige marginalisierende sozialpolitische Definitionen und Wahrneh-

mungsmuster zu überschreiten. Dies setzt ein Hinterfragen und Verändern der öffentlichen Definitionen und Zuschreibungen voraus.

Diese geforderte Qualität erhoffe ich mir von der Bezugnahme zwischen Frauen. Deshalb steht im Zentrum meiner Frage danach, wie Frauen verdeckte Lebensumstände qualitativ neu definieren und sie öffentlich und sozialpolitisch zur Geltung bringen, die Rolle der Bezugnahme zwischen Frauen. Die Dimension der Bezugnahme zwischen Frauen stellt also nicht nur einen (zu veröffentlichenden) Gegenstand, sondern gleichzeitig ein zentrales Medium für die Veröffentlichung dar und wird damit zur zentralen Dimension meiner Fragestellung. Da jedoch als ein Ergebnis in Kapitel 1.1 die Bezugnahme zwischen Frauen als ebenfalls vom Verdeckungszusammenhang betroffene Lebensdimension von Frauen deutlich wurde, hatte ich mich in Kapitel 2 zunächst der Verdeckungsmuster, die hinsichtlich dieser Dimension wirksam sind, und entsprechender methodischer Konsequenzen zu vergewissern. Hierzu sichtete ich den Forschungsstand zum Thema ‚Frauenbezugnahme' unter der spezifischen Perspektive des analytischen Konstrukts des Verdeckungszusammenhangs. Die Ergebnisse dieser Vergewisserung lagen auf folgenden Ebenen: zum einen konnte ein breites Spektrum unterschiedlicher Verdeckungsmuster aufgezeigt und damit für die (mehr oder weniger offensichtliche) ‚Erscheinungsweise' bzw. phänomenale Ebene des Verdeckungszusammenhangs sensibilisiert werden; zum anderen konnte ich Faktoren der gesellschaftlichen Wirkungsweise einzelner Verdeckungsmuster und ihres Ineinandergreifens bestimmen sowie Hinweise für eine Veränderung dieser Verdeckungsmuster sichten. Mit dieser Vergewisserung ist eine Grundlage geschaffen, um in der empirischen Untersuchung sowohl verdeckte Dimensionen von Frauenbezugnahme als auch die Verdeckung überschreitende Handlungsaspekte wahrnehmen zu können. Die Ergebnisse dieser Vergewisserung werden z.T. in Fragestellungen einfließen, sie werden jedoch vor allem auf der Ebene von Frage- und Evaluationsperspektiven zu berücksichtigen sein.

Mit der vorgenommenen frauen- und landspezifischen Differenzierung der Dimensionen, von denen öffentliche und sozialpolitische Akzeptanz abhängt, wurden die Hürden und Ansatzpunkte benannt, vor die sich Frauen in ländlichen Regionen gestellt sehen, wollen sie verdeckte Lebensumstände öffentlich und sozialpolitisch zur Geltung bringen. Damit wurden die Ausgangsbedingungen für das Handeln von Frauen, das im Zentrum meiner empirischen Fraugestellung steht, geklärt. Auf dieser Grundlage kann ich nun in der Empirie das Handeln von Frauen daraufhin befragen, wie sich hier die Hürden zeigen bzw. wie Frauen diese erleben; zum anderen kann ich nach der Bedeutung der Bezugnahme unter Frauen für ein ‚überschreitendes Handeln' dieser Hürden fragen.

Diese ausführliche Herleitung war notwendig, da erst in Kenntnis der für Frauen in ländlichen Regionen spezifischen sozialstaatlichen Prägung dieser Dimensionen empirische Fragestellungen und -perspektiven entwickelt werden konnten, die in der Lage sind, die vielfältigen Inhalte und Formen der Bezugnahme und die meist sehr unspektakulären Vermittlungsleistungen in Frauenzusammenhängen, die immer wieder als informell und privat entwertet werden, in ihrer Qualität als

a) *einzelne* notwendige Vermittlungsschritte innerhalb des komplexen Vorgangs der Erreichung öffentlicher und sozialpolitischer Akzeptanz und
b) für Frauen *in ländlichen Regionen adäquate* Vermittlungsschritte zur Erreichung öffentlicher und sozialpolitischer Akzeptanz qualifizieren zu können.

Zu a): Mit dieser Konkretisierung sind auch die vielen kleinen Vermittlungsschritte von Frauen im sogenannten privaten oder informellen Bereich als Bestandteil und in ihrer Bedeutung für den Vorgang, Lebensumstände öffentlich und sozialpolitisch zur Geltung zu bringen, wahrnehmbar; ohne diese entweder theoretisch unbegründet als politisch zu definieren; aber auch ohne diese pauschal auf der Basis des herrschenden Politikbegriffs für politisch unrelevant zu erklären. Damit schließe ich an eine Diskussion an, in der bestehende Definitionen und gesellschaftlich normierte Vorstellungen von politischem Verhalten infragegestellt werden und stattdessen die mögliche Vielfalt von Formen und Bereichen politischer Beteiligung betont wird. Ein solcher erweiterter Politikbegriff „... verweigert die geläufige Trennung zwischen Politischem und Sozialem, zwischen öffentlichem politischen Sektor und privatem nicht-öffentlichen Bereich, zwischen ‚eigentlichen' ‚Zentral'-Feldern politischen Entscheidens und Handelns und sogenannten ‚Rand'-Bereichen, weil die Grenzlinien machtbewußt und willkürlich von Männern gezogen worden sind, die damit wesentliche Bestandteile menschlicher Lebenswelt ausgrenzen und ins Abseits öffentlichen Bewußtseins drängen." (Projektgruppe Mädchen- und Frauenarbeit 1991, S. 17)

Zu b): Erst diese geschlechtsspezifisch und sozialräumlich konkretisierte Analyse sozialpolitischer Standards verhindert, daß wir auf der Basis vermeintlich allgemeiner Frageperspektiven nach Vermittlungsleistungen suchen, die zum einen für ländliche Regionen nicht geeignet sind und zum anderen die für ländliche Bedingungen adäquaten und praktizierten Vermittlungsschritte und Vorgehensweisen übergehen und damit die Besonderung im Forschungs-prozeß selbst reproduzieren. Damit wurde die vorne formulierte Erkenntnis umgesetzt, daß erst auf der Basis einer ausführlichen historischen Rekonstruktion bzw. grundsätzlichen Analyse der spezifischen sozialpolitischen Standards Frageperspektiven entwickelt werden können, welche die Besonderung aufgrund des Status als Frau und Landbewohnerin zwar als Teil der Lebenslage berücksichtigen, sie jedoch im Forschungsprozeß nicht reproduzieren.

Auf der Basis dieser Operationalisierungsschritte können nun Fragedimensionen und -perspektiven für die empirische Untersuchung benannt werden.

Fragedimensionen und -perspektiven

Die theoretische Dimension ‚Lebensumstände öffentlich zur Geltung bringen, mit dem Ziel sozialpolitischer Akzeptanz' wurde in die operationale Dimension ‚Schritte gegen den Verdeckungszusammenhang in seiner für Frauen in ländlichen Regionen spezifischen Ausprägung' übersetzt. D.h. um zu erfahren, wie Frauen – über ihre Bezugnahme – in ländlichen Regionen (ihre) Lebensumstände öffentlich und sozialpolitisch in ihrer gesellschaftlichen Relevanz zur Geltung bringen können, habe ich nach Schritten zu fragen, mit denen sie gegen den, durch die Verbindungen zwischen Geschlechterhierarchie und Stadt-Land-Hierarchie, spezifischen Verdeckungszusammenhang vorgehen. Dies heißt im Einzelnen:

Für die theoretische Dimension *‚das Maß, in dem Betroffene ihre Situation erleben oder routinisieren, veröffentlichen oder privatisieren, kollektiv oder individuell regulieren'* ist im operationalen Sinn zu fragen,

- wie Frauen die herrschenden Definitionen, Bewältigungsstereotype (z.B. Belastbarkeit), und Wahrnehmungsmuster, die ihre Lebensumstände – Arbeit, Konflikte, z.B. Gewalt, Bezugnahme zwischen Frauen – privatisieren und sie in ihrer gesellschaftlichen Relevanz verdecken, hinterfragen;
- wie Frauen neue Formen von Bewältigung aufzeigen und entwickeln, z.B. die (selbstbewußte) Inanspruchnahme professioneller Hilfe;

122

- wie Frauen die Normalisierung von besonderen Belastungen und damit das Bewältigungsstereotyp ‚Belastbarkeit' hinterfragen und Zumutungen als Zumutungen sichtbar machen;
- wie Frauen diese Bewältigungs- und Wahrnehmungsmuster der eigenen und der gesellschaftlichen Wahrnehmung als verdeckende zugänglich machen;
- wie Frauen ihre Lebensumstände mit neuen Be-Deutungen versehen, die ihre gesellschaftliche Relevanz ausdrücken;
- wie Frauen mit diesen ‚Um-Definitionen' die Entwertung über die Geschlechterhierarchie oder/und die Stadt-Land-Hierarchie aufdecken und überschreiten;
- wie Frauen das Ineinandergreifen der Verdeckungsmuster, die bzgl. unterschiedlicher Lebensdimensionen, also bzgl. Arbeit, Bezugnahme und Konflikte von Frauen wirksam sind, aufdecken und überschreiten.

Für die theoretische Dimension ‚*Öffentlichkeiten, die sich um verdeckte Lebensumstände und -probleme kümmern bzw. bilden'*, ist im operationalen Sinn zu fragen,

- wie Frauen ihre Vereinzelung und Isolierung überschreiten;
- wie Frauen die Bedeutung ihrer Frauenbeziehungen und Frauenzusammenhänge jenseits privatisierender Definitionen wahrnehmen und damit verdeckende Wahrnehmungsmuster überschreiten.
- wie Frauen das spezifische – durch die Stadt-Land-Hierarchie und Geschlechterhierarchie geprägte – Ausgrenzungsverhältnis aus herrschenden ‚Öffentlichkeiten' wahrnehmen und überschreiten.

Bei der Untersuchung von Frauenzusammenhängen sind also mehrere Perspektiven zu beachten: zum einen ist nach ‚landspezifischen' Mustern zu fragen, mit denen Frauenbezugnahme erschwert bzw. verhindert wird und wie Frauen selbst diese Muster reproduzieren oder überschreiten. Da ich aufgrund der theoretischen Ergebnisse jedoch davon ausgehe, daß erstens Frauen sich jenseits dieser Verhinderungen in einer Weise aufeinander beziehen, die diese vorgegebenen und einschränkenden Formen überschreiten und daß zweitens diese überschreitenden Elemente der Bezugnahme häufig durch reduzierende Wahrnehmungsmuster verdeckt und so deren Wahrnehmung verhindert wird, gilt es zum anderen diese für Frauenzusammenhänge in ländlichen Regionen wirksamen reduzierenden Wahrnehmungsmuster selbst wahrnehmbar zu machen und zu überschreiten (vgl. hierzu Kapitel 2).

Des weiteren ist für diese Dimension danach zu fragen, ob und wie Frauen solche Öffentlichkeiten herstellen, mit denen sie für ländliche Regionen geeignete Formen öffentlicher Verhandlungsprozesse hinsichtlich sozialpolitischer Definitionen organisieren; mit denen also der sozialstaatliche Definitionskontext von Zumutungen, Belastungen und Ansprüchen in seiner ‚landspezifischen' Qualität ausgehandelt werden kann.

Für die theoretische Dimension ‚*Horizonte und Kapazitäten des politisch-administrativen Systems'*, ist im operationalen Sinn u.a. danach zu fragen,

* wie Frauen ihre neuen Definitionen und Wahrnehmungen in sozial-administrative und kommunalpolitische Entscheidungsgremien vermitteln;
* welche verdeckenden Zuschreibungsmuster innerhalb dieses sozial-administrativen Bereichs sichtbar werden und wie sie geäußert werden;
* ob dieser Bereich in der Lage ist, von Frauen formulierte Definitionen aufzunehmen.

Eine weitere, querliegende Fragedimension lautet: Welches Zusammenspiel an Frauenbeziehungen hilft dabei, diese genannten Vermittlungsschritte zu vollziehen?

Neben diesen inhaltlichen Fragen stellen, wie bereits erwähnt, Hinweise für Frageperspektiven ebenfalls zentrale Ergebnisse der theoretischen Herleitung dar. Diese Frageperspektiven sollen nun zusammenfassend benannt werden.

Ein entscheidender Faktor, um verschiedene Aspekte von Frauenbezugnahme in ihrer Bedeutung für die oben genannten Vermittlungsschritte analysieren zu können, ist nicht nur, wie meine Interviewpartnerinnen selbst ihre Frauenzusammenhänge wahrnehmen und herrschende privatisierende Definitionen reproduzieren oder überschreiten, sondern auch wie ich in der Rolle als Wissenschaftlerin diese reduzierenden Wahrnehmungsmuster überschreite. Die Ergebnisse v.a. in Kap. 2 verweisen darauf, daß hinsichtlich der Frageperspektive darauf zu achten ist, welche Bereiche von Frauenbezugnahme ich in den Blick nehme (a) und in welcher Weise ich diese in den Blick nehme (b).

Zu (a): Es sind sowohl Frauenbeziehungen zu untersuchen, mit denen Frauen im Alltag Unterstützung leisten, als auch solche in den Blick zu nehmen, mit denen Frauen Öffentlichkeiten für ihre Themen und Interessen herstellen oder mit denen sie Interessen im sozial-administrativen Bereich und politischen Entscheidungsgremien vertreten. Diese Frage nach dem Ineinandergreifen von Vermittlungsleistungen in unterschiedlichen gesellschaftlichen Bereichen stellt eine Konsequenz aus den Ergebnissen im Kap. 1.5 dar. Hier wurde deutlich, daß die Wirksamkeit des Verdeckungszusammenhangs u.a. in seiner ‚Präsenz' in unterschiedlichen gesellschaftlichen Bereichen und im Zusammenspiel zwischen diesen begründet ist. Entsprechend ist hinsichtlich von Schritten gegen den Verdeckungszusammenhang ebenfalls nach deren Ansiedlung in unterschiedlichen gesellschaftlichen Bereichen und deren Zusammenspiel zu fragen.

Zu (b): Bei der Art und Weise, wie ich diese in den Blick nehme, habe ich die alltäglichen Unterstützungsleistungen, d.h. Unterstützung innerhalb des privaten, informellen Bereichs auch in ihren veröffentlichenden Qualitäten bzw. in ihren die herrschenden Zuschreibungen verändernden Qualitäten zu analysieren. Andererseits sind die öffentlichen Formen der Bezugnahme danach zu befragen, ob hier auch die sogenannten privaten Interessen und Lebensumstände von Frauen aufgegriffen und verhandelt werden und ob dies in einer Weise geschieht, die deren gesellschaftliche Relevanz zum Ausdruck bringt. Schließlich habe ich nach dem Zusammenspiel unterschiedlicher Frauenbeziehungen zu fragen, also z.B. nach dem Ineinandergreifen von informellen und organisierten Formen der Bezugnahme.

Diese theoretisch hergeleiteten Anforderungen hinsichtlich der Frageperspektive hatten für die empirische Untersuchung die Konsequenz, die Erhebung aus mehreren Perspektiven anzulegen. Die Bedeutung von Frauenbezugnahme wurde aus folgenden Perspektiven evaluiert:

Aus der Perspektive von Frauen in Belastungssituationen und informellen Unterstützerinnen

Welche Bedeutung messen sie unterschiedlichen Beziehungen bei, also informellen Bezügen im Alltag, Gruppenangeboten, öffentlichen Veranstaltungen? Wie zeigt sich hier die Selbstverständlichkeit, Probleme mit sich auszumachen, Belastungssituationen zu routinisieren und keine Hilfe in Anspruch zu nehmen? Durch wen wird diese Selbstverständlichkeit vermittelt und durch wen wird diese Selbstverständlichkeit hinterfragt? Welche Rolle spielen hier informelle

Beziehungen, welche Rolle spielen hier Gruppenbeziehungen und öffentliche Veranstaltungen?

Aus der Perspektive von Gruppenbezügen und öffentlichen Veranstaltungen

Wie werden hier Selbstverständlichkeiten hinsichtlich privater, verdeckender Bewältigungsformen und Definitionsmuster sichtbar, wie werden diese über Gruppenbeziehungen usw. infrage gestellt und neue Muster entwickelt? Wie werden hier kollektive Bewältigungsformen initiiert und organisiert? Welchen Status, welchen Ortsbezug haben Frauen, die diese Gruppen und Öffentlichkeiten initiieren? Welche Rolle spielen informelle, private Beziehungen für diese Gruppen und öffentlichen Veranstaltungen?

Aus der Perspektive professionell tätiger Frauen im Bereich von Bildungs- und Sozialarbeit

Wie werden für Professionelle privatisierende Bewältigungsstereotype, alltägliche Unterstützungszusammenhänge und ländliche Öffentlichkeitsstrukturen wahrnehmbar? Wie berücksichtigen sie diese in ihrer Arbeit z.B. in Organisationsstruktur, Selbstdarstellung oder in der Zusammenarbeit mit anderen Gruppierungen?

Näher heran an gelebte Frauenbezugnahme[1] – Empirische Befunde

Bei Netzwerken ist Alchimie im Spiel: aus der Verbindung ihrer verschiedenen Bestandteile – Themen und Strukturen, informelle und formale – entsteht *mehr* als die Summe der einzelnen Teile. Dieses ‚Mehr' als lebendiges Netzwerkpotential kann dem *Verdeckungszusammenhang*, der seine Wirksamkeit ebenfalls aus einem alchimistischen Prinzip, aus den Synergieeffekten einzelner Marginalisierungsmuster bezieht, entgegenwirken und ihn überschreiten. Dieses ‚Mehr' als *Entdeckungszusammenhang* in Netzwerken läßt sich nicht fassen, wenn die einzelnen Bestandteile getrennt präsentiert werden. Für die Darstellung der Empirie stellte sich für mich die Frage, wie die komplexe Verwobenheit abbilden, ohne einzelne Kapitel zu überfrachten? Als Antwort entwickelte ich unterschiedliche Darstellungsraster, mit denen jeweils verschiedene Aspekte der Bezogenheit zwischen den Grunddimensionen herausgearbeitet werden[2]. Dieses Experimentieren ist Ausdruck eines zentralen An-

---

[1] Mit dieser an eine Redewendung von Knapp angelehnte Formulierung teile ich folgende Ansicht von ihr: „ ... vielleicht muß feministisches Denken erst noch näher heran an gelebte Lösungen. Von dort aus reichert feministische Theorie sich an und gewinnt eine Stärke, die radikal ist, weil sie vermag, den Verhältnissen aus näherer Kenntnis heraus zu nahe zu treten." (Knapp 1987, S. 269)

[2] So stelle ich im ersten Empiriekapitel (4.) Vermittlungsaspekte direkt im Zusammenhang mit den jeweiligen Frauenbeziehungen, in denen sie stattfinden, vor. Das ermöglicht es, die je spezifischen Vermittlungsqualitäten einzelner Frauenbeziehungen – z.B. von Freundinnen oder lockeren Bezügen – sichtbar zu machen. Erst abschließend wird auf das Zusammenspiel der unterschiedlichen Frauenbeziehungen hingewiesen, also wie z.B. die Vermittlungsschritte durch Freundinnen und Vertrauensfrauen oder durch informelle und formelle Bezüge ineinander greifen. Dagegen wird im 6. Kapitel zunächst die Vernetzung zwischen unterschiedlichen Frauenbeziehungen in den Blick gerückt, um die Vernetzungsstruktur in ihrer Qualität als Vermittlungsstruktur zwischen unterschiedlichen gesellschaftlichen Bereichen und verschiedenen sozialräumlichen Dimensionen (innerhalb des Gemeinwesens, regionaler und überregionaler Kontext) herauszuarbeiten. Erst in einem zweiten Schritt werden dann die Vermittlungsaspekte, die sich auf die inhaltliche Form der Thematisierung von Gewalt beziehen, vorgestellt. Abschließend werden in Kap. 7 übergreifende Ergebnisse und Entwicklungsperspektiven formuliert.
Dabei werden in den beiden großen Empiriekapiteln unterschiedliche Schwerpunkte gesetzt. Während ich in Kap. 4 diese Grunddimensionen in sehr breiter Weise befrage,

liegens dieser Arbeit, nämlich der Entwicklung und Erprobung einer (Unter-
suchungs-)Perspektive, mit der die Grunddimensionen in ihrer komplexen
Verwobenheit erfaßt werden können.

4. Vom Verdeckungs- zum Entdeckungszusammenhang. Arbeit, Konflikte und Bezugnahme sichtbar machen

4.1. Gelegenheitsstrukturen: Informelle Bezugnahme

Informelle Beziehungen haben Strukturen und Formen; dies ist nur scheinbar
ein Widerspruch. Es sind nicht *fest*gefügte, wenig geronnene, eben keine formalisierten Formen; Es sind Gelegenheitsstrukturen, Möglichkeitsstrukturen.
Ihre Vielfalt und Offenheit, sich z.B. bei gegebenem Anlaß in politische Interessengruppen zu verwandeln, macht ihr Potential aus. Aus dieser Vielfalt
stelle ich drei vor: ,Lockere Bezüge' (4.1.1), ,Freundinnen' (4.1.2), und ,Ver-
trauensfrauen' (4.1.3). Arbeitsbeziehungen von Frauen werden in dem Bereich untersucht, der als Arbeitsbereich am meisten verdeckt wird: der Bereich der Familien-, Erziehungs- und Fürsorgearbeit.

4.1.1. Lockere Bezüge

*„Der Ortschaftsrat sagt, ,es geht nicht', der Polizist sagt auch, ,es geht nicht'
und wir sagen,' natürlich muß es gehen'."*

Lockere Bezüge haben ihren Ort auf der Straße, vor den Häusern, vor dem
Kindergarten, auf dem Friedhof – also im Außenbereich mit öffentlichem
Charakter. Gerade diese Bezüge unterliegen – so ein Ergebnis – vielen pauschal entwertenden Vorstellungen. Das war ein Anreiz, gezielt nach ihrer Relevanz für Frauen zu fragen. Denn die theoretischen Überlegungen ließen hier
eine entwertende Wahrnehmung der Bezugnahme zwischen Frauen vermuten,
die sich sowohl aus frauenspezifischen Zuschreibungen – ,wenn Frauen
reden, tratschen sie' –, als auch aus landspezifischen Zuschreibungen – ,oberflächliche Kontakte, es wird nur über andere geredet' – speisten.

---

nehme ich in Kap. 6 eine Fokussierung auf die Frage nach der Bedeutung von Frauenbeziehungen zur öffentlichen Thematisierung von Gewalt gegen Frauen.

Die Qualität dieser lockeren Bezüge wird u.a. dadurch bestimmt, daß die Frauen um die Begrenztheit und das Spezifische dieser Bezüge wissen. Neben einem breiten Spektrum an unterschiedlichen Bedeutungsgehalten (a) wurden zwei, vor dem Hintergrund des Verdeckungszusammenhangs zentrale Vermittlungsqualitäten von lockeren Bezügen deutlich: ihre Bedeutung für eine Veränderung des Bewältigungsstereotyps ‚Belastbarkeit' (b) sowie ihre Qualität als Ausgangsbasis für eine innovative Interessenvertretung im kommunalpolitischen Kontext (c).

Zu a): An diesen lockeren Bezügen war folgendes für die Frauen wesentlich: Das ‚Sich-Kennen' und ‚Voneinander-Wissen'; die Möglichkeit, zu vergleichen, sich darüber auch zu verorten und sich mit anderen Frauen auszutauschen; das Gefühl der Zugehörigkeit und der Einbindung;

„Ja erstens ist es glaub' ich auch ein gutes Stück Neugierde, wie geht es den anderen, Austausch, Vergleich; Möglichkeiten, zu vergleichen, wo stehe ich, wo steht sie, mal gucken, wie es den anderen geht. Also viel Vergleich, viel Neugierde und was mir ganz wichtig ist, ich merk's einfach, die freuen sich einfach, es ist einfach Freude dran. Also man begegnet jemanden und die freut sich, ja, das ist aber nett, daß ich sie mal wieder seh' und dann redet man so verschiedene Sachen. Und manchmal, manchmal erfährt man auch so persönliche Sachen."

Frau P., eine 25-jährige Frau, seit ein paar Jahren in der Gemeinde lebend, fährt fort:

„Ja und man weiß halt immer genau Bescheid, was wo läuft. Hat die Aussicht, interessante Entwicklungen mitzubekommen; hat den Überblick, einen breiten Überblick. ... Ich möchte wissen, was geht und was läuft im Dorf."

Sie möchte durchschauen, „wie im Dorf Politik gemacht wird, wo welche Drähte zusammenlaufen" oder auch „wer welche Entscheidungskompetenzen auf der Bank hat". Neugierde wird hier positiv formuliert: als Interesse an anderen Menschen und am Dorfgeschehen. Die Interviews machten ein unterschiedliches Verständnis von Neugierde und damit auch Unterschiede in der Kontaktaufnahme deutlich: So wunderten sich einige einheimische Frauen über zugezogene Frauen, die nichts fragen und interpretieren dies als Desinteresse an der eigenen Person und am Dorfgeschehen. Von einigen zugezogenen Frauen wurde das direkte Nachfragen sehr schnell als Neugierde im Sinne von Einmischung interpretiert. Damit zeigten sich auch in dieser Untersuchung verschiedene Kommunikationsmuster von Frauen in ländlichen Regionen, die nach Hebenstreit-Müller/Helbrecht-Jordan (1988) aufgrund ihrer Unterschiedlichkeit zu einem ‚Kommunikationsbruch' führen. Auch verwenden häufig ältere Frauen dieses direkte Nachfragen als Gesprächseinstieg, in dessen Verlauf sie jedoch mehr von sich selbst ‚loswerden' als von anderen wissen wollen (vgl. folgende Interviewauszüge). Für dieses unterschiedliche Verständnis von Neugierde scheinen ländliche und städtische Formen des Zusammenlebens von Bedeutung zu sein. Interessant dabei ist, daß sich diese mit geschlechtsspezifischen Zuschreibungen vermischen. Während Neugierde in seiner negativen Bedeutung eher Frauen zugeschrieben wird, wird bei Männern eher von Interessen geredet, nach dem Motto ‚wenn zwei das Gleiche tun, ist es noch lange nicht daßelbe'. Diese Vermischung könnte ein Grund dafür sein, daß gerade Frauen in ländlichen Regionen immer wieder abgesprochen wird, politisch interessiert zu sein, da die Formen, in denen sie Interesse am Dorfgeschehen zeigen, über ihre Definition als Neugierde entwertet werden.

Diese lockeren Bezüge stiften Kontakte zwischen Frauen unterschiedlichen Alters, Kontakte zwischen Frauen und Familien mit unterschiedlichen Lebensweisen und Meinungen, zu denen keine intensivere Beziehung angestrebt wird, in der Form des losen Kontaktes aber immerhin ein Bezug existiert. Und sie bedeuten auch praktische Unterstützung und die Möglichkeit, Bedrückendes loswerden zu können.

„Auf der Straße dann wird man hier schon sehr einfach angesprochen, ‚Hallo, sind Sie mal wieder da, wie geht's denn so?' Und von meiner Schwiegermutter her kenn ich also viele ältere Frauen und dann weiß ich, der tut der Fuß weh und der tut die Hand weh und kann ich nicht vorbeigehen, ohne zu fragen: ‚ja, wie geht's denn?' Und dann geht's los ... .
Und das ist schon schwierig, wenn man so eine Frau sieht, der ging's letztes Jahr noch ganz gut und jetzt, ‚ach ja, mein Mann ist ein Pflegefall und mir geht's so schlecht.' Und dann zu sagen, ‚ja ich denke sie brauchen jetzt viel Kraft'. Und dann kommt von der Frau ‚ach sagen sie das noch mal'." (Frau P)

„Also die erzählen schon Sachen, nicht bloß, wie ist's Wetter heut',
also ich hab das Gefühl, daß die Bereitschaft haben, viel erzählen zu
wollen, wenn man sie fragt. Ich denk auch, daß sie gar nicht, also daß
das ihr Interesse gar nicht ist, daß sie was erzählt kriegen, sondern
eher, daß da jemand da ist, der ihnen zuhört und der einfach sagt, also
da stehen bleibt und sie was fragt und wirklich von ihnen was wissen
will und nicht einfach irgendwas anderes. Und dann, dann plappern die
los und die hören gar nicht mehr auf, also ich hab eher das Gefühl, die
sind voll bis da oben hin und gar nicht so, daß die jetzt wissen wollen,
wie's mir geht, die haben selber genug, weißt, die wollen nicht noch
von jemand anderem was." (Frau F)

In diesem Beispiel hat sich der Kontakt aufgrund von gegenseitigem Interesse
räumlich verändert: von zufälligen Treffen auf der Straße hin zu Besuchen im
Haus, da Frau F. als jüngere zugezogene Frau an dem Wissen der älteren einheimischen Frauen interessiert ist.

**Belastendes als Belastung wahrnehmen können und mit Bedeutung ver-
sehen**
Die Frauen fühlen sich in ihrem Kummer und ihren Belastungen ernstgenommen und verstanden. Im Beispiel verlangte die ältere Frau von der jüngeren:
„Ach sagen sie das noch mal", als diese die Situation der älteren Frau als eine
benennt, in der sie viel Kraft benötige. Bezogen auf eine der genannten Dimensionen, von denen sozialpolitische Akzeptanz abhängt, kann dies folgendermaßen interpretiert werden: die Bezugnahme ermöglicht hier, Belastungen
erleben zu können, anstatt sie zu routinisieren.

Diese Bedeutung der Bezugnahme zwischen Frauen wird in folgendem Beispiel eines zufälligen Kontaktes aus der Perspektive von Frau O., einer 60-
jährigen Bäuerin formuliert. Sie schildert ihre Situation an dem Tag, als die
Tiere wegen Aufgabe des landwirtschaftlichen Betriebes verkauft wurden:

„Und ich komm heim und der Stall ist leer, da hab ich kein Mittages-
sen mehr gebraucht, hab nur noch geheult."

Die Vertraute, bei der sie ihr Elend ‚Loswerden will', ist nicht da, aber die
junge Freundin des Nachbarn, ist zu Besuch.

„Und nachher ist mir schon wieder das Wasser gekommen. ,Was haben sie, sind sie krank?' Da sag ich, ,noi, meine Viecher, heut hat man alle Kühe geholt'. Ach und da hat sie mich da in den Arm reingenommen und getröstet und gesagt, ,das ist ein neuer Lebensabschnitt', also richtig gut getan hat mir das. Und 'jetzt sitzen sie hin und wir tun einen Kaffee trinken und dann ist das wieder ganz anders'. Und das hat mir so gut getan, das hat mir so gut getan. Ich hab zu meinem Mann keinen Ton gesagt, der hat gar nicht gefragt, wo ich gewesen bin, ich denk, das muß ich für mich behalten. Und mir hat das gut getan, ich hab das gebraucht, ich hab das gebraucht, ich hab nirgends hin können. Meine Viecher, das hat mir so weh getan, das kann jemand anders gar nicht verstehen. Aber die hat mich gar nicht gekannt, das war eine fremde Person. ,Das ist ein neuer Lebensabschnitt' und das hat mir so gut getan, aber du mußt das erst mal fertig bringen und mit derer Frau so in Kontakt kommen, gell, so trösten und so schwätzen können".

Hier wird nicht bagatellisiert, sondern zugestanden, daß die eigenen Gefühle des Schmerzes angebracht sind; die Tragweite ihres Kummers wird verstanden und vielleicht zum ersten Mal in einer Deutlichkeit ausgesprochen, wie es im Kreis der Familie nicht möglich ist. Dieses deutliche Benennen und Spiegeln der Befindlichkeit kann von jemand Außenstehendem häufig eher übernommen werden, als von Familienmitglieder, die selbst auch von der belastenden Situation betroffen sind (vgl. weiter hinten, Kap. ,Vertrauensfrauen'). Für Außenstehende bedeutet das Benennen des Schmerzes nicht die Gefahr, das ,Weiterfunktionieren' zu bedrohen.

Bezogen auf die Interpretationsebene der Verdeckung der Bedeutung von Frauenbezügen ist hier interessant, daß sie in Bezug auf ihren Mann denkt, ,daß sie das für sich behalten muß', während sie uns im Interview davon berichtet.

Neben diesen mehr oder weniger zufälligen Bezügen zwischen jüngeren und älteren Frauen gibt es den großen Bereich der ehrenamtlichen Altenarbeit von Frauen. Von zwei Interviewpartnerinnen, Frau T. und Frau E., haben wir ,so nebenbei' von ihren häufigen und sehr regelmäßigen Kontakten zu älteren Frauen im Rahmen dieser Altenarbeit erfahren. Zwei Aspekte davon sind hier im Kapitel ,lockerer Bezugnahme zwischen Frauen' interessant. Zum einen waren lockere Kontakte die Ausgangsbasis für diese intensiveren Bezüge, die bei Frau T. bis hin zum Aufbau einer Infrastruktur und zur politischen Interessenvertretung für ältere Frauen und Männer führte.

Zum anderen formulieren die beiden Interviewpartnerinnen hier sehr deutlich, welchen ‚Gewinn‘ sie aus diesen Bezügen hatten und weisen damit – entgegen dem Klischee von der Selbstlosigkeit der Frauen – auf den ‚Selbstbezug‘ in ihrer unterstützenden Bezugnahme hin. Bei ihren regelmäßigen Ausflügen in ein Einkaufszentrum ist es Frau E. aufgrund der ihrer Meinung nach vorherrschenden Arbeitsmoral in der Gemeinde „wohler, wenn sie eine alte bekannte Frau mitnimmt“. Für Frau L., in früher Kindheit durch eine Krankheit mit dem Tod konfrontiert, war der Bezug zu den älteren Menschen vor allem wichtig, „um mit Krankheit und Tod leben zu lernen und dies auch ihren eigenen Kindern vermitteln zu können“.

b) Veränderung von Bewältigungsstereotypen bei ‚betroffenen‘ Frauen und innerhalb der Sozialadministration

„Und dann sagt der zu mir, ... ‚außergewöhnliche Belastungen, so was ist bei uns noch nie vorgekommen‘“.

Grenzenlose Belastbarkeit wird Frauen zugemutet. Als Ausdruck eines sozialstaatlichen Zuschreibungsmusters (vgl. oben) geschieht diese Zumutung so selbstverständlich, daß sie als normal erscheint. Frau W. hinterfragt diese Normalität und tritt für eine Veränderung dieses Bewältigungsstereotyps innerhalb der Sozialadministration ein und – da Frau W. als informelle Anlaufstelle für andere Frauen in der Region fungiert, vermittelt sie über diese Bezugnahme das veränderte Bewältigungsstereotyp weiter. Schritt um Schritt aus dem Verdeckungszusammenhang.

Frau W. hat eine Tochter mit schwerer körperlicher und geistiger Behinderung. Die Tochter Carola ist als gesundes Kind auf die Welt gekommen; als Frau W. nach einer Keuchhustenimpfung im Kleinkindalter Veränderungen im Reaktionsverhalten ihrer Tochter feststellt und daraufhin zum Arzt geht, beruhigt er sie, ‚das sei eigentlich ganz normal, das gibt sich wieder.‘ Obwohl das Kind inzwischen apathisch ist und trotz der Bedenken der Mutter nimmt der behandelnde Arzt eine zweite Impfung vor.

„Und da hat sie ja nachher gar nichts mehr gemacht, die hat sich nicht mehr bewegt, gar nichts mehr. ... Ja, und dann war ich nachher auch noch bei der Vorsorgeuntersuchung ... Und dann hat er zu mir gesagt, das ist eine normale Reaktion, das kommt alles wieder."

Ihre Schwester ermuntert sie zu einem anderen Arzt zu gehen; die Kinderärztin, an die sie sich wendet, bestätigt Frau W.'s Befürchtungen. Inzwischen ist die Behinderung nach jahrelangem Kampf als ‚Impfschaden' anerkannt. Zum Zeitpunkt unseres Interviews ist die Tochter von Frau W. 14 Jahre alt. An zwei Beispielen möchte ich Frau W.'s Kampf um eine Veränderung von Standards darstellen. Mit der Begründung, aufgrund der Pflege ihrer Tochter ‚außergewöhnlichen Belastungen' ausgesetzt zu sein, stellt sie einen Antrag auf Pflegegeld. Als sie diesen einreicht, versucht der zuständige Beamte sie abzuwiegeln:

„Ja und dann sagt der zu mir ‚was ich damit will, außergewöhnliche Belastungen, so was ist bei uns noch nie vorgekommen' ".

Frau W. ist empört über diese Reaktion und läßt nicht locker. Inzwischen wurde ihr Antrag bewilligt. Voraussetzung für die Antragsstellung war zunächst, daß sie selbst ihre eigene Situation als besondere Belastung wahrnimmt und als solche definiert. Die Reaktion von Seiten der Administration deutet darauf hin, daß bisher noch kein Antrag mit dieser Begründung gestellt wurde. Meine Vermutung ist hier, daß dies nicht daran liegt, daß es keine außergewöhnlichen Belastungen im Zuständigkeitsbereich dieser Administration gibt, sondern daran, daß diese von Betroffen entweder nicht als solche wahrgenommen oder wenn sie es so wahrnehmen, nicht öffentlich, gegenüber der Administration als solche definieren und auf dieser Basis einen Anspruch auf finanzielle Unterstützung geltend machen. Damit wird deutlich, welche ‚Um-Definitionsleistungen' eine solche Antragsstellung voraussetzt. Frau W.'s Antrag wurde inzwischen bewilligt. Mit dieser Bewilligung hat sie in der Sozialadministration den Bewilligungsgrund ‚außergewöhnliche Belastungen' als zuschußfähig durchgesetzt. So hat sie zum einen für weitere AntragsstellerInnen auf institutioneller Ebene – hier die Sozialadministration – eine verbesserte Ausgangssituation geschaffen. Zum anderen wird sie in der Region zu einer informellen Anlaufstelle zum Thema ‚Pflegegeldanträge'. Frau W. ermuntert andere Frauen in ähnlichen Situationen entsprechende Ansprüche geltend zu machen. Betroffene Mütter wenden sich direkt an sie oder Professionelle verweisen betroffene Frauen an sie zur Beratung weiter. Dabei zeigt sich, daß Frau W. neben der Weitergabe von Informationen zur Antragsstellung zunächst dazu ermuntert, sich zu getrauen, einen solchen Antrag überhaupt zu stellen.

„ Ja, ich sag' mir halt Carola kann nix dafür und wir können ja eigentlich auch nix dafür. Und für was soll man sie verstecken, weil ich weiß eine, wo sich dafür schämen, das heißt sie tut sich nicht schämen, aber ihr Mann. Und sie darf das Kind eigentlich, wenn das Kind krank ist, die darf mit dem Kind nicht in W. zu einem Doktor gehen und nix. Und weil er sich schämt, er ist ein Geschäftsmann und er schämt sich praktisch, weil er ein behindertes Kind hat. ... Die haben mich auch schon angerufen gehabt, gerade wegen Pflegegeld, wie das ist und so, und sie tät das gerne beantragen, aber ihr Mann darf das halt auch nicht wissen und ... weil sie gewußt hat, daß ich ein behindertes Kind hab' und so, da hat sie mich halt angerufen und gefragt, wie das ist und was ich Pflegegeld kriege und wie das beantragt wird und wie man das machen muß. ...
Also Frau Doktor hat mich auch schon angerufen, die hat gesagt, sie hat eine Frau, die kriegt kein Pflegegeld und wie das beantragt wird und was man sonst noch alles beantragen kann, sie würde das auch nicht wissen und da hab' ich das halt auch alles fotokopiert und sie hat mir dann nachher später den Namen gesagt, nach'm zweiten Mal, weil sie hat gesagt, die Frau will sich mit mir in Verbindung setzen."

In dem Zitat wird ein m.E. wichtiger Faktor für eine Antragsstellung auf Pflegegeld deutlich: ob sich die Eltern für die Behinderung des Kindes schuldig fühlen, dafür schämen oder nicht. Die Tatsache, daß Frau W. die Behinderung ihrer Tochter eindeutig auf einen Impfschaden, d.h. auf eine dritte Person zurückführen kann, könnte ein Faktor sein, der ihr erleichtert, den Kampf gegen herrschende Bewältigungsstereotypen aufzunehmen. In dem Beispiel wird auch die Rolle der Bezugnahme zwischen den beiden Frauen für eine Veränderung von Bewältigungsstereotypen innerhalb der eigenen Familie sichtbar; diese Veränderung innerhalb der eigenen Familie ist eine Voraussetzung, daß auch nach Außen z.B. gegenüber der Sozialadministration, ein anderer Umgang mit Schwierigkeiten praktiziert werden kann.

Bei unserer Frage danach, wie Frau W. selbst auf die Idee kam, Pflegegeld zu beantragen, wird ebenfalls ein informeller Kontakt zu einer Bekannten als Informationsquelle sichtbar.

> „Wir haben halt die, wo den Kindergarten leitet in Kieslig, das ist eine Bekannte von uns und die hat uns das gesagt, also daß man da einen Antrag stellen muß. Weil gerade, das sagt einem ja sonst groß kein Arzt oder niemand, was für Anträge man stellen kann und wo man das machen muß. Und das habe ich auch der Frau dann weitergegeben."

Frau W. fungiert nicht nur zum Thema ‚Antragsstellung' als regionale Anlaufstelle, sondern auch wenn es darum geht, Informationen bzgl. professioneller Unterstützungsmöglichkeiten für Eltern von Kindern mit Behinderungen weiterzugeben. So z.B. über das Kinderzentrum in München, in dem Frau W. mit ihrer Tochter einige Wochen war. In dieser Einrichtung werden Eltern von Kindern mit Behinderungen dabei unterstützt, die Entwicklungsmöglichkeiten ihrer Kinder einschätzen zu lernen. Auch hier verweisen professionelle Frauen in der Region an sie weiter.

> „Gerade mit München, da hat jetzt gerade die Leiterin vom Behindertenkindergarten hat mich schon ein paar Mal angerufen, hat gesagt, tät'st du kommen und wir hätten wieder ein Kind, wo das, praktisch was nützen tät, wenn das nach München kommt und tätest du das denen Frauen erklären, wie das da ist .... Und da war ich jetzt eigentlich schon einige Male drüben und die sind also dann auch immer mit den Kindern nach München gegangen."

Im Zusammenhang mit ihrem Antrag um eine Ermäßigung von Müllmarken wird deutlich, wie Frau W. um Rechte statt Almosen kämpft. Aufgrund Carolas Behinderung fällt bei Frau W. durch die Berge von Windeln ungeheuer viel Müll an:

> „ ... aber ich kann den Müll nicht noch mehr reduzieren, weil die Windeln, die sind halt da. Und ich sag' auch, gerade bei Kleinkindern oder Babys, da ist es abzusehen, daß die Windeln wegkommen und bei ihr da halt nie. Ich hab' halt immer den Müllberg. Und gerade so eine kleine Windel, da kann ich fast vier Stück reinschmeißen, wenn ich eine von der Carola hineinschmeiße.
> Und da habe ich auch einen Antrag gestellt gehabt, weil bei uns ist auch das mit dem Müll ein Problem, zwecks der Windeln, also bloß

noch alle 14 Tage sollte Leerung sein und es ist also ziemlich hinauf-
gegangen im Preis. Und dann sind wir hineingegangen, haben einen
Antrag gestellt ... Und da hat's immer geheißen ,da ist eine Bespre-
chung und da wird das besprochen'. Und dann waren wir dreimal drin-
nen, und nach dem dritten Mal hab' ich es in die Zeitung getan. Von
der Stadt (ist) keine Reaktion gekommen, von den Mitbürgern hab' ich
wohl einige Müllmarken gekriegt, aber von der Stadt überhaupt keine
Reaktion gekommen und dann hab' ich dann gedacht, jetzt schreibst
noch an den Oberbürgermeister, vielleicht hat das noch einen Wert.
Und das ist zurückgekommen: sie können ja praktisch nicht das bezu-
schussen, wo mehr Müll macht."

Über verschiedene Wege versucht Frau W. eine Reduzierung der Müllgebüh-
ren geltend zu machen: Zunächst über eine Antragsstellung bei der zuständigen Behörde; als sie nach dreimaligem Vorsprechen keine Antwort bekommt,
geht sie über einen Leserbrief an die regionale Öffentlichkeit. Aufgrund dieses Leserbriefs werden ihr von Mitbürgern Müllmarken geschenkt. Trotz ihrer
Freude über diese Reaktion, versucht sie weiter eine Reduzierung ihrer Müll-
kosten amtlich durchzusetzen, indem sie sich an den Oberbürgermeister wendet. Mit diesem Beispiel wird deutlich, daß sie sich auf die Zuwendung von
anderen KreisbewohnerInnen nicht verlassen möchte, sondern eine verläßliche und rechtlich abgesicherte Regelung anstrebt. Die einzigen Reaktionen
der regionalen Öffentlichkeit, von denen Frau W. erfährt, spielen sich in einem ganz spezifischen Rahmen der Unterstützung ab, nämlich im Rahmen
der individuellen Hilfe durch Geschenke. Sie erfährt keine Unterstützung in
bezug auf ihr Eintreten für eine administrativ anerkannte Regelung. Auch der
Oberbürgermeister gesteht ihnen keine Sonderregelung zu. Die Sturheit der
Behörde sieht sie auch im Zusammenhang mit besseren materiellen Voraussetzungen der von ihr Angesprochenen im Gegensatz zur eigenen schwierigen
finanziellen Situation.

„Ich sag' dann oft, ich wünsch' denen nix anderes, als daß sie auch in
solch eine Situation kommen. Aber dann sage ich mir wieder, die können gar nicht in so eine Situation kommen, weil die von vornherein
schon mehr Geld haben wie wir. Denen fällt das nicht auf, ob sie jetzt
einen Mülleimer mehr zahlen oder nicht, das ist für die gar kein
Problem."

Frau W. wird noch bei einem weiteren Amt wegen der Reduzierung der Müll-gebühren vorstellig. Mit deren Ablehnung wird die Erwerbsabhängigkeit des beantragten Zuschusses deutlich.

> „Und es ist auch mit dem Müll, weil ich hab' da das Versorgungsamt angerufen, ja, wenn Carola jetzt was verdienen würd', dann würde sie einen Zuschuß kriegen. Aber Carola verdient nix, dann kriegt sie auch keinen Zuschuß."

Frau W. bringt gegenüber der zuständigen Amtsperson sehr genau zum Aus-druck, in welche Situation sie durch die Art der Antragsbearbeitung gebracht wird: sie fühlt sich als Bettelnde und nicht als eine, die einen rechtlichen An-spruch geltend macht. Dies interpretiere ich in Anlehnung an Fraser (1994, S. 233) als einen Akt „mikropolitischen Widerstands".

> „Ja, das ist damals um Innenschuhe gegangen, da hat's geheißen ,Ca-rola braucht unbedingt Innenschuhe, zwecks dem Laufen und den Fü-ßen ...'. Und dann hab' ich das Rezept geholt und den Antrag gestellt, ein halbes Jahr ist vergangen und nix gekommen. Dann hab' ich ge-dacht, jetzt ruf' ich mal an, da hat's geheißen, ,ja, es ist ein Erstantrag und ein Erstantrag dauert'. Dann hab' ich wieder gewartet, und es ist nix gekommen. Dann hab' ich wieder angerufen, ja, da müßte ich ja Verständnis haben, das dauert halt länger, weil es ein Erstantrag ist. Und dann hab' ich gesagt, ,aber die braucht das'. Der hat einfach auch kein Verständnis gehabt, da hab' ich gesagt, ,ich wünsch' ihnen nix an-deres, daß sie auch mal in so eine Situation kommen und genauso drum betteln müssen, wie ich jetzt drum betteln muß'."

Frau W. formuliert hier deutlich, was ihr mit der Prozedur der Antragsstellung als Subtext vermittelt wird und was ich mit feministischen Sozialstaatsana-lysen als einen gravierenden Unterschied zwischen den beiden Versicherungs-systemen herausgearbeitet habe: Versicherungsleistungen, die an die Erwerbs-arbeit gebunden sind, können mit einem geringeren Aufwand und eher mit dem Gefühl eines Rechtsanspruchs abgerufen werden, da sie aufgrund von Arbeitsleistungen im Erwerbsarbeitsbereich erworben wurden; wobei als Aus-nahme hier die Arbeitslosenversicherung zu nennen ist. Ansprüche, die Frau-en für sich und ihre Kinder aufgrund ihrer Zuständigkeit für die Pflege- und Erziehungsarbeit geltend machen, verlangen meist einen höheren Aufwand, um die Rechte geltend machen zu können bzw. sie durchzusetzen und: die

Beantragenden erscheinen eher als ‚Nutznießer staatlicher Freigiebigkeit'
(Fraser 1994). Damit wird die Fürsorgearbeit von Frauen in ihrer allgemein
gesellschaftlichen Qualität verdeckt. Eine strukturelle Veränderung würde
hier bedeuten: aufgrund der Übernahme gesellschaftlicher Arbeit – Fürsorgearbeit – können rechtlich festgelegte finanzielle Maßnahmen genauso ‚einfach' abgerufen werden, wie die über Erwerbsarbeit erworbenen Ansprüche.

c) Entwicklung innovativer Formen kommunalpolitischer Interessenvertretung

In vielen Gemeinden sind Begegnungen vor dem Kindergarten v.a. von Müttern beim „Abholen und Bringen ihrer Kinder" wichtige informelle Treffpunkte. Was hat das nun mit Politik zu tun? Solche Treffen können Ausgangsbasis für eine kommunalpolitische Interessenvertretung sein. Erst wenn
solche Zusammenhänge zwischen politischer Einmischung und informellen
Bezügen beachtet werden, können diese Bezüge in ihrer Qualität als ‚Gelegenheitsstrukturen' wertgeschätzt werden.

Eine Interviewpartnerin schildert die Situation in ihrer Gemeinde:

Der Bürgermeister und Ortschaftsrat hatten für diesen Teilort einer Großge-
meinde den Beschluß gefaßt, kombinierte Schulklassen einzuführen; d.h.
Klasse eins sollte zusammen mit Klasse zwei unterrichtet werden. Als die
Mütter der betroffenen Kinder von dem Beschluß erfahren, der ihrer Meinung
nach Nachteile für ihre Kinder bedeutet, verhindern sie die Umsetzung des
Beschlusses und führen damit gleichzeitig neue öffentliche Verhandlungsmuster in der Gemeinde ein. Dies ist ein Beispiel dafür, wie Frauen aufgrund
ihrer Zuständigkeit für die Erziehung ihrer Kinder, Öffentlichkeiten zur Vertretung der Interessen ihrer Kinder herstellen. In dem Kreis der aktiven Frau-
en sind sowohl Frauen, die seit einigen Jahren in der Gemeinde leben als auch
Frauen, deren VorfahrInnen seit mehreren Generationen BewohnerInnen der
Gemeinde sind.

Frau G., schildert den Prozeß folgendermaßen:

„Und dann hat der Bürgermeister mit dem Kultusministerium in Stuttgart geschwätzt und die hätten uns dann die Sonderregelung hier ver-
paßt. ... Und unser Ortschaftsrat hatte schon zugestimmt und dann ist

es irgendwie, was weiß ich wie, durchgesickert und dann haben die Frauen das mitgekriegt. Und dann ging das so im Bereich Kindergarten von Frau zu Frau, ist das mal so Mund zu Mundpropaganda gelaufen, da läuft was und wir sollen kombinierte Klassen kriegen und wir wollen nicht. Und ging relativ schnell, daß alle sich einig waren, daß wir keine kombinierte Klassen wollen. Und dann, und das war also schon irgendwie toll, und dann haben sie gesagt, sie gehen aufs Rathaus, ich weiß nicht wer's initiiert hat, irgendeine hat gesagt, jetzt geht man aufs Rathaus in die Sprechstunde, weil so geht das ja einfach nicht.

Na ja, und dann hat uns also der Herr Bürgermeister also schon irgendwie auch für ziemlich dumm verkauft. ... Er hat gesagt, wir täten es nicht blicken und wir waren, glaube ich, auch schlecht da an dem Tag und haben viele Informationen nicht gehabt."

Die demokratisch gewählten Volksvertreter haben mit dieser ‚Demokratie von unten‘ Schwierigkeiten, was sich in ihrer entwertenden Haltung und Einschüchterungsversuchen (vgl. unten) den Frauen gegenüber zeigt.

Als Lehrerin hat die Interviewpartnerin gute Voraussetzungen, sich die notwendigen Informationen zu besorgen, um fachlich gegen den Beschluß argumentieren zu können.

„ ... Und dann hab' ich einen Leserbrief geschrieben in der Zeitung und zwar, weil ich hab' schon gesagt in dem Rathausgespräch, ‚ich tu die Presse benachrichtigen‘; ... die eine hat gesagt ‚man könnte‘ und die andere ‚ja nicht‘, na, dann habe ich gedacht, lasse ich auch die Finger davon, nachher sagen alle du bist schuld, wenn die Presse kommt und es läuft was schief. Und dann hab ich den Leserbrief geschrieben und hab gedacht, das ist mir jetzt gerade egal, da kann ich schreiben, was ich selber denke. ... Dann sind wir in Urlaub gefahren, waren Pfingstferien und wo ich gekommen bin, haben sie (die anderen aktiven Frauen) gesagt, genau das hätten sie überhaupt schon gebraucht und das hatten sie dann als Anlas genommen das läuft jetzt und dann ging das, ha, dann ging's irgendwie. Dann haben sie anerkannt, daß ich jetzt da irgendwas zu sagen würd' und haben sich dann auch irgendwo an mich gewandt ..."

Als die Interviewpartnerin zum ersten mal die Idee formuliert, eine breitere Öffentlichkeit durch Verständigung der Presse herzustellen, werden neben zaghafter Unterstützung deutlich Bedenken formuliert. Als sie sich dann im Alleingang hervorwagt und sich über das Medium ‚Leserbrief‘ mit ihren fachlichen Kompetenzen öffentlich sichtbar macht, können sich die Frauen eindeutiger auf sie und ihre Fachlichkeit beziehen. Deutlich wird hier zum einen, daß der Schritt in die Öffentlichkeit durch das Verfügen über fachliche Kompetenzen erleichtert wird.

Der geschilderte Prozeß deutet weiter daraufhin, daß es für beteiligte Frauen schwierig ist, sich im Rahmen ihrer informell-privaten Beziehungen in ihren fachlichen Kompetenzen wahrzunehmen. Die an der Aktion beteiligten Frauen wissen von Anfang an, daß sie mit der Lehrerin in ihren Reihen eine Fachfrau haben. Für die Frauen scheint jedoch diese Fachlichkeit erst über das öffentliche Medium ‚Leserbrief‘ in einer Weise sichtbar zu werden, daß sie sich eindeutig darauf beziehen können und diese Fachlichkeit als Grundlage für ihr öffentliches Agieren ansehen.

Damit enthält das Beispiel auch Hinweise darauf, weshalb der Schritt in die Öffentlichkeit so schwer fällt: Zu der entwertenden Reaktion von ‚Außen‘ durch den Bürgermeister kommt die eigene Unsicherheit hinsichtlich der Kompetenzen von Frauen bzw. ihre Unsichtbarkeit für Frauen. Dadurch, daß die Interviewpartnerin selbst ihren fachlichen Kompetenzen vertraut und aufgrund dieses Vertrauens allein den Schritt in die Öffentlichkeit gehen kann, schafft sie die Voraussetzung dafür, daß sich auch die anderen Frauen auf diese Kompetenzen beziehen können.

Der weitere Verlauf der Aktion:

„Ha ja, und dann hab' ich zur Nachbarin gesagt, also ich schreibe jetzt einen Brief ans Schulamt. Da habe ich gesagt, wer will, der kann kommen, Donnerstagabend schreiben wir den Brief, es war Mittwoch, gell. Und der Ortsvorsteher hat dann wieder gesagt, ich soll's ja bleiben lassen, und dann sind aber abends so 10, 12 Leute da gewesen, Frauen. Hier in der Wohnung, genau, und dann hab' ich ein Konzept vorher gemacht gehabt und das war jetzt auch wieder, die haben das Konzept zerrissen, knalle hart, knalle hart. Echt, da sind sie wirklich scharf, sagen, da, das ist doch viel zu schwach, so kann man das nicht lassen. Da mußten wir also noch ziemlich viel umformulieren, also das was rein fachlich war, das haben sie irgendwo schon gelassen.

Und dann hat eine, von schräg gegenüber, hat einen Computer, die hat ihren Computer zur Verfügung gestellt. Ja, und dann ging das, also das war faszinierend, Donnerstagabend haben wir, haben wir das Ding also gemacht, am Freitag haben wir's in Computer reingetippt, Freitagabend haben wir das Zeugs rauskommen lassen aus dem Computer und dann haben wir schon am Donnerstagabend eingeteilt, wer welche Straße macht. Und dann sind sie zu zweit losgezogen, haben Unterschriften gesammelt und dann haben sie bis am Samstagmittag haben sie 350 Unterschriften ungefähr gehabt, von 600 Leut', das ist ganz ordentlich."

Trotz Druck durch den Bürgermeister lassen sich die Frauen nicht aufhalten:

„Dann sind die Frauen wieder alle da gestanden und dann haben wir hinterher gesagt und jetzt, was können wir jetzt noch machen? Jetzt gibt's nur noch die Möglichkeit an die Gemeinderäte auch noch einen Brief zu schreiben, der auch in die Zeitung kommt und dann hat T. an dem Abend gleich spontan gesagt, diesmal kann man sich bei ihr treffen und dann haben wir uns abends bei ihr getroffen und da haben wir da noch bis nachts um Ultimo einen Brief an die Gemeinderäte verfaßt. Das ging dann auch wieder, das mit dem Schreiben und dem Verteilen, das ging alles ganz toll und da haben die Frauen unheimlich zusammengeschafft, da hätt' kommen können, was hätt' wollen, da hat auch jede Zeit gehabt, das ging also ganz prima."

Die Frauen können mit ihrer Aktion den Beschluß, daß kombinierte Klassen eingeführt werden, verhindern. Die Interviewpartnerin reflektiert folgendermaßen über diesen erfolgreichen Ausgang der Aktion:

„Das war also für uns ein ganz wichtiger Punkt. Fast bis auf den letzten Tag haben sie immer wieder gesagt, also daß wir durchkommen ist unwahrscheinlich, also jeder weiß es, die hocken alle am längeren Hebel, es ist im Prinzip alles fertig, aber wir probieren es trotzdem. Weißt du, mit einer eisernen Kraft, wir probieren, das ist unwahrscheinlich, die setzen sich wahrscheinlich eh durch, weil die ja politisch stärker sind und den Bürgermeister auf ihrer Seite haben und trotzdem probieren wir es und das fand ich schon irgendwie gut. Klar, ich hab immer gesagt, natürlich kommen wir durch. Aber das habe ich und ich glaube schon, daß das jeder so empfunden hat, daß die Demokratie ziemlich auf der Kippe steht. Und ich war auch froh drum, daß das dann für uns ausgegangen ist, einfach deswegen auch, weil ich gedacht hab', wenn man jetzt so eine Aktion macht und wenn man jetzt dafür eine aufs Dach kriegt, das wäre frustrierend für immer gewesen, also da hätte bestimmt keiner mehr irgendwas angeregt."

Als ein wichtiges Ergebnis dieser erfolgreichen Aktion ist das Selbstbe wußtsein und die Selbstverständlichkeit der Frauen anzusehen, mit der sie bei einem weiteren Anlas öffentlichen Entscheidungsträgern auf der Basis eines „Wir-Gefühls" entgegentreten:

„Und jetzt ist es so, da ist ein Neubaugebiet erschlossen worden im Dorf und jetzt wollen wir einen Zebrastreifen. Und der Ortschaftsrat sagt ,es geht nicht' und der Polizist im Ortschaftsrat sagt auch ,es geht nicht' und wir sagen ,natürlich muß es gehen'. Und solche Sachen laufen dann unheimlich gut, dann läuft das so übers Telefon und es geht schnell und geschickt."

Die Kriterien zur Beurteilung der Aktion möchte ich diskutieren. In ihrer Reflexion zum Ausgang der Aktion weist die Interviewpartnerin auf die große Bedeutung des positiven Ausgangs der Aktion für das zukünftige Handeln von Frauen hin. Hier wird angedeutet, daß der Erfolg der Aktion primär daran bemessen wird, ob die getroffene Entscheidung der Kommunalverwaltung und Schulbehörde rückgängig gemacht werden kann. In der theoretischen Herleitung habe ich verschiedene Dimensionen differenziert, von denen sozialpolitische Anerkennung abhängig ist und sie für Frauen in ländlichen Regionen in zahlreiche Schritte konkretisiert. Ein analytischer Gehalt dieser Schritte erweist sich nun darin, daß ich damit das Handeln dieser Frauen jenseits eines ,Alles-oder-Nichts-Prinzips' wahrnehmen kann. Auch wenn die Frauen mit ihrer Aktion den Beschluß nicht hätten ,kippen' können, könnten sie – auch als Grundlage für weiteres Handeln – folgende Punkte als Erfolge wahrnehmen:

Im Laufe ihrer Aktion stellen die Frauen über ihre Bezugnahme in verschiedener Weise Öffentlichkeiten her bzw. treten an verschiedene zuständige Gremien heran. Zunächst diskutieren sie in ihren informellen Frauenbeziehungen diesen Beschluß und verständigen sich darauf, gegen ihn vorzugehen. Damit schaffen sie eine Frauenöffentlichkeit, in der dieses Thema verhandelt wird und die später zur Basis wird, um weitere Formen von Öffentlichkeiten herzustellen bzw. zu nutzen. Über ein Gespräch mit dem Bürgermeister und die

Briefe an die Gemeinderäte treten sie an Entscheidungsbefugte in der Gemeinde heran, über einen Leserbrief an die breite Öffentlichkeit und über einen Brief an das Oberschulamt an die zuständige Behörde. Die Briefe an die Gemeinderäte werden ebenfalls als Leserbrief veröffentlicht und damit wiederum eine breitere Öffentlichkeit hergestellt; auch über eine Unterschriftenaktion stellen sie innerhalb ihrer Gemeinde Öffentlichkeit zum Thema her; hier nutzen sie ihren Status in ihrer Gemeinde, indem sie durch ein direktes, persönliches Ansprechen ('von Haus zu Haus gehen') die Unterschriften sammeln. Mit der Unterschriftensammlung verleihen sie einerseits ihrem Vorhaben Gewicht und fordern andererseits andere in ihrer Gemeinde zur Meinungsäußerung auf bzw. geben ihnen hierzu die Möglichkeit. Viele dieser eingeschlagenen Wege einer öffentlichen Thematisierung sind innerhalb dieser Gemeinde neu und sind deshalb als Einführung neuer Muster des öffentlichen Aushandelns 'sozialpolitischer Fakten' zu werten.

Als ein weiterer frauenpolitisch relevanter Aspekt der Aktion interpretiere ich das Interesse einer Frau, die gelungene Zusammenarbeit von Frauen öffentlich zu thematisieren.

„Und dann hab' ich hinterher so das Bedürfnis gehabt, einen Artikel in der Zeitung zu schreiben, wie toll Frauen da so was zusammen hin kriegen. Und hab' das dann auch mal angesprochen, dann hat die X zu mir gesagt, das könnte ich nicht machen, das sei ja nicht die Schuld der Männer, die haben ja was anderes zu tun. Da habe ich gedacht, da ist's besser ich lasse da die Finger weg. Wobei, ich bin schon stolz drauf, daß die Frauen das so gepackt haben, und das sind die gleichen Probleme also so Erziehung und so, die sie angehen und da stehen sie nachher schon hin, wenn sie wirklich wollen."

In diesen Ausführungen formuliert es die Interviewpartnerin als ihr 'Bedürfnis', öffentlich auf die Leistungen von Frauen und die Qualität ihrer Bezugnahme hinzuweisen. Weiter wird ein hemmender Faktor für diese öffentliche Anerkennung deutlich: die primäre Bezogenheit auf Männer. Eine Frau bezieht einen öffentlichen Hinweis auf diese erfolgreiche Bezugnahme zwischen Frauen 'automatisch' auf Männer und wertet ihn als Schuldzuschreibung an Männer. Aufgrund dieser Wahrnehmung möchte sie nicht, daß öffentlich darauf hingewiesen wird. Hier zeigt sich ein Verdeckungsmuster, das eine öffentliche Kultur der Anerkennung von Frauenbezugnahme behindert. Daß für eine solche öffentliche Anerkennung wiederum die Bezugnahme zwischen Frauen relevant ist, wird mit dem Beispiel implizit deutlich. Aufgrund unseres Interesses erzählt die Interviewpartnerin von ihrem Stolz auf diese Zusammenarbeit unter Frauen. So ermöglicht die Bezugnahme zwischen der Interviewpartnerin und uns die Veröffentlichung der Leistungen der Frauen im Rahmen dieser Untersuchung.

Mit diesen herausgearbeiteten Bedeutungsgehalten lockerer Bezugnahme zwischen Frauen werden ausschließlich negative Bewertungen lockerer Bezüge zwischen Frauen in ländlichen Regionen als die Realität verdeckende Zuschreibungsmuster sichtbar. Um nicht Gefahr zu laufen, dieses Zuschreibungsmuster der entwertenden Wahrnehmung durch ein anderes, nämlich der ausschließlich positiven Wahrnehmung, zu ersetzen (vgl. Kapitel 2), möchte ich auf folgendes hinweisen: in der Untersuchung wurden auch viele negative Bedeutungsgehalte dieser lockeren Bezüge sichtbar. Diese wurden hier nicht ausgeführt, da es mir angesichts des bisherigen Wissensstandes zunächst um ein ‚Anschreiben‘ gegen das negative Klischee ging. Die Tatsache, daß einzelne Interviewpartnerinnen Grenzen dieser Form von Bezugnahme angedeutet haben, verweist auf eine differenzierte Bewertung jenseits einseitig idealisierender Zuschreibungen.

4.1.2. Freundinnen

'Das ist auch eine, wo in Frauenumgebung ist, und das braucht und das auch zugibt.'

„Freundinnen sind Lebensmittel. Wer keine hat, verhungert." Ein treffendes Bild von Susanne Stiefel (1999) für die existentielle Bedeutung von Freundinnen. Hier kann es nicht um sämtliche ‚Nährwerte‘ dieses Lebensmittels gehen, sondern um folgende zwei Aspekte:

Welche Muster verdecken und entwerten den spezifischen Nährwert freundschaftlicher Beziehungen zwischen Frauen?[3] Wie entlarven Frauen diese Verdeckung?

---

3 Ein Ergebnis der Sichtung des Forschungsstandes zum Thema Frauenbeziehungen unter der Perspektive des Verdeckungszusammenhangs (vgl. oben) war, daß für unterschiedliche Qualitäten von Frauenbeziehungen je spezifische Verdeckungsmuster wir-

Ermunterung zu und Rückhalt bei kleinen und großen Veränderungen erwiesen sich in der Untersuchung als ein wichtiger Bestandteil dieses Lebensmittels ‚Freundin‘; dies hat nicht nur für die Frauen selbst ‚Nährwert‘. Freundinnen bilden mit ihrer Bezugnahme eine Vermittlungsstruktur zwischen regionalen und dorfimmanenten Lebenswelten, um innovative Umgangsweisen mit Krisen einzuführen. Diese Erweiterung sozialer Kompetenzen in der Region kann jedoch erst dann als Verdienst von Freundinnen wertgeschätzt werden, wenn Beziehungen zwischen Freundinnen auch in ihrer strukturbildenden Seite wahrgenommen werden. Wie verstellt diese Wahrnehmung – bei mir selbst und bei Interviewpartnerinnen – war, auch davon soll die Rede sein.

Verdeckung freundschaftlicher Beziehungen

„Das ist auch eine, wo in Frauenumgebung ist und das braucht und das auch zugibt."

Mit diesen Worten umschreibt Frau O., eine knapp sechzig Jahre alte Bäuerin, eine für sie wichtige Frau, als wir sie nach Freundinnen fragten. Sie betont es als eine Qualität ihrer Freundin, daß diese die Bedeutung, die Frauen für sie haben, anerkennt, obwohl dies ein Bekenntnis verlangt. Der Begriff ‚zugeben‘ verweist auf etwas nicht ausschließlich positiv Bewertetes. Die Formulierung 'Frauenumgebung' veranlaßte mich zu der Überlegung, ob der Begriff ‚Freundin‘ zur Beschreibung von wichtigen Frauen im Erwachsenenalter ein eher ‚moderner‘, vielleicht auch bürgerlicher Begriff ist und ob vielleicht Frauen der älteren Generation aus ‚traditionelleren‘ Zusammenhängen ihn vor allem mit der Mädchenzeit verbinden. Diese Überlegungen vor dem Hintergrund des Interpretationsrahmens moderntraditional sind mit geschlechtsspezifischen Zuschreibungen zu verbinden. Raymond (1990) weist auf den ‚infantilisierenden Beigeschmack‘ hin, den Frauenfreundschaften im Erwachsenenalter im Gegensatz zu Freundschaften zwischen erwachsenen Männern bekommen. Es könnte u.a. an diesem geschlechtsspezifisch entwertenden Subtext liegen, daß für Frauen, die Freundinnen brauchen, der Schritt, dies zu zeigen, die Qualität eines ‚Zugebens‘, eines Bekenntnisses annimmt. Solange noch keine festen Partnerbeziehungen mit Männern eingegangen

---

ken. Die Zuschreibung der Oberflächlichkeit hat sich im vorigen Kapitel als ein spezifisches Entwertungsmuster von lockeren Bezügen herausgestellt.

werden, scheint es für Mädchen und jüngere Frauen selbstverständlich, intensivere Beziehungen zu Freundinnen zu haben. Diese Phase werde durch eine Phase abgelöst, in der Frauen sich mehr auf Männer beziehen, was sich erst mit dem Witwenstatus von Frauen wieder verändert, so Frau J., eine 34jährige Frau:

„Das ist denn bei den jüngeren Mädle so, denke ich, was auch sonst so typisch ist, daß man sich bis zu einem gewissen Alter sehr eng verbindet. Aber dann im späteren Alter gibt's mehr die Paarbildung, wo man sich dann als Paar trifft oder miteinander spazieren geht. Und dann erst wieder, wenn die Frau Witwe ist, also da gibt's bei uns sehr viele, die dann Sonntags wieder zusammen weggehen oder sich vielleicht auch mal abends besuchen."

Diese phasenspezifische Einteilung der Bedeutung von Freundinnen kann vor dem Hintergrund der von Frauen geschilderten Bedeutungsgehalte und der theoretischen Herleitung folgendermaßen interpretiert werden: Zum einen wird hier eine von einigen Frauen gelebte Realität verwiesen, in der beim Eintreten in eine Partnerbeziehung zu einem Mann die Freundin an Bedeutung verliert. Zum anderen stellt dies ein Beispiel für ein Verdeckungsmuster der Bedeutung von Freundinnen füreinander dar. Ein Ergebnis der Interviews war es, daß viele Frauen gerade als Mütter und Ehefrauen sehr intensive Beziehungen zu anderen Frauen aufrechterhalten oder diese neu aufbauen (vgl. hierzu das Kapitel ‚Neue Arbeitsöffentlichkeiten'). Diese Bedeutung von Freundinnen in einer Lebensphase, in der Frauen mit Männern zusammenleben, scheint jedoch der Wahrnehmung nicht so direkt zugänglich zu sein und ist häufig öffentlich wenig sichtbar. Es hat sich herausgestellt, daß Frauenfreundschaften von jungen Frauen mit kleinen Kindern im Zusammenhang der spezifischen (Arbeits-)Situation dieser Frauen wahrzunehmen sind. Freundinnen sind in dieser Phase zur Bewältigung des neuen Arbeitsbereichs ‚Erziehungs- und Familienarbeit' und der damit verbundenen Umorientierungsleistungen wichtig. Daß die Bedeutung von Freundinnen in dieser Phase so wenig offensichtlich ist, könnte auch daran liegen, daß die zu bewältigende Arbeit in dieser Phase wenig als Arbeitsbereich sichtbar ist und deshalb der Austausch unter ‚Kolleginnen' nicht als wichtig erachtet wird. Eine gegenseitige Verdeckung der Arbeit von Frauen und der Bedeutung ihrer Bezugnahme für die Bewältigung dieser Arbeit: Weil die Arbeit wenig als Arbeit anerkannt wird, kann auch die Bedeutung der gegenseitigen Unterstützung zur Bewältigung der Arbeit nicht gesehen werden. Indem Frauen sehr deutlich die Qualität von Unternehmungen mit Freundinnen gerade im Vergleich zu Unternehmungen mit dem eigenen Ehemann wahrnehmen und benennen, überschreiten sie das Verdeckungsmuster der Nachrangigkeit von Frauenbeziehungen. Eine Frau berichtete, daß für sie der regelmäßige Seminarbesuch mit Freundinnen in einer Heimvolkshochschule einen größeren Erholungswert hat, als ein Urlaub mit ihrem Mann,

> „...da man sich auch im Urlaub nach ihm richten muß und sich um ihn kümmern muß."

Ein weiteres, für freundschaftliche Beziehungen spezifisches Verdeckungsmuster betrifft Liebesbeziehungen zwischen Frauen:

> „‚Frauen sind wichtig für Frauen‘, das können viele sagen. Aber können wir auch sagen, ‚wir lieben Frauen‘? (...) Lassen wir zu, können wir überhaupt wahrnehmen, was wir für Frauen empfinden?"

So weist eine Referentin im Rahmen einer öffentlichen Veranstaltung einer Frauengruppe auf regionaler Ebene, in der u.a. das Thema ‚Zwangsheterosexualität‘ diskutiert wird, auf dieses Verdeckungsmuster hin. Eine Teilnehmerin stellt den Bezug zum Ansehen der Frauengruppe in der Region her:

> „Es wird dem X. (Treffpunkt der Frauengruppe) angehängt, daß hier lesbische Frauen sind."

Frau T., eine Frau aus der Frauengruppe, nimmt daraufhin folgende Um-Definition und Neubewertung vor:

> „Das zeichnet uns aus."

Rückhalt und Unterstützung bei kleinen und großen Veränderungen

Die Bedeutung von Freundinnen bei anstehenden Veränderung hat viele Facetten: zunächst dazu ermuntern, sich zu getrauen, Veränderung überhaupt zu denken; dann Rückhalt geben bei Entwicklung und Umsetzung von veränderten Interessen; ein Gegengewicht zu feindlichen Reaktionen bilden, die selten ausbleiben, wenn Frauen für ihre Veränderung in Familie, am Arbeitsplatz oder im dörflichen Lebenszusammenhang einstehen. Freundinnen sind weiter wichtig, um in einem geschütztem Raum, mit einer gewissen Distanz zum dörflichen Alltagsleben, neue Interessen zu entwickeln: um den Mut aufzubringen, zu experimentieren, sich mit der ganzen Persönlichkeit zu zeigen oder um neue Seiten an sich zu entdecken.

Frau S. schildert wie hilfreich ihre Freundin in einer für sie manchmal ausweglosen familiären Situation war:

„Ich muß wirklich sagen, wenn ich da nicht jemand gehabt hätt', ich weiß nicht, ob ich mir nicht was angetan hätte. Und vor allen Dingen, ich war sehr viel alleine am Anfang, viele Jahre."

In dieser Zeit des Alleinseins mit dem Problem wurde ihr von ihrer Familie – ihrem Mann und auch ihrer Mutter – eingeredet, und sie hat es sich einreden lassen, „daß sie selbst schuld ist", „daß mit ihr was nicht stimmt". Der Austausch mit der Freundin ermöglicht ihr eine andere Wahrnehmung der Situation. Diese ermutigt sie auch, sich verändernde Schritte vorzustellen; sich z.B. vorzustellen, was wäre wenn,

„... du dir mal vier Wochen Distanz zur Familie verschaffst und in Kur gehst? Was wäre, wenn du allein wärst?" (Frau S.)

Nach konkreten Veränderungsmöglichkeiten zu fragen, kann den Raum eröffnen, Ängste wahrzunehmen, die bereits das Phantasieren von Veränderungen blockieren. Diese Ängste der Wahrnehmung zugänglich zu machen, auf ihren Realitätsgehalt zu prüfen und teilweise auszuräumen, ist ein wichtiger erster Schritt bei Veränderungen.

Weitere Beispiele zeigten: In Situationen von Veränderungen entwickeln Frauen neue Ansprüche und Aktivitäten, ohne bisherige Aufgaben teilweise zurückzuweisen. Sie sind berufstätig, engagieren sich ehrenamtlich und sind politisch aktiv, wollen aber „die Norm einer guten Hausfrau und Mutter" ohne Abstriche erfüllen. Nicht nur für die neuen Aktivitäten, z.B. ein politisches Mandat, ist ein Bestärkungszusammenhang notwendig, sondern auch, um den Mut aufzubringen, einen Teil der bisherigen Ansprüche (z.B. die Alleinzuständigkeit für pflegebedürftige Eltern oder Schwiegereltern aufzugeben) und sich hierfür Unterstützung in oder außerhalb der Familie zu organisieren.

Eine wesentliche Bedeutung von Freundinnen bei der Realisierung von veränderten Interessen ist es, ein Gegengewicht gegenüber feindlichen Reaktionen im dörflichen Lebenskontext und damit auch einen gegenüber Veränderungen aufgeschlosseneren Bestandteil dörflicher Lebenswelten und Öffentlichkeiten zu bilden. Frauen werden mit ihren Veränderungen in dem dörflichen Lebenskontext häufig sichtbar, ohne daß sie dies wollen. Dieses ‚Sichtbar-Werden' im dörflichen Kontext ermöglicht jedoch gleichzeitig die Einführung von Veränderungen.

Andere Beispiele zeigten, daß Frauen für sich auch die Möglichkeit schaffen bzw. nutzen, Veränderungen (zunächst) auf regionaler Ebene mit Freundinnen, d.h. mit Distanz zum dörflichen Alltag ‚anzugehen'.

„Wenn Frauen auf dem Dorf sich entschließen, sie wollen, sie müssen was für sich tun, dann geht das nicht hier im Dorf mit meiner Nachbarsfrau – das brauche ich als Schutz, damit ich überhaupt funktionieren kann, damit ich dieses Alltagsleben in meiner Familie aufrecht erhalten kann, muß ich mir da einen eigenen Platz suchen, wo das möglich ist, mich da zu öffnen und dann auch wieder zuzumachen. (...)
Aber das war von Anfang an so, daß ich einfach für das, so meine geistigen Sachen oder wie man das bezeichnen will, da hab` ich immer meine Frauen anderswo gehabt. Und das war so hier das Leben, einfach den Alltag leben, aber nicht meine Freizeitgestaltung mit den Menschen, die hier im Dorf sind. Das war nicht meins.
Mich wirklich mit dem, was ich bin und also ganz hinzustellen und zu sagen, das bin ich und mich da auch total zu zeigen. Und das ist schon – es ist einfach Enge, also die Menschen sind sehr nah da hier, es ist so'n Ausweichen nicht so leicht möglich, wie wenn du da jetzt irgendwo in x. (einer Stadt, M.K.) bist, weil da (in der Stadt, M.K.) kommen nur die Menschen, die sich da angesprochen fühlen, die kommen da hin. Und die anderen tausend, die da noch dazugehören, die gehen da nicht hin und die kriegen das gar nicht mit. Wobei wenn ich hier was mach' dann weiß das jeder, das wissen 1.500 Menschen im Dorf."
(Frau F)

Daß zur Entwicklung von Veränderungen und von neuen Interessen zunächst ein geschützter, vom Alltagsleben distanzierter Raum notwendig ist, um „im Alltag weiter zu funktionieren", ist nicht nur für ländliche Lebenszusammenhänge gültig. Landspezifisch ist m.E., daß Frauen sich die Strukturen für einen geschützten Raum mit mehr Aufwand als in der Stadt gestalten müssen, da in dörflichen Lebenszusammenhängen Alltagsleben und Öffentlichkeit weniger als in städtischen voneinander getrennt sind. Frau F. erklärt hier deutlich die Enge mit der räumlichen Situation und mit den unterschiedlichen Informationswegen in städtischen und ländlichen Lebenswelten; damit überschreitet sie das stereotype Zuschreibungsmuster, diese Enge mit ‚den Menschen vom Land‘ zu erklären.

Bei Veränderungen bzw. spezifischen Interessen, die auf regionaler Ebene verwirklicht werden, haben sich folgende ‚Muster‘ gezeigt: Die Trennung zwischen regionaler und dörflicher Ebene bleibt aufrechterhalten; dann als zweites Muster: Nach einer Phase klarer Trennung wächst mit zunehmender Sicherheit auch das Interesse, Neues in den alltäglichen dörflichen Lebenszusammenhang zu vermitteln. Schließlich als drittes Muster: Veränderungen und neu entwickelte Interessen werden von Anfang an in den dörflichen Alltag ‚zurückvermittelt‘. Hierbei spielen Beziehungen zwischen Freundinnen eine zentrale Rolle. Freundinnen sind in doppelter Hinsicht wichtig für diese Vermittlungsleistungen. Zum einen werden die auf regionaler Ebene entwickelten Neuerungen im Dorf zunächst an Freundinnen vermittelt; zum anderen bieten Freundinnen den notwendigen Rückhalt, um sich in den unterschiedlichen Lebensbereichen mit den Veränderungen zu zeigen. (Beispiele für diese unterschiedlichen Formen der Vermittlung von Veränderungen sind in der ungekürzten Version der Dissertation Knab 1999 nachzulesen.)

Im Verlauf der Interpretation des empirischen Materials wurde mir deutlich, daß ich zusammen mit einigen Interviewpartnerinnen zu folgender Gegenüberstellung neigte: auf der einen Seite die unterstützenden Beziehungen zwischen einzelnen Frauen als Freundinnen und auf der anderen Seite ‚die Dorfmeinung‘ als einheitlicher und geschlossener Faktor. Erst bei meinem zweiten Durchgang durch das empirische Material konnte ich wahrnehmen, daß wir die Reduzierung der Bezugnahme zwischen Frauen auf eine unterstützende Beziehungsebene reproduzieren, indem wir sie nicht als einen Bestandteil der dörflichen Meinungsbildung und des dörflichen Lebenskontextes wahrnehmen. Deshalb möchte ich noch einmal explizit auf beide, in den Beispielen deutlich gewordenen Seiten der Medaille ‚Bezugnahme zwischen Freundinnen‘ hinweisen: Einerseits auf die individuelle Unterstützung bei Veränderungen; andererseits auf die Tatsache, daß diese Freundinnenbezüge einen relevanten Faktor für die Veränderung von Meinungen und damit für die Gestaltung der sozialen Atmosphäre im ländlichen Lebenskontext darstellen. Durch ihre Rolle bei der Vermittlung von Inhalten aus regionalen Zusammenhängen in die dörfliche Lebenswelt stellt die Bezugnahme zwischen Freundinnen eine

Vermittlungsstruktur zwischen regionalen und dörflichen Lebenswelten dar. Die Bezugnahme zwischen Frauen hat damit auch eine dörfliche Strukturen gestaltende Seite.

Muster aufzuspüren, mit denen Frauen selbst ihre Gestaltungsmöglichkeiten verschleiern, erweist sich als ein Schritt gegen den Verdeckungszusammenhang. Um diese wahrnehmen zu können, war die Reflexion meiner eigenen Verdeckungsmuster im Prozeß der Interpretation des Materials eine wichtige Voraussetzung. Erst nachdem ich mir selbst ‚auf die Schliche gekommen bin‘, war es möglich, Verdeckungsmuster meiner Interviewpartnerinnen präzise zu benennen, wie dies im folgenden Beispiel zum Ausdruck kommt.

Verdeckung und Auf-Deckung von Bezugnahme in ihrer innovativen Qualität

„Oh je, auf dem Dorf, da ist das ganz schlimm. Da kann man so was nicht erzählen." – „Ja, die eine Freundin, der hab ich das natürlich erzählt ...".

In einem Gruppeninterview befragten wir Frauen einer professionell begleiteten Selbsthilfegruppe. Angesiedelt ist die Gruppe in einer Kleinstadt. Die Teilnehmerinnen der Gruppe leben in den umliegenden kleinen Gemeinden. Zur Entstehungsgeschichte der Gruppe: Frau V., eine Sozialpädagogin, tätig in einer Caritas-Beratungsstelle, hatte die Gruppe für Frauen nach einem Kuraufenthalt initiiert. Sie machte die Erfahrung, daß ein Kuraufenthalt mit psychosozialer Begleitung häufig einen Einstieg in Veränderungen bisheriger Umgangsweisen mit Schwierigkeiten und Konflikten (z.B. in der Ehe) ermöglicht.

> „Die Frauen, durch einen Kuraufenthalt herausgenommen aus ihrem Alltagstrott, hinterfragen Vieles und wollen es verändern; jedoch versiegt dieses Vorhaben meist sehr schnell, wenn sie nach dem Kuraufenthalt wieder alleingelassen werden mit diesen Veränderungsideen."

Bewußt hat sie dieses Angebot nicht als Einzelberatung, sondern als Gruppe organisiert, damit die Frauen in einen Austausch treten können, sich auch gegenseitig beraten und in ihren Veränderungen unterstützen. An der kontinuierlichen Beteiligung der Frauen zeigt sich der Stellenwert, den der Austausch in der Gruppe inzwischen für die Frauen bekommen hat. Die Teilnehmerinnen der Gruppe sind in der Region aufgewachsen; einige sind nach der Heirat in die Heimatgemeinde ihrer Ehemänner gezogen. Mich interessierte nun, ob die Frauen mit diesen veränderten Bewältigungsmustern, d.h. z.B. mit ihrer Teilnahme an dieser Gruppe, in ihrem dörflichen Lebenskontext sichtbar werden und welche Reaktionen sie hier erleben. Meine Frage an die Gruppe war deshalb:

> „Und wie ist das in den Dörfern, in denen Sie leben, wissen dort Leute davon, daß Sie hier in S. an dieser Gruppe teilnehmen?"

Sehr schnell antwortete eine der Frauen:

> „Oh je, auf dem Dorf, da ist das ganz schlimm. Da kann man so was nicht erzählen."

Auf meine Nachfrage: „Haben sie keine Freundinnen in ihrem Dorf?" gab sie zur Antwort:

> „Ja, die eine Freundin, der hab ich das natürlich erzählt und sie findet es gut und fragt immer wieder nach, was wir da machen. Sie ist auch neugierig geworden und überlegt, ob das nicht auch was für sie wäre."

Deutlich wird hier:

- Sie thematisiert innerhalb ihres Dorfes, einer Freundin gegenüber, ihren veränderten Umgang mit Schwierigkeiten.
- Die Freundin reagiert interessiert, anerkennend und überlegt bereits, dieses veränderte Bewältigungsmuster selbst auszuprobieren.
- Bei der Frage nach dem dörflichen Lebenskontext erwähnte die Teilnehmerin jedoch diese Freundin und deren anerkennende Reaktion nicht. D.h. sie nimmt ihren Bezug zu dieser Freundin und deren Reaktion nicht selbstverständlich als Bestandteil des dörflichen Kontextes wahr.
- Als erste Antwort beschreibt sie ‚das Dorf' als eine geschlossene Einheit, die eine Thematisierung ihres veränderten Umgangs mit Problemen oder auch ihrer Beanspruchung professioneller Hilfe verhindere.

Damit reproduziert sie trotz gegenteiliger Erfahrung das Klischee eines ‚bornierten' Dorfkontextes. Sie übergeht die Seiten des dörflichen Kontextes, die nicht ablehnend auf ihr Verhalten reagieren. Und sie verdeckt gleichzeitig damit die Bezugnahme zwischen sich und ihrer Freundin als einen ,aufgeschlosseneren' Bestandteil einer Dorfgemeinschaft. Mit dem Beispiel erhalten wir Hinweise darüber, wie reduzierende Zuschreibungen an ,das Dorf' trotz widersprechender Erfahrungen aufrechterhalten werden. Dies geschieht dadurch, daß die befragte Frau ihren Bezug zur Freundin, der diesem Dorfbild nicht entspricht, aus dem Dorfkontext ,herausdefiniert'. Dieses ,Herausdefinieren' der Beziehung zu ihrer Freundin führt gleichzeitig dazu, daß die eigenen Einflußmöglichkeiten über die Bezugnahme zwischen Frauen auf die dörfliche Meinungsbildung nicht gesehen werden. Die Formulierung „der hab ich das natürlich erzählt" verweist auf ein in Kap. 2. herausgearbeitetes Verdeckungsmuster: Beziehungen zwischen Freundinnen werden in ihrer Bedeutung übergangen, weil sie so bzw. zu selbstverständlich sind. Dieses ,Herausdefinieren' aus dem Dorfkontext und der Dorföffentlichkeit hat sich auch bei anderen Fragen als Muster erwiesen, mit denen Frauen selbst ihre Einflußmöglichkeiten über ihre Frauenbeziehungen verdecken. Neben diesem Verdeckungsmuster wurde als weiteres Ergebnis deutlich, wie über die direkte Frage nach Bezügen zu Frauen die Qualität der Bezugnahme zwischen Freundinnen wahrnehmbar wird.

Dieses Beispiel zeigt auch die Bedeutung des Zusammenspiels zwischen unterschiedlichen Formen und Orten der Frauenbezugnahme für eine Veränderung von Bewältigungsstereotypen. Die professionelle Frau ermuntert zunächst dazu, sich über einen Kuraufenthalt Distanz zu verschaffen. Danach bietet sie auf regionaler Ebene eine Begleitung in Form eines Gruppenangebots an. Mit dieser Gruppe entsteht auf regionaler Ebene ein Frauenzusammenhang, in dem sich die einzelnen Frauen mit ihren Schwierigkeiten zeigen. Sie überlegen zusammen und mit professioneller Unterstützung andere Umgangsweisen mit Konflikten, probieren sie in ihrem Alltag aus und berichten sich von diesen Erfahrungen. D.h. die Frauen werden füreinander in der Region mit ihren Schwierigkeiten und mit der Veränderung von Bewältigungsmustern sichtbar und unterstützen sich gegenseitig darin.

4.1.3. Vertrauensfrauen

„Hilfe auf dem „... langen Weg, bis man dann zugeben kann,' ich brauche Hilfe von Außen'."

Unendlich lang ist der Weg zu professioneller Hilfe für viele Frauen. Vor allem braucht es Ermunterung, diesen Weg überhaupt beschreiten zu dürfen. ,Betreten verboten' scheint die Aussage vieler gelernter Bewältigungsmuster zu sein. Hier brauchen Frauen häufig ein erhebliches und geduldiges Ausmaß an Unterstützung. Wer leistet dies, wenn es keine Freundinnen oder Familienangehörige gibt, die dies tun? Vertrauensfrauen haben wir diese Frauen genannt und möchten ihnen mit diesem ,Titel' unsere Hochachtung erweisen. Sie stellen eine ,informelle Hilfsinstitution' für Frauen in besonderen Schwierigkeiten dar. Diese Frauen werden aufgrund von bestimmten Eigenschaften als kompetent in Problemsituationen angesehen; die Kontakte zu ihnen kommen nicht zufällig auf der Straße, wie in den Beispielen von lockeren Bezügen zwischen Frauen, zustande, sondern hilfesuchende Frauen wenden sich an sie gezielt in Problemsituationen. Oder Vertrauensfrauen werden von Frauen auch auf Probleme von anderen, ihnen oftmals unbekannten Frauen aufmerksam gemacht; diese werden ihnen zugetragen, weil sie als kompetent angesehen werden. Die folgenden Beispiele von Vertrauensfrauen machen auch Bedingungen deutlich, die es Frauen in schwierigen Situationen ermöglichen, Hilfe zu beanspruchen.

Zwei Vertrauensfrauen werden hier vorgestellt. Sie leiten ehrenamtlich Frauengruppen, engagieren sich in politischen Gremien und/oder Frauenverbänden, vertreten hier Interessen von Frauen und sind aufgrund dieser Tätigkeiten im dörflichen Kontext und in der Region bekannt; es sind Frauen in einer beruflichen Stellung, durch die sie in der Öffentlichkeit antreffbar sind. Eine Begegnung mit ihnen ist im Rahmen der Erledigung von geschäftlichen Angelegenheiten möglich; d.h. sie müssen weder offiziell als Hilfsinstanz noch zu Hause als Privatperson aufgesucht werden. Durch ihre Eingebundenheit in den Dorfkontext oder die Region haben diese Frauen eine bestimmte Nähe zu den anderen Frauen: sie werden als ,eine von uns' erlebt; aufgrund ihrer Tätigkeiten als Gruppenleiterinnen und durch ihr distanziertes Verhalten gegenüber dem Dorftratsch in seiner negativen Ausprägung haben sie die nötige Distanz, die sie zur Vertrauensperson und häufig zur „Daueransprechpartnerin" werden läßt. Am Beispiel von Vertrauensfrauen wird auch ein enormes Ausmaß an ehrenamtlicher Arbeit von Frauen offensichtlich, das wenig öffentlich sichtbar ist. Zu ihrer ausgewiesenen ehrenamtlichen Tätigkeit in den Gruppen vor Ort, ihren Aktivitäten in den Verbänden und politischen Gremien kommen ihre vielfältigen individuellen Unterstützungsleistungen, die meistens im informellen Bereich stattfinden, hinzu.

Erstes Beispiel: Frau H. ist Hausfrau, Bäuerin und ehrenamtliche Leiterin einer Gruppe des Landfrauenverbandes und seit vielen Jahren zugezogen. Entlang folgender Fragen wird ihre Tätigkeit vorgestellt:

a) Wie wenden sich Frauen an sie und was macht sie zu einer Vertrauensfrau?
b) Mit welchen Problemen kommen Frauen auf sie zu?
c) Welche Unterstützung bietet sie an?

a) Wie wenden sich Frauen an sie?

„Wenn eine Veranstaltung (ihrer Landfrauengruppe) war, vielleicht vier, fünf Tage später, da scheppert das Telefon, so irgendwas ganz Belangloses und wenn man dann eine Weile fragt und fragt: ,wie hast du es überstanden? Und wie geht's so?' Und dann weiß man, warum diejenige anruft. Ich glaube, wenn so ein ganzer Tisch vollsitzt, also wenn sie zur Veranstaltung kommen, wird nie jemand sagen: ,mir geht es jetzt wirklich aber ganz bekackt' oder so. Das tun sie dann, dann wird angerufen. Und dann sag ich auch mal: ,ich hab Mittwoch oder Donnerstag oder so Zeit, kommst her oder wir treffen uns irgendwo und dann höre ich zu'."

Der Anruf einer hilfesuchenden Frau wird erleichtert aufgrund der gemeinsamen Gruppe. Da Frau H. aus Erfahrung weiß, daß hinter solchen Anrufen ,oft noch was anderes steckt' und Frauen nicht direkt damit rausrücken, fragt sie mehrmals nach.

Das Telefon als Möglichkeit, Kontakt aufzunehmen und gleichzeitig eine gewisse Distanz zu haben, ist in den Interviews mehrmals genannt worden. Es spielt auch eine große Rolle bei Kontakten zwischen älteren Frauen, die in ihrer Bewegungsfähigkeit eingeschränkt sind oder das Haus gar nicht mehr verlassen können. Diese Gespräche sind öffentlich nicht sichtbar.

Frau H. berichtet von einem Beispiel, in dem sich die Nachbarin einer mißhandelten Frau an sie wendet; hier überlegt sie sich, wie der Zugang zu der
betroffenen Frau überhaupt möglich ist. Sie hilft nicht nur Frauen, die von
sich aus bei ihr um Hilfe nachsuchen, sondern geht auch auf Frauen zu. Ihr
Hilfsangebot hat eine Komm- und Gehstruktur.

„Heute morgen hat mich jemand angerufen, da auf ihrem Nachbarhof,
da haut der Mann gerade die Frau; da muß ich mir jetzt überlegen, wie
komme ich an die Frau ran und wie hilft man ihr weiter, weil das ist ja
einfach nicht richtig."

Ihrer eigenen Einschätzung nach wird sie aus folgenden Gründen um Hilfe
nachgesucht:

„Ich glaube, das ist einfach durch das über Jahre sich Kennen und das
Gewachsene. Und dann vielleicht auch von sich selber zeigen: ich bin
bereit, kannst alles zu mir sagen und wir suchen dann irgendwo einen
Weg, damit es lebenswert ist oder damit sie eine andere Richtung einnimmt."

Auf die Frage, ob denn die Frauen auch untereinander in der Gruppe sich über
Probleme unterhalten, meint sie:

„Manchmal habe ich den Eindruck, sie wollen mich als Person mit ein
bißchen Abstand lieber. Es ist sicher auch besser, weil ich weiß es gar
nicht, ob nicht die Nachbarin um des lieben Friedens willen sagt, ach,
das ist nicht so schlimm, das fegst du unter den Tisch oder das erträgst
du oder so. Und ich sag immer, mit unter den Tisch fegen ist kaum was
gelöst."

Zur Vertrauensfrau wird sie aufgrund einer ganz spezifischen Kombination
von Bekanntheit und Distanz; aufgrund ihres Signals, für Probleme offen zu
sein und aufgrund ihres Ernstnehmens von Problemen im Gegensatz zum
Verharmlosen von Schwierigkeiten. Ihre Haltung ‚mit unter den Tisch fegen
ist kaum was gelöst‘ wird hier als Voraussetzung offensichtlich, um das häufig in solchen Situationen gültige Bewältigungsstereotyp Belastbarkeit – ‚das
erträgst du‘ – hinterfragen zu können. In diesem Beispiel wird, wie bereits in
Kap. 4.1.1, deutlich, daß für eine Unterstützung, die ermöglicht Belastendes
eher zu erleben als es zu routinisieren, Distanz hilfreich sein kann.

b) Mit welchen Problemen kommen Frauen auf sie zu?

Aus ihrer zehnjährigen Arbeit weiß sie um die vielen Probleme, die es in den Familien gibt:

> „Und ich hab jetzt in den zehn Jahren so viel in die Familien hinein-gucken dürfen, für mich ist das wirklich ein dürfen, weil das ist ja auch ein Vertrauensbeweis. Und ich weiß von so vielen, wo es Probleme gibt, eheliche Probleme, Depressionen, Alkoholabhängigkeiten."

Oft sind es nicht nur einzelne Probleme, unter denen Frauen leiden, sondern eine Anhäufung von Schwierigkeiten: Isolation, Arbeitsüberlastung, Armut und vom Mann mit den Problemen allein gelassen werden.

> „Ich mein halt auch gerade mit der Aussiedlung von so vielen Höfen, wenn sie dann raus sind aus dem Dorf und so eine Frau sieht dann in der Woche vielleicht gerade den Milchwagen oder so. Sie hat vielleicht sechs Kinder und so viel Schulden und weiß wirklich nicht mehr, wie geht der Tag weiter und schafft vielleicht noch vierzehn oder sechzehn Stunden. Meistens kommt das ja auf den Höfen alles zusammen, da fehlt's Geld und da hat man viel Arbeit und der Mann schleicht sich immer mal wieder davon."

Neben den hier genannten Problemen berichtet uns Frau H. von weiteren Bei-spielen von mißhandelten Frauen.

c) Welche Unterstützung bietet sie an?

Im Beispiel von Frau H. wird deutlich, daß eine Vertrauensfrau nicht nur mit einer breiten Palette an Problemen konfrontiert wird, sondern, daß sie auch um ein großes Spektrum an unterschiedlichen Unterstützungsformen weiß, diese abwägt und gezielt einsetzt. Mit den Frauen das Problem besprechen; sie ermuntern, sich z.B. über ein freies Wochenende, Distanz zu ermöglichen; Informationen über passende Institutionen einholen; weiterverweisen an andere Institutionen und Begleitung auf dem Weg, professionelle Einrich-tungen in Anspruch nehmen zu können.

Sie verhilft Frauen, sich Distanz zur belastenden Situation zuzugestehen.

„Und manchmal sag ich auch bloß, also erst fange ich gar nicht an mit Therapie oder so, da sage ich: ‚Mensch, jetzt mach dir mal ein freies Wochenende in X. (Heimvolkshochschule, M.K.), geh einfach mal, oder mach so Meditationen'. Es gibt ja so viel, wo man mal zwei, drei Tage weg ist, von dem, was einen belastet, ob man dann nicht von sich selber aus wieder einen richtigen Tritt faßt, das hilft schon manchmal."

Sie wägt ab, welche Unterstützung in welcher Situation hilfreich sein könnte. Reicht es aus, zu der Möglichkeit zu verhelfen, die Selbsthilfekräfte zu aktivieren oder handelt es sich um Probleme, in der ihrer Meinung nach Frauen professionelle Hilfe brauchen, wie z.B. bei Alkoholproblemen. In einer solchen Situation holt sie Informationen über weitere Unterstützungsmöglichkeiten bei ihr bekannten Frauen in Einrichtungen ein und informiert sich über Weiterverweisungsmöglichkeiten. Bei der Auswahl der ReferentInnen für ihre Landfrauengruppe achtet sie darauf, ob diese für sie und die Teilnehmerinnen als Informationsquelle über professionelle Angebote nützlich sein könnten; damit ermöglicht sie für sich und die Teilnehmerinnen, sich über professionelle Unterstützungseinrichtungen informieren zu können und professionell Tätige persönlich kennenlernen zu können.

„Ja die müssen ja zuerst einmal wissen, was es für Möglichkeiten gibt. Jetzt habe ich da aus meinem Bekanntenkreis da aus Y. die Frau X, die macht so Familienbetreuung und die ruf ich dann an und frag, wo könnt ich die oder die mit dem oder dem Problem hinschicken, was wär wohl das Beste."

Hier wird deutlich, wie sie ihren Bezug zu professionellen Frauen in Einrichtungen innerhalb der Region nutzt, um sich selbst beraten zu lassen bzgl. ihres weiteren Vorgehens. Diese eingeholten Informationen über professionelle Unterstützungsangebote gibt sie dann persönlich weiter. Darin liegt m.E. eine ganz spezifische Unterstützungsqualität von Vertrauensfrauen. Indem sie als eine Frau aus dem dörflichen Lebenskontext die Inanspruchnahme einer professionellen Einrichtung empfiehlt, gibt sie gleichzeitig, quasi als Subtext der Information über die Einrichtung, die ‚Erlaubnis' für einen solchen Schritt.

Eine wichtige Kompetenz von Frau H. ist ihr Wissen, daß es sich bei der Inanspruchnahme professioneller Hilfe nicht nur um einen Schritt, sondern um einen ‚langen Weg' handelt, bei dem Frauen Unterstützung brauchen. Diese sieht sie als ihre Aufgabe an. Damit erweist sich auch der Vorgang, an andere Unterstützungsmöglichkeiten weiterzuverweisen, als höchst komplexe Angelegenheit. Es bedeutet nicht nur, gezielt Informationen ausfindig zu machen und weiterzugeben, sondern ‚Begleitung auf dem langen Weg, bis man zugeben kann ‚ich brauch Hilfe von Außen'; dies ist die Voraussetzung dafür, die Informationen über weitere Unterstützungszusammenhänge nutzen zu können:

> „Allein schafft man das nicht mehr bei Alkoholproblemen. Also, ganz wenige schaffen das allein, da müssen sie dann wirklich fort. Und dann, das ist natürlich der lange Weg, bis man dann zugeben kann, ich brauch Hilfe von Außen, das ist ja das Schwierige.
> Und dann meine ich auch, daß man sie vielleicht über die erste Schwelle mitbegleitet, daß sie mal von der dummen Idee wegkommen, dann sind sie kein vollwertiger Mensch mehr, wenn sie nicht vollwertig im Moment funktionieren, sich das eingestehen, das ist, glaube ich, das Allerschwierigste. Daß man sagt: ‚ja gut, da gibt's ja noch was zu ändern', nicht daß man immer noch geduckter und grauer wird und dann letztendlich vielleicht sich am Fensterkreuz aufhängt."

Eine Aufgabe von ihr sieht sie darin, zur Einsicht in die eigene Hilfsbedürftigkeit zu verhelfen und sich Hilfe von außen zuzugestehen.

> „Daß man sich es überhaupt zugesteht, gell, das müßt ja auch noch viel, viel mehr deutlich werden, nicht daß eine sich auch noch geniert, wenn sie nicht mehr funktioniert, wie sie zu funktionieren hat, weil sie einfach überfordert war oder von irgendwas so enttäuscht oder daß sie es alleine nicht mehr packt. Und das kostet schon viel Zeit."

Frau H. kennt die Schwierigkeiten der ‚ersten Schwelle'; sie weiß um das Gewicht der öffentlichen und verinnerlichten Meinung, funktionieren zu müssen und deren Auswirkungen, z. B. die Schwierigkeit, sich Unterstützung von außen zuzugestehen; aufgrund dieses Wissens sieht sie, daß die Frau bei diesem Schritt, auf diesem ‚langen Weg' Hilfe braucht. Der Schritt, sich an eine unbekannte Person in einer Institution zu wenden, ist sehr groß. Bei einer Vertrauensfrau um Hilfe nachzusuchen, bedeutet auch, einen Zwischenschritt einzulegen: zum ersten Mal was nach Außen zu tragen, aber eben einer vertrauten Frau. Es bedeutet gleichzeitig, sich Hilfe für den nächsten Schritt zu holen, Informationen über weitere Unterstützungsmöglichkeiten sowie Bestätigung und Bestärkung darin, daß es sinnvoll ist, diese in Anspruch zu nehmen. Damit ist eine zentrale Aufgabe von Vertrauensfrauen genannt: aufgrund ihres Ansehens können sie einer öffentlichen und verinnerlichten Meinung im Hinblick auf Umgangsweisen mit Problemen eine neue Umgangsweise entgegensetzen. Frauen sind nicht nur dann vollwertige Menschen, wenn sie funktionieren und jede schwierige Situation allein bewältigen. Das als ‚dumme Idee‘ zu bezeichnen ist ein gutes Beispiel für eine Neu-Bewertung herrschender Bewältigungsstereotype. Diese neue Definition ist eine wichtige Grundlage, um Hilfe von Außen beanspruchen zu können.

Wie sich auch in anderen Interviews gezeigt hat, ist eine wichtige Funktion von Vertrauensfrauen, Frauen in ihren eigenen Veränderungsideen zu bestärken, bevor sich Schwierigkeiten zuspitzen. Im obigen Zitat: „Ja gut, da gibt's ja noch was zu ändern" wurde deutlich, daß es auch darum geht, überhaupt jemand die Idee nahezubringen, daß Veränderung möglich ist und gedacht werden kann. Diese Unterstützung kann Frau H. leisten, weil sie aus eigener Erfahrung weiß, wie sinnvoll es sein kann, einmal getroffene Entscheidungen, einen eingeschlagenen Lebensweg zu verändern.

„Ich hab da eine Frau, die war nicht aus der Landwirtschaft, hat in die Landwirtschaft geheiratet, war todunglücklich. Jeder hat sie bevormundet, die Schwiegermutter hat gesagt, du darfst nichts und der Schwiegervater hat gesagt, ‚wenn wir die nur nie gesehen hätten‘, die war todunglücklich. Und dann hab ich gesagt: ‚und wie ist das so mit der Ehe?‘ Und dann sagt sie: ‚hätte ich es bloß nicht gemacht‘. Und dann habe ich ihr doch so langsam beibringen müssen, daß sie doch sich nach was anderem sich umguckt und das ist dann auch gegangen. Weil dazu ist doch das Leben einfach zu schade, als daß, wenn man sich einmal geirrt hat, daß man das dann tragen muß bis ans Lebensende. Das ist nicht richtig."

Das Beispiel zeigt, daß sie sich auch nicht scheut, schwierige Themen anzuschneiden: „Und wie ist das so mit der Ehe?" Probleme mit den Schwiegereltern sind ‚öffentlich‘ erwartete Probleme und damit ‚erlaubt‘ zu benennen, während es tabuisiert ist, Schwierigkeiten in der Ehe nach außen zu tragen.

Frau H. nimmt sehr genau wahr, was sie an Unterstützung leisten kann und wo ihre Grenzen sind: sie kann Frauen ‚über die erste Schwelle mitbegleiten‘, aber dann ist andere Hilfe notwendig. An anderer Stelle formuliert sie es so:

> „Das ist eins von meinen schönsten Gefühlen, daß die Frauen so Vertrauen haben. Das ist für mich sicherlich das Allerwichtigste vom ganzen Verbandsgeschehen, daß ich weiß, ich soll die oder jene einmal einen Meter oder zwei Meter enger begleiten und dann packt sie es wieder."

Leider muß sie auch die Erfahrung machen, ihre Unterstützungsmöglichkeiten begrenzt zu sehen, ohne daß es die Frau wieder alleine ‚packt‘ oder professionelle Hilfe ihre Situation langfristig verändert. Sie sieht, daß die Frau auch Verantwortung für sich selbst hat:

> „Ich hab da in X. einen Fall und da habe ich schon, ha, das ist schon lang, das ist bestimmt schon zehn Jahre, wo ich das von beiden weiß, die können nicht miteinander, aber die können auch nicht ohne einander leben. Und er ist so ein sehr kräftiger Mann und sie ist eine sehr zierliche Frau und was liegt da näher, daß er die Frau da rum haut. Und dann habe ich sie beide zu einer Therapie überreden können und das haben sie auch gemacht. Und dann ist es eine Weile gut gegangen, drei, vier Jahre, dann ist die alte Leier wieder angefangen.
> Und dann denke ich, wieweit ist man für den anderen verantwortlich, gerade in dem Fall, da denke ich, jetzt kann ich nichts mehr machen, jetzt muß, was weiß ich, Gott regeln oder sonst. Da kann ich nichts mehr machen, ich hab mich bemüht und die zwei machen ihr Leben kaputt und sich selber vielleicht. Das glaube ich, daß das jetzt letztendlich der Schluß-Strich ist, daß er sie erschießt und nachher sich erhängt oder so was. Und da bin ich manchmal sehr ohnmächtig und dann sagt mein Mann immer, jetzt mußt du es aber mal wieder rauslassen. Das geht dann mit mir um, das ist schlimm."

Im Gegensatz zu Institutionen, die Weiterführung der Tragödien häufig nicht mehr länger im Blick haben, wenn Klientinnen und Ratsuchende ihre Unterstützung nicht mehr in Anspruch nehmen, sehen die Frauen, die im Lebenszusammenhang Hilfe anbieten, wie es weitergeht – auch das kostet Kraft.

Daß Frauen ihre Unterstützung durchaus in die Nähe institutioneller Hilfe rücken, zeigt der Rat einer Vertrauensfrau an eine andere:

„Dann sagen sie halt mal, wenn sie wieder kommt, ‚heute keine Sprechstunde‘“.

Zweites Beispiel: Frau D. ist Hausfrau, halbtags bei einer Bank beschäftigt und zum Zeitpunkt unseres Interviews neu in den Gemeinderat gewählt worden. Sie leitet einen evangelischen Hauskreis im Dorf und ist in dem Dorf, in dem sie lebt, aufgewachsen. Ihre Unterstützungstätigkeit soll an einem Beispiel verdeutlicht werden:

„Neulich hat mich auch eine Frau angerufen, Samstagnachmittags, das ist natürlich auch so’n Fall, die hat immer wieder Schwierigkeiten mit ihrem Mann, daß er wieder auch krankhaft eifersüchtig wird. Richtige Anfälle eben auch kriegt und droht, sie zu verprügeln und sie auch schon verprügelt hat. Ja, die hat mich auch angerufen. Ja dann hab ich gesagt, wenn’s halt wieder so eine Situation ist, soll sie noch mal versuchen, vernünftig mit ihm zu reden, sie soll ihm sagen: ‚so geht’s nicht‘ und wenn er halt irgendwas macht dann, dann geht sie. Dann hab’ ich gesagt, dann soll sie, hab ihr die Telefonnummer rausgesucht vom Frauenhaus, da hab` ich gesagt da soll sie mal anrufen, ob sie notfalls in der Nacht noch kommen könnte oder wie das sich verhält. Ich hab auch gesagt, ihr solltet irgendwie Eheberatung machen.“

Auf die Frage, wie der Kontakt zwischen den Frauen entstand, antwortet sie:

„Durch meine Arbeit auf der Bank, ja und sie hat mir das auch schon öfters erzählt, wenn das war und hat irgendwie, ich weiß auch nicht, hat sie das Vertrauen gehabt, daß ich ihr da einen Rat geben kann, jedenfalls hat sie mich angerufen. Wichtig war halt für sie, das hab’ ich gemerkt, daß sie eine Möglichkeit hat, wenn er jetzt nachts um halb zwölfe heimkommt und will sie verprügeln, daß sie dann eine Möglichkeit hat, jemand anzurufen und notfalls auch dahin zu gehen, daß sie eine Möglichkeit hat, von ihm wegzugehen. Es ist auch die Schwierigkeit, daß viele dieser Angebote nicht bekannt sind. Also, die junge Frau, die hat, der Gedanke, daß sie da ins Frauenhaus mal gehen könnt’, darauf war die noch gar nie gekommen.
Ich hab das Gefühl gehabt, das war irgendwie eine Erleichterung, eine Möglichkeit, weil sie hat gesagt, ja er fühlt sich immer so stark und er sagt, du kannst nirgendwo hingehen, du hast keine Möglichkeit,

irgendwo hinzugehen. Und dann hab ich gesagt, dann gehst einfach mal ins Frauenhaus und dann gehen ihm vielleicht die Augen auf, dann wird er mal runtergeholt von dem hohen Ros da, wo er immer denkt, er könnt alles machen, bloß weil sie nirgends hin weiß. Auf jeden Fall denke ich, wenn das jetzt wieder kommt, dann fühlt sie sich jedenfalls schon sicherer, dann weiß sie schon wenn's anfängt wieder, ich kann da hin notfalls, wenn er mich verprügeln will oder wenn's zu schlimm wird. Und dann braucht sie's gar nicht so lang das eskalieren zu lassen. Und dann kann sie auch gleich, bevor sie sich so furchtbar drin rein-steigern noch vernünftig reden und sagen, also horch mal: entweder oder, ich mach das nicht mehr länger mit; entweder du gehst jetzt mit mir zu der Beratungsstelle oder ich ziehe aus."

Ihre Hilfe besteht in diesem Beispiel vor allem darin, Informationen über Un-terstützungsmöglichkeiten weiterzugeben und deren Inanspruchnahme als le-gitim aufzuzeigen. Besonders hervorzuheben ist in diesem Beispiel, welche Bedeutung bereits das Wissen um Unterstützungsmöglichkeiten hat. Dieses Wissen kann eine Veränderung der Situation ermöglichen, ohne daß die hilfe-suchende Frau die Situation verlassen muß. Die Tatsache, daß sie keine Hand-lungsalternativen hat, bestimmt das Handeln des Mannes – ‚er kann mit ihr alles machen‘ – und es bestimmt das Handeln der Frau – sie erduldet die Ge-walttätigkeiten ihres Mannes. Dieses ‚Nirgends-hin-Wissen‘ von Frauen ist eine wichtige strukturelle Basis des Machtgefühls von Männern. Dies wird auch im Interview von Frau O. deutlich:

„Ich hab auch schon gesagt, wo ich jünger gewesen bin, jetzt geh ich aber. ‚Ja, wo willst du denn hin, da kommst gleich wieder‘, sagt er mir."

Aufgrund von Informationen über Möglichkeiten wegzugehen, wird die Handlungsbasis für beide verändert – die Frau sieht neue Handlungsmöglich-keiten, zunächst für eine Veränderung der Situation innerhalb der Ehe und falls sich auch dann keine Veränderung von Seiten des Mannes einstellt, auch weitergehende. Dieser Befund wird durch eine Untersuchung von Roswitha Burgard (1985) bestätigt. Sie befragte Frauen, die sich aus Beziehungen zu mißhandelnden Männern befreit haben. Als ein entscheidender Faktor für das Ertragen der Situation von Seiten der Frau hat sich ihre ‚Alternativlosigkeit‘ herausgestellt. Mit dem Wissen um Alternativen war eine Voraussetzung ge-geben, das ganze Ausmaß des Leidens an den Mißhandlungen zuzulassen.

Ohne Alternativen sind Frauen aus überlebensstrategischen Gründen häufig gezwungen, die Situation immer wieder so zu deuten, daß sie ‚aushaltbar' ist und überlebt werden kann. Das kann sich darin zeigen, daß die erlebten Mißhandlungen verharmlost werden. Diesen Zusammenhang zwischen psychischen Bewältigungsmustern (die Situation als aushaltbar zu deuten) und strukturellen Gegebenheiten (z.B. keine Alternative zu haben) zu sehen, ermöglicht das Verharren von Frauen in Mißhandlungssituationen jenseits einer einfachen Zuschreibung zu erklären. Häufig begegnet ihnen Unverständnis bis hin zur Schuldzuschreibung, ‚wenn die es auch so lange mit sich machen läßt'. Mit der Kenntnis des oben formulierten Zusammenhangs wird dies als reduzierende Zuschreibung sichtbar.

Resümee

In den Beispielen wurden Vertrauensfrauen als Vermittlungsinstanz in zweierlei Hinsicht sichtbar. Zum einen in räumlicher Hinsicht: Vertrauensfrauen vermitteln zwischen professionellen Einrichtungen, die fast ausschließlich in den Klein- und Mittelstädten der Region angesiedelt sind. Zum anderen vermitteln sie zwischen unterschiedlichen Vorstellungen des Umgangs mit Schwierigkeiten; sie helfen dabei, einen privatisierenden Umgang mit Problemen zu verändern. Ein entscheidender Faktor hierfür stellt m.E. die Tatsache dar, daß sie mit den Frauen, die sie unterstützen, einen ähnlichen moralischen Kontext teilen bzw. daß die unterstützten Frauen hiervon ausgehen. Dies im Gegensatz zu Frauen, die in professionellen Einrichtungen der nächsten Klein- oder Mittelstadt angesiedelt sind. Damit die hier offensichtlich gewordene Bedeutung von Vertrauensfrauen nicht ‚zufällig' bleibt und auch um Vertrauensfrauen nicht allein zu lassen, ergibt sich als Entwicklungsperspektive die Frage danach, wie von professioneller Seite an diese Unterstützungsform angeknüpft wird bzw. Vertrauensfrauen selbst unterstützt werden. Diese Fragestellung wird in den beiden letzten Kapiteln aufgegriffen.

Mit der Zusammenschau der unterschiedlichen Betätigungsfelder von Vertrauensfrauen werden diese in ihrer gegenseitigen Ergänzung sichtbar. Aufgrund ihrer Gruppenarbeit können Vertrauensfrauen zur Anlaufstelle für einzelne hilfesuchende Frauen werden. Über die Einzelberatungen erfahren Vertrauensfrauen wiederum von den Schwierigkeiten von Frauen und richten daraufhin die Themen in der Gruppenarbeit aus. Damit werden auch schwierige bzw. tabuisierte Themen innerhalb des dörflichen Kontextes öffentlich verhandelt. Daß dies im Rahmen einer Gruppe, die in der eigenen Gemeinde angesiedelt ist, meistens ohne direkten Selbsterfahrungsbezug geschieht, scheint mir angemessen. Über eine allgemeine Thematisierung innerhalb der Gruppe wird eine Vertrauensfrau als ansprechbar zum Thema wahrgenommen. Das umfangreiche Wissen um bedrückende Situationen von Frauen wirkt sich auch auf das politische Engagement von Vertrauensfrauen aus bzw. hat sich als ein Auslöser dafür herausgestellt. Sie treten in kommunalpolitischen Gremien und in Verbänden auf regionaler und überregionaler Ebene für eine Verbesserung der Situation von Frauen ein, weil sie sehen, daß dies nicht nur durch individuelle Hilfe erreicht werden kann.

Die Zusammenfassung der Ergebnisse aus den verschiedenen informellen Bezügen (lockere Beziehungen, Freundinnen und Vertrauensfrauen) erfolgt nach den Ausführungen zu Formen organisierter Frauenbezugnahme.

4.2. Organisierte und formalisierte Bezugnahme

Mit ihren zahlreichen Gruppen eröffnen Frauen neue Möglichkeiten im Umgang mit Veränderungen, mit ‚modern' verdeckten Zuständigkeiten, Arbeitsbelastungen und Konflikten. Mit diesen Gruppen stellen Frauen Räume her für Begegnung und Austausch zwischen unterschiedlichen Bevölkerungsgruppierungen in ländlichen Regionen. Diese Bedeutung der von Frauen initiierten und gestalteten Gruppen erschließt sich, wenn wir uns kurz der Umbruchsituation der letzten Jahrzehnte in ländlichen Regionen erinnern[4]: Massive Veränderungen im ökonomischen und infrastrukturellen Bereich (Rückgang der Landwirtschaft, Industrialisierung, verkehrsmäßige Anbindung an regionale und überregionale Verdichtungsräume, Zentralisierung von schulischer und beruflicher Ausbildung und von Verwaltungs- und Dienstleistung) führten zu weitreichenden Veränderungen der Bevölkerungsstruktur in ländlichen Regionen. Zum anderen wurden bestehende Strukturen und Anlässe für Austausch und Begegnung ausgedünnt; Arbeitsöffentlichkeiten im Rahmen land- und hauswirtschaftlicher Tätigkeiten sind weitgehend entfallen, wodurch alte Be-

---

4 Zu den strukturellen Veränderungen und deren Auswirkung auf die Lebensrealität von Frauen vgl. ausführlicher: Knab/Huber 1992, S. 28 – 39; Hebenstreit-Müller/Helbrecht-Jordan 1990; Jahnsen/Aßfalg/Mingels/Pretsch 1984.

zugssysteme unter Frauen außer Kraft gesetzt sind. Aufgrund der Veränderung der Bevölkerungsstruktur leben heute in ländlichen Regionen Frauen mit unterschiedlichen Lebensformen, Interessen und Kommunikationsmustern. Diese Prozesse, die zur Veränderung aller Lebensbereiche und zu neuen Anforderungen an Frauen geführt haben, erfordern neue Strukturen für soziale Vermittlungsprozesse.

„Ha, ich hab' halt auch gedacht, daß das wichtig ist, daß Frauen einfach mal über die Probleme, die es so gibt, miteinander sprechen, das einfach wenigstens im Ansatz immer wieder zu versuchen. Und daß es eben wichtig ist, da gemeinsam was zu machen, weil doch das sehr, gerade auf dem Land, sehr zu kurz gekommen ist in den letzten Jahren eigentlich. Ich mein' vorher haben die Frauen immer Verbindung durch die Arbeit auch in der Landwirtschaft gehabt, sie sind viel zusammen gekommen. Und nachher haben die Frauen noch Kontakt gehabt, die dann in die Fabrik gegangen sind, aber die Frauen, die Hausfrauen, da ist das irgendwie ein biß'le schwierig geworden, für die, die Hausfrauen waren. Die waren ja nicht nur Hausfrauen, die wenigstens eigentlich vom Hauskreis waren nur Hausfrauen, aber es war ja in den Geschäften (Fabriken) auch so, da hat man gar nicht die Zeit gehabt, viel miteinander zu reden. Und das Bedürfnis war irgendwie da bei den Frauen. Das war einfach anders, solang die Landwirtschaft noch mehr da war. Das hab' ich noch in Erinnerung, wie dann die Nachbarinnen zusammen gekommen sind im Winter nachmittags und da, das war dann einfach, hab' ich gefunden, ein guter Kontakt. Und das ganze Jahr durch hat man sich einfach mehr gesehen, man hat sich auch im Winter mehr gesehen, man hat ja müssen um die Häuser rumlaufen, wenn man abends in Stall ist und morgens in Stall ist. Da waren die Kontakte einfach vielfältiger. Man hat müssen das Holz von draußen reinholen, das ist nachher auch entfallen, wo man die Ölzentralheizung gehabt hat, da hat man auch nicht mehr raus müssen. Also, das sind so viele Sachen, weißt, die da zusammen spielen."[5] (Frau D)

---

[5] Am Beispiel dieses Zitats kann ich aufzeigen, daß sich auch in diesem Untersuchungsabschnitt die Reflexion von stereotypen Zuschreibungsmustern – auch meiner eigenen – als ergiebig herausgestellt hat. Als Frau D. berichtete, daß sie aufgrund ihrer angenehmen Kindheitserfahrungen mit (,traditionellen' Formen von) Frauenwelten und Arbeitsöffentlichkeiten um die Bedeutung von ,Frauengruppen' für sich und an-

Im Verlauf unserer Untersuchung sind wir auf ein breites Spektrum an Frauengruppen aufmerksam geworden. Dabei lassen sich drei ‚Gruppentypen' nennen, die für die oben genannten Anforderungen je spezifische Funktionen erfüllen. Zunächst sind wir vielen Gruppen begegnet, in denen ein Austausch zwischen Frauen in ähnlichen Lebenssituationen stattfinden kann: z.B. für Mütter mit kleinen Kindern. Dieser Gruppentyp stellte unter der Überschrift ‚Neue Arbeitsöffentlichkeiten' ein Schwerpunkt der Auswertung dar. Hier wird er, mit Ausnahme der Situation von Frauen mit Kindern mit Behinderungen, nur zusammenfassend wiedergegeben. (Ausführlicher hierzu vgl. Knab 1999) Weiter wurde die Bedeutung von Gruppenangeboten offensichtlich, in denen sich Frauen mit unterschiedlichen Lebenssituationen begegnen können. Trotz unterschiedlicher Lebensformen können hier strukturelle Gemeinsamkeiten erkannt werden, wie dies Frau F. im folgenden Zitat hervorhebt:

„Ja, die sind vom Alter her total unterschiedlich, also in der einen Gruppe ist die jüngste Frau 25 und die älteste Frau ist 53. Da ist eine Frau drin, die hat schon so große Kinder, die wird bald Oma, dann ist eine Frau, die hat überhaupt noch keine Kinder, die überlegt sich, will ich Kinder oder nicht und dann gibt's 'ne Frau, die ist halt ganz in ihrem Beruf und das finde ich ganz, ganz spannend. Also, jetzt nicht so Treffen von allen Frauen, die keine Kinder wollen und alle Frauen, die Kinder wollen und alle Frauen, die berufstätig sind, sondern so dieses, ja, einfach zu merken, welche unterschiedliche Formen von Leben es gibt für Frauen, jetzt ohne es zu werten, einfach mal nebeneinander

---

dere Frauen weiß, war ich überrascht. Über die Frage nach dem Grund für diese Überraschung wurde mir folgende, bis dahin unbewußte Annahme zugänglich. Ich bin davon ausgegangen, daß das Wissen um die Bedeutung von Frauenbezugssystemen in unserer westeuropäisch geprägten Gesellschaft ein Ergebnis der Neuen Frauenbewegungen darstellt. Daß gleichzeitig in der älteren Generation unserer Gesellschaft eigene Erinnerungen entscheidend für die Bemühungen von Frauen sein können, sich wieder in stärkerem Maße auf andere Frauen zu beziehen, hatte ich nicht vermutet. Dieses einseitige Erklärungsmuster steht insofern im Zusammenhang des in Kap. 2. beschriebenen Verdeckungsmusters einer ‚unreflektierten Fortschrittsgläubigkeit' als ich bisher die Erkenntnis über die Bedeutung von Frauen füreinander primär als Produkt bzw. Erfolg der neuen Frauenbewegung interpretiert habe; daß für diese Erkenntnis in der neuen Frauenbewegung das Wissen um Frauenbezugssysteme in ‚traditionellen' früheren Gesellschaften oder in anderen Kulturen eine Rolle spielen, war mir bewußt, jedoch nicht die eigenen Erinnerungen von Frauen in unserer Gesellschaft an solche Frauenzusammenhänge.

hinzustellen. Und auch zu merken, daß es keine gibt, die das optimale ist, also jetzt zu sagen, au, wenn ich ein Kind hätt' und daheim wär und das wär ganz toll. Und die anderen sagen, oh Gott, wenn ich bloß arbeiten könnte, sondern einfach diesen Austausch so zu machen und dann also so im Hintergrund so Strukturen festzustellen. Also, egal in welcher Situation die sind, daß wir in bestimmte Strukturen eingebunden sind und daß es für mich ganz wichtig ist, zu merken, was uns allen gemeinsam ist."

Neben diesen gruppeninternen Begegnungsmöglichkeiten ist angesichts des zunehmenden Rassismus in unserem Land vor allem folgende Bedeutung von Frauengruppen wichtig: In Situationen, in denen es zu Konflikten zwischen verschiedenen Bevölkerungsgruppierungen kommt, eine Gruppierung innerhalb des Gemeinwesens massiv angefeindet wird und vorhandene Kommunikationsmuster versagen bzw. die Konflikte verschärfen, ergreifen Frauengruppen Partei für die ausgegrenzte und benachteiligte Gruppierung. Dabei erwies es sich als wichtige Qualität dieser Frauengruppen, daß sie ihren Status im Gemeinwesen nutzen, um zwischen unterschiedlichen Gruppierungen innerhalb des Gemeinwesens zu vermitteln und für diese Vermittlung neue Räume inszenieren. Gruppen mit unterschiedlichen Organisationsgraden werden vorgestellt: eine örtliche Antirassismus-Gruppe und ein Landfrauenverband. Diese Beispiele verweisen Vorstellungen, daß es vor allem ‚neu Zugezogene' sind, die sich in antirassistischen Initiativen im Ländlichen engagieren, in den Bereich klischeehafter Zuschreibungen.

4.2.1. Antirassistische Vorgehensweisen in ländlichen Lebenswelten

„Man muß echt wirklich couragiert sein, um so was zu machen auf dem Dorf."

1. Beispiel: örtliche Antirassismusgruppe

Frau R., eine engagierte Frau in einer Gemeinde von 2500 EinwohnerInnen, berichtet[6]:

---

6 Diese Vorstellung wird durch von mir eingefügten Überschriften strukturiert. Danach fasse ich meine Interpretation und Überlegungen zu ländlichen Aktionsformen zusammen.

„Wir haben jetzt an die 15 Asylanten im Dorf. Seit einem halben Jahr haben wir so eine Gruppe, die sich da um die Asylanten kümmert und das beansprucht mich zur Zeit fast die ganze Freizeit durch, also da sind ziemlich viel Probleme mit verbunden und es hängt ziemlich viel Arbeit dran."

Entstehung der Gruppe

„Entstanden ist die Gruppe durch eine Gemeinderätin, die hat sich mehr oder weniger um die Asylanten gekümmert, weil die Gemeinde sich überhaupt nicht drum kümmert und dann hat die irgendwann mal um Hilfe geschrieen und hat gesagt: ‚Ich kann nicht mehr, es ist mir einfach zu viel'. Irgendwie haben sich schlagartig da ein paar richtige Leute getroffen und seitdem sind wir zusammen am Arbeiten. Das ist einfach eine Gruppe Frauen, man kennt sich ja hier auf dem Dorf und wir arbeiten seit einem halben Jahr zusammen."

Formen der Unterstützung von AsylantInnen

„Das sind wirklich also lebenswichtige Sachen für die Asylanten, z.B. schauen, daß die Heizung geht, daß die Waschmaschine wieder repariert wird, daß sie bessere Wohnungen kriegen. Oft ist es sehr schwierig. Einmal – die waren in einem Gasthof untergebracht – dann hat's geheißen: ‚Der, wo einen Asylanten anzündet da oben, der kriegt 500 Mark'. Da mußten wir die Knall auf Fall rausholen; eine Familie war ein Wochenende bei mir und dann haben wir die irgendwo untergebracht im Dorf. Und nur solche Sachen, daß die ihre Sozialhilfe kriegen, daß die Arbeit kriegen, so einen Deutschkurs haben wir organisiert, Kleiderkammer und also Arztbesuche und so geht das Schlag auf Schlag. Ist das eine überstanden, sind wieder die Neuen gekommen, da müssen wir wieder Bettwäsche sammeln, Kochtöpfe usw.."

Anfeindungen im Ort

„Es gibt auch massive Anfeindungen deswegen, es wird von vielen überhaupt nicht akzeptiert. Auch der Pfarrer vom Ort hat schon ganz wüste Beschimpfungen über die Asylsuchenden losgelassen. Also, es gibt Leute, die mich absolut auf der Straße nicht mehr anschauen. Aber überhaupt, in der Gruppe werden wir ziemlich angefeindet. Man muß echt wirklich couragiert sein, um so was zu machen auf dem Dorf. Die Gemeinderätin, die ist von hier, im Dorf aufgewachsen, sie war ziemlich lang weg und wohnt jetzt wieder hier. Was sie macht, das ist schon sehr mutig. Ich mein', ich hab' kein Geschäft, mir können sie nichts, ich leb' halt da so im Dorf mit. Mir könnten sie das höchstens an den Kindern runterlassen, aber da hab' ich jetzt noch nichts gemerkt. Aber wir haben auch Geschäftsfrauen, die sagen, das ist fast nicht durchzuziehen."

Auf meine Frage, ob in der Unterstützerinnengruppe ausschließlich Frauen sind, die schon lang hier wohnen und hier auch aufgewachsen sind oder ob das gemischt ist, antwortet Frau Z.: „Zum Teil gemischt."

„Unsere Männer sind mehr im Hintergrund, aber die unterstützen uns vom moralischen her. Was ich die letzte Zeit erlebt hab', ich hätt's mir nicht vorstellen können. Ich bin gern auf dem Dorf, also, wenn man reinpaßt, wenn man sich an die Regeln hält, wenn man nicht auffällt, dann kann man unwahrscheinlich nett leben in dem Dorf. Mit der Unterstützung für die Asylanten halte ich mich ja nicht unbedingt an die Regeln. Aber trotzdem gefällt's mir hier. Ich bin so selbstsicher, daß ich was wegstecken kann. Sollte mich wirklich jemand direkt ansprechen, dann kann ich mich verteidigen und das, was hinter meinem Rücken geredet wird, das juckt mich nicht."

Frauengruppen als Bündnispartnerinnen

„Wenn man niemand hat im Dorf, bei dem man Rückhalt hat, dann ist es schwieriger. Aber wenn man weiß, es gibt welche auf die ich mich verlassen kann, kann man sich gegenseitig unterstützen. Kontakte zu anderen Einzelgruppen (Mutter-Kind-Gruppen, Frauengruppen) sind wichtig, weil das sind dann immer so Anknüpfpunkte, wo vielleicht Aufklärungsarbeit gemacht werden könnte. Beim Gemeinderat oder Kirchengemeinderat ging es nicht, die haben uns also absolut in der Gruppe niedergemacht. Der Frauenbund hat unsere Gruppe und Asylanten und Asylantinnen jetzt einmal eingeladen. Obwohl dieses Treffen auch nicht ganz einfach war, weil die Frauenbundgruppe sich ohne Kinder treffen wollte, ist es doch ein erstes Kennenlernen gewesen. Wir haben ja nicht nur Asylanten, wir haben insgesamt über 100 Ausländer in E.: Türken, Italiener, Spanier, Libanesen, Russen usw. Da sind wir jetzt am Arbeiten dran, daß beispielsweise mal welche von den Ausländern von den Jugendlichen aus dem Verband der Landjugend eingeladen werden oder so. Das ist auch ein Teil von unserer Arbeit, wo wir jetzt dran sind.

Ausländische Frauen sind in keiner von diesen Gruppen im Dorf. Einzelne Kontakte gibt es zwischen Deutschen und AuländerInnen, aber sehr wenig, sehr wenig. Von unserer Gruppe aus haben wir jede zweite Woche eine offene Teestube, wo alle Ausländer und alle Deutschen eigentlich kommen könnten. Das ging bis jetzt recht gut. Da dürfen wir im Kirchengemeindesaal den Raum benutzen, aber aufräumen und putzen hinterher – ja, man muß sich an die Spielregeln halten."

Bei einem Telefonat, ein Jahr nach diesem Interview, berichtete Frau Z. von den jüngsten Vorfällen in ihrer Gemeinde – Schreckliches und Hoffnungsvolles: Einige Tage vorher haben Unbekannte zum ersten Mal einen Brandsatz gegen das Haus einer Unterstützerin geschleudert. Eine der letzten Aktivitäten der Gruppe war die Organisation eines Treffens zwischen Eltern ausländischer Schulkinder und LehrerInnen der örtlichen Schulen, um auf die besondere Situation dieser Kinder aufmerksam zu machen. Am Beispiel dieser letztgenannten Aktivität wird eine wichtige Funktion dieser Frauengruppe deutlich: Sie sensibilisieren Professionelle, in diesem Beispiel LehrerInnen, für spezifische Anforderungen innerhalb ihrer professionellen Tätigkeit.

Das Beispiel zeigt, welche Dynamik die Unterstützung von Asylsuchenden und deren Verteidigung gegen rechtsradikale Übergriffe in der Gemeinde auslöst. Die Frauen, die sich innerhalb ihrer Gemeinde gegen Ausländerfeindlichkeit engagieren, müssen mit ihrer ganzen Person und in allen Lebensbereichen für ihre Meinung einstehen. Sie können sich nicht entscheiden, ob sie ihr Engagement auf einen oder einige Bereiche ihres Lebens (im beruflichen Bereich oder im privaten Bereich oder in der Öffentlichkeit) beschränken, da in ländlichen Regionen diese unterschiedlichen Bereiche oft ineinander übergehen (vgl. oben die Geschäftsfrau); im Gegensatz dazu ist es in großstädtischen Lebenswelten eher möglich, zu bestimmen, ob ich z.B. meinem Nachbarn, von dem ich weiß, daß er fremdenfeindlich ist, von meiner Teilnahme an der letzten Demo oder meiner Teilnahme an einer Unterstützungsgruppe für Asylsuchende erzähle; ob ich ihm meine andere Meinung zeige oder nicht; ob ich mich da, wo ich meinen Lebensunterhalt verdiene, mit meiner Ansicht zu erkennen gebe oder nicht.

Diese Tatsache, daß in ländlichen Regionen Meinungsunterschiede und Konfrontationen persönlicher ausgetragen werden, kann nicht ,den Menschen vom Land' als Wesenszug zugeschrieben werden („die sind konservativer, bornierter, ..."), sondern dies ist u.a. als Ausdruck und Folge spezifischer Öffentlichkeitsbedingungen wahrzunehmen.

Diese spezifischen Strukturen haben antirassistische Initiativen zu berücksichtigen. Deshalb können auch nicht einfach die in großstädtischen Zusammenhängen entwickelten Formen von Öffentlichkeitsarbeit auf ländliche Regionen übertragen werden, sondern hier sind solche zu entwickeln, die ländliche Vermittlungsformen berücksichtigen. Das Beispiel liefert dazu Hinweise: Statt einer Demo oder der Verteilung von Flugblättern an einem Stand nehmen die Frauen Kontakt zu anderen Gruppen und Vereinen in der Gemeinde, auch zu kommunalpolitischen Gremien auf, und initiieren Begegnungsmöglichkeiten zwischen Asylsuchenden und anderen Gruppierungen der Gemeinde. Dabei erweisen sich die Frauengruppen als aufgeschlossen und als wichtige Bündnispartnerinnen zur Veränderung der Atmosphäre in der Gemeinde – im Gegensatz zu den kommunalpolitischen Gremien.

Für die (Weiter-)Entwicklung solcher für ländliche Regionen wirksamen politischen Aktionsformen halte ich einen Austausch zwischen Gruppen für sinnvoll, die unter ähnlichen ,Öffentlichkeitsbedingungen' arbeiten. Bei einem übergreifenden Austausch sind Vorgehensweisen im Zusammenhang mit den je spezifischen Ausgangsbedingungen zu erörtern.

Die Schilderung von Frau Z. und die Überlegungen für eine Reflexion von antirassistischen Vorgehensweisen vor dem Hintergrund von landspezifischen Öffentlichkeitsformen reichte ich zur Erstellung eines Aktionshandbuchs ,Gegen Rassismus' ein. Damit wollte ich darauf aufmerksam machen, daß Diskussionen von Aktionsformen häufig unausgesprochen an großstädtischen Lebenswelten orientiert sind, dadurch spezifische sozialräumliche Bedingungen übersehen werden und dies häufig zu klischeehaften Zuschreibungen gegenüber ländlichen Regionen führt. Neben der Veröffentlichung in diesem Aktionshandbuch war es ein Erfolg, daß sich die HerausgeberInnen des Aktionshandbuches in der Einleitung unseres Beitrags selbstkritisch äußerten:

„Wir, der Kölner Appell e.V. sind eine großstädtische Initiative aus Westdeutschland. Aufgrund unserer Geschichte und der Eile, mit der wir dieses Handbuch produzieren mußten, kommt nicht nur die Situation in den neuen Bundesländern zu kurz. Von der Großstadt aus werden auch die Initiativen auf dem Lande eher übersehen." (Kölner Appell e.V. 1993)

2. Beispiel: Eintreten eines Landfrauenverbandes gegen Fremdenfeindlichkeit

Aufgrund des Interesses von ehrenamtlich in örtlichen Frauengruppen engagierten Frauen und von professionellen Bildungsreferentinnen eines Landfrauenverbandes wurde ein überregionales Seminar mit Multiplikatorinnen des Verbandes zum Thema „Angekommen – Angenommen?" durchgeführt. „Da immer mehr Menschen aus verschiedenen Kulturen unter uns leben, wir nur wenig über sie und ihre besonderen Lebensumstände und über die Hintergründe ihrer Auswanderung wissen, bot dieses Seminar Gelegenheit zur Information." (Bildungs- und Sozialwerk des Landfrauenverbandes Württemberg-Baden 1991, S. 2) Das Thema wurde am Beispiel der Gruppe von AussiedlerInnen umfassend erörtert und dabei die spezifische Situation im ländlichen Raum reflektiert. Informiert und diskutiert wurde über

- weltweite Wanderungsbewegungen, der Entwicklungen und Ursachen
- die geschichtlichen Hintergründe der Ein-, Aus- und Rückwanderungen in Baden-Württemberg,
- die Rechtslage hier in Deutschland
- Möglichkeiten des Umgangs
- Formen des Zusammenlebens in der neuen Umgebung
- unsere Rolle im Zusammenhang mit ausländischen Menschen in unseren Gemeinden.

Mit der Teilnahme von Aussiedlerinnen am Seminar konnten sie ihre Situation aus ihrer eigenen Perspektive vorstellen; außerdem ermöglichte dies einen direkten Austausch zwischen den unterschiedlichen Frauengruppen. Begegnung wurde dabei u.a. definiert als Gemeinsamkeit, die die Verschiedenheit achtet und wahrt.

Wichtig war es, die Schwierigkeiten im Umgang zwischen den verschiedenen Bevölkerungsgruppen konkret bezogen auf die Situation in ländlichen Gemeinden zu thematisieren. In diesem Zusammenhang entstand eine ‚Landfrauenideenbörse', in der zum Abschluß des Seminars von Aktionen in der eigenen Gemeinde berichtet wurde. Z.B. von Begegnungsabenden, in denen eine Begegnung mit Bürgermeistern, Ortschaftssprechern, Asylsuchenden und AussiedlerInnen in den Gemeinden organisiert wurde.

Da es, „Aufgabe der Landfrauen auf Jahre hinaus sein wird, in den Dörfern und Städten für eine Klimaveränderung zu sorgen", so die Vorsitzende des Verbandes zum Seminarabschluß, wurde folgendes Thema zum Leitthema des Verbandes für die nächsten drei Jahre beschlossen: „Miteinander Leben – Voneinander Lernen. Menschen aus anderen Ländern unter uns". Das Thema zum ‚Leitthema' zu erklären, bedeutet über verschiedene Formen und mit unterschiedlicher regionaler Ansiedlung das Thema aufzugreifen und zu vertiefen. Es bedeutet, die ehrenamtlich engagierten Frauen inhaltlich weiterzuqualifizieren und ihnen für ihre Vermittlungsarbeit in ihren Frauengruppen und innerhalb der Gemeinden Unterstützung anzubieten. Inhaltlich weiterqualifizieren beinhaltete hier, neben Faktenvermittlung, z.B. zu Fluchtursachen auch die Hintergründe von Unsicherheiten bei der Begegnung zwischen Menschen unterschiedlicher Kulturen zu erörtern oder die spezifische Situation von Frauen auf der Flucht zu behandeln. Hierzu wurden regionale Tagesseminare organisiert, Arbeitshilfen von den Professionellen für die Frauengruppenarbeit in den örtlichen Vereinen und Kreisvereinen erstellt und eine Liste von geeigneten ReferentInnen erarbeitet.

An diesem Beispiel zeigen sich die Möglichkeiten eines organisierten Frauenbezugssystems mit hohem Organisationsgrad und großer regionaler und überregionaler Reichweite. Dem Verband gehören ca. 50 000 Frauen an. Über die Zusammenarbeit von professionellen und ehrenamtlichen Frauen ist es möglich, das Thema nicht nur in umfassender Weise zu diskutieren, sondern auch im alltäglichen Zusammenleben in den Gemeinden für eine Klimaveränderung zwischen den unterschiedlichen Gruppierungen einzutreten. Mit den überregionalen Angeboten ist eine zum alltäglichen Lebenszusammenhang distanzierte Möglichkeit der Thematisierung und Weiterqualifizierung in bezug auf die Rückvermittlung in den dörflichen Kontext verbunden. Damit wird über den Verband für die Frauen, die in ihrem Gemeinwesen für ein so brisantes Thema eintreten, ein Rückhalt in Form professioneller Begleitung organisiert. Wie wichtig ein solcher angesichts der Reaktionen, denen die engagierten Frauen im Gemeinwesen ausgesetzt sind, ist, wurde oben am Beispiel der örtlichen Antirassismusinitiative deutlich. Für eine Klimaveränderung im dörflichen Zusammenleben ist vor allem die Kontinuität und Ernsthaftigkeit des Eintretens der Landfrauen wichtig, für die sie sich mit dem Verbandsbeschluß zum Leitthema entschieden haben. Weiter ist hierfür der Status von Landfrauen bzw. Landfrauengruppen als in den Gemeinden verwurzelte Gruppierung wichtig. Indem sie das Thema aufgreifen und in unterschiedlicher Weise aktiv werden, nutzen sie diesen Status, um gegen Fremdenfeindlichkeit in den Gemeinden und der Region einzutreten. Interessant wäre es im Zusammenhang mit diesem Thema zu untersuchen, wie die Möglichkeiten des Landfrauenverbandes in weiteren politischen Arenen (z.B. Parteipolitik oder Landespolitik), zu denen dieser Frauenverband Zugang hat, genutzt werden.

4.2.2. Neue Arbeitsöffentlichkeiten

„Unter Frauen die Solidarität, die hab' ich da zum ersten Mal mitgekriegt."

Gruppeninitiierung und -zugehörigkeit von Frauen sind häufig in ihrer Sorge für die Familie und in ihrer Zuständigkeit für andere begründet. Diese Frauengruppen werden hier als „neue Arbeitsöffentlichkeiten" benannt, da Frauen diese Zuständigkeiten als Arbeit begreifen und sich mit diesen Gruppen Strukturen zur kollektiven Bewältigung ihrer Arbeit und für einen fachlichen Austausch schaffen.

Die Abwertung von Familien-, Erziehungs- und Fürsorgearbeit und die Ausgrenzung auf Frauen bewirkt, daß ein gesellschaftlich ungelöstes Problem, die Sorge um die allgemeine Bedürftigkeit des Menschen, als institutionelle Aufgabe verdeckt bleibt und so weiterhin auf die unsichtbare Zuständigkeit und Arbeit von Frauen ausgegrenzt werden kann. Dieser Zusammenhang wurde in Kap. 1.1.5 ausgeführt. Die aktuelle gesellschaftliche Strukturiertheit der Zuständigkeit für Familien- und Erziehungsarbeit führt für Frauen zu enormen, „ganz normalen" Belastungssituationen. Diese Belastungen durch Familien- und Erziehungsarbeit unterliegen einer spezifischen Form der Tabuisierung. Das folgende Zitat einer jungen Frau deutet einen Hintergrund hierfür an: „Das größte Tabu ist es doch, als Mutter mit einem kleinen Kind nicht glücklich zu sein." Weiter ist es für Frauen schwierig, die Belastungen zuzulassen und hierfür öffentliche Unterstützung einzufordern, da „es doch allen Frauen so geht", „da es jede irgendwie auch hinkriegt" und da die Arbeit auch nicht ‚so einfach' als Arbeit zu bewerten ist. Das Wissen, daß andere Frauen ebenfalls von den Belastungen betroffen sind, führt häufig dazu, die Situation auszuhalten, da es „den anderen ja auch nicht anders geht". Viele Frauen übernehmen die gesellschaftliche Erwartungshaltung und erwarten von sich und von anderen Frauen, es individuell zu lösen. Dies geschieht teilweise in Formen, die Frauen untereinander in ein Konkurrenzverhältnis bringen.

Mit ihrer Bezugnahme in Gruppen stellen Frauen die Tabuisierung und die gesellschaftliche Erwartungshaltung hinsichtlich einer individualisierenden Bewältigung in Frage und überschreiten sie. Sie schaffen sich mit diesen Gruppen kollektive Arbeitszusammenhänge, um die ihnen zugeschriebene Arbeit nicht mehr in Isolation und mit viel Aufwand für individuelle Lösungsstrategien bewältigen zu müssen. Mit den öffentlichen Gruppenstrukturen heben sie einen Teil des Verdeckungszusammenhanges auf, machen die ins Private verdrängten Zuständigkeiten wieder öffentlich sichtbar und zeigen, daß die damit verbundenen Konflikte keine individuellen sind und damit auch nicht individuell gelöst werden können. Damit werden nicht nur die Arbeit und die Schwierigkeiten mit dieser Arbeit, sondern auch die Bedeutung von Frauen füreinander zur Bewältigung dieser für sich und andere wahrnehmbar. Gleichzeitig entwickeln Frauen in diesen Gruppen neue Kulturen von Frauenbezugnahme, ein zentraler frauenpolitischer Aspekt. Diese erweisen sich häufig als gutes Fundament, um Fraueninteressen in kommunalpolitische Gremien einzubringen (Vgl. unten).

Diese Formen von Arbeitsöffentlichkeiten können auch als eine erweiterte Variante der Festlegung von Frauen auf Familien- und Erziehungsarbeit gesehen werden. Auch Frauen in den untersuchten Frauengruppen haben auf diese Gefahr hingewiesen. Sie wollen sich „nicht als brave Selbsthilfeprojekte verstehen, die auf billige Art die kommunalen Sozialetats entlasten, sondern vielmehr als Plattform, um politisch aktiv zu werden", so die Aussage von Frauen eines Mütterzentrums. Deshalb fordern sie für ihre Arbeit öffentliche Unterstützung ein, z.b. in Form von finanzieller Unterstützung oder in Form von öffentlichen Räumen. Und sie weisen darauf hin, daß zur Lösung der Probleme aufgrund der bestehenden geschlechtsspezifischen Arbeitsteilung umfassende gesellschaftliche Umstrukturierungen notwendig sind. Wichtig scheint es mir, sich dieser Gefahr, wie sie zum Beispiel in der „Befriedungsfunktion" von solchen Gruppen zum Ausdruck kommt, bewußt zu sein. Diese Gefahr zu sehen kann bedeuten, diese Form der Selbsthilfe von Frauen als ein „Zwischenschritt" wahrzunehmen und in solchen Gruppenansätzen, die bestehende Strukturen verfestigenden und die widerständigen Momente zu untersuchen.

Im Zusammenhang der Entstehungsgeschichte des Begriffs ‚Neue Arbeitsöffentlichkeiten' zeigte sich, wie hartnäckig sich auch bei uns selbst entwertende Zuschreibungen halten. Bereits zu Beginn der Untersuchung thematisierten wir, daß aufgrund des Rückgangs der Landwirtschaft und einer Veränderung von Arbeitsstrukturen alte Arbeitsöffentlichkeiten in ländlichen Regionen verschwunden sind. Damit sind Anlässe zur Verständigung zwischen Frauen weitgehend entfallen und neue zu entwickeln. Während der Empiriephase zeigte sich bald, daß ein Großteil der Frauengruppen im Zusammenhang mit Familien-, Erziehungs- und Fürsorgearbeit stehen. Die lange Zeitspanne, die wir benötigten, um diese Gruppen als ‚Neue Arbeitsöffentlichkeiten' wahrzunehmen und zu benennen, interpretierten wir im nachhinein als Ausdruck der Hartnäckigkeit unserer eigenen Vorstellungen, die bei Arbeitsöffentlichkeiten wiederum nur einen spezifischen Ausschnitt von Arbeit assoziieren.

Frauen haben ein beachtliches Spektrum an Organisationsformen und -graden zur kollektiven Bewältigung der Erziehungsarbeit entwickelt: Stillgruppen, privat oder im konfessionellen Rahmen organisierten Mutter-Kind-Gruppen, Zusammenschlüsse von mehreren Mutter-Kind-Gruppen und Mütterzentren als komplexe Organisation, mit der Frauen eine kulturelle Einrichtung in ihrer Gemeinde geschaffen haben, die sich u.a. als Ausgangsbasis versteht, um politisch aktiv zu werden. Dieser frauenpolitische Faktor durchzieht die Gruppen und zeigt sich in unterschiedlichem Gewande: Als erste Erfahrung von Frauensolidarität wertet Frau L. im Rückblick ihre Stillgruppe. Diese Grunderfahrung hatte Langzeitwirkung: je nach aktueller Lebenssituation und den damit verbundenen Herausforderungen sucht sie immer wieder den Austausch in Frauengruppen. Betrachten wir diese verschiedenen Gruppenzugehörigkeiten, so zeigt sich, wie sie ihre in einzelnen Gruppen erworbenen Kompetenzen jeweils in die weiteren Gruppen einbringt und hier mit viel Engagement Aufgaben übernimmt und ihr Wissen weitergibt. Auch veränderte sich durch diese Gruppen ihre Umgangsweise mit Problemen, was ihr in einer schwierigen Lebenssituation Situation den Zugang zu professioneller Beratung erleichterte.

Mutter-Kind-Gruppen stellen häufig ein Lernfeld für Frauenbezugnahme in Gruppen und für eine Interessenvertretung im kommunalen Raum dar; sie sind häufig Ausgangspunkt für weiteres kommunalpolitisches Engagement. Hier werden Kompetenzen im Umgang mit Gruppen und Konflikten erlernt und erste Erfahrungen mit öffentlichem In-Erscheinung-Treten im kommunalpolitischem Raum gemacht. Dieses Lernen geschieht z.T. autodidaktisch, z.T. über Fortbildungsveranstaltungen speziell für Frauen aus Mutter-Kind-Gruppen. So bietet z.B. eine Referentin eines konfessionellen Bildungswerkes im Rahmen ihrer frauenspezifischen Bildungsarbeit Fortbildungskurse speziell für Frauen aus Mutter-Kind-Gruppen in ländlichen Region an, was sich als frauenpolitische Fortbildung. Neben didaktischen Hinweisen für die Gruppengestaltung wird Wissen über den Umgang mit Konflikten in der Gruppe vermittelt. Darüber hinaus werden Möglichkeiten der Außendarstellung der Gruppe und des öffentlichen Eintretens für Gruppeninteressen thematisiert, z.B. wenn es um die Forderung nach einem Raum für die Mutter-Kind-Gruppe geht.

Die Raumfrage von Mutter-Kind-Gruppen macht strukturelle Momente deutlich. Im Zusammenhang der mühsamen Raumsuche der Frauen taucht immer wieder die Frage auf, wer eigentlich die Interessen von Müttern und Kindern in der Kommunalpolitik vertritt. Nach Ansicht unserer Interviewpartnerinnen wissen die Männer im Gemeinderat wenig über die Situation von Frauen mit kleinen Kindern und die wenigen Gemeinderätinnen können sich nicht durchsetzen.

Über Mütterzentren gibt es bereits viel öffentlich zugängliches Material. Deshalb möchte ich hier nur zwei, für meinen Zusammenhang relevante Aspekte hervorheben.

- Neben der gegenseitigen Alltagsberatung in den unterschiedlichen Gruppen-zusammenhängen bietet ein von uns untersuchtes Mütterzentrum in ihren Räumen professionelle Beratung für Konflikt- und Krisensituationen an. Die-se wird für die Frauen überraschend häufig genutzt. Ein Grund hierfür könnte die ‚Niedrigschwelligkeit' des Angebots sein. Frauen müssen nicht in eine als Beratungsstelle ausgewiesene Einrichtung gehen. Gleichzeitig können sie sich im Rahmen des offenen Cafébetriebes oder beim Einkaufen im Secondhand-Laden für Kinderkleidung die Räume anzuschauen und sich zunächst in lockerem Gespräch bei Dritten über das Beratungsangebot zu informieren.

- Eine eritreische Frauengruppe hat in diesem Mütterzentrum angefragt, ob sie als Gruppe die Räume nutzen können. Sie treffen sich inzwischen regelmäßig im Zentrum. Die Möglichkeit, sich in der eigenen Gruppe intern zu treffen, wird hier als Bedarf sichtbar. Da sich das Mütterzentrum explizit so versteht, Räume für Gruppierungen zur Verfügung zu stellen, können sie diesem Bedarf entsprechen und so auch nichtdeutschen Frauen Räume für ihre interne Bezugnahme zur Verfügung stellen.

Unterstützungszusammenhänge für Mütter von Kindern mit Behinderungen

Die Lebenssituation von Frauen mit Kindern mit Behinderungen zeigt in po-intierter Weise gesellschaftliche Erwartungshalten an Mütter: Weil Mütter oftmals allein oder hauptverantwortlich für Kinder zuständig sind, haben sie bei Krankheiten von Kindern oder bei Behinderungen auch allein bzw. haupt-verantwortlich die zusätzlichen Belastungen zu tragen und sie werden allein verantwortlich gemacht, wenn Kinder im Dorf auffallen. Ganz selbstverständ-lich gehört es zum Aufgabenbereich der Mütter dieser Kinder, besondere (Er-ziehungs-)leistungen zu vollbringen, ihre Kinder bei oft zahlreichen und lan-gen Krankenhausaufenthalten meist in einer vom Wohnort weit entfernt gele-genen Spezialklinik zu begleiten, sich selbst kompetent zu machen und beson-dere Formen der Unterstützung für ihre Kinder zu organisieren. Die von uns interviewten Frauen betonten neben allen Schwierigkeiten auch eigene Ent-wicklungsschritte und ihren Kompetenzzuwachs durch die Auseinanderset-zung mit der Behinderung ihrer Kinder: „Also ich denk, ich hab ganz, ganz viel menschlich gewonnen in der Zeit."

Deutlich wurde aus den Erfahrungen der Frauen und ihrer Kinder, daß das
Ausmaß an Belastung nicht nur durch die Art der Behinderung oder der
Schwierigkeiten der Kinder, sondern vor allem auch durch die Behinderungen
aufgrund gesellschaftlicher Gegebenheiten und Reaktionen bestimmt werden.
Vor diesem Hintergrund erschließt sich die große Bedeutung von Unterstützungszusammenhängen: Mit und in ihnen wird die ‚Alleinzuständigkeit' von
Mütter und deren Verdeckung durch eine selbstverständliche Erwartungshaltung sichtbar und durch die gegenseitige Beratung in den Gruppen überschritten. Schwierigkeiten können benannt und bearbeitet werden, ohne Schuldgefühle und Rechtfertigungsdruck von Frauen zu erhöhen. Erfahrungen werden
ausgetauscht und Wissen über den Umgang mit den Kindern und den be-
hindernden Reaktionen der Gesellschaft angeeignet. Frauen nehmen sich hier
in ihrem Wissen ernst und eignen sich eine Fachlichkeit an, die auch die
Grundlage für eine selbstbewußte Inanspruchnahme von professioneller Hilfe
darstellt. Dabei hat sich gezeigt, daß dies das Klima hinsichtlich des Umgangs
mit Problemen und der Beanspruchung von professioneller Hilfe in einem
Dorf insgesamt verändern kann.

Thomas, der Sohn von Frau L., hat Teilleistungsstörungen, was vor allem in
sehr großer Unruhe, Überaktivität und Konzentrationsschwierigkeiten zum
Ausdruck kommt. Besonders schwierig war für Frau L. die Zeit, bevor im Alter von viereinhalb Jahren organische Ursachen für die Störung entdeckt wurden. Bis dahin wurde das auffällige Verhalten des Jungen von ihr selbst und
von anderen als Erziehungsproblem definiert:

> „Das wurde erst mal als Erziehungsproblem gesehen. Weil ich denk
> beim ersten Kind ist es sowieso schwierig, ein Kind zu erziehen, das
> wird ja eh verzogen, weil du ja nur da bist, also gerad aus'm Beruf
> raus und dich total auf's Kind konzentrierst und wenn's dann noch
> so'n Kind ist, gell, wo sowieso nur Zuwendung will, nur Beschäfti-
> gung, weil sich's nicht konzentrieren kann, gell, ist ganz schön happig.
> Ich hab so oft das Gefühl von Versagen einfach gehabt und rüberge-
> kriegt auch von den Müttern natürlich, gell, daß das also schon sehr
> schlimm war.
> Das war einfach so, ich hab den ja nicht bremsen können, gell, der
> war, der hat so viel Power gehabt. Klar, nach außen schaut's erst mal
> so aus, der ist total verzogen, gell, aber es war wirklich so, ich bin dem
> nicht gewachsen gewesen, ich hab nicht gewußt, wie ich dem beikom-

men soll. Es ist halt auch das Problem, daß viele Frauen alleine da
stehen mit der Sache, gell."

Langfristig wirkt das Erkennen der Ursachen der Störung erleichternd: Frau
L. fühlt sich nicht mehr selbst schuldig und sie kann sich nach fachlicher Hilfe umsehen. Zunächst aber ist die Aufgabe zu bewältigen, die „Behinderung"
anzunehmen:

> „Für mich war's ein ganz schlimmer Weg, dazu stehen zu können und
> überhaupt das annehmen zu können."

Von anderen Eltern im Dorf erfährt sie auch behindernde Reaktionen. Spiel-
freunde von Thomas gehen auf Distanz, die Eltern unterbinden ihren Kindern
den Umgang mit einem „schwierigen" Kind:

> „Und viele Kinder haben dann mit dem Thomas dann nicht mehr spie-
> len dürfen, gerad die Buben, also es war unwahrscheinlich hart. Ir-
> gendwann später hat dann mal einer gesagt, ja, er hätt nicht mehr mit
> ihm spielen dürfen. Ich hab das auch irgendwo gespürt die Distanz: so
> jetzt lieber nicht mit diesem Kind, weil so ein schwieriges Kind, das
> macht mein Kind ja auch schwierig, gell. Also, ich denk die Problema-
> tik ist schon da, daß man guckt, dann auch denen Leuten aus'm Weg
> zu gehen."

Vor dem Hintergrund dieser Situation – der eigenen Verunsicherung und
Überforderung, der eigenen Versagensgefühle, die durch die Reaktionen der
Umwelt bestärkt werden und der Aufgabe, die Behinderung akzeptieren zu
lernen – wird deutlich, wie wichtig unterstützende Reaktionen und Zusammenhänge sind.

Frau L. schafft sich in mehreren Gruppen und Einrichtungen für sich und ihren Sohn einen Unterstützungszusammenhang: sie besucht mit ihm eine Spiel-
gruppe, nimmt mit ihm an einer Ergotherapie teil, geht zur Erziehungsbe-
ratungsstelle und engagiert sich aktiv in einer Selbsthilfegruppe für Eltern von
Kindern mit Teilleistungsstörungen. Wie vorne deutlich wurde, hatte Frau L.
in einer früheren Gruppe erfahren, wie wichtig und wohltuend es sein kann,
sich außerhalb der Familie jemand anzuvertrauen und Hilfe zu holen. Diese
Grunderfahrung erleichtert ihr in der jetzigen Situation den Zugang zu professionellen Angeboten und Gruppen.

Fachliche Angebote sind aufgrund der großen räumlichen Entfernung und der begrenzten Kapazität der Angebote wenn überhaupt nur mit großem Aufwand zu erreichen:

„Weil das Angebot einfach gar nicht da war, das gibt's erst seit einteinhalb Jahren so. Die sind damals alle nach X. gegangen, das kann man sich gar nicht vorstellen, die sind alle nach X. (60 km entfernt gelegene Stadt) gefahren, um die Therapie (Ergotherapie) zu kriegen. Jetzt kann man schon wenigstens mal nach Y (35 km entfernt gelegene Stadt). Das ist ein Wahnsinns Zeitaufwand. Vor allem das Problem war ja, daß die keine Chance hatten, reinzukommen, wenn da 40 oder 50 Kinder auf'ner Liste sind."

Von der Selbsthilfegruppe erfährt Frau L. durch die Ergotherapeutin. Zum Zeitpunkt unseres Interviews ist sie bereits seit drei Jahre in dieser Gruppe aktiv. In der Selbsthilfegruppe sind ausschließlich Frauen. Ihr Mann hatte sich anfangs als einziger männlicher Teilnehmer in der Gruppe engagiert.

„Am Anfang sind wir beide runtergefahren und dann war das Problem ja eigentlich, hängt ja eher an mir als an ihm und dann hat sich's halt so dann mit der Zeit, daß ich dann eigentlich alleine runter bin, weil am Anfang haben wir jedes Mal einen Babysitter gebraucht."

Im folgenden nennt Frau L. einige wesentliche Aspekte der Selbsthilfegruppe auch im Zusammenhang einer ländlichen Lebenswelt:

„Und ich denk' das ist auch so eine Sache, was hier eigentlich auf'm Land ganz arg wichtig ist, so die Selbsthilfegruppen verschiedener Art, wo wirklich ganz verschiedene Leute dann kommen. Ich denk, das ist auch wichtig, weil es keine Beratungsstelle in dem Sinne ist, sondern wirklich die Beratung unter der Hand läuft.
Es ist eigentlich so, daß wir dann solche Beratungsabende, so Gesprächsabende angeboten haben, wo dann neue Leute zukommen können und einfach ihre Sorgen erst mal los werden. Weil die Kinder sind ja sehr, sehr anstrengend und denen wird ja sehr viel in die Schuhe geschoben, daß sie also wirklich nicht wollen, frech sind, ungezogen sind und alles. Und durch die Teilleistungsstörungen können sich ja eigentlich gar nicht lang konzentrieren, werden ganz oft überfordert, so daß dann die Kompensation mit Kasperei und Aggression ganz automatisch dazu kommt. Und wenn dann nachher mal dieser Kreislauf unter-

brochen wird von Eltern, einfach weil sie es kapieren, daß da viel einfach schief läuft, da ist schon ganz viel geholfen. Und auch von den Eltern selber, von der Mutter aus, vom Vater, diese Überforderung, daß da einfach auch viel Aggression und auch, ha ja, Schuld einfach da ist: ‚du hast das nicht richtig gemacht.‘

Und das ist eigentlich ganz gut im Gespräch, also daß sie einfach mal kommen und sich ihre Sorgen von der Seele schwätzen können. Also, in Zeiten, wo's mir schlecht gegangen ist, hab ich da ganz viel gekriegt. Einfach, daß jemand sagt, ‚mir geht's genauso‘.“

Frau L. beschreibt, wie sie in der Gruppe Unterstützung bekommen hat. In ihren Ausführungen wird auch deutlich, wieviel Wissen sie sich über die Schwierigkeiten erworben hat und wie sie durch dieses Wissen fähig ist, andere betroffene Eltern unterstützen zu können, sie z.B. auf die dadurch ausgelöste Familiendynamik aufmerksam zu machen. Die Selbsthilfegruppe und auch die Ergotherapie ermöglichen ihr intensive Kontakte zu anderen Frauen:

„Ich hab ganz enge Beziehungen aus dieser Zeit auch raus von der Gruppe, ob das jetzt die Therapeutin war oder die Mütter.“

Gleichzeitig kann sie auch sehr genau wahrnehmen, wo ihre Grenzen bei der Unterstützung anderer betroffener Eltern sind. Sie findet einen Weg, ihre Grenzen zu respektieren, sich hier zu schützen und sich dennoch nicht vollständig aus der Gruppenaktivität herauszuziehen. Zum Zeitpunkt unseres Interviews zieht sie sich nach einer langen Phase intensiver Beratungsarbeit aus dieser Aktivität zurück und übernimmt als Kontaktperson die organisatorische Arbeit in der Gruppe:

„Ich kann bestimmte Eltern einfach nicht mehr ertragen. Eltern, die kommen und einfach nur wollen, daß ihre Kinder perfekt funktionieren. Was ich jetzt noch mache ist halt, daß ich die Zeitungsartikel und die Zeitungen weitergebe, die Zeiten, wann die Treffpunkte sind, wenn jemand anruft, das ist kein Problem, so was mach ich gern, die Beratung selber weniger.“

In diesem Zusammenhang weist sie auf eine wichtige, in den Selbsthilfegruppen zu erbringende Anforderung hin: Eltern müssen sich über ihre sehr unterschiedlichen Erziehungsvorstellungen und ihren oft sehr unterschiedlichen Umgang mit den Schwierigkeiten ihrer Kinder verständigen können.

Neben der gegenseitigen Beratung haben sich die Frauen in der Gruppe über das Hinzuziehen von kompetenten Professionellen kundig gemacht. Diese mußten zunächst ausfindig gemacht werden und können nun an hilfesuchende Eltern als kompetent weiterempfohlen werden. Ein erstes Kennenlernen der Professionellen in der Selbsthilfegruppe erleichtert betroffenen Eltern, diese in ihrer Praxis oder Beratungsstelle aufzusuchen. Weiter wurde deutlich, daß die Selbsthilfegruppe auch die Funktion übernimmt, Professionelle auf diese Form der Behinderung und deren Konsequenzen aufmerksam zu machen.

„Also, wir haben eigentlich schon Leute im Hintergrund. Ich würd auch nie sagen, ‚sie müssen das so und so machen‘. Ich kann sagen, wie's mir geht und kann sagen, wenn sie jetzt die und die Hilfe brauchen, da und da kann man ihnen helfen. Und die Ärzte nennen, wo man halt an der Hand hat, wo die Sachen feststellen können, es gibt ja viele Ärzte, die wissen das gar nicht.

Also, wir haben das so gemacht, daß wir ein paar Mal im Jahr Vorträge haben. Und da war zum Beispiel mal der Dr. K. da und hat einen guten Vortrag gehalten. Und dann konnten die Leut ja erst mal mit ihm hinterher anschließend diskutieren. Dann haben wir die Ergotherapeutin, da gibt's eine ganz, ganz tolle in X., die auch abends dann da war.

Ja und dann haben wir eigentlich viele Sachen, da war die I., die haben wir mal zum Vortrag gehabt, also viele solche Sachen, wo man hat eigentlich auch ganz viel lernen können. Dann haben wir Kontakt zu Hr. Z. das ist ein Schulpsychologe in Y., der eine unwahrscheinliche Persönlichkeit ist und wo einem auch ganz viel geben kann, wo die Kinder dann hingebracht werden zum testen, ob sie schulreif sind und welche Schule richtig ist dafür. Oder die Psychomotorikstunden in Y.; Also, das ist zum Beispiel auch ein Mensch, wo ruhig ist und eine Ausstrahlung hat und die Kinder gehen sehr gern hin. Also, solche Leute – das ist ja wie ein Wunder, wenn man da im Chaos steht, gell, wenn man dann so einem begegnet und der hilft einem, also das war schon ganz arg wichtig.“

Welche große Bedeutung eine professionelle Unterstützung in bestimmten Situationen für die Mütter haben und mit welcher Aufmerksamkeit und Dankbarkeit die Hilfe wahrgenommen wird, wurde auch in anderen Interviews sichtbar. Im obigen Zitat wurde auch sehr klar die je spezifische Funktion und die gegenseitige Ergänzung von professioneller und alltäglicher Unterstützung benannt.

Ein wichtiges Ergebnis war die Bedeutung der Selbsthilfegruppe und der professionellen Unterstützung als ‚Bestärkungszusammenhang‘, um im alltäglichen Lebenszusammenhang eine neue Umgangsweise mit Schwierigkeiten jenseits der bestehenden Norm einzuführen. Frau L. läßt ihr Kind in der Schule zurückstellen. Sie nimmt selbst sehr genau wahr, daß ihre ‚Pionierleistung‘ anderen Eltern im Dorf diesen Schritt erleichtert. Diese brauchen nun aufgrund der veränderten ‚Norm‘ keinen professionellen Rückhalt mehr dazu.

„Ich hab mein Kind zurückstellen lassen, die Lehrerin hat kein Kind zurückgestellt. Ich hab bei dem Psychologen das Attest geholt und ich hab die Lehrerin gar nicht gefragt, bin einfach durch das, daß ich da unten schon war und durch die Gruppe da und gewußt hab, da und da kann man hingehen, hab ich das Kind zurückgestellt. Das ging ganz lang bis die das geschluckt haben und viele Kinder haben dann mit dem Thomas nicht mehr spielen dürfen. Und jetzt, ein Kind ist jetzt von der dritten Klasse vor ein paar Monaten zurückgestellt worden, der ist so alt wie der Thomas und hat jetzt zwei Jahre lang, zweieinhalb Jahre Schmerzen gehabt, weil er's nicht geschafft hat. Da haben die so lange rumgemacht und jetzt da kommt das, gell, das kommt zurück. Später haben dann auch ein paar Leute ihre Kinder zurückgestellt. Es war ganz klar, daß es da auch bestimmt ganz tragend dabei war, weil ich einfach gesagt hab, das ist so und da macht man das und so, daß sie es dann wirklich auch probiert haben und begründet haben und entschlossen haben, auch das Kind zurückzustellen. Aber es war, es ist nicht normal gewesen, also hier, daß man das tut, weil die Norm heißt: ab sechs, er ist im Juni sechs geworden, bis zum 30. Juni ist Stichtag und dann müssen die. Ich hab ihn schon auch viel Kritik ausgesetzt, aber jetzt ist es gut und das ist das wichtigste, was nützt das denn?“

Zu einem späteren Zeitpunkt interviewten wir zwei weitere, in dieser Selbsthilfegruppe aktiven Frauen. Ihre Schilderungen bestätigten uns diesen Eindruck der vielfältigen Aktivitäten. Als wir sie danach fragten, ob sie auch zu anderen Selbsthilfegruppen Kontakt haben, berichteten sie uns von überregionalen Treffen, z.B. im Ruhrgebiet. Dabei wurde folgendes deutlich:

- sie nahmen die Aktivitäten innerhalb dieser primär großstädtischen Initiativen im Gegensatz zu denen in ihrer eigenen Gruppe als viel intensiver wahr;
- in ihrer Gruppe findet aufgrund der langen Anfahrtswege auch viel Austausch und Beratung am Telefon statt; in einer ersten Orientierung an den großstädtischen Initiativen werteten sie dies in der Weise, daß ,ihre Gruppe hier eben nicht so richtig funktioniere';
- als wir ihnen unsere Wahrnehmung mitteilten, daß ihre Gruppe u.E. ,gut funktioniere' und daß dies eben in einer Weise geschieht, die auf die spezifischen Bedingungen in einer ländlichen Region abgestimmt ist, teilten sie diese Wahrnehmung.
- auf unsere Nachfrage, ob denn bei diesen überregionalen Treffen auch unterschiedliche Ausgangsbedingungen für Selbsthilfegruppen in ländlichen oder großstädtischen Regionen thematisiert wurden, verneinten sie.

Über eine ,unbewußte' Orientierung an großstädtischen Strukturen von Selbsthilfegruppen werden die eigenen Aktivitätsformen entwertet. Dies geschieht durch die Frauen aus der ländlichen Regionen selbst sowie durch die Teilnehmenden des überregionalen Austausches, da die unterschiedlichen sozialräumlichen Ausgangsbedingungen nicht berücksichtigt werden. Erst dann kann wahrgenommen werden, daß hier Vorgehensweisen praktiziert werden, die den räumlichen Gegebenheiten entsprechen.

5. Das Ganze ist mehr als die Summe der einzelnen Teile (II). Zusammenfassung und übergreifende Ergebnisse

Die ‚Magie' des *Verdeckunszusammenhangs*, seine Wirksamkeit über die Synergieeffekte der verschiedenen Marginalisierungsmuster kann über dasselbe alchimistische Prinzip in einem *Ent-Deckungszusammenhang* gebrochen werden. Indem unterschiedliche Muster der Aufdeckung, Neu-Bewertung und Neudefinition in den Netzwerken von Frauen zusammenwirken, ergeben sie mehr als die Summe der einzelnen Teile. Deshalb werde ich nun, nach den Ergebnissen zu einzelnen spezifischen Formen von Frauenbezugnahme in einer Zusammenschau übergreifende Ergebnisse zu folgenden drei Perspektiven formulieren: Zunächst Ergebnisse zur Bedeutung von Frauenbezugnahme, dann Verdeckungsmuster, die im Untersuchungsprozeß hinsichtlich dieser Bedeutung herausgearbeitet wurden und schließlich Ergebnisse zur Untersuchungsperspektive.

Frauen hinterfragen und verändern über vielfältige Formen der Bezugnahme und auf unterschiedlichen Ebenen privatisierende und individualisierende Bewältigungsmuster und entwickeln neue kollektive Formen zur Bewältigung, Sichtbarmachung und Veränderung ihrer verdeckten Zuständigkeiten (vgl. ‚Neue Arbeitsöffentlichkeiten'). Weiter konnten die Bezugssysteme zwischen Frauen in ihrer Qualität als Vermittlung zwischen unterschiedlichen Gruppierungen im Gemeinwesen wahrgenommen werden. Dabei erwiesen sie sich, neben ihrer Bedeutung für Verständigungsprozesse zwischen Frauen unterschiedlicher Gruppierungen, in Situationen, in denen es zu massiven Ausgrenzungen und Übergriffen innerhalb des Gemeinwesens kam, als bedeutsam mit ihrer eindeutigen Parteinahme für die bedrohte Gruppierung (Bsp. Antirassismusarbeit). Mit diesen Vermittlungsprozessen entwickeln Frauen – u.a. aufgrund eines breiten Spektrums der von ihnen initiierten Organisationsformen – neue Strukturen zur Lösung einer zentralen Problematik in ländlichen Regionen. Angesichts der massiven Veränderungen in der Bevölkerungsstruktur und der Zentralisierung von Entscheidungsprozessen stellt sich die Frage, wie die sehr unterschiedlichen Gruppierungen in ländlichen Regionen an der Gestaltung ihrer Region beteiligt sind und ob es Räume für eine Verständigung zwischen den unterschiedlichen Gruppierungen und Interessen gibt. Aufgrund ihrer Zuständigkeit für die Erziehungsarbeit und damit auch für Kindergarten und Schule haben Frauen viel weitgehender als Männer Arbeits-

Kontakte zu unterschiedlichen Gruppierungen innerhalb des Gemeinwesens. In diesem Zusammenhang praktizieren sie neue Formen der Zusammenarbeit zwischen unterschiedlichen Gruppierungen. Jedoch wurde am Beispiel des Engagements gegen Fremdenfeindlichkeit deutlich, daß ihre Vermittlungstätigkeit zwischen unterschiedlichen Gruppierungen über eine Verständigung zu eigenen Interessen hinausreichen.

Daß Frauen auf unterschiedlichen Ebenen für eine Veränderung von Definitionen und herrschenden Zuschreibungen eintreten, stellt ein wichtiges Ergebnis dar. Sie nehmen hinsichtlich ihrer eigenen Lebenssituation Neudefinitionen vor und sie unterstützen über informelle Beziehungen andere Frauen dabei, das was als normal und selbstverständlich gilt, als außergewöhnliche Belastungssituationen oder Zumutungen wahrzunehmen und eröffnen neue Wege der Bewältigung, z.B. über die Inanspruchnahme professioneller Hilfe. Sie stellen über die Organisation von Gruppen einen Raum zur kollektiven Verständigung über solche Definitionsprozesse her; gleichzeitig stellen diese Gruppen kollektive Bewältigungsformen dar. Sie treten in Sozialadministrationen für ihre veränderten Ansprüche ein, verwickeln im ,mikropolitischen Widerstand' (Fraser 1994) diese in Verhandlungen über neue Definitionen und verändern hier – auch für andere Frauen – Zuschreibungsmuster. Schließlich werden sie im kommunalpolitischen Kontext aktiv und führen hier neben ,neuen' Inhalten gleichzeitig neue Muster politischer Aushandlungs- und Entscheidungsprozesse ein. Als Beispiel einer Durchsetzung von Fraueninteressen in makropolitischen Arenen sind wir im Untersuchungsprozeß auf das Eintreten eines Landfrauenverbandes für eine eigenständige Rente von Bäuerinnen aufmerksam geworden. Die Durchsetzung erfolgte nach ausführlichen Verständigungsprozessen in den unterschiedlichen Gruppierungen (Orts- und Kreisgruppen) und Gremien des Verbandes.

Damit gelingt es Frauen über ihre vielfältige Bezugnahme in den vorne herausgearbeiteten unterschiedlichen Dimensionen, von denen eine sozialpolitische Anerkennung im Interesse von Frauen abhängig ist, zu agieren. Mit dieser Zusammenschau zeigen sich die Qualitäten der unterschiedlichen Frauenbezüge im Hinblick auf die vorne entwickelten Fragen, nämlich als Herstellung des Selbstbezugs und als Öffnung verdeckter Lebensumstände sowie als Inszenierung von Verständigungsprozessen, mit dem Ziel, reduzierende Zuschreibungen und Definitionsmuster innerhalb von Frauengruppen und in Entscheidungsgremien zu hinterfragen und zu verändern. Damit betreiben sie

v.a. Politik auf einer Ebene, die so wenig als Politik greifbar ist, die des Aushandelns von neuen Definitionen und Zuschreibungen, die schließlich auch
eine „Politik der Bedürfnisinterpretation" (Fraser 1994) darstellt.

Die beschriebenen Vermittlungsprozesse von Frauen sind neben ihrer Bedeutung als alltägliche Unterstützungszusammenhänge, in ihrer strukturbildenden
und ländliche Gemeinwesen innovativ gestaltenden Seite wahrzunehmen. Damit wird ein Zuschreibungsmuster überschritten, daß die Bezugnahme zwischen Frauen immer wieder auf ihre individuelle Unterstützungsleistung reduziert. Frauen gestalten mit ihren vielfältigen Formen der Bezugnahme entscheidend die soziale Atmosphäre in ländlichen Gemeinwesen. Als wichtig
erwies es sich dabei, daß Frauen bei dem Einführen neuer Muster an in ländlichen Regionen vorhandene Muster anknüpfen. Hier besteht ihre Leistung u.a.
darin, daß sie eine Verbindung herstellen zwischen ‚traditionelleren' Hilfeformen einerseits und ‚moderneren' Unterstützungseinrichtungen im Bereich
professioneller Beratung. Weiter wurde sichtbar, wie wichtig für diese Ver-
bindungsleistung das Zusammenspiel unterschiedlicher Frauenbezüge ist; unterschiedlich zum einen hinsichtlich ihrer formalen Struktur (informelle und
formalisierte Bezüge; vgl. hierzu auch hinten die Ausführungen zur spezifischen Bedeutung von Gruppen) zum anderen hinsichtlich ihrer unterschiedlichen sozialräumlichen Ansiedlung: Also, das Zusammenspiel von Bezügen
auf überregionaler, regionaler Ebene und innerhalb des Gemeinwesens. Letzteres verweist auf ein weiteres Ergebnis.

Der einfachen Zuschreibung ‚vor Ort geht nichts' ist eine genaue Wahrnehmung entgegenzusetzen. Die Bezüge im Dorf und in der Region sind sowohl
in ihren je spezifischen Möglichkeiten als auch in ihrer gegenseitigen Verwiesenheit und Ergänzung zu sehen. Dabei – so kann als Ergebnis auf der Ebene
der Untersuchungsperspektive formuliert werden – zeigen sich auch die je
spezifischen Möglichkeiten z.T. erst dann, wenn die unterschiedlichen Beziehungen im Zusammenhang untersucht werden.

Kontakte von Frauen im Dorf werden oft ausschließlich als oberflächlich
beschrieben. Dies hat sich als ein ‚landspezifisches' Verdeckungsmuster erwiesen. Aufgrund einer solchen ‚Defizit-Wahrnehmung' der Bezüge vor Ort
erscheinen Kontakte und Gruppenangebote auf regionaler Ebene dann häufig
als einzige Möglichkeit, z.B. offen über Belastendes zu reden. In den Interviews wurde die große Wichtigkeit von Bezügen auf regionaler Ebene deutlich; deutlich wurde jedoch auch, daß neben den regionalen Kontakten auch

die Bezüge im Dorf ihre spezifischen Bedeutungen für Frauen haben. Die scheinbar oberflächlichen Beziehungen zwischen Frauen vor Ort haben für die Frauen (wie in 4.1.1 sichtbar wird) wichtige Funktionen, z.b. als Ausgangsbasis für eine politische Interessenvertretung. Auch im Dorf schaffen sich Frauen intensivere Beziehungen untereinander, die ihnen ermöglichen, Belastendes zu thematisieren, ‚ohne daß es im ganzen Dorf rumgeht' oder auch tabuisierte Themen zu benennen. Frauen wissen darum, daß vor Ort andere Strukturen für eine Themeneröffnung geschaffen werden müssen als auf regionaler Ebene. Die Bezüge innerhalb des dörflichen Lebenskontextes sind weiter entscheidend, um Veränderungen, für deren Entwicklung zunächst regionale Distanz sinnvoll war, in den dörflichen Lebenszusammenhang vermitteln zu können und vor Ort einen Unterstützungszusammenhang für deren Verwirklichung im alltäglichen Kontext zu haben. Aus diesem Grund hat die Vielfältigkeit der Bezüge von einzelnen Frauen große Bedeutung. Frauen, die sowohl im Dorf als auch auf regionaler Ebene Bezüge haben, stellen mit diesen wichtige Vermittlungsstrukturen zwischen verschiedenen Orten dar, womit wiederum ihre gestaltende Seite benannt ist.

In diesem Zusammenhang waren Ergebnisse wichtig, die auf Muster hindeuten, mit denen Frauen selbst die Bedeutung ihrer Bezugnahme als innovative Gestaltungskraft verdecken. Dies geschieht z.B., indem ihre eigenen Frauenbezugssysteme, die einem klischeehaften Dorfbild widersprechen, nicht als Bestandteil des dörflichen Gemeinwesens wahrnehmen und damit das Klischee vom Dorf, in dem ‚man so was nicht erzählen kann', reproduzieren. Es geschieht auch darüber, daß Frauen aufgrund ihrer primären Bezogenheit auf Männer diese gestaltende Qualität der Bezugnahme zwischen Frauen nicht öffentlich hervorheben wollen. Damit erwiesen sich sowohl die Geschlechterhierarchie, als auch eine einseitige und entwertende Wahrnehmung des dörflichen Lebenskontextes als Hintergrund dieser Verdeckungsmuster. Solche Verdeckungsmuster in ihrer Wirksamkeit zu erkennen, ist Voraussetzung, um eigene Gestaltungsmöglichkeiten angemessen wahrnehmen und gezielter nutzen zu können. Dies ist gerade auch angesichts der aktuellen Umbruchsituation in ländlichen Regionen, die u.a. zur Veränderung von Meinungsführerschaften und politische Allianzen führt, relevant.

Als ein weiteres Ergebnis der Untersuchung konnte das frauenpolitisch brisante Thema ‚Umgang mit Unterschieden zwischen Frauen' für ländliche Re-

gionen auf die Frage des Umgangs zwischen ‚einheimischen‘ und ‚zugezogenen‘ Frauen konkretisiert werden. Die Reflexion dieser Differenzkategorie
hinsichtlich der Zuschreibungsebene und dem realen Status aufgrund von Unterschieden hat sich für die Bezugnahme zwischen Frauen in ländlichen Regionen als signifikant gezeigt. Der Status ‚Zugezogene‘ oder ‚Einheimische‘
und vor allem die mit diesem Status verbundenen Bilder haben sich in den unterschiedlichen Fragebereichen als relevant herausgestellt. Dabei haben sich
diese Bilder häufig als stereotype Zuschreibungen erwiesen. Im Widerspruch
zu den stereotypen Zuschreibungen – ‚Zugezogene haben kein Interesse am
Dorfleben, und wenn sie sich engagieren, wollen sie nur ihre eigenen
`stadtorientierten` Interessen durchsetzen‘, ‚Einheimische bewegen sich nur in
ihrem verwandtschaftlichen Klüngel, der oberflächlich ist‘ – zeigten die Interviews, daß die Bezugnahme von Frauen auf den Dorfkontext nicht primär
durch den Status von Frauen als Einheimische oder Zugezogene festgelegt
wird, sondern durch die je spezifischen Interessen einer Frau am Dorfgeschehen, an einzelnen Frauen im Dorf und an darrüberhinausgehendem Interesse
an regionalen Bezügen. Einheimische und zugezogene Frauen haben Kontakte in der Region oder nicht, mischen sich in die Dorfpolitik ein oder nicht,
wollen Freundinnen im Dorf haben oder nicht, wollen viele Frauen im Dorf
kennen oder nicht und erleben es als Bereicherung oder als Beschränkung. Ob
und in welcher Form Bezüge zu einzelnen Frauen oder zum Dorf als Lebenszusammenhang da ist, hängt nicht vom Status ‚einheimisch‘ oder ‚zugezogen‘
ab, unterschiedlich aufgrund dieses Status sind jedoch die Bedingungen für
die Verwirklichung der jeweiligen Interessen. So ist es z.B. für einheimische
Frauen aufgrund ihrer oftmals vorhandenen verwandtschaftlichen Bezüge im
Dorf einfacher, ein Netz von lockeren Bezügen zu haben oder freundschaftliche aufzubauen oder auch eine Basis für politische Aktivitäten zu haben. Bezüge sind gegeben, sie müssen nicht geschaffen werden, wie es für Neu-Zuge-
zogene der Fall ist; einheimische Frauen können, wenn sie wollen, darauf zurückgreifen, sie aufrechterhalten und intensivieren. Diese Gegebenheit erfordert jedoch auch bestimmte ‚Vorsichtsmaßnahmen‘, wenn sie z.B. familiäre
Probleme gegenüber anderen Frauen im Dorf benennen. Andererseits wissen
einheimische Frauen meistens um die für solche Vorsichtsmaßnahmen notwendigen Formen.

Die Stereotype, die mit dem Status ‚Zugezogen oder Einheimisch‘ verbunden
sind, begründen m.E. eine landspezifische ‚Spaltungsfalle‘ für Frauen. Für die

Entwicklung frauenpolitischer Bündnisse, die die Interessen möglichst unterschiedlicher Frauen öffentlich zur Geltung bringen, ist diese landspezifische ‚Spaltungsfalle' unter folgenden Fragen zu reflektieren:

- Welche Bilder existieren von ‚zugezogenen' und ‚einheimischen' Frauen?
- Woher stammen zugezogene Frauen? Aus anderen Dörfern, aus Städten, aus anderen Ländern? Bei letzterem ist wiederum zu fragen, ob sie in städtischen oder ländlichen Regionen in diesen Herkunftsländern lebten.
- Was verbirgt sich hinter der häufig genannten Distanzierung und Abgrenzung ‚ich bin keine Frau vom Land'? Was bedeutet sie für das Verhältnis zwischen ‚zugezogenen' und ‚einheimischen' Frauen? Was bedeutet ein permanentes Distanzierungsbemühen zu dem Ort, an dem Frauen leben, für die eigene Verortung und als Ausgangspunkt einer öffentlich-politischen Interessenvertretung? Stellt es eine moderne landspezifische Ausprägung der Ortlosigkeit von Frauen dar?

In bezug auf die Vermittlung zwischen Frauen unterschiedlicher Kulturen zeigte sich eine Grenze des Austausches und unserer Untersuchungsperspektive. Deutlich wurde, daß wir über das ‚Schneeballsystem', in dem wir Zugang zu unterschiedlichen Frauengruppen bekamen, fast ausschließlich deutsche Frauen antrafen. Wir versuchten nur zweimal Kontakt zu Frauengruppen nicht-deutscher Herkunft herzustellen. Diese Versuche mißlangen. Für die Bezugnahme zwischen Frauen unterschiedlicher Kulturen erwies es sich in einem Beispiel als wichtig, daß neben gemeinsamen Unternehmungen auch eigene Räume für einen internen Interessensaustausch zur Verfügung standen. Da in ländlichen Regionen viele Frauen mit unterschiedlichen kulturellen Hintergründen leben, wäre es eine wichtige weiterführende Untersuchungsperspektive, nach spezifischen Formen der internen Bezugnahme von Frauen aus diesen ‚anderen' Kulturen und nach der Bezugnahme zwischen Frauen aus unterschiedlichen Kulturen zu fragen.

Aufgrund der Erkenntnisse des Verdeckungszusammenhangs (vgl. Kap. 1) habe ich danach gefragt, wie das Verschweigen und Entwerten der Fürsorgearbeiten von Frauen in und außerhalb des Familienbereichs einhergeht mit dem Entwerten der Bedeutung von Frauen für andere Frauen und wie diese gegenseitige Entwertung wahrnehmbar und benennbar wird. In der Untersuchung zeigte sich, daß und wie die Nicht-Anerkennung der Leistungen in den beiden Bereichen sich gegenseitig bedingt. Die ganz alltägliche Leistung der

Lebensbewältigung von Frauen mit kleinen Kindern wird kaum als Leistung und als Bewältigung von Belastung wahrgenommen. Frauen ertragen und bewältigen diese Situation häufig ohne viel Aufhebens – aber mit viel Unterstützung, Austausch, Aufgefangen-Werden von anderen Frauen: Verwandten, Freundinnen und Vertrauensfrauen. Die Belastungen werden kaum als Belastungen sichtbar, weil ihre Bewältigung ja durch Leistungen – eigene und die von anderen Frauen – geschieht, die nicht als Leistung wahrgenommen wird. So bleibt die Belastung verschwiegen u.a. aufgrund ihrer verschwiegenen Bewältigung und die Leistungen für die Bewältigung bleiben verschwiegen u.a. aufgrund der verschwiegenen Belastung. Wo es keine Belastung gibt, gibt es auch nichts zu bewältigen. Daß und wie Frauen inzwischen gegen diese Verdeckung vorgehen, wurde u.a. mit den ‚neuen Arbeitsöffentlichkeiten' deutlich. Als wichtiger Schritt für das Aufzeigen und Überschreiten dieses Zusammenhangs sind die zahlreichen Gruppen, in denen sich Frauen gegenseitig unterstützen und kollektive Bewältigungsformen darstellen, zu werten. In diesem Zusammenhang möchte ich als ein übergreifendes Ergebnis auf die spezifische Bedeutung von organisierten und formalisierten Bezügen in Gruppen hinweisen.

Mit den Gruppen schaffen sich Frauen Strukturen für eine öffentliche Bezugnahme unter Frauen. Sie werden für sich und andere in ihrer Bezugnahme aufeinander und in der Bedeutung dieser Bezugnahme für die Bewältigung ihrer Arbeitsbereiche sichtbar und treten öffentlich damit in Erscheinung. Sie schaffen sich Räume, um sich selbst und andere Frauen in ihren Fähigkeiten wahr- und ernstnehmen zu können, um diese weiterzuentwickeln und neue zu entdecken. Genauso wichtig sind diese Gruppen für Frauen, um die eigenen Schwierigkeiten und die anderer Frauen ernstzunehmen und sich gegenseitig zu unterstützen. Diese Gruppen ermöglichen erste Erfahrungen von Frauensolidarität und die Erfahrung, auch außerhalb von der Familie stehenden Frauen zu vertrauen, von ihnen Rückhalt und Hilfe zu bekommen. Frauen richten in diesen Gruppen oft zum ersten mal ihre Sorge und Unterstützung, ihre Kraft und Aufmerksamkeit auf sich selbst und andere Frauen. Sie organisieren sich Unterstützung für sich selbst, beraten sich gegenseitig und bestärken sich bei Veränderungen von Verhaltensmustern und Interessen. Damit stellen Frauen mit diesen Gruppen Räume her, um den – ihnen gesellschaftlich- strukturell erschwerten – Selbstbezug und die Bezugnahme auf andere Frauen zu leben bzw. um dessen Relevanz zu erfahren. Denn für einige Frauen haben sich diese Gruppen, die sie aufgrund ihrer Zuständigkeit für ‚andere' aufsuchten, als Schlüsselerfahrung hinsichtlich der Bedeutung von Frauenbe-zugnahme erwiesen. Dies zeigte sich darin, daß sie auch in späteren Lebens-phasen entsprechend der jeweils aktuellen Interessen, auch solcher jenseits von Familie und Beruf, für sich einen Austausch mit Frauen organisierten und sich für frauenspezifische Angebote in der eigenen Region engagierten. Da-mit erweisen sich diese Gruppen nicht nur einmalig, hinsichtlich der aktuellen Situation als bedeutend, sondern haben eine ‚Langzeitwirkung'.

Als eine weitere, spezifische Bedeutung dieser Gruppen ist zu nennen, daß sie eine Ausgangsbasis für Interessenvertretung in kommunalpolitischen Gre-mien, Verbänden und Institutionen darstellen. In unterschiedlichen Zusam-menhängen haben Frauen betont, daß die von ihnen benannten Probleme nicht allein über Selbsthilfe zu bewältigen sind, auch nicht über eine breitere öffentliche Unterstützung dieser Selbsthilfeansätze, sondern daß hierfür (so-zial-)politisches Umdenken und Umstrukturieren notwendig sind. Frauen se-hen weder ihre Interessen noch die von anderen benachteiligten Gruppen, z.B. von Kindern, alten Menschen oder von Menschen auf der Flucht, in politi-schen Gremien vertreten. Dies wurde bei den Ausführungen der Frauen bzgl. öffentlicher Kinderbetreuungseinrichtungen deutlich sowie bei den Darstel-lungen ihrer Raumsuche für gemeinsame, privat organisierte Kinderbetreu-ung. Dies wurde weiter deutlich am Beispiel einer Frau, die sich, nachdem sie vergeblich versucht hatte, die Interessen von alten Menschen über infor-melle Kontakte in den Kirchengemeinderat einzubringen, entschließt, selbst für diese Interessen im Gremium einzutreten, nach dem Motto: „Entweder ich sag' meine Sachen selber oder es kommt nie an."

Frauen haben begonnen, „ihre Sachen selber zu sagen" und sie in politi-schen Gremien einzubringen. Hervorzuheben ist, daß Frauen nicht nur 'neue Themen' in diesen Gremien vertreten, sondern dabei auch neue Vorgehens-weisen politischer Interessenartikulierung und -durchsetzung entwickeln. Frauengruppen stellen in mehrfacher Hinsicht eine wichtige Basis für diese politische Interessenvertretung dar. Zunächst in inhaltlicher Hinsicht. Sie stel-len Räume für zunächst interne Verständigungsprozesse her, die gewährlei-sten, daß Frauen, die sich in politischen Gremien engagieren, auf die von Frauen formulierten Interessen zurückgreifen und sie vertreten können. In diesen Gruppen werden Anfragen und Forderungen an die „Männer-Politik" entwickelt, die auf deren Einseitigkeit und Mangelhaftigkeit aufmerksam macht. Weiter erwerben sich Frauen in diesen Gruppen strategische Kompetenzen für eine öffentliche Interessenvertretung. Schließlich bilden diese Gruppen für die direkte Vertretung von Interessen in politischen Gremien einen notwendigen Unterstützungszusammenhang. Im Gegensatz zu politisch aktiven Männern, die von ihren Frauen in ihrem öffentlich-politischen Engagement häufig unterstützt werden, ist die Unterstützung von Frauen durch ihre Ehemänner weniger selbstverständlich, teilweise werden sie extrem behindert. Vor diesem Hintergrund bekommt die Bezugnahme zwischen Frauen enorme Bedeutung. Daß diese wiederum durch eine abschreckende öffentliche Thematisierung der Aktivität von Frauen erschwert wird, macht das Zitat von Frau M. deutlich.

„Im Gemeinderat sind schon auch Frauen drin, aber die sich aufstellen lassen, die sind da also wirklich zu wenig. Es ist halt so, wenn sich eine Frau aufstellen läßt, die muß unwahrscheinlich standhaft sein. Also, ich könnt' das glaube ich nicht, muß ich ehrlich sagen, mich da also durch die, durch die ganze Männerwelt da durchzusetzen und immer standhaft zu bleiben. Man muß auch eine gute Stütze von hinten haben, wo immer wieder sagt, ‚das bringst du durch, das bringst du durch', da muß man unwahrscheinlich hinstehen können. Und das kostet viel Kraft, also die Frauen sind wirklich nicht beneidenswert, also alle Achtung vor den Frauen, die da hinstehen können.
Da ist zum Beispiel gerade eine bißle alternative Frau auch, ich muß sagen, die wird zwar von vielen belächelt, aber ich muß sagen, alle Achtung vor der Frau. Die hat schon so manchen Pfeffer denen aufs Butterbrot rauf gegeben. Die wird auch von vielen belächelt, weil jeder sagt, das ist so eine Mannfrau, aber trotzdem, die ist in Ordnung."

Frauen, die professionell oder ehrenamtlich in Institutionen und Verbänden tätig sind, haben u.a. aufgrund ihrer Frauengruppenarbeit vor Ort, der veränderten Situation, den veränderten Bedürfnissen und Problemen von Frauen entsprechend, frauenspezifische Ansätze entwickelt und müssen diese oftmals mit viel Kraft in gemischtgeschlechtlichen Institutionen durchsetzen. Sie müssen für die Anerkennung der Notwendigkeit einer solchen Arbeit kämpfen oder werden in ihrer Arbeit nicht wahrgenommen, weder in der Bedeutung dieser Arbeit für die Frauen noch in deren Bedeutung für die Institution. Für die Institutionen und Verbände ist diese Arbeit in zweifacher Hinsicht innovativ: Zum einen eröffnen sie für die Institution neue wichtige Arbeitsbereiche und zum anderen führen sie neue Methoden ein. Frauen machen immer wie-

der die bittere Erfahrung, wie die von ihnen eingeführten und bereits praktizierten methodischen Neuerungen offiziell nicht wahrgenommen werden; von
Kollegen übernommen, werden sie dann als neue Errungenschaft in derselben
Institution bewundert. Rückhalt für eine solche zermürbende Arbeit bekommen Frauen in den Frauengruppen vor Ort. Sie schaffen sich auch Unterstützungszusammenhänge, indem sie sich regional und überregional mit anderen
professionell und ehrenamtlich tätigen Frauen in ähnlichen Situationen zu-
sammenschließen und hier versuchen, auf struktureller Ebene Veränderungen
herbeizuführen.

Bei der Untersuchung von Vorgehensweisen, mit denen Frauen öffentlich für
Interessen eintreten, wurde als Ergebnis das Zusammenspiel zwischen ‚äußeren' und ‚inneren' Verdeckungsmustern aufgedeckt (vgl. u.a. Kap. 4.1.1
‚Schulaktion'). So haben sich äußere Verdeckungsmuster in Gestalt von Abwehrstrategien von Seiten öffentlicher Institutionen und politischer Vertreter
gezeigt, die darüber funktionieren, daß sie Frauen die Kompetenz absprechen
oder die eigene Zuständigkeit in Frage stellen bzw. das, worauf sich Frauen
berufen nicht akzeptieren (‚außergewöhnliche Belastungen, so was ist bei uns
noch nie vorgekommen'). Auf dem Hintergrund des Wissens um diese Verdeckungsmuster konnten Vorgehensweisen gegen diese Abwehrstrategien als
politisch relevante Schritte wahrgenommen werden; wie z.B. Interessen öffentlich bzw. in spezifischen Einrichtungen anzumelden; spezifische Stellen
von ihrer Zuständigkeit, von der sie häufig nichts wissen, zu überzeugen; bei
Abwiegelung, öffentlich deutlich zu machen, daß sich niemand zuständig
fühlt und damit ein ‚Zuständigkeitsloch' öffentlich sichtbar zu machen. Zu
dieser Entwertung ‚von Außen' kommen Verdeckungsmuster, die Frauen
selbst praktizieren, z.B. in informellen Kreisen bzw. in privaten Beziehungen
sich wenig in ihren fachlichen Kompetenzen wahrzunehmen. Diese Wahrneh-
mungsschwierigkeiten können wiederum nicht auf subjektive Verhaltensmuster von Frauen reduziert erklärt werden (‚sich und anderen Frauen wenig zutrauen'), sondern sind auch als Ausdruck einer strukturell angelegten Unsichtbarkeit der Kompetenzen von Frauen v.a. im privaten Bereich zu interpretieren (Vgl. hierzu Brückner 1994).

Als weiteres Ergebnis ist zu nennen, daß sich die Fragedimensionen analytisch als sinnvoll für einen Blick auf Frauenzusammenhänge jenseits reduzierender Zuschreibungen erwiesen haben. So hat es sich als ergiebig heraus-

gestellt, Verdeckungsmuster aus landspezifischen und frauenspezifischen Zuschreibungen im Zusammenhang wahrzunehmen oder nach der gegenseitigen Verdeckung von Arbeit und Bezugnahme zwischen Frauen zu fragen. Die Sensibilisierung durch die Sichtung des Forschungsstandes zum Thema ‚Frauenbeziehungen' unter der Perspektive des Konstruktes des Verdeckungszusammenhangs hat sich ebenfalls als ergiebig herausgestellt, da z.B. für unterschiedliche Frauenbezüge je spezifische Verdeckungsmuster herausgearbeitet werden konnten. Während die Zuschreibung der Oberflächlichkeit als ein spezifisches Verdeckungsmuster in bezug auf lockere Bezugnahme zwischen Frauen in ländlichen Regionen deutlich wurde, zeigte sich bei der Untersuchung von Beziehungen zwischen Freundinnen die Tabuisierung von Liebesbeziehungen als verdeckte Dimension innerhalb freundschaftlicher Bezugnahme zwischen Frauen.

Gewalt
  macht zu
  verdeckt
  schließt ein
  schließt aus

6. Öffentlichkeiten gegen Gewalt an Frauen und Mädchen

Öffentlich gegen Gewalt in ländlichen Regionen einzutreten, braucht Mut. Es braucht Mut zum Sehen, Zeigen, Hinschauen und Wahrnehmen. Es braucht spezifische Qualitäten von Frauenbezugnahme, um diesen Mut für eine unterstützende Öffentlichkeit für betroffene Frauen und Mädchen aufzubringen. Denn es mangelt nicht an Öffentlichkeit per se. Es ist oft bekannt, daß Männer Frauen schlagen und demütigen. Diese Qualität von ‚Bekanntsein‘ verschlimmert jedoch häufig die Situation von betroffenen Frauen, da es signalisiert: ‚wir wissen davon, aber, da wir nichts unternehmen, halten wie es für zumutbar‘. So wird unterm Deckmantel der ‚Belastbarkeit‘ Gewalt verschleiert (vgl. Kapitel 1.6).

Wie stellen Frauen nun andere, unterstützende Qualitäten von Öffentlichkeit her? Über welche Beziehungen zwischen Frauen gelingt eine Öffnung der Gewalt legitimierenden und verschleiernden Definitionen und Zuschreibungen? Um diese Frage geht es in diesem Kapitel. Mit dieser Fragestellung fokussiere ich die Grunddimensionen der empirischen Erhebung in folgender Weise: Die Dimension ‚Lebensumstände‘ wird auf das Thema ‚Gewalt‘ und die Dimension ‚Vermittlungsaspekte‘ auf die Frage nach ‚Herstellung von unterstützenden öffentlichen Thematisierungsmuster und Vermittlungsstrukturen‘ fokussiert.[1]

Die Relevanz dieser Fokussierung erschließt sich, wenn wir uns Ergebnisse der theoretischen Rahmenanalyse einerseits und Ergebnisse des vorangegangenen Empiriekapitels andererseits vergegenwärtigen:

---

1 Im vorausgegangenen Empiriekapitel bin ich der Fragestellung, welches Zusammenspiel an unterschiedlichen Frauenbeziehungen dabei helfen, die verdeckten Lebensumstände (Arbeit, Konflikte, Gewalt, Frauenbeziehungen) von Frauen in ländlichen Regionen in ihrer gesellschaftlichen Relevanz zu thematisieren und öffentlich zur Geltung zu bringen, in sehr breiter Weise nachgegangen.

- Gewalt gegen Frauen und Mädchen wurde oben als ein, in seiner allgemeinen gesellschaftlichen Relevanz besonderen Weise verdeckter Lebensumstand von Frauen und Mädchen herausgearbeitet (vgl. Kap. 1.4). Tabuisierung von Gewalt bzw. die unterschiedlichen Formen einer reduzierten öffentlichen Thematisierung und sozialpolitischen Anerkennung (z.B. die Privatisierung des Problems) konnte als strukturelle Voraussetzung von individueller Gewalt gegen einzelne Frauen und Mädchen identifiziert werden. Diese reduzierte öffentliche Thematisierung und sozialpolitische Anerkennung führt dazu, daß die Veröffentlichung auf die Opfer zurückfällt, die Täter nach wie vor nicht im öffentlichen Blickfeld sind und die strukturelle Dimension des Problems verdeckt und damit auch die notwendigen strukturellen Veränderungen verhindert werden.

- Weiter wurde deutlich, daß entgegen stereotyper Zuschreibungen nicht von einem ,mehr' oder ,weniger' an Gewalt gegen Frauen in großstädtischen oder ländlichen Lebenswelten auszugehen ist, sondern von je spezifischen Ausprägungen der Modernisierung der Unterdrückung von Frauen.

- Das weitgehende Fehlen von Öffentlichkeiten in ländlichen Regionen, die sozialpolitische Fakten, Definitionen und Zuschreibungen aushandeln und Probleme aus dem Privaten heraus in einen qualitativ anderen Bereich mediatisieren, wurde als ein Grund dafür sichtbar, daß in die sozialpolitische Anerkennung der Lebensumstände von Menschen in ländlichen Regionen bisher kaum ihre eigenen Definitionen als Ergebnisse öffentlicher Thematisierungs- und AushandlungsProzeße eingeflossen sind. Deutlich wurde dabei auch, daß die in großstädtischen Zusammenhängen entwikkelten Öffentlichkeiten nicht einfach auf ländliche Regionen übertragen werden können, sondern daß hier eigene, den spezifischen Bedingungen adäquate öffentliche Verhandlungsmuster zu entwickeln sind.

- Ein wichtiges Ergebnis von Kapitel 2 war das Verdeckungsmuster der Privatisierung von Frauenbezugssystemen: diese werden in ihrer Qualität als öffentliche Bezugssysteme verdeckt.

- Die Ergebnisse im vorausgegangenen Empiriekapitel verweisen insofern auf die Notwendigkeit unterstützender öffentlicher Verhandlungsmuster zum Thema Gewalt, als in ihnen sowohl der Bedarf an ehrenamtlichen Unterstützungszusammenhängen als auch deren Grenzen sichtbar wurde. Zur Unterstützung der von manifester Gewalt betroffenen Frauen und Mädchen und zur Verhinderung von Gewalt ist eine Zusammenarbeit zwi-

schen im sozialen Nahumfeld angesiedelten informellen Unterstützungsformen und professionellen Angeboten unabdingbar. Das führt zu der
Frage, wie für ländliche Regionen adäquate professionelle Einrichtungen
eingefordert und durchgesetzt werden. Damit verbunden ist auch die Frage, wie Unterstützerinnen die öffentliche Meinungsbildung zum Thema
Gewalt in ländlichen Regionen beeinflussen können. So stellt die Fokussierung in diesem Kapitel Resultat und zugleich Fortsetzung des vorausgegangenen Kapitels dar.

Als Ergebnis dieser Fokussierung – dies sei bereits vorweggenommen – wurde ein Spektrum ländlich regionaler Frauenöffentlichkeiten sichtbar, die ab-
weichen von stereotypen Dorfklischees. Diese Frauenöffentlichkeiten weisen
eine neue Qualität öffentlicher Verhandlungsmuster und Verständigungs-Pro-
zeße hinsichtlich sozialpolitischer Fakten (in Gestalt von Definitionen und
Zuschreibungen) für ländliche Regionen auf, da sie in der Lage sind, nicht nur
verdeckte Lebensumstände aus dem Privaten heraus in einen qualitativ anderen Bereich zu mediatisieren, sondern diesen, in ländlichen Regionen bisher
wenig existierenden, qualitativ anderen Bereich herzustellen.

Ein Hinweis zur Art der Analyse dieser Frauenöffentlichkeiten: In diesem
zweiten empirischen Untersuchungsabschnitt habe ich dem Untersuchungsge-
genstand entsprechend zusätzlich zum Datenmaterial aus Interviews Daten
über teilnehmende Beobachtung erhoben. Im Laufe dieser teilnehmenden Beobachtung entwickelte ich folgende Leitfragen; (diese waren neben den in
Kap. 3. operationalisierten Fragen auch für die Auswertung relevant, da in sie
Ergebnisse aus dem ersten empirischen Untersuchungsabschnitt eingeflossen
sind und damit die in Kap. 3. benannten Fragen ausdifferenziert wurden.)

• Wer bildet in ländlichen Regionen diese öffentlichen Vermittlungsmuster?
• Wie sieht ihr räumlicher Bezug aus?
• Welche Verflechtung an Bezügen und Vermittlungsleistungen von Frauen
  wird in ihnen sichtbar und entstehen durch sie?
• Was leisten diese hinsichtlich der Hinterfragung von Verdeckungsmu-
  stern, der Entwicklung unterstützender öffentlicher Thematisierungsmu-
  ster und damit auch hinsichtlich der Entwicklung neuer Ansprüche an die
  Sozialpolitik?
• Mit welchen Themen und mit welchen methodischen Vorgehensweisen
  werden Frauen sichtbar zum einen als durch gesellschaftliche Verhältnisse

Bestimmte und zum anderen als Handelnde sowohl im Sinne einer Reproduktion bestehender Verhältnisse als auch im Sinne von verändernden Schritten?

Mit diesen Leitfragen analysiere ich zum einen die Netzwerkstrukturen, die über die öffentlichen Veranstaltungen sichtbar werden bzw. durch diese entstehen und zum anderen die inhaltlichen Thematisierungsmuster von Gewalt gegen Frauen und Mädchen. Für die Analyse der Netzwerkstrukturen wurden die oben genannten Fragen folgendermaßen ausdifferenziert:

- Welche Frauen initiieren die Thematisierung?
- Welche Frauen nehmen an den Öffentlichkeiten teil und gestalten diese mit?
- In welche Bezugssysteme sind diese Frauen eingebunden bzw. welche entstehen durch die öffentlichen Veranstaltungen?

Außerdem habe ich nach Gründen für die Bildung solcher Öffentlichkeiten gefragt und zwar Gründe von Seiten der Veranstalterinnen und von Seiten der Teilnehmerinnen. Für die Frage nach der räumlichen Dimension habe ich folgende Detailfragen entwickelt:

- Wo finden die Veranstaltungen statt bzw. wo sind die Öffentlichkeiten angesiedelt?
- Wie sieht der Ortsbezug der Veranstalterinnen aus? Wo leben sie selbst, wo arbeiten sie, wie sieht ihr Bezugssystem räumlich aus?
- In welcher Weise wird der räumliche Bezug z.B. in den Thematisierungsmustern berücksichtigt?
- Wie sieht der Ortsbezug der Teilnehmerinnen aus? Welchen Status haben sie im Dorf, in der Region? In welche Zusammenhänge vermitteln sie das Thema weiter?
- Wie sieht der räumliche Bezug der Netzwerke, z.B. der Vernetzung zwischen professionellen Frauen oder die Vernetzung zwischen professionellen und ehrenamtlichen Frauen aus?

Diese hinsichtlich des Raumbezugs differenzierten Fragen sind ein Ergebnis des vorausgegangenen Kapitels: Ich richte den Blick auf die Region und frage danach, an welchen Orten innerhalb der Region das Thema ‚Gewalt' unter welchen Bedingungen und in welcher Form in sinnvoller Weise thematisiert werden kann. Mit diesem Perspektivenwechsel hoffe ich, die je spezifischen Thematisierungsmöglichkeiten der unterschiedlichen örtlichen Ansiedlungen analysieren zu können.

Ebenfalls als Konsequenz der bisherigen Ergebnisse benenne ich in den folgenden Ausführungen den dörflichen Lebenszusammenhang als primären Lebenszusammenhang. Mit diesem Sprachgebrauch möchte ich vorschnelle Zuschreibungen vermeiden, indem ich deutlich mache, daß die Tabuisierung bestimmter Probleme bzw. Hürden für eine öffentliche Thematisierung im dörflichen Lebenszusammenhang v.a. darin begründet ist, daß die unterschiedlichen Lebensbereiche der Menschen im dörflichen Alltag wenig getrennt sind und sich häufig überschneiden. Damit rücke ich ins Blickfeld, daß spezifische Thematisierungsmuster nichts spezifisch Dörfliches darstellen, sondern auf spezifische Strukturen des Zusammenlebens zurückzuführen sind.

Die Ergebnisse werden nun in folgender Weise vorgestellt: In einem ersten Schritt (6.1) wird das Datenmaterial in einer typisierten Darstellung von Frauenöffentlichkeiten aufbereitet. Danach wird die Vernetzungsstruktur der Frauenöffentlichkeiten (6.2.) auf ihre Qualität als Vermittlungsstruktur zwischen unterschiedlichen gesellschaftlichen Bereichen und unterschiedlichen räumlichen Dimensionen (innerhalb einer Gemeinde, regionale Ebene, überregionale Ebene) hin befragt. In 6.3. werden dann Vermittlungsaspekte dieser Frauenöffentlichkeiten, die sich auf die inhaltliche Thematisierung von Gewalt beziehen, herausgearbeitet. Schließlich werden in Kapitel 7 übergreifende Ergebnisse und Entwicklungsperspektiven formuliert.

6.1. Öffentliche Veranstaltungen zum Thema ‚Gewalt gegen Frauen und Mädchen'.[2] Typisierende Darstellung

Frauengruppenöffentlichkeit

Frauen einer Gemeinde, die sich in einem evangelischen Hauskreis zusammengeschlossen haben, tauschen sich innerhalb ihrer Gruppe über das Thema aus. Dies geschieht auf der Basis von Informationen einer Gruppenangehörigen, die persönlichen und beruflichen Kontakt zu Mitarbeiterinnen des Frauenhauses in der Region hat. Da diese Frau außerdem in kommunalpolitischen Gremien engagiert ist, setzt sie sich auch hier gegen Gewalt ein. Der Austausch in der Frauengruppe zum Thema ‚Gewalt' stellt für sie einerseits einen Rückhalt für ihr Engagement in den vor allem männlich besetzten Gremien dar; andererseits berichtet sie in der Frauengruppe auch davon, wie in diesen Gremien das Thema verhandelt wird. Anlaß für die Thematisierung in der Gruppe ist das Interesse der anderen Frauen in der Gruppe an Informationen über das Problem ‚Gewalt gegen Frauen' und über Möglichkeiten der Unterstützung. Teilnehmerinnen sind sowohl seit einigen Jahren in die Gemeinde zugezogene Frauen, als auch Frauen, die in dem Dorf aufgewachsen sind.

Öffentliche Veranstaltung innerhalb einer Gemeinde

Frauen eines evangelischen Frauenkreises in einem Dorf wollen sich selbst zu dem Thema kompetenter machen, um betroffenen Frauen helfen zu können und innerhalb ihrer Gemeinde eine Öffentlichkeit zu dem Thema herzustellen. Eine ihrer Veranstaltungen führen sie zum Thema ‚Gewalt gegen Frauen' durch; sie laden dazu auch weitere, nicht zu ihrer Frauengruppe gehörende

---

2 Dieselbe Entwicklung, die für den öffentlichen und sozialpolitischen Umgang mit dem Problem der Gewalt gegen Frauen beschrieben werden kann, zeichnet sich im Umgang mit dem Problem der sexuellen Gewalt gegen Mädchen ab, mit all seinen Konsequenzen (z.B. Schutz der Täter; z.B. die Tatsache, daß die Veröffentlichung auf die Opfer zurückfällt). Deshalb wurden bei den Beispielen für Öffentlichkeiten nicht ausschließlich solche aufgenommen, die ‚Gewalt gegen Frauen' thematisieren, sondern auch solche, die sexuelle Gewalt gegen Mädchen (und Jungen) oder beides gleichzeitig benennen. Obwohl mir bewußt ist, daß diese beiden Problembereiche qualitative Unterschiede beinhalten, sehe ich es im Zusammenhang von Enttabuisierungsmustern als sinnvoll an, diese zusammen zu untersuchen; sinnvoll ist es auch deshalb, weil beide Gewaltformen unterschiedliche Ausprägungen von Männergewalt darstellen.

Frauen der Gemeinde ein; dies geschieht über Mundpropaganda, über kirchliche Mitteilungswege und über die örtliche Presse. Überraschend viele Frauen (ca. 40) – in- und außerhalb ihrer Gruppe – bekunden ihr Interesse und einen Bedarf mit ihrer Teilnahme an der Veranstaltung. Die Teilnehmerinnen sind sehr heterogen hinsichtlich ihres Alters und hinsichtlich ihres Dorfbezugs: Es sind Frauen, die in dem Dorf aufgewachsen sind und zugezogene Frauen; die Frauen kommen auch als Professionelle (z.B. Lehrerinnen), um sich in diesem informellen Zusammenhang über Handlungsmöglichkeiten in ihrem Beruf zu informieren.

Als Referentinnen wurden zwei Mitarbeiterinnen des nahegelegenen Autonomen Frauenhauses eingeladen. Aufgrund des Kontaktes der örtlichen Frauengruppe zu Frauengruppen in anderen Gemeinden werden die Frauenhausmitarbeiterinnen auch von weiterer Frauengruppen eingeladen mit der Bitte, „dieselbe Veranstaltung auch mit ihnen zu gestalten". Eine weitere Öffentlichkeit wird auch durch einen Presseartikel, der über den Verlauf der Veranstaltung berichtet, hergestellt.

Diese ersten beiden Beispiele zeigen, daß eine Thematisierung von Gewalt gegen Frauen auch vor Ort, d.h. im primären Lebenszusammenhang stattfinden kann.

Regionale Frauenöffentlichkeit

Ungefähr 10 Frauen, die größtenteils unterschiedlichen Frauengruppen in der Region angehören, haben sich zu einem Team zusammengeschlossen, das seit mehreren Jahren einen regionalen Frauentag organisiert; begleitet werden sie dabei von einer Bildungsreferentin eines katholischen Bildungswerkes. Der diesjährige Frauentag behandelt das Thema ‚Harmonie?!?‘ in unterschiedlichen Lebensbereichen von Frauen. Das Thema wird in vielfältigen Formen behandelt: über Theaterszenen, über ein Einführungsreferat und in acht Arbeitsgruppen. Eine Arbeitsgruppe innerhalb dieses Frauentages findet unter dem Titel ‚Kaum zu glauben‘ zum Thema ‚Mißhandlung von Frauen und sexueller Mißbrauch von Kindern in der Familie‘ statt. Das Frauentagsteam bietet für die Kinder der teilnehmenden Mütter auch Kinderbetreuung an diesem Frauentag an.

Die vorbereitenden Frauen verstehen sich nicht nur als Organisatorinnen des Frauentages, sondern haben sich intensiv mit den unterschiedlichen Themen, d.h. auch mit ‚Gewalt gegen Frauen‘ auseinandergesetzt.

Allen 120 Teilnehmerinnen des Frauentages begegnet das Thema ‚Gewalt gegen Frauen und sexuelle Gewalt gegen Kinder' über die Vorstellung dieser Arbeitsgruppe in der Einladung und während der Einführung zum Frauentag: Über eine Theaterszene, die einen alltäglichen Übergriff innerhalb der Familie und die Möglichkeit der Gegenwehr darstellt und über eine kurze Vorstellung der Arbeitsgruppe durch die Referentin dieser Arbeitsgruppe. 12 Teilnehmerinnen lassen sich intensiv auf die Auseinandersetzung mit dem Thema in einer fünfstündigen Arbeitsgruppe ein. Teilnehmerinnen dieser Arbeitsgruppe sind Frauen aus der Kleinstadt, in der die Veranstaltung stattfindet, aus den umliegenden Dörfern und aus anderen Kleinstädten in der Region. Die Frauen sind als Professionelle da (Lehrerinnen, Erzieherin, Krankenschwester, Sozialpädagogin), als Freundinnen, Nachbarinnen von Betroffenen und als Betroffene selbst; außerdem nehmen Frauen teil, die ehrenamtlich tätig sind (z.B. Frauengruppen leiten; z.B. Schöffin bei Gericht sind). Sie wollen sich für ihre professionelle und ehrenamtliche Arbeit und für ihre Unterstützungsarbeit der Nachbarin oder Freundin gegenüber kompetenter zu dem Thema machen und sie sind auf der Suche nach Informationen über weitere Hilfsangebote. Auch betroffene Frauen nehmen teil, da sie auf der Suche nach Unterstützungsmöglichkeiten sind. Zum Schluß der Arbeitsgruppe überlegen sich die Teilnehmerinnen, wie sie in der Region weitere Öffentlichkeiten zu dem Thema herstellen könnten.

Die Referentin der Arbeitsgruppe hat jahrelang in einer Notrufinitiative mitgearbeitet und ist inzwischen in der kirchlichen Erwachsenenbildung als Frauenreferentin auf Diözesanebene tätig.

Als ein wichtiges Ergebnis ist hier der besondere Rahmen der Thematisierung von Gewalt gegen Frauen und sexuelle Gewalt gegen Mädchen und Jungen zu nennen. Unter dem Thema ‚Harmonie?!?' wird Gewalt als ein Bestandteil des Lebenszusammenhangs und des Alltags von Frauen neben anderen benannt. Neben der häufigen Form der Skandalisierung von Gewalt gegen Frauen scheinen mit der Idee, dies unter dem Begriff ‚Harmonie' zu thematisieren, spezifische Möglichkeiten verbunden zu sein; dies ist ein Begriff, der auch in ländlichen Regionen nach wie vor für Frauen einen wichtigen Zuständigkeitsbereich benennt. Außerdem wird mit ihm der Zusammenhang zwischen verdeckter Fürsorgearbeit von Frauen in der Familie und verdeckten Zumutungen in Gestalt von Übergriffen angedeutet.

Überregionale Fachöffentlichkeit

30 Dorfhelferinnen, d.h. Frauen, die als Professionelle im Familienalltag tätig sind, veranstalten jährlich eine einwöchige Fortbildung, u.a. auch um die Vereinzelung in ihrer Arbeit ein Stück weit aufzuheben; der Einsatzbereich dieser Frauen umfaßt mehrere Regionen. Ein Thema der letztjährigen Fortbildung war ‚Gewalt gegen Frauen'. Mit zwei Fachfrauen, einer Frauenhausmitarbeiterin und einer Mitarbeiterin eines Frauenbildungsprojektes, das Fortbildungen zum Thema sexueller Mißbrauch an Mädchen für Professionelle anbietet, wird ein Vormittag lang zum Thema in unterschiedlichen Formen gearbeitet; nachmittags bearbeiten die Dorfhelferinnen das Thema in Kleingruppen weiter.

Motivation für die Thematisierung ist die Fassungslosigkeit, Hilflosigkeit und Überforderung der Dorfhelferinnen, wenn sie im beruflichen Alltag die Mißhandlung von Frauen mitbekommen. Hierfür wollen sie sich informieren, welche Unterstützungsmöglichkeiten es für mißhandelte Frauen gibt und was sie als Dorfhelferinnen an Unterstützung leisten können. Zudem soll Raum geschaffen werden, um eigene Übergriffserfahrungen im Rahmen ihrer Berufsarbeit thematisieren zu können.

Regionale (Fach-)Öffentlichkeit

Professionelle Frauen aus mehreren Dörfern und zwei Kleinstädten haben sich zu einem regionalen Frauenforum zusammengeschlossen (u.a. Sozialpädagoginnen, Frauen aus der Jugendarbeit, vom sozialen Dienst des Jugendamtes, Frauenhausmitarbeiterinnen). Eine der zahlreichen Aktivitäten des Frauenforums ist die Organisation einer öffentlichen Ausstellung in der Region zum Thema ‚sexuelle Gewalt gegen Mädchen'. Durch ihre professionelle Tätigkeit wissen die Frauen um die Häufigkeit von sexuellem Mißbrauch an Mädchen und um die Auswirkungen der Tabuisierung dieses Problems. Sie wissen auch darum, daß die vorhandenen professionellen Angebote mit dem Problem überfordert sind. Ziel der Ausstellung, die in der Kreisstadt stattfindet, ist es landkreisweit bzgl. des Themas zu sensibilisieren und eine Öffentlichkeit zu initiieren, die sich für spezifische Unterstützungsangebote in der Region einsetzt. Zu der Eröffnungsveranstaltung der Ausstellung werden gezielt PolitikerInnen aus der Region und leitende Personen der Sozialadministration eingeladen.

Öffentliche Initiative zur Einrichtung eines Frauenhauses

Frauen aus mehreren Dörfern innerhalb einer Region schließen sich zu einem Verein ‚Frauen helfen Frauen' zusammen. Die Frauen sind in ihren unterschiedlichen Berufen z.b. als Lehrerinnen, als Mitarbeiterinnen einer Beratungsstelle und bei der Polizei mit dem Thema der Mißhandlung von Frauen und Mädchen konfrontiert. Das langfristige Ziel dieser Frauen ist, ein Autonomes Frauenhaus für mißhandelte Frauen und ihre Kinder in der Region einzurichten und dies in den unterschiedlichen politischen Gremien ihrer Region durchzusetzen. Erste Schritte hierzu sind unterschiedliche Formen der Veröffentlichung des Themas und die Einrichtung eines Notruftelefons für mißhandelte und vergewaltigte Frauen.

Motivation für die Initiative ist das Wissen um die Häufigkeit des Problems, Wissen, daß in bestehenden professionellen Angeboten in der Region das Thema nicht oder unzureichend behandelt werden kann; es ist das Wissen, daß die in den nächstgelegenen Städten vorhandenen Frauenhäuser ständig überfüllt sind und daß deshalb in der Region selbst spezifische Hilfsangebote zu dem Thema notwendig sind, um die Betroffenen nicht immer wieder allein damit zu lassen.

Überregionale und regionale Frauenöffentlichkeiten

Bildungsreferentinnen innerhalb der katholischen Bildungsarbeit haben ein umfassendes Konzept entwickelt, wie auf der Basis eines frauenspezifischen Bildungsansatzes das Thema auf den unterschiedlichen Ebenen und an unterschiedlichen Orten zu thematisieren ist. Sie organisieren in verschiedenen Formen und mit unterschiedlicher regionaler Ansiedlung Veranstaltungen zu dem Thema.

Auf überregionaler Ebene wird das Thema ‚Gewalt gegen Frauen' unter dem Titel ‚Moral als Macht über Frauen' in einem mehrtägigen Werkstattseminar für Gruppenleiterinnen und Multiplikatorinnen angeboten. Die Frauen wollen damit auch innerhalb der Kirche für eine ‚frauenfreundliche Moral' einstehen.

Auf regionaler Ebene werden unterschiedliche Veranstaltungsformen gewählt:

- Ein zweitägiges Frauenforum in einer Kleinstadt bestehend aus einer Großveranstaltung, in der das Thema auf einer allgemeinen Ebene, ohne Anspruch auf Austausch des Selbstbezugs thematisiert wird. Ergänzend zu der Großveranstaltung wird Gruppenarbeit angeboten, um einzelne Bereiche des Themas zu diskutieren und um die Möglichkeit für einen persönlichen Erfahrungsaustausch zu schaffen. Ein weiterer Teil des Frauenforums stellt ein Angebot für Leiterinnen von Frauengruppen in der Region dar, um diesen Hilfestellung zu geben, wie sie das Thema vor Ort in ihren Gruppen thematisieren können.

- Der katholische Frauenbund bietet für alle Verbandsgruppen Bildungsmaterialien zur Thematisierung von ‚Sextourismus' an: Viele einzelne Gruppen des katholischen Frauenbundes behandeln das Thema intern. Schließlich wird es das zentrale Thema einer Wallfahrt mit 800 Frauen, bei der eine philippinische Klosterschwester das Hauptreferat unter dem Titel ‚Wut zur Veränderung' hält. Hier ist hervorzuheben: durch die kirchliche Organisation und Tradition werden Formen von Gewalt gegen Frauen behandelt, die in anderen Ländern stattfinden. Die Art der Behandlung entspricht jedoch in keiner Wiese kirchlicher Tradition: Es wird vor allem danach gefragt, wie denn der Zustand unserer Gesellschaft und vor allem der Männer in dieser ist, wenn diese z.B. in Thailand Frauen und Mädchen sexuell ausbeuten.

- In mehreren Kleinstädten werden Fortbildungstage für Gruppenleiterinnen von Frauengruppen und interessierten Frauen zum Thema ‚sexueller Mißbrauch von Mädchen und Jungen' veranstaltet. Die Veranstaltungen werden über die Bildungswerke in mehreren Regionen im Programmangebot und der örtlichen Presse angekündigt und finden in Kleinstädten in den Räumen der Bildungswerke statt. Es sind eintägige Veranstaltungen mit dem Angebot der Kinderbetreuung. Zielgruppe dieser Angebote sind Gruppenleiterinnen von Frauengruppen, Frauen, die beruflich mit dem Thema zu tun haben und interessierte Frauen.

Eine zentrale Motivation für diese Art des Angebotes ist das Wissen um die Häufigkeit des Problems und das Wissen, daß es schwierig ist, in Frauengruppen vor Ort dieses Thema zu behandeln, daß die Gruppenleiterinnen für eine Thematisierung vor Ort Unterstützung brauchen. Dies wurde von einer Verantwortlichen dieses Angebotes in einem Interview folgendermaßen formuliert: „Die nächste Frage ist, wie können wir dieses Thema öffentlicher machen, also aus dem Tabubereich herausholen, so daß also Frauen in ihren Frauengruppen das Thema angehen können oder Hilfe kriegen, wen sie holen können, um mit dem Thema zu arbeiten. Weil man inzwischen davon ausgehen kann, daß in all unseren Frauengruppen mindestens ein paar Betroffene drin sitzen, die entweder sexuellen Mißbrauch von ihren Vätern oder Verwandten erfahren haben oder sexuelle Gewalt hier und heute erleben durch ihre Männer oder Freunde oder Partner."

Zur Zusammensetzung der Teilnehmerinnen eines solchen Fortbildungstages: Es sind Frauen aus der Kleinstadt, in welcher der Fortbildungstag stattfindet, aus mehreren Gemeinden in der näheren Umgebung; es sind auch Frauen aus Dörfern und Kleinstädten anderer Regionen, die in ihrer Region auch einen solchen Fortbildungstag planen. Es sind Frauen, die selbst in den Dörfern aufgewachsen sind, in denen sie leben und es sind Frauen, die zugezogen sind, aus anderen Dörfern und Städten. Eine Frau thailändischer Herkunft ist unter den Teilnehmerinnen.

Aus dem professionellen Bereich nehmen teil eine Atemtherapeutin, Psychotherapeutin, Gemeindereferentin, einige Lehrerinnen, eine Erwachsenenbildnerin und Mitarbeiterinnen von Frauenhaus und Frauenhausinitiative.

Aus dem ehrenamtlichen Bereich sind vertreten Gruppenleiterinnen und Teilnehmerinnen von konfessionellen Frauengruppen in Dörfern, eine Frau, die in einem Familienzentrum engagiert ist sowie eine Frau, die in einem Treffpunkt für Alleinerziehende mitarbeitet. Die Teilnehmerinnen leben in unterschiedlichen Lebensformen: mit Kindern, mit Kindern und Männern, mit Frauen.

Über die Motivation für die Teilnahme der Frauen wird der Bedarf an Austausch und weiterführender Hilfen in der Region offensichtlich:

Mütter nehmen teil, weil sie den Verdacht haben, daß ihre Töchter innerhalb der Familie mißbraucht werden. Sie sind verunsichert: Wie können sie erfahren, ob ihr Verdacht begründet ist und welche Möglichkeiten gibt es, ihre Töchter zu schützen?

Die professionellen Frauen wollen sich zu dem Thema informieren und sensibilisieren, da sie häufig in ihrer Praxis damit konfrontiert werden und wenig Wissen darüber haben, wie sie damit umgehen können. Die Gruppenangehörigen und -leiterinnen sind oftmals Anlaufstelle für Betroffene vor Ort oder wissen von betroffenen Frauen in ihrer Gemeinde und suchen deshalb nach Anregungen und Informationen, um das Thema vor Ort in ihrer Frauengruppe bearbeiten zu können. Einige Professionelle haben auch die Motivation, andere zu diesem Thema kompetente Frauen kennenzulernen mit dem Ziel einer regionalen Vernetzung.

Die Veranstalterinnen dieses Fortbildungstages haben ein umfassendes Materialienbuch zu dem Thema ‚sexuelle Gewalt gegen Mädchen' konzipiert, das in unterschiedlichen methodischen Einheiten, Möglichkeiten der Bearbeitung des Themas aufzeigt. Besonders hervorzuheben bezüglich der methodischen Vorgehensweise bei diesem Fortbildungstag ist, daß dieses Materialienbuch ‚praktisch' vorgestellt wird, d.h. einzelne methodische Einheiten des Buches werden erprobt und hinsichtlich einer Übertragung in den eigenen Arbeitszusammenhang reflektiert.

- Eine Bildungsreferentin wird nach einem Artikel zum Thema ‚sexuelle Gewalt an Mädchen' in einer kirchlichen Zeitung von Frauen aus mehreren Gemeinden zu Veranstaltungen eingeladen, die erfreulich gut besucht sind. Diese Veranstaltungen dienen einer ersten Information über das Thema; eine dieser Veranstaltung findet statt, um eine in der Region vorhandene Initiative für ein Hilfsangebot für von sexueller Gewalt betroffenen Mädchen zu unterstützen.

Ein weiteres Ergebnis sei hier bereits benannt. Das Thema „Gewalt gegen Frauen und Mädchen" ist uns in vielen anderen Gruppenzusammenhängen und Bildungsseminaren begegnet, die nicht explizit zu diesem Thema stattfanden. So haben z.B. Frauen in einer Kurnachsorgegruppe von eigenen Mißhandlungserlebnissen berichtet. In einer Kleingruppenarbeit während einer Bildungsveranstaltung fand eine intensive Beratung einer Teilnehmerin, die vom Ehemann mißhandelt wird und dies offen legte, durch die anderen Teilnehmerinnen, statt. M.E. eröffnen solche Zusammenhänge spezifische Zugangsmöglichkeiten zu diesem verdeckten Thema. Beide Formen der Thematisierung sind wichtig und leisten jeweils Spezifisches: die öffentlich benannte und als solche angekündigte Thematisierung von Gewalt und Formen ‚immanenter' Thematisierung, bei denen Gewaltthematisierung im Zusammenhang mit unterschiedlichsten Themen Raum erhalten kann.

6.2 Die Vernetzungsstruktur. Vermittlungsstrukturen zwischen unterschiedlichen Lebensbereichen und Orten

Bezugssysteme (aus der Perspektive) der Veranstalterinnen

Bei der Gesamtbetrachtung der Beispiele ist als ein erstes Ergebnis das breite Spektrum hinsichtlich der unterschiedlichen Zugehörigkeiten der Frauen, die Öffentlichkeiten zu dem Thema initiieren, hervorzuheben. In unterschiedlichen Zusammenhängen fühlen sich Frauen für eine Thematisierung verantwortlich: Es sind Frauen, die sich als Interessierte und Engagierte innerhalb ihrer Gemeinden oder in der Region in Frauengruppen zusammengeschlossen haben und die hinsichtlich ihres Eingebundenseins in den dörflichen und regionalen Lebenszusammenhang einen sehr unterschiedlichen Status aufweisen (seit Generationen in der Gemeinde verwurzelt; seit einiger Zeit in der Gemeinde lebend oder erst seit kurzem zugezogen). Es sind Professionelle aus unterschiedlichen psychosozialen Berufen, die innerhalb verschiedener Institutionen und Verbände eine frauenspezifische Sozial- und Bildungsarbeit gestalten.

Bei den Frauen, die als Professionelle auf regionaler und überregionaler Ebene das Thema eröffnen, stellen berufliche Bezüge zu Frauen vor Ort einen Ausgangspunkt für die Thematisierung dar. Über diese Bezüge zu von manifester Gewalt betroffenen Frauen oder zu Unterstützerinnen wird ihnen der Bedarf einer unterstützenden öffentlichen Verhandlung des Problems deutlich. Beispiele hierzu sind die Dorfhelferinnen, die in ihrer beruflichen Praxis in den Familien die Situation von mißhandelten Frauen erleben oder Sozialarbeiterinnen, die im Rahmen ihrer Tätigkeiten in Beratungsstellen, auf dem Jugendamt, in der Jugendarbeit oder in der Bildungsarbeit mit dem Thema Gewalt konfrontiert sind. Eine Professionelle entwickelt als Verantwortliche für die Bildungsangebote für Frauengruppenleiterinnen ein Konzept für die Fortbildung von ehrenamtlichen Gruppenleiterinnen zur Thematisierung von ‚Gewalt/sexuelle Gewalt gegen Frauen und Mädchen‘ vor Ort. Durch ihre Zusammenarbeit mit vielen unterschiedlichen Frauengruppen und Frauengruppenleiterinnen kennt sie die Situation in den Frauengruppen vor Ort, weiß um die Notwendigkeit, daß es auch vor Ort benannt werden muß und daß hierfür Hilfestellung notwendig ist: Zum einen, weil Leiterinnen von Frauengruppen vor Ort häufig keine Professionellen sind, zum anderen, weil die Thematisierung vor Ort noch einmal unter anderen Bedingungen stattfindet.

Mit diesem letztgenannten Beispiel eines kontinuierlichen Arbeitszusammenhangs zwischen Professionellen und engagierten Frauen vor Ort werden Voraussetzungen dafür deutlich, daß Professionelle von den Problemen und Themen erfahren, welche die einzelnen Frauen bewegen und daraufhin ihre Angebote ausrichten. Mit diesem Zusammenhang scheint ein gerade für ländliche Regionen wichtiges Modell für Vermittlungsstrukturen gegeben: mit diesem bleibt die große Bedeutung von Vertrauensfrauen für erste verändernde Schritte aus scheinbar ausweglosen Situationen, wie sie sich im ersten empirischen Untersuchungsabschnitt gezeigt hat, nicht zufällig. Solchen entwikkelten Konzepten zur professionellen Begleitung ehrenamtlich engagierter Frauen bin ich in unterschiedlichen Verbänden und Institutionen begegnet. Um Mißverständnissen vorzubeugen: hier geht es nicht um eine Verlagerung von professionell zu leistender Arbeit in ehrenamtliche Arbeit, sondern darum, daß ehrenamtlich tätige Frauen in ihren spezifischen Unterstützungsmöglichkeiten von Professionellen begleitet werden. Gerade im Zusammenhang mit Gewalt an Frauen und Mädchen innerhalb von Familien haben informelle Unterstützerinnen meistens als erste Zugang, werden jedoch in ihren Möglichkeiten sehr schnell überfordert. Deutlich zeigte sich, daß die Qualität professioneller Begleitung ehrenamtlich tätiger Frauen wesentlich dadurch bestimmt wird, in welchem Ausmaß die Professionellen Strukturen ländlicher Lebenswelten berücksichtigen.

Als ein Fazit kann hier Professionellen, die in ländlichen Regionen brisante Themen eröffnen wollen und die selbst über keine kontinuierlichen Zusammenhänge zu Frauen vor Ort verfügen, geraten werden, auf die vor Ort und regional vorhandenen Frauenzusammenhänge zuzugehen und diese in ihrer Qualität als Frauen-Öffentlichkeiten in ländlichen Regionen zu ‚begreifen‘.

Bei der Untersuchung eines kontinuierlichen Arbeitszusammenhangs zwischen professionellen und ehrenamtlich engagierten Frauen aus örtlichen Frauengruppen hat sich als ein wichtiger Effekt dieser Zusammenarbeit auch die sehr weitreichenden Möglichkeiten, Teilnehmerinnen für Veranstaltungen zu gewinnen, herausgestellt. Ein überregional angesiedelter Frauentag wird durch ein Team von 10 Frauen vorbereitet, die unterschiedlichen Frauengruppen angehören. Dies ist nicht zufällig, sondern Ausdruck eines Konzepts: mit dem breiten Spektrum unterschiedlicher Frauen innerhalb ihres Vorbereitungssteams wollen die Frauen eine Voraussetzung schaffen, um möglichst viele unterschiedliche Teilnehmerinnen anzusprechen. Dies geschieht zum einen dadurch, daß mit dieser gemischten Vorbereitungsgruppe Interessen aus den unterschiedlichen Gruppierungen in die Gestaltung des Frauentages einfließen; zum anderen werden über die persönlichen Vermittlungen der vorbereitenden Frauen jeweils unterschiedliche Frauenkreise angesprochen. Die Professionelle, die diese Gruppe begleitet, versteht es ausdrücklich als einen Bestandteil ihrer Arbeit, methodische Schritte zu organisieren, damit die Frauen sich mit den bestehenden Unterschieden im Vorbereitungsteam auseinandersetzen.

Damit werden für das Ziel, daß möglichst viele unterschiedliche Frauen gemeinsam einen regionalen Frauentag gestalten, strukturelle Überlegungen angestellt und Lernschritte organisiert; die Unterschiede und die Schwierigkeiten, die in der Zusammenarbeit entstehen und die ein Indiz für die Konflikte zwischen unterschiedlichen Frauengruppierungen darstellen, sind immer wieder Gegenstand der Reflexion.

Am Beispiel dieses Frauentages wird als weiteres Ergebnis die Bedeutung eines kontinuierlichen öffentlichen Arbeitszusammenhangs für eine inhaltliche Weiterentwicklung, die auf Interessen unterschiedlicher Frauengruppen in der Region abgestimmt ist, offensichtlich. Der Frauentag findet seit mehreren Jahren statt und hat sich als ‚Frauenereignis' in der Region mit steigender Teilnehmerinnenzahl (inzwischen bis zu 120 Teilnehmerinnen) und sich weiterentwickelnder thematischer Angebote etabliert. Viele Frauen nehmen regelmäßig daran teil und bringen auch immer wieder andere Frauen aus ihrem Bekannten- und Freundinnenkreis mit; für andere Frauen dagegen sind die Themen inzwischen zu brisant, was wiederum auf die Notwendigkeit unterschiedlicher Angebote verweist. Das große Interesse an diesem Frauentag zeigt jedoch den Bedarf gerade auch von Angeboten, die brisante Themen, wie z.B. Gewalt, aufgreifen. Daß es nicht nur bei einer einmaligen Thematisierung eines brisanten Themas bleibt, wird dadurch gewährleistet, daß sich der Frauentag inzwischen als Impulsgeber für einzelne Frauengruppen etablieren konnte: die Themen des Frauentages werden in unterschiedlichen Gruppen über einen längeren Zeitraum ausführlicher behandelt. Dies wird ermöglicht, indem einzelne Teilnehmerinnen des Frauentages und Frauen aus dem Vorbereitungsteam die Themen des Frauentages in ihre jeweiligen Gruppen rückvermitteln. Andererseits fließt, ebenfalls über die Frauen aus dem Vorbereitungsteam, das, was durch die Thematisierung in der Gruppe über die

Situation von Frauen in der Region sichtbar wird, in die Gestaltung der nächsten Frauentage ein.

Deutlich zeigen sich am Beispiel kirchlicher Frauenzusammenhänge die Vorteile eines hohen Organisationsgrades. Mit ihm können Themen an sehr unterschiedlichen Orten und in aufeinander abgestimmten unterschiedlichen Formen verhandelt werden. Über kirchliche Mitteilungsorgane nutzen die Frauengruppen vielfältige Informationswege, mit denen viele Menschen erreicht werden, die selbst nicht an Veranstaltungen zum Thema ‚Gewalt' teilnehmen. Außerdem erreichen sie darüber, daß in der Öffentlichkeit das Thema ‚Gewalt' als ein auch in kirchlichen Zusammenhängen relevantes Thema sichtbar wird.

Alle Beispiele der Thematisierung zeigen, daß es nicht einzelne Frauen sind, die diese Öffentlichkeiten initiieren, sondern eine Gruppe von Frauen: es sind örtliche und regionale Zusammenschlüsse von Frauen, regionale Zusammenschlüsse zwischen engagierten und professionellen Frauen, regionale Zusammenschlüsse unter Professionellen aus unterschiedlichen Berufen oder aus einem Beruf. Diese einzelnen Frauengruppen sind häufig wiederum in Bezugssysteme zu anderen Frauengruppen eingebettet. Damit wird mit diesen Frauengruppen, die das Thema ‚Gewalt/sexuelle Gewalt gegen Frauen und Mädchen' an die Öffentlichkeit bringen auch eine regionale und überregionale Vernetzungsstruktur unter Frauen sichtbar.

Als ein Ergebnis wurde deutlich, daß Frauen für die Initiierung von Öffentlichkeiten zum Thema ‚Gewalt/sexuelle Gewalt gegen Frauen und Mädchen' auf die gegenseitige Bestärkung in einem Bezugssystem angewiesen sind: wenn sie beginnen, die Realität von Gewalt gegen Frauen, von sexueller Gewalt gegen Mädchen und Jungen wahrzunehmen, brauchen sie zum einen für sich eine Möglichkeit des Austausches, um die Ungeheuerlichkeiten dieser Realität zulassen und aushalten zu können und nicht wieder die Augen verschließen zu müssen – dies gilt gleichermaßen für professionelle und nichtprofessionelle Frauen. Zum anderen erzeugt die Enttabuisierung meistens heftige Gegenwehr, welche die Frauen zu spüren bekommen, die das Thema benennen. Damit werden sie mit einer Konsequenz der gesellschaftlich-strukturellen Verankerung von Gewalt gegen Frauen konfrontiert: nicht die Täter werden als diejenigen wahrgenommen, die den sozialen Frieden stören, sondern die Frauen, die auf die Verbrechen hinweisen. Da sich dies als gleichermaßen gültig, sowohl für den Lebenszusammenhang von Frauen im Dorf, als auch für den professionellen Bereich in Institutionen herausgestellt hat, verdeutlichen die Beispiele, daß die soziale Kontrolle in ihren negativen Aspekten, die primär mit dem dörflichen Lebenszusammenhang assoziiert wird, in engen Bezugssystemen unter Menschen anzutreffen ist, so z.B. auch in professionellen Arbeitszusammenhängen in und außerhalb von Institutionen.

In diesem Zusammenhang ist auf ein weiteres Ergebnis hinzuweisen: Die unterschiedlichen Angebote einer öffentlichen Thematisierung von Gewalt beinhalten eine Arbeitsteilung. Bei der Gesamtbetrachtung wird deutlich, daß mit den verschiedenen Angeboten jeweils unterschiedliche Zielgruppen erreicht werden und daß sich die verschiedenen Angebote auch inhaltlich ergänzen.

Neben der Bedeutung der lebendigen Bezugnahme zwischen Frauen als Voraussetzung für die Inszenierung von Öffentlichkeiten zum Thema ‚Gewalt/sexuelle Gewalt gegen Frauen und Mädchen‘, wird in den Veranstaltungen auch der feministische Wissensbestand zum Thema ‚Gewalt‘ und damit eine Bezugnahme über Literatur als eine wesentliche Quelle für die Veranstaltungen sichtbar. Gleichzeitig wird damit deutlich, wie dieser inzwischen Bestandteil von professioneller Fachlichkeit und von Allgemeinwissen von Frauen geworden ist. Da feministische Diskurse häufig unausgesprochen großstadtbezogen sind bzw. den sozialräumlichen Bezug bisher vernachlässigt haben, erweist es sich als notwendige Vermittlungsleistung der engagierten Frauen, das vorhandene Wissen auf die jeweils spezifische Situation in der Region zu übertragen.

Räumlicher Bezug von Veranstaltungen und Veranstalterinnen
Durch das breite Spektrum der Veranstaltenden ist gewährleistet, daß Veranstaltungen innerhalb von ländlichen Regionen an unterschiedlichen Orten angesiedelt sind: Mit der Wahrnehmung des Spektrums der unterschiedlichen Orte und Formen von Öffentlichkeiten – in einer Gemeinde innerhalb einer geschlossenen Gruppe, in einer Gemeinde veranstaltet für Frauen auch außerhalb der Gruppe, regional, überregional – wird sichtbar, daß je nach Verortung jeweils spezifische Möglichkeiten gegeben sind. Erst wenn diese je spezifischen Möglichkeiten im Zusammenhang gesehen werden, werden sie auch in ihrer gegenseitigen Verwiesenheit und Ergänzung deutlich. Eine solche Wahrnehmung hat sich als eine wesentliche Voraussetzung erwiesen, um stereotypen Zuschreibungen bzgl. des dörflichen Lebenszusammenhangs, die

immer wieder während der Untersuchung in Interviews offensichtlich wurden, zu begegnen. So zeigt sich z.b. die Zuschreibung „im Dorf können die einzelnen nicht von ihren Problemen erzählen, da kann man so was doch nicht verhandeln". Deutlich wurde jedoch, daß die Thematisierung der Selbstbetroffenheit in einer Öffentlichkeit vor Ort nicht unbedingt sinnvoll ist; daß vor Ort andere, ebenso wichtige Vermittlungsleistungen gelingen, so z.b. das Thema in einer allgemeinen und umfassenden Weise zu eröffnen, d.h. u.a. die Privatisierung von Gewalt öffentlich zu hinterfragen; z.b. Möglichkeiten der Unterstützung im dörflichen Lebenszusammenhang und weiterführende Unterstützungsmöglichkeiten aufzuzeigen, sich als Ansprechpartnerin zu erkennen zu geben, die offen ist für ein vertrauliches Gespräch zum Thema Gewalt und über weitere Unterstützungsmöglichkeiten informieren kann.

Als weitere Zuschreibung zeigte sich „Bei regionalen Angeboten sind doch nur bestimmte Frauen, das sind doch keine richtigen Landfrauen". Deutlich wurde, daß das Spektrum der Teilnehmerinnen auch von regionalen Angeboten sehr breit ist; es sind Frauen, die seit langem in ländlichen Regionen leben und es sind Frauen, die erst seit einiger Zeit da leben; jedoch leben inzwischen alle Teilnehmerinnen in einer ländlichen Region. Die Zuschreibung, daß dies keine ‚eigentlichen' bzw. ‚richtigen' Frauen vom Land sind, ist teilweise Folge einer verkürzten Wahrnehmung; sie nimmt die veränderte Situation nicht wahr, daß heute sehr viele unterschiedliche Frauen auf dem Land leben: Alle Frauen, die nicht der lange Zeit vorherrschenden Bevölkerungsgruppe auf dem Lande zuzuordnen sind, werden nicht als Frauen vom Land gesehen und diese sehen sich häufig selbst nicht so. Diese Definitionsproblematik, die auch aus einer schwierigen Selbstverortung herrührt, wurde bereits oben als moderne Variante der Ortlosigkeit von Frauen interpretiert.

In den untersuchten Beispielen wird auch ein Spektrum hinsichtlich des Ortsbezugs der Veranstalterinnen sichtbar: Es sind Frauen, die in Dörfern als Zugezogene oder Alteingesessene wohnen, es sind Frauen, die in Kleinstädten wohnen und es sind Frauen, die in Großstädten wohnend, aufgrund ihrer professionellen Zuständigkeit für städtische und ländliche Gebiete darüber reflektieren, wie und auf welchen Wegen das Thema auch in die unterschiedlichen Frauenzusammenhänge in ländlichen Regionen zu vermitteln ist.

Ein Ergebnis dieser Untersuchung von öffentlichen Thematisierungsmustern bzgl. Gewalt kann auch als relevant für andere Themen genannt werden: örtliche Gegebenheiten zu berücksichtigen hat sich als wichtiger Bestandteil von professioneller Kompetenz herausgestellt. Die Form der Thematisierung ist abhängig davon zu gestalten, ob ein Thema unter städtischen oder ländlichen Öffentlichkeitsbedingungen eröffnet wird und ob es im primären Lebenszusammenhang der teilnehmenden Frauen oder mit Distanz zu diesem (auf regionaler oder überregionaler Ebene) thematisiert wird. Das bedeutet, je nach örtlicher Ansiedlung sind spezifische Thematisierungsmuster zu entwickeln. Gezeigt hat sich während der Untersuchung, daß viele Professionelle ein (Alltags-)Wissen über diese ländlichen Bedingungen haben, daß sie dies aber selten explizit zu einem Bestandteil ihrer professionellen Kompetenz entwickeln. Dieses Wissen ist der Reflexion zugänglich zu machen, um es in professionelles Wissen zu überführen. Die bisherigen Überlegungen hinsichtlich einer professionellen Kompetenz, die ländliche Lebensbedingungen berücksichtigt, haben sich in den Gesprächen mit professionellen Frauen als interessante, ihren bisherige Erklärungsmuster erweiternde Reflexionsfolie für ihre Arbeit erwiesen.

Über die Berücksichtigung der sozialräumlichen Dimension konnten als ein Ergebnis die besonderen Vermittlungsleistungen von Frauen, die innerhalb ihres primären Lebenszusammenhangs das Thema ‚Gewalt' benennen, herausgearbeitet werden. Damit sind Frauen gemeint, welche in der Gemeinde, in der sie selbst leben, das Thema benennen. In mehreren Beispielen wurde deutlich, daß Frauen, die sich zum Thema ‚Gewalt gegen Frauen, sexuelle Gewalt gegen Mädchen' engagieren, unsicher darüber waren bzw. einen Balanceakt zu vollbringen haben bzgl. des Ausmaßes, in dem sie sich als Engagierte zu erkennen geben und wie viel Schutz sie für sich brauchen. Die Frauen stehen in einem Dilemma: einerseits ist für ihre Arbeit eine gewisse Anonymität für ihren eigenen Schutz notwendig; andererseits werden in ländlichen Regionen brisante Themen gerade über das persönliche Vermitteln eröffnet, d.h. darüber, daß die Frau als Person einschätzbar ist. Dies setzt voraus, das sich die Personen, die ein Thema eröffnen, in der ländlichen Öffentlichkeit zeigen. Es wurde offensichtlich, daß es für betroffene Frauen oder für Frauen, die von betroffenen Frauen wissen, wichtig ist, Frauen, die sie aus ihrem Alltagszusammenhang kennen und die zum Thema Kompetenzen aufweisen, um Rat bitten zu können. Hilfe kann leichter bei einer ‚halböffentlichen' Instanz nachgesucht werden, d.h. bei einer Frau, die sowohl eine gewisse Nähe als auch eine gewisse Distanz zur Lebenswelt von hilfesuchenden Frauen hat.

So berichteten z.B. einige Frauen aus der Notrufgruppe, wie sie in der Zeit, in der sie sich für einen Notruf für vergewaltigte Frauen in der Region engagierten, sehr häufig privat von Betroffenen selbst oder von Unterstützerinnen um Rat gebeten wurden. Das offizielle Notruftelefon wurde zumindest in der Anfangszeit vergleichsweise zu den privaten Nachfragen kaum benutzt. Die ‚privaten' Nachfragen geschahen hier nicht ausschließlich aufgrund von akuten Notsituationen, sondern dienten häufig auch der Information über das Thema. Der Austausch über das Thema im Bekannten- und Freundinnenkreis von engagierten Frauen stellt eine wichtige Form der Verbreitung des Themas dar.

Dieses Vermittlungsmuster zeigt sich auch am Beispiel eines Fortbildungstages. Ein geplanter Fortbildungstag zum Thema ‚Sexuelle Gewalt gegen Mädchen und Jungen' fällt aufgrund einer zu geringen Anzahl an Anmeldungen aus; die Bildungsreferentin, die den Fortbildungstag veranstalten wollte, wird seit der Ausschreibung vermehrt in Einzelgesprächen zum Thema angesprochen. Darüber wird das Interesse und der Bedarf hinsichtlich des Themas deutlich, jedoch äußern die interessierten Frauen auch ihre Angst, sich an einem ganzen Fortbildungstag ‚zu weit auf das Thema einlassen zu müssen'; mit informellen Gesprächen zu dem Thema verbinden sie eher die Möglichkeit, selbst über das Ausmaß der Thematisierung bestimmen zu können.

Für die engagierten Frauen bedeutet dies andererseits, daß sie ihr Engagement nicht – wie es unter großstädtischen Lebensbedingungen eher möglich ist – auf einen bestimmten Bereich ihres Lebens beschränken können oder zumindest weitgehend darüber entscheiden können: Frauen, die sich in ländlichen Regionen zu bestimmten Themen engagieren, müssen in allen ihren Lebensbereichen, d.h. im ehrenamtlichen Bereich, im beruflichen Bereich und im Alltag im Dorf dafür einstehen und werden hier darauf angesprochen, da in ländlichen Regionen diese Bereiche ineinander übergehen.

In obigen Ausführungen wird noch eine weitere Vermittlungsleistung dieser Frauen sichtbar. Frauen, die über bestimmte Probleme Öffentlichkeiten herstellen und Hilfsangebote initiieren, führen nicht nur neue Themen ein, sondern praktizieren über die öffentliche Thematisierung auch neue Formen des Umgangs mit diesen Themen und Problemen; sie stellen damit bisherige privatisierende Bewältigungsstereotype infrage und überschreiten diese. Als wesentlich bei dieser Einführung neuer Formen des Umgangs mit Problemen hat sich herausgestellt: einerseits sind für ländliche Regionen neue Öffentlichkeiten und damit auch neue Formen der Problembewältigung zu entwickeln, da bisherige Problembewältigungsformen häufig individualisierend wirken; andererseits wird in der Art der Reaktion auf diese neuen Angebote deutlich, daß Frauen z.T. auf bisherige Formen der Hilfebeanspruchung zurückgreifen. Insgesamt ist die Leistung zu vollbringen, neue Öffentlichkeiten einzuführen, diese aber in Anknüpfung an gewohnte Angebote zu entwickeln um so mit den neuen Ideen bisher gewohnte und sinnvolle Formen zu erweitern.

Vor dem Hintergrund des Verdeckungszusammenhangs ist hier noch folgendes Ergebnis hervorzuheben. In den beiden oben erwähnten Beispielen wurde offensichtlich, wie die engagierten Frauen die Formen der Thematisierung, die sie durch ihre Angebote angestoßen haben, zunächst als wenig relevant bewerteten. Im Vordergrund stand die Bewertung, daß sie ihr ‚eigentliches‘ Ziel der Thematisierung von Gewalt nicht erreichen: am offiziellen Notruftelefon melden sich kaum Frauen und die Veranstaltung zum Thema ‚Mißbrauch‘ fällt aus. Vor allem am Beispiel der Frauen des Notruftelefons konnten wir erst über mein gezieltes Nachfragen eine andere Perspektive auf die scheinbar unwichtigen ‚Begleiterscheinungen‘ des zunehmenden persönlich Angesprochen-Werdens einnehmen: vielleicht sind diese Thematisierungsmuster den örtlichen Gegebenheiten adäquater. So zeigt dieses Beispiel, wie das eigene, durchaus erfolgreiche öffentliche Engagement übergangen und entwertet wird, indem es an einer Form von Notrufarbeit, wie sie in großstädtischen Lebenswelten und Öffentlichkeiten entwickelt wurde, gemessen wird.

Bezugssysteme der Teilnehmerinnen

Mit ihrer zahlreichen Teilnahme an den Angeboten und über ihre Äußerungen während der unterschiedlichen Veranstaltungen formulieren die Teilnehmerinnen ihr Interesse und bestätigen den Bedarf hinsichtlich des Austauschs über dieses Thema. Zwar spielen die Informationswege über die regionale und lokale Presse, über kirchliche Mitteilungsorgane eine wichtige Rolle für die Bekanntmachung und Verbreitung des Themas, jedoch scheinen für die

Entscheidung zur Teilnahme an solchen Veranstaltungen Bezüge zwischen einzelnen Teilnehmerinnen und Bezüge zwischen Teilnehmerinnen und Veranstalterinnen von zentraler Bedeutung zu sein.

Eine Basis für den Zugang zu solchen Veranstaltungen – sowohl vor Ort als auch auf regionaler Ebene – stellen Bezüge zwischen einzelnen Frauen dar: Freundinnen und Bekannte machen sich gegenseitig auf solche Veranstaltungen aufmerksam, ermuntern sich dazu und nehmen gemeinsam daran teil. In diesem Zusammenhang ist jedoch auch auf die spezifische Bedeutung von regionalen und überregionalen Angeboten hinzuweisen: für einige Frauen sind sie gerade deshalb wichtig, weil sie allein an diesen teilnehmen können, ohne daß andere Frauen aus ihrem Dorf davon wissen.

Bei der Veranstaltung der ev. Frauengruppe in ihrer Gemeinde für die Frauen dieses Dorfes wurde deutlich, daß Frauen teilnehmen, weil sie Kontakt zu einzelnen Frauen aus der veranstaltenden Gruppe haben. Auch für die Teilnehmerinnen, die keine persönlichen Kontakte zu den Frauen aus der veranstaltenden Gruppe haben, ist ungefähr im Dorf bekannt, welche Art von Angeboten diese Gruppe macht: sie ist einschätzbar. Dies verweist auf häufig ungenutzte Möglichkeiten von Frauengruppen innerhalb eines Dorfes: da sie einen gewissen Status im Dorf haben, können sie auch ein brisantes Thema aufgreifen und haben so neben ihrer gruppeninternen Thematisierung die Möglichkeit, im Dorf eine breitere Öffentlichkeit zu einem solchen Thema herzustellen. Die veranstaltenden Frauen selbst waren sehr überrascht über die vielen Teilnehmerinnen in und vor allem außerhalb ihrer Gruppe, die sehr unterschiedlichen Gruppierungen in der Gemeinde angehörten. Im Vorfeld der Veranstaltung hatten sie große Bedenken. Die Analyse dieser Überraschung und Bedenken vor dem Hintergrund der Erkenntnisse des Verdeckungszusammenhangs ergibt folgende Interpretation: Die Frauen unterschätzen ihre eigenen Möglichkeiten aufgrund ihres Status als kirchliche Frauengruppe in der dörflichen Öffentlichkeit und Frauenöffentlichkeit. Ein Grund hierfür ist, daß sie nur einen Ausschnitt des existierenden Spektrums an Öffentlichkeiten im Blick haben und diesen jedoch als die Öffentlichkeit überhaupt wahrnehmen, nämlich die offizielle Männeröffentlichkeit, von der sie zu Recht Sanktionen erwarten. Dabei werden Frauen, die interessiert sind und dankbar für ein solches Angebot wären, nicht als Teil der Öffentlichkeit wahrgenommen. So wird als Ergebnis in zweifacher Weise eine Verdeckung von Frauenzusammenhängen in ihrer Qualität als Bestandteil regionaler Öffentlichkeit sichtbar: zum einen wird die eigene Frauengruppe als Bestandteil der Öffentlichkeit und in ihren diesbezüglichen Möglichkeiten verkannt; zum anderen werden andere interessierte Frauen in der Gemeinde zu wenig als Bestandteil von Öffentlichkeit gesehen oder anders gesagt: sie werden aus einer solchen ‚herausdefiniert'. Solange Frauen durch diese einseitige Orientierung an einem spezifischen Öffentlichkeitsausschnitt selbst das Gefühl haben, etwas Unerhörtes zu tun, wenn sie Gewalt gegen Frauen und Mädchen öffentlich benennen, solange sie nicht davon ausgehen, daß es als ein Bestandteil des öffentlichen Gemeinwesens ihr Recht und ihre Verantwortung ist, dies zu thematisieren, reproduzieren sie immer wieder die Funktionsweise der geschlechtshierarchischen Öffentlichkeit. In diesem Zusammenhang zeigt das Beispiel der Frauen innerhalb der Katholischen Bildungsarbeit, die nicht nur die herrschende Moral als Macht über Frauen entlarven, sondern sich das Recht herausnehmen, Kriterien für eine neue frauenfreundliche Moral zu definieren, eine andere Ausgangshaltung.

Professionelle Frauen als Teilnehmerinnen

Als Ergebnis ist hier zunächst zu nennen, daß professionelle Frauen von Fortbildungen zu dem Thema ‚Gewalt/sexuelle Gewalt gegen Frauen und Mädchen' im Rahmen der konfessionellen und verbandlichen Frauenbildungsarbeit teilnehmen, die sich nicht nur an professionelle Frauen richtet. Diese Frauen, die sich als Professionelle in diesen Frauenzusammenhängen fortbilden, erweitern ihre professionellen Kompetenzen und auch die Diskurse innerhalb ihrer Fachdisziplin. Die häufige Teilnahme von Seiten der Professionellen interpretiere ich zum einen als Hinweis darauf, daß innerhalb der Fachdiskurse das Thema ‚Gewalt/sexuelle Gewalt gegen Frauen und Mädchen' nach wie vor unterrepräsentiert ist. Neben der notwendigen Erweiterung fachinterner Fortbildungen zu dem Thema, ist jedoch die Teilnahme von Professionellen an Fortbildungen in der Region, in der sie arbeiten, in einer weiteren Bedeutung wahrzunehmen: mit ihr wird der Austausch nicht nur zwischen Professionellen aus unterschiedlichen Bereichen, sondern auch zwischen professionellen und engagierten Frauen aus der Region ermöglicht; dies stellt eine Voraussetzung dar für weitere fachliche und politische Vernetzungen innerhalb einer Region, die sich nicht nur auf die Vernetzung unter Professionellen beschränkt (vgl. Bezüge, die sich aus Veranstaltungen ergeben können). Eine erweiternde Perspektive für den Einbezug von Professionellen in diese Veranstaltungen wäre das gezielte Ansprechen solcher Gruppen von Professionellen, die in ländlichen Regionen für viele Frauen die einzige mögliche Anlaufstelle in schwierigen Situationen darstellen, wie z.B. Ärztinnen.

Teilnehmerinnen mit manifesten Gewalterfahrungen

Überraschend war, in welchem Ausmaß die Veranstaltungen auf regionaler Ebene von betroffenen Frauen als Unterstützungsmöglichkeit wahrgenommen werden.[3] Als Ergebnis ist in diesem Zusammenhang hervorzuheben: betroffene Frauen werden in diesen Zusammenhängen auch in ihren widerständigen Seiten sichtbar, indem sie mit ihrer Situation an die Öffentlichkeit gehen und eine örtliche und regionale Öffentlichkeit mitgestalten. Damit stehen solche Zusammenhänge im Gegensatz zu anderen professionellen Angeboten, in denen Frauen oft ausschließlich als Hilfsbedürftige in Erscheinung treten.

Oftmals ist für Frauen der Zugang zu solchen Öffentlichkeiten auch möglich, indem sie als Unterstützerinnen ‚für andere‘ hingehen. Während der Erarbeitung des Spektrums von Männergewalt, durch die wahrnehmbar wird, daß alle Frauen, wenn auch in unterschiedlicher Weise, von Männergewalt betroffen sind, nehmen viele Frauen ihre eigene Betroffenheit wahr.

Zum Ortsbezug der Teilnehmerinnen

Zu den regionalen Angeboten kamen Frauen aus den Kleinstädten, in denen die Veranstaltungen stattfanden, aus den umliegenden Gemeinden und bei einer Veranstaltung auch aus anderen Regionen. Diese Teilnehmerinnen aus anderen Regionen begründeten ihre Teilnahme mit einem Mangel eines solchen Angebotes in ihrer eigenen Region.

Bei der Analyse des Spektrums der Teilnehmerinnen hat sich herausgestellt, daß die Teilnehmerinnen sehr unterschiedlichen Gruppierungen und Kreisen innerhalb der Gemeinden angehören. Die Vielfalt im Ortsbezug der Teilnehmerinnen und bezüglich der Zugehörigkeit zu unterschiedlichen Gruppierungen ist zum einen ein Indiz dafür, daß die öffentlichen Veranstaltungen sehr unterschiedliche Kreise erreichen und ansprechen bzw. ein Indiz dafür, daß in

---

3 Es wäre interessant, Genaueres darüber zu erfahren, ob diese als Hilfsmöglichkeit aufgrund eines Mangels von anderen Unterstützungsangeboten oder parallel zu anderen professionellen Angeboten wahrgenommen werden, oder ob sie diesen vorgezogen werden und wenn ja, aus welchen Gründen.

sehr unterschiedlichen Kreisen Bedarf hinsichtlich eines Austauschs zum Thema ‚Gewalt' vorhanden ist, der durch die öffentlichen Veranstaltungen in sinnvoller Weise aufgegriffen wird. Zum anderen ermöglicht diese Vielfalt, daß die Enttabuisierung an möglichst viele Orte und unterschiedliche Kreise (zurück-)getragen und weitertransportiert wird. Gerade letzteres verweist auf eine wichtige Qualität als öffentliche Vermittlungsstruktur.

Einzelne Teilnehmerinnen vermitteln das Thema über ihre Bezüge innerhalb ihrer Erwerbsarbeit, ehrenamtlicher Arbeit (in Frauenverbänden, Vereinen oder kommunalpolitischen Entscheidungsgremien) oder im Bereich der Familienarbeit (Kindergarten, Schule, Nachbarschaft) im dörflichen und regionalen Zusammenhang weiter. Die Vermittlung in Frauengruppen, denen sie angehören, geschieht teilweise durch die Gestaltung eines Gruppenabends zu dem Thema; zum Teil geschieht es, indem sie es an einzelne Frauen in und außerhalb der Gruppe in informellen Gesprächen weitervermitteln. Gibt eine Gruppenleiterin oder Angehörige einer Gruppe sich als kompetent und offen zu dem Thema zu erkennen, so wird sie von betroffenen Frauen selbst darauf angesprochen oder von Frauen, die von Betroffenen wissen, auf deren Situation aufmerksam gemacht. Außerhalb von Gruppenzusammenhängen wird es an Freundinnen, Verwandte, Kolleginnen weitervermittelt.

Diese Vermittlungsleistungen sind deshalb besonders hervorzuheben, weil damit über die einmalige Veranstaltung hinaus das Thema enttabuisiert wird und so auf den regionalen MeinungsbildungsProzeß längerfristig Einfluß genommen wird. Mit diesen Bezügen wird z.T. eine Ausgangsbasis für einen Unterstützungszusammenhang für Frauen vor Ort geschaffen. D.h. die Teilnehmerinnen von regionalen Veranstaltungen werden häufig zu Vermittlerinnen zwischen regionalen und dörflichen Öffentlichkeiten, zwischen dem professionellen Bereich, dem ehrenamtlichen und dem familiären Bereich. Damit wird wiederum, wie bereits vorne, die Bedeutung der doppelten Bezogenheit von Frauen deutlich: Diese Frauen orientieren sich regional, um sich zum Thema fortzubilden; über ihre Bezogenheit auf den Dorfkontext, sei es zu einzelnen Frauen oder zu einer Frauengruppe im Dorf, vermitteln sie Wissen auch wieder zurück in den dörflichen Lebenszusammenhang.

Die Möglichkeiten der Weitervermittlung über einzelne Frauen sind neben ihrem Status und ihrer Eingebundenheit im dörflichen und regionalen Lebenszusammenhang auch davon abhängig, inwiefern sie sich in diesen Zusammenhängen als Kompetente zu erkennen geben. Damit wird ein Entscheidungsmoment hinsichtlich des weiteren Engagements offensichtlich. Wenn sie sich jedoch als am Thema Interessierte und Kompetente zu erkennen geben, dann liegt es meistens nicht mehr in ihrer Entscheidung, wer alles davon erfahren wird. Dies wurde oben ausgeführt. Die Frage danach, wie und wohin Frauen die begonnene Enttabuisierung weitervermitteln, ist deshalb so relevant, da zu den öffentlichen Veranstaltungen nicht alle Frauen Zugang haben. Die bisherigen Ergebnisse zeigen, daß z.B. Frauen unterschiedlicher ethnischer Zugehörigkeiten oder Frauen mit Behinderungen in den Veranstaltungen unterrepräsentiert sind. Weiterführende Fragen in diesem Zusammenhang wären, welche anderen Frauen keinen Zugang zu solchen Veranstaltungen haben und welche spezifischen Gruppen von Frauen auch von der Weitervermittlung durch einzelne Teilnehmerinnen der Veranstaltungen nicht erreicht werden.

Bezüge, die während der Veranstaltung entstehen
Die öffentlichen Veranstaltungen stiften neue Bezüge zwischen von manifester Gewalt betroffenen Frauen, Bezüge zwischen professionellen, nicht-professionellen Unterstützerinnen und Betroffenen sowie Bezüge zwischen nicht-professionellen Unterstützerinnen und Bezüge zwischen Professionellen.

Bezüge zwischen von manifester Gewalt betroffenen Frauen
Vor allem auf regionaler Ebene war es für Frauen möglich, sich mit ihrer Betroffenheit in den Veranstaltungen zu zeigen und sich darin aufeinander zu beziehen. Indem sich von manifester Gewalt betroffene Frauen innerhalb einer Gruppe aufeinander beziehen können, wurde vermieden, daß eine einzelne Frau sich in der Rolle fand, mit ihrer Situation der Gruppe gegenüber zu stehen und die Perspektive von betroffenen Frauen allein zu repräsentieren. Die Bedeutung dessen erschließt sich vor folgendem Hintergrund: In der Thematisierung von Gewalt ist ein Mißverhältnis in dem Sinn festzustellen, daß viel über die Situation von mißhandelten Frauen geredet wird, jedoch selten mit ihnen direkt ein Austausch über ihre Situation stattfindet. Das führt u.a. dazu, daß für die Situationsbeschreibung aus einer Außenperspektive Meinungen und Erklärungsmuster formuliert zur Verfügung stehen. Solchen vorgefaßten Meinungen gegenüber ist es für von manifester Gewalt betroffene Frauen schwierig, ihre eigene Perspektive auf die Situation, die sich häufig viel widersprüchlicher gestaltet und weniger ‚durchformuliert' ist, zum Aus-

druck zu bringen. Daß für eine Thematisierung der eigenen Betroffenheit einerseits ein geschützter Raum und andererseits viel Mut von betroffenen Frauen notwendig ist, wurde ebenfalls offensichtlich.

Bezüge zwischen professionellen, nicht-professionellen Unterstützerinnen und Betroffenen

Für Unterstützerinnen ermöglichen diese Bezüge, daß sie in einem Rahmen ohne Handlungsdruck die Situation von betroffenen Frauen und deren Erwartungen wahrnehmen können; sie können hier auch von ihnen erfahren, daß für sie ‚Kleinigkeiten' eine wichtige Hilfe bedeuten können. Betroffene Frauen können in diesen Veranstaltungen Frauen erleben, die sich für ihre Unterstützung engagieren, sich mit ihnen solidarisieren und die sie nicht verurteilen.

Mit den Veranstaltungen wird professionelle Kompetenz in einem Rahmen zugänglich gemacht, der die Problematik des Rahmens individueller Beanspruchung von professioneller Hilfe überschreitet (Erhöhung des Problemdrucks, Stigmatisierung, Isolierung). Austausch über psychosoziales Wissen, über Konflikte, Probleme und Bewältigungsmöglichkeiten wird hier nicht nur einer breiteren Öffentlichkeit ermöglicht, sondern geschieht hier auch in einem kollektiven Rahmen.

Für Betroffene und ehrenamtliche Unterstützerinnen ermöglicht die Anwesenheit von Professionellen aus Unterstützungseinrichtungen (z.B. Frauenhausmitarbeiterinnen), diese in einem distanzierteren Rahmen kennen- und einschätzen zu lernen. Dies erleichtert die Inanspruchnahme von individueller professioneller Unterstützung bzw. das Verweisen auf eine solche Unterstützung. Die Thematisierung durch Professionelle innerhalb einer öffentlichen Veranstaltung ist nicht nur in seiner Bedeutung wahrzunehmen, den Zugang zu professionellen Angeboten zu ermöglichen, sondern ist auch als neuer und weiterführender Umgang mit Problemen zu sehen: gesellschaftliche Probleme sind auch in einer gesellschaftlichen Öffentlichkeit zu verhandeln. In den Veranstaltungen wurde offensichtlich, daß in den einzelnen Regionen kaum Arbeitszusammenhänge zwischen Frauen aus spezifischen Unterstützungseinrichtungen zum Thema ‚Gewalt' und Frauen aus berufsständischen oder kirchlichen Frauenverbänden existieren.

Für Professionelle aus Unterstützungseinrichtungen (z.B. aus Beratungsstellen oder Frauenhäusern) stellen diese Veranstaltungen einen Rahmen her, in dem sie einer Gruppe von interessierten Frauen ihre Arbeit vorstellen können und mit diesen in einen reflektierenden Austausch treten können. Sie können von ihnen erfahren, ob ihre Einrichtung in der Region bekannt ist, welches Ansehen diese hat, ob Betroffene ihr Angebot als Unterstützungsmöglichkeit wahrnehmen, ob Unterstützerinnen an sie weiterverweisen und wenn nein, weshalb nicht. In diesen Veranstaltungen wurden z.T. Möglichkeiten einer weiteren Zusammenarbeit zwischen den professionellen und ehrenamtlich engagierten Frauen benannt; so wurden z.B. in weiteren Gemeinden Veranstaltungen zum Thema geplant.

Professionelle aus der Bildungsarbeit können über die Rückmeldung durch betroffene Teilnehmerinnen und durch das Kennenlernen von unterschiedlichen Situationen von mißhandelten Frauen ihr Bildungsangebot reflektieren und weiterentwickeln.

Bezüge zwischen Professionellen
Zum einen stellten sich Bezüge zwischen Professionellen aus unterschiedlichen psychosozialen Bereichen als wichtig heraus. In den Veranstaltungen waren Mitarbeiterinnen aus der Erwachsenenbildung, der Frauenhausarbeit, der psychosozialen Beratungspraxis, Lehrerinnen, Erzieherinnen und Therapeutinnen mit eigener Praxis. Professionelle aus unterschiedlichen Berufen konnten sich in ihren jeweils spezifischen Unterstützungsmöglichkeiten wahrnehmen und ihre Arbeitsteilung überprüfen. In diesem Rahmen wurden auch regionale Kooperationsformen überlegt und vorhandene Ansätze der Zusammenarbeit weiterentwickelt.

Zum anderen wurde an einem Beispiel die Bedeutung der Bezugnahme zwischen Professionellen innerhalb eines Bereiches offensichtlich. Wie die Dorfhelferinnen mit ihrer fachinternen Fortbildung zeigten, begegnet ein solches Angebot der Vereinzelung im Beruf: durch den Austausch über das Thema nehmen die Frauen wahr, in welchem Ausmaß sie in ihrer beruflichen Praxis mit dem Problem konfrontiert sind und daß infolgedessen professionelle Reflexion über den Umgang mit dem Problem notwendig ist. Sie teilen einander ihre Hilflosigkeit und Unsicherheit im Umgang mit Mißhandlungssituationen gegenüber Frauen mit; indem sie erfahren, daß dies keine individuelle Unfähigkeit ist, können sie zusammen Möglichkeiten des Eingreifens im Rahmen ihrer Berufstätigkeit überlegen: Welches sind aufgrund ihrer beruflichen Praxis als Unterstützerinnen im Alltag ihre spezifischen Unterstützungsmöglichkeiten? Wo sind ihre Grenzen und welche weiteren Unterstützungsmöglichkeiten sind notwendig? Das Wahrnehmen der eigenen Hilflosigkeit und der Begrenztheit ihrer Unterstützung erweist sich als Basis, um über weitergehende Unterstützungsmöglichkeiten nachdenken zu können.

Bezüge zwischen ehrenamtlichen Unterstützerinnen

Vor allem das Beispiel der Fortbildungstage innerhalb der verbandlichen Frauenarbeit für ehrenamtliche Unterstützerinnen zeigte die Notwendigkeit eines Austausches über ihre spezifische Situation. Sie sind direkt im Alltag mit Gewaltsituationen konfrontiert, wollen helfen, fühlen sich jedoch häufig ohnmächtig und haben, auch wenn sie bereits unterstützend tätig sind, doch immer das Gefühl, nichts auszurichten (vgl. hinten). In Zusammenhängen, in denen auch Professionelle als Teilnehmerinnen anwesend waren, kam die Perspektive von ehrenamtlich tätigen Frauen m.E. zu kurz. Als ein Fazit hieraus kann formuliert werden, daß in gemischten Gruppen gezielt Raum für die Situation ehrenamtlicher Unterstützerinnen herzustellen ist und/oder eigene Veranstaltungen für ehrenamtlich tätige Frauen zu initiieren sind.

Neben einmaliger Bezugnahme während der Veranstaltungen zeigte sich, daß die Veranstaltungen z.T. auch eine Ausgangsbasis für die Entwicklung längerfristiger Zusammenschlüsse darstellen. Mit diesen Zusammenschlüssen und Vernetzungen unter Frauen werden Voraussetzungen geschaffen, damit längerfristige und eventuell institutionalisierte Öffentlichkeiten entstehen. Indem diese Frauenzusammenhänge das Thema und die Forderungen nach Unterstützungseinrichtungen in Institutionen und in politische und administrative Gremien tragen, wird hier eine Transformation in die sozialpolitische Ebene geleistet. Beispiele hierfür waren folgende Vernetzungen:

* Betroffene schließen sich im Anschluß an die Ausstellung zum Thema „sexuelle Gewalt gegen Mädchen" mit Unterstützung der Organisatorinnen der Ausstellung zu einer Selbsthilfegruppe zusammen.
* Eine regionale Berufsgruppe entsteht im Anschluß an diese Ausstellung: d.h. Professionelle aus unterschiedlichen Einrichtungen wollen sich gemeinsam zum Thema fortbilden, sich gegenseitig beraten, Kooperationsmöglichkeiten überlegen; dieser Zusammenschluß dient auch dazu, Wissen zu sammeln und bereitzustellen, in welchen Einrichtungen in der Region zu dem Thema kompetente Frauen anzutreffen sind. An wen kann ich mich auf dem Jugendamt wenden? Gibt es bei der Polizei eine Frau, die kompetent ist? Welche Rechtsanwältin, welche Ärztin in der Region hat Erfahrung im Um-

gang mit Vergewaltigung und sexuellem Mißbrauch? Aufgrund des Bedarfs, der sich innerhalb dieser hier vertretenen Arbeitsbereiche zeigte und der in der Region von keiner Einrichtung abgedeckt werden konnte, entwickelte es sich zu einem Bestandteil der Arbeit dieser Zusammenschlüsse, auf die Notwendigkeit weiterer Hilfseinrichtungen in der Region aufmerksam zu machen.

Diese weiterführenden Zusammenschlüsse bedürfen der gezielten Vermittlungsleistungen von Initiatorinnen und Teilnehmerinnen. Die Entstehung dieser Zusammenschlüsse ist auch davon abhängig, inwiefern es professionelle oder ehrenamtlich engagierte Frauen als einen Teil ihrer Arbeit betrachten, solche Vernetzungen anzuregen bzw. die bei den Teilnehmerinnen vorhandenen Ideen aufzugreifen und zu bestärken.

Mit der Analyse der vorhandenen Bezugssysteme der Initiatorinnen einerseits, der Teilnehmerinnen andererseits und schließlich der Bezüge, die durch Veranstaltungen neu entstehen, wurde deutlich, daß diese Veranstaltungen eine Vermittlungsstruktur zwischen unterschiedlichen Lebensbereichen (familiärer Bereich, informelle bzw. ehrenamtliche Hilfesysteme, professionelle Einrichtungen und sozialadministrativer Bereich) und Orten (Gemeinde, Region) darstellen.

6.3. Die Thematisierungsmuster. Verdeckungsmechanismen von Gewalt wahrnehmen und überschreiten

Bereits mit ihrer Entscheidung, an Veranstaltungen zum Thema ‚Gewalt' teilzunehmen, überschreiten Frauen die vorherrschenden Definitionen und Wahrnehmungsbarrieren. Es ist nicht nur in ländlichen Regionen nicht selbstverständlich, Gewalt gegen Frauen und sexuelle Gewalt gegen Mädchen und Jungen als Unrecht zu benennen. Es ist auch nicht üblich die zerstörenden Auswirkungen dieser Gewalttaten wahrzunehmen – diese Ausblendung und Realitätsverleugnung gilt auch für viele Frauen[4]. Es bedarf in unserer Gesellschaft einer Begründung, weshalb eingegriffen werden soll, wenn Männer gewalttätig sind, weshalb Frauen sich zur Wehr setzen ‚dürfen', weshalb dies nicht als ganz normale Zumutung zu ertragen ist. Erst wenn diese Normalität infragegestellt wird, ist eine Voraussetzung gegeben, um als Unterstützerin einzugreifen oder um sich als Betroffene zu wehren.

Reflexionsprozesse über individuelle und gesellschaftliche Ausblendungs- und Verdrängungsmechanismen, und damit auch über den verinnerlichten Sexismus, stellen zentrale Vermittlungsleistungen der untersuchten Veranstaltungen dar. Frauen gestalten hier Räume, in denen sie Verhaltensmuster und gesellschaftlichen Strukturen wahrnehmen können, die Männergewalt mitaufrechterhalten. Damit können diese Verhaltensmuster als gemeinsame Realität von Frauen wahrgenommen werden.

Folgende Mechanismen wurden in den Veranstaltungen als Verdeckungsmuster von Gewalt sichtbar gemacht:

– Die eigenen Bedürfnisse, im Gegensatz zu denen des Mannes, nicht ernstnehmen und sie übergehen, d. ein verhinderter Selbstbezug;
– Gewalt bagatellisieren;
– Gewalt in reduzierter Weise thematisieren, z.B. in Form von Schuldzuschreibung an von manifester Gewalt betroffene Frauen oder in Form von individuellen Erklärungsmustern.

---

4 Gegenstand meiner Untersuchung waren Frauenzusammenhänge, die Gewalt gegen Frauen thematisieren. Das bedeutet keinesfalls, daß ich nicht eine Thematisierung von männlicher Seite für notwendig halte. Hier wären neben den Anteilen der Mittäterschaft (z.B. weshalb treten Männer nicht in weit größerem Umfang gegen Gewalt, die von ihren Geschlechtsgenossen ausgeht, ein?) auch die eigenen Täteranteile zu reflektieren. Schließlich wäre hier auch Raum zu schaffen für die Thematisierung von Männern als Opfer von Gewalt.

Die eigenen Bedürfnisse übergehen – Orientierung an den Bedürfnissen des Mannes

Eine Referentin liest einem Kommentar zu einem Gesetzestext vor, um den Zusammenhang zwischen struktureller und individueller Gewalt aufzuzeigen. Sinngemäß lautet der Text folgendermaßen: auch wenn Frauen keine Lust auf Beischlaf hätten, sollten sie doch wenigstens ,so tun als ob', denn für Männer wäre eine Zurückweisung nur schwer zu verkraften. Daraufhin verweist eine Teilnehmerin auf die Verinnerlichung dieser Gewalt: „Das Schlimme ist doch, daß das auch in unseren Köpfen ist." Die Benennung dieses Zusammenhangs und dieses Bekenntnisses eröffnet die Möglichkeit, sich über dieses Tabu auszutauschen und einige der anderen Teilnehmerinnen gehen diesen mutigen Schritt mit. Sie berichten davon, in welcher Weise dies ,in ihren Köpfen' ist und sie berichten über ihren Umgang mit dem Konflikt. Damit wird gleichzeitig ein verdeckendes Bewältigungsmuster sichtbar: Der Konflikt bleibt ein interner Konflikt der Frauen, weil sie sich so verhalten, daß es nicht zu einem offenen Konflikt mit ihren Männern kommt. Sie nennen folgende Gründe für ihr Verhalten: sie wollen „ihre Ruhe haben", „um des lieben Friedens willen", „wenn das dann schon wieder vierzehn Tage her ist ...".

Was es bedeutet, das Übergehen der eigenen Bedürfnisse wahrzunehmen, formulierte Frau Q., eine Professionelle auf dem Hintergrund ihrer Erfahrungen mit mehreren Veranstaltungen zu diesem Thema folgendermaßen: „Das verlangt ganz viel Mut, das verlangt Bekenntnis, das verlangt zu sehen: ich gehöre ja auch zu denen, ich hab ja auch jahrelang geschwiegen und hab das gar nicht so richtig kapiert, was da vor sich geht, sondern hab gedacht, das gehört auch dazu, der Mann kann kommen, wann er will und hat immer das Recht."

Nach diesem Austausch über bisherige Umgangsweisen mit dem Konflikt, überlegten die Teilnehmerinnen, welche anderen Verhaltensformen möglich wären: Wie könnten Frauen ihre eigenen Bedürfnisse ernst nehmen? Was geschieht dann?

Hierzu werden ermunternde und beängstigende Beispiele von Freundinnen berichtet: „Eine Freundin von mir hat sich mal verweigert, hat nein gesagt, daraufhin wurde sie von ihrem Mann vergewaltigt." Dieses Beispiel zeigt, daß gewisse Ängste der Frauen berechtigt sind. An dieses Beispiel schließen sich in der Veranstaltung die Frage, Diskussion und Informationen darüber an, weshalb Vergewaltigung in der Ehe nach wie vor nicht als Straftat anerkannt ist. Damit wird von den Teilnehmerinnen wiederum der Zusammenhang zwischen dem Verbrechen des einzelnen Mannes und den gesellschaftlichen Rahmenbedingungen (hier in Form von Gesetzen), die dieses Verbrechen zulassen, hergestellt.

Ein anderes Beispiel zeigt, daß Frauen, indem sie Grenzen setzen und sich wehren, auch etwas bewirken können. Eine Teilnehmerin berichtet von einer Bekannten, die von ihrem Mann immer wieder geschlagen und sexuell belästigt wurde: „Da hat sie ihn einmal, als er betrunken war, mit dem Wellholz grün und blau geschlagen. Seitdem hat er sie nicht mehr angerührt."

Insgesamt vermitteln die berichteten Beispiele eine ambivalente Botschaft, die Bestandteil der Lebensrealität von Frauen ist: Setzen Frauen Grenzen, kann sich das so auswirken, daß Männer Respekt vor ihnen bekommen. Für andere Männer stellt jedoch die Tatsache, daß Frauen sich nicht mehr ihrem Willen fügen, ein Grund dar, zu offener Gewalt zu greifen.

Als wichtige Vermittlungsleistung dieser Veranstaltung, die sich auch in anderen als relevant herausgestellt hat, möchte ich folgendes hervorheben: Indem Frauen gleichzeitig benennen können, daß sie reduziert werden und sich selbst aufgrund bestimmter Gründe reduzieren, und daß sie unter dieser Reduzierung leiden und sich danach sehnen, diese aufzuheben, wird ein Zwiespalt als Teil der Lebenslage von Frauen sichtbar. Die Vermittlungsleistung besteht darin, daß diese zwei Seiten als gleichzeitig in einer Frau vorhandene aufgezeigt werden und erst dadurch als Zwiespalt wahrnehmbar sind.

Ausblendungsmuster von manifester Gewalt gegen Frauen werden wahrnehmbar gemacht

Im Zusammenhang mit massiver Männergewalt gegen Frauen wurden folgende Verdeckungsmuster in den Veranstaltungen wahrnehmbar:

- Die von manifester Männergewalt Betroffenen haben keine Sprache dafür.
- Sie selbst und andere Frauen bagatellisieren die Gewalttätigkeit des Mannes, wollen sie nicht wahrhaben und zulassen, was in folgender Einschätzung einer Professionellen in einer Heimvolkshochschule zum Ausdruck kommt: „Die Frauen haben schon Gewalterfahrungen, aber es wird nicht als Gewalt wahrgenommen."
- Viele Frauen, die von anderen Frauen wissen, daß diese durch ihre Männer geschlagen und vergewaltigt werden, schauen weg, wollen es gar ‚nicht so genau wissen'.

Daß und wie diese ‚heiklen Seiten' auch im Rahmen einer Veranstaltung, die in der Gemeinde, in der die Teilnehmerinnen leben, zur Sprache gebracht werden können, wurde in einer Veranstaltung deutlich. Diese wird im folgenden vorgestellt. Anschließend benenne ich Faktoren, die sich in unterschiedlichen Veranstaltungen als hilfreich dafür herausstellten, daß sich Frauen als von manifester Männergewalt Betroffene zu erkennen geben konnten.

In der oben genannten Veranstaltung einer ev. Frauengruppe innerhalb ihrer Gemeinde wurde von den Referentinnen folgende Szene dargestellt: Zwei Frauen, die sich kennen, begegnen sich im Dorf beim Einkaufen. Eine Frau ist aufgrund der Mißhandlung durch ihren Mann im Gesicht verletzt. Die andere Frau bemerkt dies und fragt: „Was ist dir denn zugestoßen?" Die Gefragte antwortet ausweichend: „Habe mich gestoßen." Die fragende Frau gibt sich damit zufrieden.

Die Teilnehmerinnen der Veranstaltung wurden anschließend gefragt: Was denken Sie, weshalb erzählt die mißhandelte Frau nicht von der Gewalttätigkeit ihres Mannes? Was denken Sie, weshalb will ihre Bekannte es auch gar nicht genau wissen?

Folgende Gründe nannten die Frauen für die Tabuisierung durch die mißhandelte Frau: Eigene Schuldgefühle und Scham; Angst davor, daß die schlechte Ehe offensichtlich wird; Angst vor dem Gerede im Dorf; Angst davor, daß in den Augen der anderen doch wieder sie die Schuldige sein wird; Angst vor den Reaktionen des eigenen Mannes, wenn dieser erfährt, daß sie von seinen Gewalttätigkeiten erzählt; Bedenken, ob die fragende Bekannte die richtige Gesprächspartnerin ist, da diese ‚viel zu heile Welt' sei, so wirke, als ob in ihrer Ehe alles in Ordnung sei.

Die Bekannte fragt nach Meinung der Teilnehmerinnen aus folgenden Gründen nicht weiter nach:

> Sie will sich nicht aufdrängen; sie will die Bekannte lieber in Ruhe lassen; sie hat Angst, nicht richtig zu reagieren; sie hat Angst, mit dem Problem zuviel belastet zu werden, sich ‚da was aufzuhalsen'; Angst davor, daß die Bekannte dann den ganzen Tag bei ihr sitzt und jammert; und sie hat Angst vor dem Mißhandler und davor, daß sie durch die Unterstützung mit ihrem eigenen Mann Schwierigkeiten bekommt.

Mit dieser Situation konnten als Gründe für das Nicht-Benennen wahrnehmbar gemacht werden:

- die verinnerlichten Schuldzuweisungen der betroffenen Frauen;
- daß die mißhandelte Frau mit einer Thematisierung ihrer Situation keine Unterstützung, sondern im Gegenteil zusätzliche Schwierigkeiten verbindet;
- wie einschüchternd der Mißhandler auch auf andere Frauen und potentielle Unterstützerinnen wirkt;
- wie die Koalition unter Männern ein Eingreifen erschwert: die Angst der potentiellen Unterstützerin vor Konflikten mit ihrem eigenen Mann, von dem sie annimmt, daß er sich mit dem Mißhandler solidarisiert, trägt mit dazu bei, daß der Mißhandler ungehindert seine Frau schlagen kann;
- die Tatsache, daß eine mißhandelte Frau Hilfe braucht, wird als Bedrohung des Friedens der potentiellen Unterstützerin und ihres Mannes sichtbar und es wird sichtbar, daß nicht die Mißhandlung selbst als störend wahrgenommen wird;
- die Angst, mit der Unterstützung überfordert zu werden; diese führt dazu, gar nichts zu unternehmen (s.u. die Ausführungen zu dem Bewältigungsstereotyp ‚alles allein zu machen‘);
- daß das Wegschauen von Seiten potentieller Unterstützerinnen auch in eigenen Ängsten und Unsicherheit begründet ist und nicht in Desinteresse oder Schuldzuschreibung an die mißhandelte Frau.

Mit dieser Methode wurde der Tatsache Rechnung getragen, daß Frauen **Gründe** für das Wegschauen und für das Verheimlichen der erlittenen Gewalt haben. Diese ernstzunehmen und sie der Wahrnehmung zugänglich zu machen, hat sich, so ein weiteres Ergebnis, als eine wichtige Voraussetzung herausgestellt,

- um prüfen zu können, wie realistisch diese Begründungen sind,
- um auch weitere Ängste, die durch oben genannte Begründungen verdeckt werden, sichtbar zu machen, wie z.B. die Angst vor Veränderung der Lebenssituation durch das Verlassen des gewalttätigen (Ehe-)Partners;
- um weitergehend zu überlegen, was notwendig ist, um auch vor Ort Unterstützungszusammenhänge für Frauen zu bilden, z.B. aufzuzeigen, wo eine Unterstützerin sich Rat holen kann.

Zwei dieser Gründe, Schuldzuweisung und Schwierigkeiten bei der Inanspruchnahme professioneller Hilfe, werden hinten ausführlich behandelt.

Ein wichtiges Resultat dieser Veranstaltung war es, die besonderen Bedingungen einer Thematisierung und Unterstützung im primären Lebenszusammenhang herauszuarbeiten. Dies erwies sich für die Verständigung zwischen Professionellen und Unterstützerinnen im sozialen Nahumfeld von betroffenen Frauen als hilfreiche Basis. Im Gegensatz zu einer Thematisierung innerhalb eines professionellen Zusammenhangs (z.B. in einem Frauenhaus, innerhalb einer Beratungsstelle) oder einer Thematisierung mit Distanz zum primären Lebenszusammenhang der Frauen, bedeutet eine Unterstützung vor Ort, daß die Abgrenzung sowohl gegenüber dem Mißhandle als auch gegenüber der zu Unterstützenden nicht formal gegeben ist, sondern hergestellt werden muß. Daraus entwickelte sich die Frage, welche Unterstützung Professionelle für verlässliche und nicht-verdeckte Unterstützungszusammenhänge im primären Lebenszusammenhang bieten können.

Weiter überlegten die Teilnehmerinnen in der Veranstaltung, welche Möglichkeiten sie für eine unterstützende Thematisierung des Problems zwischen diesen beiden Frauen sehen. Vorgeschlagen wurde, daß die Bekannte der mißhandelten Frau gegenüber noch einmal deutlich Gesprächsbereitschaft signalisieren sollte, ohne sich dabei aufzudrängen; d.h. ihr gegenüber Hilfe in einer Art und Weise anzubieten, die der mißhandelten Frau die Entscheidung überläßt, ob sie diese in Anspruch nehmen will. Ein solches Unterstützungsangebot könnte auch das Signal beinhalten: „Ich verurteile dich nicht."

Hinsichtlich der Thematisierungsform ist hier folgendes Ergebnis festzuhalten: Die Art und Weise der Reflexion über die eigenen, die Gewalt tabuisierenden Verhaltensmuster und über Möglichkeiten der Veränderung hat hier den sozialräumlichen Bezug berücksichtigt. In der Veranstaltung wählten die Referentinnen eine Reflexionsform, mit denen die Äußerungen zu Tabuisierungsmustern nicht als eigene Erfahrungen erkennbar werden mußten; die Teilnehmerinnen konnten über die gespielte Szene in distanzierter Weise von sich und ihren Erfahrungen berichten bzw. selbst entscheiden, ob sie diese als eigene Erfahrungen erkennbar machen wollten oder nicht. Dies ist gerade bei einer Veranstaltung, die direkt im primären Lebenszusammenhang der Frauen stattfindet, d.h. in der Gemeinde, in der die Teilnehmerinnen auch leben, wichtig.

Hilfreiche Faktoren für eine Thematisierung von Männergewalt durch Betroffene

In einigen der vorgestellten Öffentlichkeiten konnten Frauen formulieren, daß sie in von ihrem Mann bzw. Partner mißhandelt werden oder daß sie als Mädchen sexuelle Gewalt durch Väter oder verwandte Männer erlitten haben. Folgende Faktoren haben sich für eine solche Offenheit in den Veranstaltungen und einen unterstützenden Umgang als hilfreich herausgestellt:

* Eine zentrale Voraussetzung ist, daß Frauen selbst entscheiden können, ob sie sich als Betroffene zu erkennen geben oder nicht. Gerade im Zusammenhang mit der Thematisierung von Gewalt ist immer wieder auf das Recht jeder Frau, eigene Grenzen in den Veranstaltungen zu setzen, hinzuweisen. Es darf keine Atmosphäre in der Gruppe entstehen, in der die Offenlegung der eigenen Betroffenheit als Anspruch direkt oder indirekt formuliert wird. Indirekt kann er dadurch entstehen, daß sich einige Frauen in der Gruppe als Betroffene zu erkennen geben. Dies kann einerseits eine Offenlegung von anderen Frauen in der Gruppe erleichtern; andererseits kann sich dies als schwierig erweisen, wenn Frauen, die noch nicht an dem Punkt sind, sich vor anderen mit der eigenen Situation zu zeigen, sich dazu gedrängt fühlen aufgrund dieser Gruppensituation. Hier ist m.E. von der Gruppenleiterin bzw. Referentin daraufhinzuweisen, daß es jeder Frau überlassen bleibt, wie sie sich zum Thema äußert; daß die Offenlegung für unterschiedliche Frauen zu unterschiedlichen Zeiten hilfreich ist.

* In den Veranstaltungen wurden die unterschiedlichen Arten und Bereiche von Männergewalt erarbeitet und so Ausmaß und gesellschaftlich-strukturelle Absicherung des Problems wahrnehmbar gemacht. Dies ermöglicht, daß alle Frauen – wenn auch in sehr unterschiedlicher Weise – davon betroffen sind.

* Dabei erwies es sich in regional angesiedelten Gruppen als wichtig, daß das Ausmaß der Männergewalt nicht abstrakt vermittelt wurde, sondern die Frauen mit eigenen Erfahrungen von Übergriffen und Gewalt durch Männer füreinander sichtbar wurden. Durch diese Sammlung in der Gruppe erlebten die Frauen, daß Männergewalt Teil ihres gemeinsamen Alltags ist. Beispiele hierfür waren: der Onkel, auf dessen Schoß sich eine Frau als Mädchen immer setzen mußte und der sie unangenehm betatschte; die Mitfahrgelegenheit zur

Arbeit, die von einem Kollegen für einen Übergriff genutzt wurde; der Übergriff von Seiten eines Küsters in der Kirche, dem sich das Mädchen nichtsahnend näherte. Über solche Beispiele konnten Gewalt und Übergriffe durch Männer als das Alltägliche und Normale erkannt werden und nicht mehr als die Ausnahme erscheinen, „die nur bestimmten Frauen passiert". Dies führte auch dazu, daß bisherige Erklärungsmuster benannt werden konnten, wie z.B. „Ich dachte, das passiert nur mir." oder „Ich hab gemeint, daß mit mir selber was nicht in Ordnung ist." Erst darüber werden die Erklärungen als individualisierende, die gesellschaftliche Relevanz des Themas verdeckende wahrnehmbar.

* Darüber, daß unterschiedliche Formen von Männergewalt als Teil des eigenen Alltags wahrnehmbar wurden, konnte auch der Spaltung und Distanzierung unter Frauen begegnet werden. Frauen in Frauenhäusern oder die Frauen in den Veranstaltungen, die sich als mißhandelte Frauen zu erkennen geben, werden dann nicht als Außergewöhnliche erlebt, wenn allen Frauen ihre, wenn auch graduell unterschiedliche Betroffenheit durch männliche Grenzüberschreitungen deutlich wird. Dies begegnet auch einer schichtspezifisch reduzierenden Erklärung von Gewalt oder einer, die sozialräumlich hierarchisiert, wie dies in der Meinung, ‚im Gegensatz zu städtischen Regionen gibt es in ländlichen keine Gewalt' zum Ausdruck kommt.

Individualisierende Erklärungsmuster und Schuldzuschreibung an die von manifester Gewalt betroffenen Frauen werden wahrnehmbar gemacht

„Wir müssen diese Fragen aus dem Individuellen herausnehmen und das als ein gesamtgesellschaftliches Problem sehen, sonst bleibt das immer nur versteckt und bedeckt und mit Schweigen belegt. Und damit werden die Täter eigentlich nie entlarvt. ...
Die einzelne Frau sagt, das darf man niemand sagen, was der mir antut, was denken die von uns und von mir ... und das ist die Schwierigkeit, das ist nicht die Einzelne, sondern das sind ja so viele und sie müssen auch dazu stehen können und das lernen dazuzustehen, daß vielleicht ihr Mann oder ihre Männer die Täter sind oder die Väter und das ist natürlich das Schmerzliche." (Frau Q.)

Frau Q., eine Bildungsreferentin aus der katholischen Frauenbildungsarbeit bringt hier zum Ausdruck, daß, auch wenn Frauen die Gewalttätigkeit ihres Mannes wahrnehmen, sie es häufig verheimlichen. Als wichtig hat es sich herausgestellt, die Gründe für dieses Verschweigen, wie oben geschehen, ernstzunehmen, und u.a. deshalb das Benennen der erlebten Gewalt durch den eigenen Mann als Prozeß anzusehen, für den Frauen Unterstützung brauchen. Daß sie hierfür bestimmte Lebensbedingungen brauchen, (z.B. ausreichende materielle Absicherung für sich und, falls vorhanden, die Kinder), um alternative Lebensmöglichkeiten entwickeln zu können, wurde oben deutlich.

Im Zusammenhang mit individualisierenden Erklärungen spielt ein gesellschaftlich übliches Erklärungsmuster von Gewalt, nämlich, bei den mißhandelten Frauen selbst nach der Schuld zu suchen, eine wichtige Rolle. Auch bei der zeitlich noch jüngeren Thematisierung von sexueller Gewalt gegen Mädchen hat sich daßelbe Thematisierungsmuster entwickelt. Diese Form der Verhandlung von Gewalt gegen Frauen und Mädchen ist, wie auch von Frau Q. benannt, eine Voraussetzung dafür, daß die eigentlichen Täter nicht in das öffentliche Blickfeld geraten.

Für eine Veränderung dieses Erklärungsmusters erwies es sich als wichtig, daß es in den Veranstaltungen nicht nur benannt wurde, sondern auch dessen Reproduktion durch Frauen selbst zugänglich gemacht wurde. In unterschiedlicher Weise sprachen Teilnehmerinnen aus, daß Frauen häufig Frauen selbst als Schuldige für die erlittene Gewalt wahrnehmen und die Täter im Hintergrund bleiben. Ferner wurde sichtbar, daß sich Wut und Empörung auch von Frauen häufig primär auf die Frauen richten, die weiterhin mit ihrem Mißhandler zusammenleben, die in den Beziehungen „ausharren"; oder sie richtet sich auf die Mütter, die ihre Töchter nicht vor sexueller Gewalt durch ihren Mann bewahren. Ohne die Mittäterschaft von Frauen leugnen zu wollen, ist doch das Mißverhältnis erschreckend zwischen der enormen Wut auf die Frauen und der fehlenden Wut auf die Täter, welche die Verbrechen begehen.

Bei einer Sammlung der Vermutungen von Frauen hinsichtlich von Gründen, warum Männer Frauen schlagen, wurde z.B. in einer Veranstaltung genannt: „Wenn die ihm nichts Gescheites zum Essen hinstellt." „Wenn die ihr Maul nicht hält." Darin kommt eine m.E. eher ‚traditionale' Form der Schuldzuschreibung an Frauen zum Ausdruck: Dem Mann wird ein Recht auf Mißhandlung seiner Frau zugestanden, z.B. weil sie ihre Hausfrauenpflichten nicht erfüllt; weil sie sich nicht an die rollenspezifische Anforderung hält, nicht gegen den Mann aufzumucken, sich ihm unterzuordnen. Indem sich die Teilnehmerinnen gegenseitig darauf aufmerksam machten, daß schließlich Frauen ihre Männer nicht schlagen, auch wenn diese ihre Erwartungen nicht erfüllen, machte die genannten Gründe in ihrer geschlechtshierarchischen Einseitigkeit deutlich.

Gleichzeitig wurde in Veranstaltungen eine ‚moderne' Form der Schuldzuschreibung gegenüber mißhandelten Frauen genannt: „Wenn die es auch mit sich machen läßt." „Wenn die nicht weggeht." „Wieso läßt sie sich das gefallen?" In dieser Begründung wird der Frau zwar eine Berechtigung zum Handeln und zu der Entscheidung, den Mißhandle zu verlassen, zugestanden, jedoch werden dabei sowohl die gesellschaftlichen Verhältnisse, die eine solche Entscheidung blockieren als auch die Täter als Verantwortliche völlig außen vor gelassen. In diesem Zusammenhang war es in den Veranstaltungen wichtig, Faktoren zu erarbeiten, die eine Trennung erschweren (z.B. eine fehlende eigenständige materielle Existenzsicherung von Frauen).

Indem dieses Zuschreibungsmuster als reduzierte Thematisierung durchschaut werden kann und indem die Gründe wahrnehmbar werden, weshalb es für eine Frau schwierig ist, ihren Mißhandler zu verlassen, können auch Anknüpfungspunkte für eine Unterstützung durch einzelne Frauen formuliert werden: z.B. der mißhandelten Frau Informationen über Alternativen zukommen zu lassen; z.B. sie darin zu bestärken, daß sie ein Recht darauf hat, ein Leben ohne Mißhandlung zu führen. Außerdem werden dann weitergehende Unterstützungsmöglichkeiten für mißhandelte Frauen und grundlegende Veränderungen im Geschlechterverhältnis und in der gesellschaftlichen Stellung von Frauen als notwendig zur Lösung des Problems erkennbar.

Zusammenfassend ist hier hinsichtlich des sozialräumlichen Bezugs der Thematisierung festzuhalten, daß es mit den Veranstaltungen gelungen ist, die in der jeweiligen Gemeinde oder Region wirksamen reduzierenden Erklärungsmuster und Ausblendungsmechanismen von Gewalt wahrnehmbar und so ‚bearbeitbar' zu machen. Dies geschah dadurch, daß in den Veranstaltungen ein Raum für direkte oder – im primären Lebenszusammenhang – indirekte Selbstthematisierung inszeniert wurde. Dies stellt eine Ausgangsbasis für ihre Veränderung dar: bei den teilnehmenden Frauen selbst und – über ihre Vermittlung – im regionalen Lebenszusammenhang. Als maßgeblich dafür, daß es Teilnehmerinnen möglich war, sich mit diesen schwierigen Anteilen zu zeigen, hat sich m.E. die Frage nach Gründen für diese Verhaltensmuster erwiesen. Damit scheint mir das in Veranstaltungen gelungen, worauf ich oben mit bell hooks hingewiesen hatte, nämlich einen Raum herzustellen, um eigene sexistische, Frauen reduzierende Verhaltensweisen wegzulernen.

Kompetenzen von Frauen und Mechanismen der Selbstabwertung werden wahrnehmbar gemacht

Großen Wert legten die Fachfrauen und Referentinnen in den Veranstaltungen darauf, methodisch Räume herzustellen, die Frauen ermöglichten, Zugang zu ihrem eigenen Wissen zu bekommen und so eigene Kompetenzen und die anderer Frauen wahrnehmen zu können. Dies im Gegensatz zu einer Vermittlung von Inhalten ausschließlich im Vortragsstil. Die Bedeutung einer solchen Thematisierung formulierte eine Teilnehmerin bei der Auswertung einer der Veranstaltungen folgendermaßen: „Trotz der großen Anstrengung, mich auf das Thema einzulassen, habe ich es als ermutigend erlebt, daß es in dieser Form unter Frauen behandelt werden kann."

Indem Frauen sich selbst und andere Frauen als Kompetente erlebten, konnten sie Vertrauen zueinander und in ihre Fähigkeiten gewinnen und in ihrer Bedeutung füreinander sichtbar werden. Erst eine solche Art der Thematisierung zeigt, welche Kompetenzen im Umgang mit Gewalt in den Gemeinden bzw. Regionen, in denen die Veranstaltungen stattfanden, vorhanden sind. Sichtbar wurden Frauen mit ihren Kompetenzen als Überlebende von sexueller Männergewalt, als professionelle und nicht-professionelle Unterstützerinnen.

Kompetenzen als Überlebende von sexueller Männergewalt

Viele Frauen hatten Erfahrungen mit Demütigungen, Übergriffen und Gewalt durch Männer. Indem, wie oben ausgeführt, diese schmerzlichen Erlebnisse als solche wahrgenommen und benannt werden konnten, wurden auch die Umgangsweisen und Überlebensstrategien der Frauen sichtbar.

In einer Gruppe tauschten sich Frauen darüber aus, wie sie sich verhalten, wenn ihre Männer Pornofilme anschauen und sie dies als demütigend erleben. In dieser Gruppe berichtete eine Frau auch darüber, wie sie als Mädchen die sexuelle Gewalt durch einen Verwandten, der sie innerhalb der Familie ausgesetzt war, erlebt und überlebt hat. Neben den Verletzungen wurden auch die Auswirkungen der Auseinandersetzung mit den traumatischen Erlebnissen sichtbar: Die Frau kann sich schützen. Dies wurde während der Veranstaltung in sehr praktischer Weise deutlich. Eine Teilnehmerin berichtete darüber, was sie aus der Literatur über Frauen weiß, die als Mädchen sexuelle Gewalt erlitten haben: „Solche Frauen sind ein Leben lang depressiv, bindungsunfähig und sie werden häufig zu Prostituierten." Die Teilnehmerin, die selbst als Mädchen massiver sexueller Gewalt ausgesetzt war, wehrte sich vehement gegen diese Zuschreibungen und wies daraufhin, daß solche Etiketten und Klischees ihr Leben – neben den Schwierigkeiten durch die erlittene sexuelle Gewalt – zusätzlich erschweren. Diese Reaktion zeigte den anderen Teilnehmerinnen die Notwendigkeit auf, mit den inzwischen vielfältig vorhandenen Aussagen zu Auswirkungen von sexueller Gewalt auf Mädchen und Frauen differenzierter umzugehen, damit diese sich nicht gegen die Betroffenen selbst richten.

Eine andere Teilnehmerin berichtete von ihrer Trennung von ihrem gewalttätigen Ehemann. Indem sie sich mit ihrer Geschichte in der Gruppe zu erkennen gab, wurden die Barrieren, die sie zu überwinden hatte offensichtlich und die damit verbundenen Anforderungen an sie.

Mit den Erzählungen der Frauen über eigene Gewalterlebnisse wurde immer wieder deutlich, daß Frauen sich in vielfältiger Weise zur Wehr setzen und nach Unterstützungsmöglichkeiten suchen. Deutlich wurde jedoch auch, daß Passivität, Resignation und Depression der Endpunkt eines langen Prozesses von Gegenwehr sein kann, wenn Frauen keine Unterstützung von anderen – im Alltag und von professioneller Seite – erfahren. Damit konnte der Zuschreibung begegnet werden, daß Frauen Gewalt einfach passiv ertragen.

Kompetenzen bei der Unterstützung von Überlebenden sexueller Männergewalt

Eine jüngere Frau berichtete in einer Veranstaltung, wie ihr ein kleines Mädchen in ihrer Nachbarschaft aufgrund des Vertrauensverhältnisses zwischen ihnen, von der sexuellen Gewalt durch deren Vater erzählen konnte. Die Frau entschließt sich, den Täter anzuzeigen, trotz eigener Ängste und trotz massiver Versuche ihrer eigenen Familie, sie daran zu hindern. In der Veranstaltung wird wahrnehmbar, was dieses Vertrauensverhältnis zwischen ihr und dem Mädchen ermöglichte; es wird auch wahrnehmbar, was es der Frau ermöglicht hat, das Risiko der Enttabuisierung einzugehen, welche Dynamik dadurch im Dorf ausgelöst wurde und wie sie damit umgehen konnte. In diesem Beispiel zeigte sich, daß es hilfreich ist, um das Risiko der Enttabuisierung eingehen zu können, auch über Bezüge außerhalb des Dorfes zu verfügen und nicht ausschließlich auf die Anerkennung im Dorf angewiesen zu sein.

In der Veranstaltung mit Frauen, die sich auf die Arbeit am Notruftelefon für vergewaltigte und von Männergewalt betroffene Frauen vorbereiteten, wurde deutlich, wie viel Kompetenzen Frauen hinsichtlich der Unterstützung von anderen Frauen haben. Zum Zeitpunkt der Eröffnung des Notruftelefons ist die Angst vor den ersten Anrufen von hilfesuchenden Frauen und ihr Zweifel an ihren Unterstützungsmöglichkeiten ein zentrales Thema. Indem die Frauen sich im Rahmen einer von ihnen organisierten Fortbildung darauf besinnen, wie viel Erfahrung sie in der Unterstützung von Freundinnen und Bekannten haben („Wie verhalte ich mich, wenn mich eine Bekannte oder eine Freundin in einer verzweifelten Situation anruft?") bzw. indem sie sich auf ihre Erfahrungen mit dem eigenen ,Unterstützt-Werden' besinnen („Was tut mir gut, wenn ich mich an jemanden um Hilfe wende?") wird ihnen deutlich, daß sie nicht voraussetzungslos dieser Situation gegenübertreten. Sich dieses Erfahrungswissen zu vergegenwärtigen, war eine hilfreiche Ausgangsbasis für die notwendige Kompetenzerweiterung hinsichtlich der spezifischen Situation am Notruftelefon. Während dieser Fortbildung erwies es sich als wichtige Kompetenz, sich neben den eigenen Fähigkeiten auch der Grenzen zu vergewissern: Welche Unterstützung von unserer Seite können wir den Frauen, die sich an uns wenden anbieten? Wann ist es notwendig, sie an professionelle Einrichtungen weiterzuverweisen?

Kompetenz hinsichtlich der Enttabuisierung von Gewalt gegen Frauen und Mädchen
Neben Erfahrungen, wie Frauen in den unterschiedlichen Bereichen ihres Lebenszusammenhangs Gewalt gegen Frauen aufdecken, ist bereits die Teilnahme an den Veranstaltungen zum Thema ,Gewalt gegen Frauen und Mädchen' als Beitrag zur Enttabuisierung zu werten. In zwei Veranstaltungen beklagten Teilnehmerinnen, daß das Thema nach wie vor tabuisiert sei. Am Schluß der Veranstaltungen formulierten sie die Frage, wie sie nun das Thema

an die Öffentlichkeit bringen können. Diese Frage scheint mir wiederum auf ein bereits oben beschriebenes Verdeckungsmuster hinzuweisen. Die Veranstaltung, an der sie selbst teilnehmen und die bereits eine Öffentlichkeit zu dem Thema herstellt, wird nicht als Bestandteil ‚der Öffentlichkeit' wahrgenommen. Ohne die Unterschiede zwischen einer Frauenöffentlichkeit und einer weiteren Dorf- und Regionalöffentlichkeit zu vernachlässigen, ist doch daraufhinzuweisen, daß Frauen mit dieser Wahrnehmung die Ausgrenzung von Frauen aus dem öffentlichen Bereich reproduzieren. Wenn Frauen ihre Frauenöffentlichkeiten als ein Teil der sogenannten allgemeinen Öffentlichkeit begreifen, kann soziale Kontrolle zur Unterstützung und zum Schutz von Opfern von Gewalt genutzt werden.

Wissen über die Funktionsweise von patriarchaler Macht

Über unterschiedliche Methoden ermöglichten die Veranstaltungen, daß Frauen eigenes Wissen über patriarchale Strukturen unserer Gesellschaft wahrnehmen, benennen und austauschen konnten. Ein Beispiel hierzu: Während einer Veranstaltung erläuterte die Referentin gesellschaftlich-strukturelle Gründe von Gewalttaten. Der Beitrag einer Teilnehmerin dazu lautete: „Das meint doch Anita Heiliger, wenn sie von Gewalt als einer Strukturkategorie in unserer Gesellschaft redet." Und sie berichtete, welche Literatur für ihre Auseinandersetzung mit eigenen Mißbrauchserlebnissen als Mädchen hilfreich war. In diesem Zusammenhang war meine eigene Reaktion auf diese Äußerung sehr aufschlußreich. Ich war völlig überrascht, daß ich in einer solchen Gruppe eine Teilnehmerin antreffe, die Anita Heiliger und ihre Analyse kennt. Meine Überraschung interpretiere ich als Ausdruck einer stereotypen Zuschreibung, die von einem Stadt-Land-Gefälle hinsichtlich der Thematisierung von Gewalt ausgeht.

In einer Veranstaltung des katholischen Frauenbundes zum Thema ‚sexueller Mißbrauch' werden vorherrschende Erklärungsmuster von Mißbrauch reflektiert; so z.B. die Erklärung, daß die Täter sexuell unter Druck stehen. Eine Teilnehmerin reagiert folgendermaßen: „Und was machen wir Frauen, wenn wir sexuell unter Druck stehen? Vergreifen wir uns dann auch an Kindern?" Mit dieser Frage wies die Teilnehmerin auf die geschlechtsspezifische Einseitigkeit des Erklärungsmusters hin.

Gegenstand der Veranstaltungen war auch die Übertragung der Einsichten in die unterschiedlichen Lebensbereiche der teilnehmenden Frauen. Hierfür organisierten die veranstaltenden Frauen einen Raum, in dem sich die Frauen gegenseitig beraten konnten. So wurden z.B. in der letzten Phase einer der Veranstaltungen vier Kleingruppen gebildet, entsprechend den Bereichen, in denen sich die Teilnehmerinnen Gedanken zur Konkretisierung des bisher Erörterten machen wollten: bei sich selbst, innerhalb der Familie, im Rahmen der Frauengruppen im Dorf, im Erwerbsarbeitsbereich. In einer anderen Veranstaltung konkretisierten die Teilnehmerinnen die Ausführungen hinsichtlich der Gestaltung weiterer Öffentlichkeiten in der eigenen Region bzw. der eigenen Gemeinde. Folgende Fragestellungen dienten dabei als Reflexionsfolie: Mit welchen Reaktionen haben wir dabei zu rechnen? Welche Befürchtungen haben wir? Wie können wir uns stärken? Welche Professionellen in der Region könnten wir zur Unterstützung anfragen?

Thematisierung professioneller Hilfen und weitergehender Veränderungen

Nachdem die Teilnehmerinnen einer Veranstaltung die unterschiedlichen Formen von Gewalt gegen Frauen zusammengetragen und die unterschiedlichen Bereiche benannt hatten, die nach ihrer Meinung Gewalt gegen Frauen bedingen, stellten die Veranstalterinnen die Frage: „Was wäre notwendig, um das Problem zu beseitigen?" Die gesammelten Antworten zu dieser Fragestellung verdeutlichte, daß in den unterschiedlichsten gesellschaftlichen Bereichen Veränderungen stattfinden müßten. Als ein weiterer Schritt wurde gefragt: „was kann ich als Einzelne bzw. was können wir als Gruppe tun".

Informationen und Austausch über professionelle Unterstützungsmöglichkeiten, v.a. über die in der Region vorhandenen Angebote war ein zentrales Anliegen aller Veranstaltungen. Da die Informationen von Veranstalterinnen und Teilnehmerinnen eingebracht wurden, wurde auch über Erfahrungen mit professionellen Einrichtungen aus der Perspektive von betroffenen und ehrenamtlichen Unterstützerinnen berichtet. Eine besondere Form der Vermittlung von Möglichkeiten professioneller Unterstützung war in einigen Veranstaltungen durch die Anwesenheit von Frauenhausmitarbeiterinnen gegeben. Das Kennenlernen in einem solchen öffentlichen Rahmen hat sich für betroffene Frauen und für potentielle Unterstützerinnen als hilfreich herausgestellt. Haben sie selbst eine Einschätzung über ein bestehendes Hilfsangebot und die hier tätigen Professionellen, so können die betroffenen Frauen, die selbst keinen Zugang zu solchen Veranstaltungen haben, überzeugender die Möglichkeiten eines professionellen Angebotes aufzeigen. Als eine weitere wichtige

Funktion des inhaltlichen Austauschs zwischen Professionellen und im primären Lebenszusammenhang engagierten Frauen hat sich folgendes herausgestellt: Über den Austausch konnten gegenseitige stereotype und entwertende Zuschreibungen, die hinsichtlich unterschiedlicher Frauengruppierungen existieren, deutlich werden. Benannt wurden die Zuschreibungen darüber, daß einzelne Teilnehmerinnen und Referentinnen äußerten, daß sie angenehm überrascht waren über die ‚anderen' Frauen.

Im Zusammenhang der Thematisierung von professioneller Hilfe wurde wiederum die gegenseitige Verwiesenheit dieser Form von Hilfe und der Hilfe aus dem primären Lebenszusammenhang von Frauen sichtbar. Deutlich wurde, daß der Zugang zu professionellen Unterstützungsmöglichkeiten häufig abhängt von Vermittlerinnen im Alltag: von Verwandten, Freundinnen oder Vertrauensfrauen. Weiter wurde deutlich, daß dieser Zugang auch von den verinnerlichten Bewältigungsstereotypen und der öffentlichen Atmosphäre hinsichtlich der Beanspruchung professioneller Hilfe abhängig ist. Andererseits ist Hilfe im Alltag meistens auf die Existenz von und das Wissen um professionelle Angebote angewiesen: Hat eine Unterstützerin vor Ort Informationen und Einschätzungen über weitere Hilfsmöglichkeiten, erleichtert ihr dies, eine betroffene Frau auf deren Schwierigkeiten anzusprechen; die Befürchtung, allein für die notwendige Hilfe zuständig zu sein und damit überfordert zu werden, hat sich als ein Hinderungsgrund für ein Eingreifen im alltäglichen Zusammenhang herausgestellt.

Damit haben sich die Schwierigkeiten, professionelle Hilfe in Anspruch zu nehmen, als ein zentral zu behandelndes Thema beim Nachdenken über Wege aus Gewaltsituationen herausgestellt. Interessant war dabei, daß diese Schwierigkeiten als gemeinsame Realität von betroffenen Frauen und Unterstützerinnen sichtbar wurden. In den Veranstaltungen wurde das oben herausgearbeitete Bewältigungsmuster der Zumutbarkeit als selbstverständliche Erwartungshaltung an Frauen – von Seiten anderer und von ihnen selbst – deutlich: ‚sie müssen allein damit fertig werden'. Wie oben bereits benannt wurde, äußerten in einer Veranstaltung Teilnehmerinnen bei der Vorstellung, im Dorf einer Bekannten zu helfen, folgende Befürchtungen: Wenn ich einer mißhandelten Frau helfe,

- dann muß ich alles auffangen,
- so bin ich für das Auseinanderbrechen der Ehe verantwortlich,
- dann sitzt die jeden Tag bei mir und jammert.

In der zuletzt genannten Formulierung zeigt sich, welche Vorstellung die potentielle Unterstützerin hinsichtlich des Umgangs mit dem Problem hat: Die betroffene Frau wird ihr gegenüber immer wieder jammern; andere, eventuell weitergehende Bewältigungsweisen kommen in der Phantasie nicht vor. Dies ist eine schlechte Ausgangsbasis zum Eingreifen. Auch Professionelle, die innerhalb der Familie tätig sind, nannten als eine Begründung, weshalb sie von Gewalt betroffene Frauen nicht ansprechen, ihre Angst vor Überforderung. Auch bei ihnen zeigte sich, daß sie immer wieder stillschweigend davon ausgehen, für die notwendige Hilfe allein zuständig zu sein.

Frauen, die sich entschlossen haben, Öffentlichkeit zum Thema ‚Gewalt gegen Frauen' herzustellen und einen Notruf für vergewaltigte und mißhandelte Frauen anzubieten, fragen sich: „Wenn wir für mißhandelte Frauen einen Notruf anbieten, müssen wir sie dann nicht auch weiter unterstützen, ihnen eine Unterkunft ermöglichen, sie bei uns privat aufnehmen", usw.. Und sie werden von anderen gefragt: „Ihr bietet einen Notruf an, ist das alles und was ist dann?"

Ebenso wie es von betroffenen Frauen erwartet wird und sie es von sich selbst erwarten, „es allein hinzukriegen", ohne Hilfe von anderen, ohne professionelle Hilfe und ohne weiterreichende Veränderungen, erwarten es viele Unterstützerinnen von sich, allein alles Notwendige an Unterstützung zu leisten, „die Frau zu retten". Eine solche Haltung blendet nicht nur die Eigenverantwortung der betroffenen Frauen aus, sondern auch die Notwendigkeit anderer Formen von Unterstützung. In den Veranstaltungen war es zunächst wichtig, dieses Muster und die damit verbundenen Ängste wahrzunehmen. In einem weiteren Schritt wurde dann genau überlegt:

Welche Unterstützung können einzelne Frauen bzw. eine Gruppe von Frauen leisten?

Wo sind die Grenzen dieser Unterstützungsleistungen?

Welche weiteren Unterstützungsmöglichkeiten gibt es für die Betroffenen und für die Unterstützerinnen?

Welche Unterstützung wäre notwendig für die Unterstützerinnen?

Ein weiteres Muster ist hier als Ergebnis festzuhalten: Die Idee, „alles machen zu müssen", verdeckt häufig auch einzelne mögliche oder bereits erbrachte Unterstützungsleistungen; diese werden in ihrer Bedeutung nicht wahrgenommen und damit abgewertet. Auch dies geschieht durch die Frauen selbst und durch andere. Angesichts dieses Verdeckungsmusters erwies es sich in einigen Veranstaltungen als wichtig, einzelne Schritte der Unterstützung in ihrer Bedeutung für betroffene Frauen wahrnehmbar zu machen. Dies gelang besonders in den Veranstaltungen, in denen betroffene Frauen selbst bestätigten, wie bedeutsam für sie auch ein leises Signal sein konnte. Folgende Unterstützungsschritte wurden wahrnehmbar gemacht: Für eine mißhandelte Frau kann es wichtig sein,

- ihr nicht auszuweichen und nicht schweigend wegzusehen, auch wenn sie nicht direkt auf das erste Unterstützungsangebot eingeht;
- sie auf ihre Situation anzusprechen und zuzuhören;
- ihr die Erfahrung zu ermöglichen, daß das Aussprechen des Problems, das „Darüberreden" etwas nützen kann;
- ihr Leiden ernstzunehmen und nicht immer zu bagatellisieren;
- sie in ihrem Empfinden ernstzunehmen und sie darin zu bestärken;
- ihr das Gefühl zu vermitteln, daß der Mann kein Recht hat, sie zu schlagen, daß dies eine Zumutung ist, gegen die sie sich wehren darf;
- ihr zu vermitteln, daß sie nicht selbst schuldig ist an der Mißhandlung;
- sie auf bestehende Hilfsangebote hinzuweisen.

Mit einer solchen differenzierten Aufschlüsselung von Hilfe in einzelne Unterstützungsschritte war eine Grundlage geschaffen, mit der die Unterstützerinnen klarer ihre Möglichkeiten und Grenzen formulieren konnten. So haben die Notruffrauen, nachdem sie sich vergegenwärtigten, was sie bereits mit der Einrichtung eines Notrufs und ihrer Öffentlichkeitsarbeit leisten, beschlossen, daß sie nicht für alles zuständig sind, was an Unterstützung notwendig wäre. Eine ihrer Leistungen besteht darin, öffentlich auf die Notwendigkeit professioneller Unterstützung hinzuweisen und diese in den unterschiedlichen politischen Gremien einzufordern und durchzusetzen. Deutlich wurde an der Erleichterung der Notruffrauen, nachdem sie dies formuliert hatten, daß eine solche Klarheit eine wichtige Ausgangsbasis für das Engagement darstellt. Dies im Gegensatz zu einer Haltung, in der Frauen viel an Unterstützung leisten, jedoch permanent das Gefühl haben, zu wenig zu machen. Die Tatsache, daß potentielle Unterstützerinnen oftmals aus Angst vor Überforderung nichts unternehmen, bestätigt die Notwendigkeit, weitergehend über Möglichkeiten der Unterstützung für Unterstützerinnen nachzudenken.

In fast allen Veranstaltungen wurde die Schwierigkeit der Inanspruchnahme von Hilfe als allgemeinere, nicht nur für die Problematik der Mißhandlung von Frauen zutreffende Schwierigkeit erkannt und diskutiert: Auch in bezug auf die Schwierigkeiten, Hilfe zu beanspruchen, läßt sich eine eher ‚traditionale' und eine mehr ‚moderne' Version wahrnehmen. War es früher für Frauen bei bestimmten Problemen aufgrund einer bäuerlichen Eigenständigkeitsideologie schwierig, Hilfe von außen zu beanspruchen, so kann heute eine Inanspruchnahme fremder Hilfe durch die Idee verhindert werden, ‚daß es die emanzipierte und selbstbewußte Frau allein schaffen muß'.

Während der Veranstaltungen war immer wieder die Frage: „Weshalb fällt es uns so schwer, Hilfe zu beanspruchen?" Die Frauen formulierten, daß es nach wie vor als Schwäche angesehen werde, Hilfe zu beanspruchen und nicht als Ausdruck von Stärke und als Ausdruck davon, Verantwortung zu übernehmen und eine Veränderung bewirken zu wollen. Indem dies umdefiniert wurde, war ein Rahmen gegeben, daß die Frauen, die Erfahrung mit professioneller Hilfe hatten (z.B. in Form von Erziehungsberatung oder Partnerschaftsberatung), den anderen davon berichten konnten: Wie sie auf die Idee gekommen sind, professionelle Hilfe in Anspruch zu nehmen, welchen inneren Befürchtungen und äußeren Reaktionen in der Familie und der Bekanntschaft sie ausgesetzt waren; welche Bedeutung diese professionelle Unterstützung für sie hatte und wie sie durch diese ‚Pionierarbeit' anderen in ihrer Familie und Bekanntschaft den Zugang zur professionellen Hilfe erleichterten: zum einen, indem diese durch ihre Erfahrung die Chance einer solchen Unterstützung sehen konnten; zum anderen war die Inanspruchnahme von professioneller Hilfe in der Familie und Bekanntschaft einschätzbar geworden. Über diesen Erfahrungsaustausch wurden professionelle Hilfsmöglichkeiten nicht abstrakt vorgestellt und auch nicht ausschließlich von Seiten Professioneller, sondern durch Frauen, die diese in der Rolle von Hilfesuchenden erfahren haben. Damit werden auch Erfahrungen von Seiten Betroffener mit den in einer Region vorhandenen Angeboten öffentlich zugänglich gemacht.

Dieses individualisierende Bewältigungsmuster, bei dem davon ausgegangen wird, schwierige Situationen allein, ohne professionelle Hilfe, bewältigen zu müssen, stellt m.E. nichts spezifisch Ländliches dar. Jedoch wurde oben als Ergebnis deutlich, daß Öffentlichkeit und Sozialadministrationen in ländlichen Regionen in weit größerem Ausmaß als in städtischen auch von diesem Bewältigungsstereotyp geprägt sind und dieses immer wieder reproduzieren. Sie übernehmen kaum die Funktion, es infragezustellen und zu verändern. Vor diesem Hintergrund sind noch einmal die besonderen Leistungen der oben beschriebenen Veranstaltungen hervorzuheben: im Gegensatz zu der Reproduktion des Bewältigungsstereotyps in den vorherrschenden Öffentlichkeiten stellen sie eine Gegen-Öffentlichkeit dar, in denen es infragegestellt wird.

Der Austausch über professionelle Unterstützungsmöglichkeiten und die Fragen von Unterstützerinnen vor Ort und von Professionellen („Wohin kann ich mich wenden, um mir Rat zu holen, wie ich dem Mädchen helfen kann?" „Wohin kann ich das Mädchen bzw. die Mutter verweisen?") führten immer wieder den Mangel an Angeboten in einer Region vor Augen. Mit den Fragen wurde deutlich, daß es sich nicht nur um ein Informationsdefizit handelt, sondern daß meistens entsprechende Angebote fehlen: Nur in einer der drei Regionen, in denen die Veranstaltungen stattfanden, war ein Frauenhaus vorhanden. Dazu kommt, daß die Frauenhäuser in weiter entfernt gelegenen Städten überfüllt sind und es für hilfesuchende Frauen häufig eine große Hürde darstellt, in ein räumlich weit entferntes Frauenhaus zu ziehen[5]. Für Mädchen, die von sexueller Gewalt betroffen sind, sieht die Situation noch schlimmer aus. Zum einen bestehen noch wenige spezifische Hilfseinrichtungen in ländlichen Regionen, zum anderen ist auch die Kompetenz von Professionellen in vorhandenen psychosozialen Einrichtungen (z.B. Beratungsstellen, Jugendamt) zu dieser Problematik noch nicht in dem Maße vorhanden, wie zum Thema ‚Gewalt gegen Frauen'.

Teilnehmerinnen einer Veranstaltung im Rahmen der katholischen Bildungsarbeit überlegten, nachdem ein Mangel an Hilfseinrichtungen in der Region offensichtlich wurde, wie ihnen eine Unterstützung der in der Region vorhandenen Frauenhausinitiative möglich wäre, damit diese finanziell besser ausgestattet wird. An die Feststellung des Mangels von Hilfsangeboten schlossen sich folgende Fragen an: Wie können wir solche Angebote einfordern? Weshalb müssen Unterstützungseinrichtungen immer wieder im zähen Kampf durchgesetzt werden? Weshalb wird der Bedarf immer wieder geleugnet bzw. angezweifelt? Damit wurden auch Überlegungen in Richtung einer Einflußnahme in den sozialadministrativen Bereich gestellt.

In den Veranstaltungen wurde formuliert, daß zwar die Ausweitung von professioneller Unterstützung in Form von Zufluchtshäusern und Beratungsstel-

---

5 Eine große Distanz zum Mißhandler stellt sich zwar immer wieder als notwendig heraus, wenn dieser seine Frau verfolgt und weiterhin bedroht. Jedoch wünschen sich die meisten Frauen eine räumlich nahegelegene Einrichtung.

len in der Region notwendig ist; als weitergehende Perspektive müßten jedoch Veränderungen in verschiedenen gesellschaftlichen Bereichen stattfinden. Hierzu wurden z.B. folgende Bereiche genannt: Erziehungsinstanzen; die geschlechtshierarchische Arbeitsteilung, die zu einer unzureichenden eigenständigen materiellen Absicherung von Frauen führt; die Rechtssprechung.

7. Das Ganze ist mehr als die Summe der einzelnen Teile (III). Zusammenfassung und Entwicklungsperspektiven – nicht nur für ländliche Regionen

Die Qualität der untersuchten Vermittlungsstrukturen als ‚Entdeckungszusammenhang' zeigt sich, wenn wir nun die einzelnen Analyseergebnisse zusammenfassend betrachten. Im Zusammenhang damit benenne ich Entwicklungsperspektiven, die nicht nur für ländliche Frauenzusammenhänge gültig sind.

Die Analyse der Vernetzungsstruktur ergab, daß mit den Veranstaltungen eine Vermittlungsstruktur *zwischen unterschiedlichen Lebensbereichen* (dem familiären Bereich, Frauengruppen, ehrenamtlichen Unterstützungszusammenhängen, professionellen Einrichtungen und Sozialadministration), *unterschiedlichen Gruppierungen* (kirchliche Frauengruppen, Landfrauenverbänden, autonomen Frauengruppen und -initiativen und damit auch zwischen seit langem in den Gemeinden verwurzelten Frauen und seit einiger Zeit oder neu zugezogenen Frauen) und *unterschiedlichen Orten* (innerhalb der Gemeinde, regional und überregional) hergestellt wird. Die Tatsache, daß Frauen mit unterschiedlichen Gruppenzugehörigkeiten und mit unterschiedlichem Status (z.B. professionelle und ehrenamtliche Unterstützerinnen) sich von diesen Veranstaltungen angesprochen fühlen, zeigt, daß die Veranstaltungen geeignete Angebote darstellen, um den bei den unterschiedlichen Frauen in der jeweiligen Region vorhandenen Bedarf aufgreifen zu können. D.h. sie stellen für das, was diese Frauen bewegt, Raum für einen Austausch her. Andererseits werden mit der Teilnahme dieser unterschiedlichen Frauen deren Interessen in einem qualitativ anderen, öffentlichen Bereich vermittelt.

Als besondere Qualität dieser Veranstaltungen ist hervorzuheben, daß mit ihnen Vermittlungstätigkeiten in unterschiedliche Richtungen gelingen: Einerseits wird über die verschiedenen Bezugssysteme der teilnehmenden und veranstaltenden Frauen das Thema aus dem privaten Bereich heraus in einen öffentlichen vermittelt und über Teilnehmerinnen aus professionellen Einrichtungen, dem sozialadministrativen Bereich und kommunalpolitischen Gremien in Bereiche institutionalisierter Politik weitervermittelt; andererseits wird das in diesen Zusammenhängen Verhandelte und mit neuen Bedeutungen Versehene wieder in die verschiedenen Sphären der Privatheit, wie z.B. Familien oder freundschaftliche Frauenbezüge zurückvermittelt. Damit wird sichergestellt, daß auch Frauen, die selbst keinen Zugang zu diesen Öffentlichkeiten haben, von der hier vorgenommenen Infragestellung privatisierender Bewältigungsstereotype profitieren können. Mit diesen wechselseitigen Vermittlungsleistungen wird auch der sogenannte private Raum bzw. private Beziehungen als einer der Orte berücksichtigt, in dem Veränderungen stattfinden. Damit sind m.E. zur Überwindung einer einseitigen Zielperspektive der Veröffentlichung von Privatem auch Ansatzpunkte für eine Überschreitung der Hierarchie zwischen Privatheit und Öffentlichkeit gegeben.

Eine weitere Qualität dieser Veranstaltungen besteht darin, daß sie Begegnungen zwischen Frauen ermöglichen, die sich in unterschiedlichen Zusammenhängen und mit verschiedenen Ansätzen gegen Gewalt engagieren und bisher wenig Berührung miteinander hatten. Die Relevanz dessen erschließt sich vor dem Hintergrund folgender Ergebnisse: Die Analyse ergab, daß sich in den untersuchten Regionen sehr unterschiedliche Frauen gegen Gewalt engagieren; ein weiteres Ergebnis war, daß es zwar innerhalb von Frauenverbänden, kirchlichen Zusammenhängen oder im Bereich des professionellen Unterstützungsangebotes gut ausgebaute Vernetzungsstrukturen gibt, daß jedoch zwischen diesen unterschiedlichen Gruppierungen wenig kontinuierliche und institutionalisierte Arbeitszusammenhänge existieren. Infolgedessen wissen Frauen aus den unterschiedlichen Zusammenhängen wenig von ihren je spezifischen Formen für ihr Engagement gegen Gewalt und deren Ausgangsbedingungen. Dies wurde über den großen Informationsbedarf und die erstaunten Reaktionen während der Veranstaltungen, in denen Vertreterinnen unterschiedlicher Gruppierungen teilnahmen, deutlich. So zeigten sich z.B. einige Frauen aus Frauenverbänden überrascht über die mangelnde finanzielle Absicherung von Frauenhäusern. Andererseits waren sich professionelle Frauen z.T. wenig der besonderen Anforderungen an Frauen, die im alltäglichen Lebenszusammenhang gegen Gewalt eintreten und in diesem Alltagskontext dafür einstehen müssen, bewußt.

Gleichzeitig wurde in diesem Untersuchungsabschnitt der Bedarf gerade einer Zusammenarbeit zwischen diesen unterschiedlichen Gruppierungen, der sich bereits im ersten Untersuchungsabschnitt zeigte, in zweierlei Hinsicht offensichtlich: Erstens erwies sich diese Zusammenarbeit als unabdingbare Voraussetzung für eine effektive Unterstützung von betroffenen Frauen und zweitens für ein längerfristig wirksames öffentlich-politisches Eintreten gegen Gewalt. Damit wurde auch ein Entwicklungsbedarf offensichtlich. Darüber, daß wir Hinweise darüber erhielten, was institutionalisierte Kooperationen zwischen diesen unterschiedlichen Gruppierungen erschwert, können Ansatz-punkte für eine Weiterentwicklung formuliert werden (vgl. Knab 1996). Ein wesentlicher Faktor für das qualitativ neue dieser öffentlichen Vermitt-lungsstrukturen stellt m.E. das Zusammentreffen von ‚Entprivatisierungsper-spektiven' auf der inhaltlichen Ebene und bzgl. der gesellschaftlichen Räume der Verhandlung dieser Themen dar. Über die Bezugssysteme der Frauen wird das Thema aus dem privaten Bereich heraus vermittelt. Durch die Art der inhaltlichen Thematisierung werden privatisierende Erklärungsansätze und ebenfalls privatisierende Veränderungsperspektiven von Gewalt hinter-fragt. Indem erarbeitet wurde, daß Gewalt in unterschiedlichen gesellschaftli-chen Bereichen und Strukturen (z.B. in der Rechtssprechung oder in der ge-schlechtshierarchischen Arbeitsteilung) verankert ist, wurde deutlich, daß we-der die Gründe für Gewalt privater Natur sind noch daß Ansätze zur Verände-rung von Gewalt sich auf den individuellen bzw. privaten Bereich beschrän-ken können. In den Veranstaltungen war einerseits die Leistung zu vollbrin-gen, die Ungeheuerlichkeit von Gewalt wahrnehmbar zu machen und ande-rerseits aufzuzeigen, daß diese Ungeheuerlichkeit Teil der alltäglichen und teilweise selbstverständlichen Normalität von Frauen ist. Dies wurde wahr-nehmbar, indem unterschiedliche Formen und das quantitative Ausmaß von Männergewalt benannt und als unterschiedliche Ausprägungen der Gewalt-verhältnisse deutlich wurden.

Als besondere Qualität, die diese Veranstaltungen als geeignete Ansätze für ländliche Regionen ausweist, ist dabei der sozialräumliche Bezug dieser The-matisierung hervorzuheben. In den Veranstaltungen wurde nicht abstrakt auf Ausblendungs-, privatisierende Erklärungs- und Bewältigungsmuster hinge-wiesen, sondern danach gefragt, wie die teilnehmenden Frauen diese redu-zierten Erklärungsansätze selbst reproduzieren bzw. mit welchen Mustern sie in ihren Lebenszusammenhängen konfrontiert werden. Damit gelang es, spe-zifische, in den Gemeinden und Regionen wirksame Verdeckungsmuster von Gewalt (Bagatellisierung, Schuldzuschreibung an betroffene Frauen etc.) sichtbar zu machen und zu hinterfragen. Als förderlich für eine Thematisie-rung dieser schwierigen eigenen Anteile, konnten folgende Punkte herausge-arbeitet werden: Zum einen erwies es sich als hilfreich, nach den Gründen für diese Verhaltensmuster zu fragen und damit zu signalisieren: ‚Wir gehen da-von aus, daß es Gründe für diese Verhaltensweisen gibt.' Dadurch konnten diese Gründe deutlich und hinsichtlich ihres Realitätsgehaltes bearbeitet werden; zum anderen zeigte sich, daß je nach sozialräumlicher Ansiedlung der Veranstaltungen – innerhalb des primären Lebenszusammenhangs oder mit Distanz zu diesem – je spezifische methodische Zugänge für eine Selbstthematisierung dieser schwierigen eigenen Anteile anzubieten sind. Damit erwiesen sich diese Öffentlichkeiten auch als geeignete Räume für den vorne mit bell hooks (1990) eingeführten, notwendigen Prozeß des „Weg-Lernens" eigener sexistischer Verhaltensweisen und eigener Mittäterschaftsanteile (Thürmer-Rohr 1989).

Neben der Infragestellung von Definitionen und Zuschreibungen über inhaltliche VerständigungsProzeße während der Veranstaltungen sind Teilnahme an und Organisation von diesen Veranstaltungen selbst als Ausdruck von Kritik und Veränderung sozialpolitischer Standards zu begreifen. Die Tatsache, daß Frauen mit manifesten Gewalterlebnissen sich in diese Frauenöffentlichkeiten begeben und hier Unterstützung und Reflexionsmöglichkeiten für ihre Situation erhoffen, enthält m.E. Hinweise dafür, wie diese Frauen ihre Konflikte angesehen und verhandelt haben wollen. Der Bildungsbereich gilt als Bereich, in dem ‚Weiterentwicklung' stattfindet, während der Bereich psychosozialer Beratung, trotz vielfältiger Veränderungsbemühungen, tendenziell eher als Bereich angesehen wird, in dem Menschen aufgrund von Unfähigkeiten oder Defiziten Hilfe suchen. Vor diesem Hintergrund interpretiere ich das Unbehagen einzelner Frauen, psychosoziale Einzelberatung in Anspruch zu nehmen, nicht primär als Abwehr oder ‚Scheu' modernen Hilfeformen gegenüber, was landspezifische Zuschreibungen nahe legen; vielmehr werte ich das Aufsuchen kollektiver Thematisierungs- und Bewältigungsformen, u.a. in Bildungsveranstaltungen, auch als Widerstand gegen isolierende und stigmatisierende Problembearbeitungsformen. Damit werden verdeckte widerständige Verhaltensweisen sichtbar. Die Tatsache, daß die veranstaltenden Frauen die Vermittlungsleistungen als GruppenProzeße organisieren, ist vor dem Hintergrund der Analyse der Lebenslage von Frauen als eine Gespaltene, Isolierende und Reduzierende ebenfalls als Kritik an individualisierenden Bewältigungsstereotypen zu werten. Im Gegensatz zu Situationen, in denen Frauen als Einzelne einer Professionellen gegenübertreten, ermöglichen diese Gruppen, die Lebenslage von Frauen und Gewalt als ein Bestandteil dieser Lebenslage, als eine gemeinsame wahrzunehmen. So können die Erfahrungen zu (mit)geteilten Erfahrungen werden. Des weiteren werden Frauen füreinander zu Öffentlichkeiten. Auch damit werden sozialpolitische Standards, die individualisierend wirken, verändert. Diese Verständigungen unter Frauen sind als erste Schritte der Veröffentlichung zu werten. Unter der Perspektive der Weiterentwicklung dieser Öffentlichkeiten ist zu fragen, wie Frauen aus institutionalisierten Politikfeldern in größerem Ausmaß als in den Veranstaltungen geschehen, in diese Frauenöffentlichkeiten einbezogen werden können, mit dem Ziel der Weitervermittlung der Inhalte in institutionalisierte Politikfelder. Als motivierend für eine Teilnahme von Frauen aus institutionalisierter Politik erwies sich die Tatsache, daß diese Frauenöffentlichkeiten nicht nur in ihrer Qualität als ‚Auftraggeberinnen' für die politische Arbeit sichtbar werden, sondern auch als Quelle inhaltlicher und psychischer Bestärkung für eine Tätigkeit in den gemischten Gremien wahrgenommen werden können.

Als weiteres Indiz hinsichtlich neuer Qualitäten öffentlicher Vermittlungsstrukturen für ländliche Regionen werte ich die Tatsache, daß mit den Veranstaltungen Kompetenzen, die in der jeweiligen Gemeinde bzw. der Region vorhanden sind, öffentlich sichtbar gemacht wurden. Indem die Frauen in den Veranstaltungen mit ihren je spezifischen Erfahrungen als ehrenamtliche oder professionelle Unterstützerinnen, als das Thema in verschiedenen Zusammenhängen Eröffnende oder als sich gegen selbst erlebte Gewalt Wehrende füreinander sichtbar wurden, gelang es aufzuzeigen, daß und welche Kompetenzen in der eigenen Gemeinde bzw. Region vorhanden sind und welche fehlen. Damit erweisen sich die Veranstaltungen als Räume zur ‚Organisation von Anerkennung'[1] hinsichtlich von schwierigen Erfahrungen *und* von Kompetenzen, was angesichts der Tatsache der Entwertung von beidem frauenpolitisch relevant ist.

Damit ist als ein wichtiges Kriterium, das diese Veranstaltungen als für ländliche Regionen geeignete Ansätze öffentlicher Vermittlungsstrukturen ausweist, die Berücksichtigung sozialräumlicher Bedingungen in mehrfacher Hinsicht zu nennen. In den obigen Ausführungen wurden bereits Beispiele hierfür genannt: Thematisierungsmuster und Kompetenzen, die im eigenen Sozialraum wirksam sind, werden bearbeitet oder die Formen der Thematisierung werden an der örtlichen Ansiedlung der Veranstaltungen ausgerichtet. Außerdem ist es Gegenstand der Veranstaltungen auf regionaler oder überregionaler Ebene, Schritte der Rückvermittlung des Erarbeiteten in den primären Lebenszusammenhang zu reflektieren. Hinsichtlich einer Weiterentwick-

---

1 Zur frauenpolitischen Relevanz der ‚Organisation von Anerkennung' in Frauenzusammenhängen vgl. Bitzan/Funk (1995) und Daigler (1996).

lung der Berücksichtigung des sozialräumlichen Bezugs ist zu überlegen, welche Konsequenzen das Wissen um die Bedeutung persönlicher Vermittlung hat: Welcher Schutz ist von und für Unterstützerinnen im primären Lebenszusammenhang zu organisieren und welche Unterstützung brauchen sie selbst? Wie können ländliche Öffentlichkeitsbedingungen berücksichtigt und gleichzeitig überschritten werden? Dies bedeutet, einerseits negative Auswirkungen der sozialen Kontrolle zu vermeiden (z.B. über die Art der Thematisierung) und andererseits landspezifische bzw. regionalspezifische Möglichkeiten öffentlicher und kommunalpolitischer Einflußnahme aufzuzeigen und zu nutzen. Dies wurde am Beispiel des Notrufs und der evangelischen Frauengruppe deutlich.

Die neue Qualität in den Vermittlungsstrukturen ergibt sich also daraus, daß es mit den Veranstaltungen gelingt, öffentliche VerständigungsProzeße zwischen unterschiedlichen, in den Regionen lebenden Frauen bzgl. sozialpolitischer Fakten, in Gestalt von Definitionen, Zuschreibungen und Bewältigungsstereotypen, herzustellen und dies in einer Weise zu tun, die ansatzwiese ländliche Öffentlichkeitsbedingungen berücksichtigt. Damit stellen diese Veranstaltungen zum Thema ‚Gewalt' – allgemeiner gesprochen – Modelle für Öffentlichkeiten in ländlichen Regionen dar, die in der Lage sind, verdeckte Lebensumstände aus dem Privaten heraus in einen qualitativ anderen Bereich zu mediatisieren bzw. einen solchen anderen Bereich, der bisher in ländlichen Regionen wenig vorhanden war, in einer Weise zu gestalten, daß er auch auf private Zusammenhänge unterstützend zurückwirkt. Mit diesen Verständigungsprozeßen schaffen Frauen öffentliche Räume für ein Hinterfragen und Verändern herrschender Zuschreibungen, die aus geschlechtsspezifischen *und* sozialräumlichen Hierarchisierungsmustern entstehen, und damit eine zentrale Voraussetzung für eine sozialpolitische Anerkennung ihrer Lebensumstände, in die ihre eigenen Definitionen einfließen.[2]

Angesichts dieses Modellcharakters erweisen sich die Frauenzusammenhänge als innovative Kraft, die auch Anregungen für die ‚allgemeine' Entwicklung

---

2 Neben diesen Ergebnissen zu der Qualität dieser öffentlichen Vermittlungsstrukturen konnten auch Faktoren deutlich werden, welche die Wahrnehmung dieser erschweren. Diese Tatsache, nämlich daß diese Frauenzusammenhänge in ihrer öffentlichen Qualität verdeckt werden, kann selbst als Bestandteil struktureller Gewalt benannt werden, da sie die Wirksamkeit und Reichweite dieser Öffentlichkeiten einschränkt.

in ländlichen Regionen enthält. Des weiteren sind ihnen auch Hinweise für Entwicklungsperspektiven in ‚anderen‘, d.h. großstädtischen Sozialräumen zu entnehmen. Damit kann die Einbahnstraße, welche die ‚Hinweis-Richtung‘ bisher fast ausschließlich von großstädtischen Zusammenhängen in Richtung ländliche Regionen vorgibt, für einen Austausch in beide Richtungen geöffnet werden.

Die untersuchten Frauenzusammenhänge liefern wichtige Hinweise dafür, wie es als Voraussetzung einer sozialpolitischen Anerkennung verdeckter Lebensumstände im Interesse von Frauen gelingen kann, zunächst (eigene Räume für) die Anerkennung zwischen Frauen und für einen sicheren Selbstbezug von Frauen zu organisieren; Räume, in denen es möglich ist, das, was durch herrschende Definitionen und Wahrnehmung normalisiert, bagatellisiert, privatisiert wurde, zur Sprache zu bringen, die vorherrschenden Definitionen in ihrem verdeckenden Charakter und die Realität jenseits dieser reduzierenden Definitionen der Wahrnehmung zugänglich zu machen und neue angemessenere Be-Deutungen als (mit)geteilte Realität zu entwickeln. Neben den Wahrnehmungsveränderungen in nicht-öffentlichen Räumen und in Ergänzung zu diesen, erwies es sich als wichtig, diese eigenen Räume als öffentliche Räume zu inszenieren bzw. sie mit Hilfe einer geeigneten Wahrnehmungsperspektive als solche zu definieren. Denn erst damit werden die bisher ausgegrenzten und nun mit neuen Bedeutungen versehenen Aspekte zu einem öffentlichen Anliegen gemacht und der Gesellschaft mit diesen neuen Definitionen zugemutet. Für die begriffliche Präzisierung dieser Qualität von Zumutung schließe ich an Überlegungen von Brigitte Menne (1994) an; sie weist darauf hin, daß der Begriff des ‚Affidamento‘, von den Frauen um den Mailänder Frauenbuchladen zur Bezeichnung einer neuen politischen Praxis zwischen Frauen entwickelt (Libreria delle donne di Milano 1989), in der deutschen Übersetzung teilweise verkürzt verwendet wird. Menne betont, daß der Begriff, der vom italienischen Wort ‚affidarsi‘ abstammt, mit (An-)Vertrauen *und* Zumutung zu übersetzen ist. (An)Vertrauen, als dialogische Interaktion zweier Frauen ist dabei zu verstehen als Vertrauen schöpfen zueinander, sich gegenseitig (etwas) anvertrauen und der anderen etwas zutrauen: etwas Besonderes, eine Tat. Zumutung, als gemeinsame Interaktion zweier Frauen gegenüber einer Öffentlichkeit, heißt, sich gemeinsam etwas zutrauen: sich in den Besitz eines Vermögens bringen; es bedeutet weiter, sich (etwas) trauen: jede für sich durch die andere und beide zusammen fordern Erscheinungsraum in ei-

genem Namen und für die gemeinsame Sache. Und es bedeutet, sich miteinander zumuten in diesem Bündnis, das mit seinem Anspruch den Erscheinungsraum neu macht, ihn rekonstruiert. (Vgl. dazu Menne 1994, S. 304 f.)
Mit Zumutung ist gemeint, daß die Bündnispartnerinnen beschließen, sich auf
die Komplikationen der Realität einzulassen und vor allem die Realitäten in
Sprache zu übersetzen, die im wissenschaftlichen und gesellschaftlichen Diskurs keinen Stellenwert hatten (ebd.). Damit wird über die öffentliche Bezugnahme zwischen Frauen der vorne als eine Dimension des Verdeckungszusammenhangs benannten symbolischen Sterilität von Frauen ein Ende gesetzt
und die neuen Bedeutungen über öffentliche Aushandlungsprozeßen zur Geltung gebracht. So beginnen Frauen nicht nur all das, was ihnen immer wieder
über vorherrschende Definitionen stillschweigend und selbstverständlich als
Bestandteil normaler Verhältnisse zugemutet wird, zurückzuweisen, sondern
sie formulieren eigene Zumutungen an die Gesellschaft und werden über ihre
öffentliche Artikulation und Vermittlung in Sozialadministrationen und institutionalisierter Politik selbst zur Zumutung.[3]

Die in der Untersuchung herausgearbeiteten Schritte, mit denen Frauen in
ländlichen Regionen gegenseitige und öffentliche Anerkennung herstellen
und zur öffentlichen Zumutung werden, enthalten Anregungen für großstädtische Frauenzusammenhänge, weil sie dabei notgedrungen an die vielen klein-
räumigen und informellen VerständigungsProzeße in unterschiedlichen Frauengruppierungen anknüpfen. In Frauenzusammenhängen in großstädtischen
Regionen wird m.E. tendenziell weniger als in ländlichen Regionen eine Verständigung mit lokalen Frauengruppierungen unterschiedlicher Zugehörigkeiten gesucht.[4]

---

[3] Im Gegensatz zu den Frauen um den Mailänder Frauenbuchladen bin ich der Ansicht, daß wir neben der politischen Praxis der Bezugnahme in Frauenräumen außerhalb institutionalisierter Politikfelder, auch die politische Praxis innerhalb von institutionalisierter Politik brauchen; dies jedoch, mit dem Ziel der Vermittlung und Durchsetzung der neu bestimmten Inhalte. Ich sehe also die unterschiedlichen Politikfelder
in ihrer gegenseitigen Verwiesenheit.
[4] In dieser Einschätzung fühle ich mich durch die Ergebnisse eines (leider) nicht geschlechtsspezifisch differenziertenVergleichs von zwei Bürgerinitiativen, eine davon
in einer Großstadt und eine in einer Kleinstadt mit ländlichem Umland angesiedelt,
bestätigt. Cornelia Nowack (1991) hat diese zwei Bürgerinitiativen (BI) unter dem
Aspekt der Nutzung der lokalen Öffentlichkeit und der Mobilisierungserfolge untersucht. Dabei hat sie Faktoren herausgearbeitet, weshalb es im Gegensatz zu großstädtischen BI's solchen in Kleinstädten „... offenbar häufiger gelingt, die betroffene Bevölkerung geschlossen für öffentliche Proteste zu mobilisieren" (Nowack 1991, S. 40).

Frauen, die sich in ländlichen Regionen engagieren, sind, ob sie wollen oder nicht, offensichtlicher auf die Zusammenarbeit mit verschiedenen Frauengruppierungen angewiesen, was u.a. dazu führt, daß sie sich über die unterschiedlichen Interessen dieser verschiedenen Gruppen austauschen müssen. Weil sie sich „... weniger in eigenen Milieus verstecken" (Funk 1993, S. 171f) können, müssen sie außerdem, wie in der Empirie deutlich wurde, ‚notgedrungen' Rückvermittlungen in die verschiedenen Bereiche ihrer Lebenswelt leisten und hier dafür einstehen. Sie können in weit geringerem Ausmaß als in großstädtischen Lebenswelten selbst bestimmen, an welchen Orten und in welchen Zusammenhängen sie sich mit ihren Positionen zeigen. Dadurch werden sie wiederum mit verschiedenen, z.T. durchaus konträren und entwertenden Sichtweisen konfrontiert; ob dieses ‚Eintreten-Müssen' Anlaß ist, die eigene Argumentation sowohl an Gegenargumenten als auch durch die Berücksichtigung unterschiedlicher Lebenssituationen von Frauen zu schärfen, und Frauen dadurch sicherer in der Vertretung von Interessen werden, ist entscheidend von einem Rückhalt in Frauenzusammenhängen abhängig. Damit geben die untersuchten Zusammenhänge auch Hinweise für die Gestaltung von ‚Brückendiskursen' (Fraser 1994), mit denen die bisher weitgehend abgeschottete Bereiche weiblicher Lebenswelten mit sozialpolitischen Arenen verbunden werden können. Weitergehender wäre nach solchen ‚Brückendiskursen' zu fragen, die auch die Ergebnisse sogenannter mikropolitischer AushandlungsProzeße in makropolitische Zusammenhänge vermitteln können.

Als ein zentraler Faktor wird deutlich, daß die im kleinstädtischen Bereich angesiedelte BI aufgrund ihrer Nutzung des vorhandenen dichten lokalen Kommunikationsnetzes die Probleme, Standpunkte und Unrechtskonzepte der unterschiedlichen örtlichen Gruppierungen kannte und auf dieser Basis eine überzeugende Bewegungsprogrammatik formulieren konnte, die von der lokalen Öffentlichkeit getragen wurde. Dies war in der großstädtischen BI nicht der Fall. Weder waren Kontakte zu unterschiedlichen lokalen Gruppierungen vorhanden, noch habe sich die BI, was m.E. entscheidender ist, um solche bemüht. „Es spricht einiges dafür, daß den Mitgliedern der Bürgerinitiative die Probleme der beiden ... Interessengruppen gar nicht bekannt waren." (Nowack 1991, S. 48) Die BI verlor ihre lokale Bedeutung, weil die Bewegungsprogrammatik formuliert wurde, ohne verschiedene örtliche Interessengruppierungen miteinzubeziehen und weil die Forderungen primär über solche Medien (Tagespresse, in diesem Fall die Frankfurter Rundschau) verbreitet wurden, die kaum Bezug zu lokalen Geschehnissen hat. Während es der kleinstädtischen BI gelungen ist, zur Unterstützung ihrer Bewegung ‚lokal Zuständige' zu gewinnen, war nach Nowack (1991, S. 48) nicht zu erkennen, ob die großstädtische BI „... einen solchen Versuch je unternommen hat".

Letzteres markiert im Rahmen meiner Untersuchung eine Grenze und zugleich eine Entwicklungsperspektive. In meiner Arbeit habe ich mich mit einigen Ausnahmen bewußt für die Aufschließung von AushandlungsProzeßen in mikropolitischen Arenen entschlossen, um verdeckte Unzufriedenheiten und ebenfalls verdeckte widerständige Elemente in ihrem frauenpolitischen Gehalt aufzudecken. Denn die Ergebnisse dieser AushandlungsProzeße stellen, vor dem Hintergrund der theoretischen Analyse, eine wesentliche Voraussetzung für eine neue Qualität von Makropolitik dar, mit der das sozialpolitische System so verändert werden kann, daß es selbst die Geschlechterhierarchie nicht immer wieder reproduziert. Nichtsdestotrotz bleibt die Frage nach Vermittlungsstrukturen zwischen den verschiedenen politischen Arenen mit dem Ziel, daß z.B. das sogenannte Frauenthema ‚Gewalt' nicht nur für Frauen, die sich gegen Gewalt engagieren, einen Tatbestand von gesamtgesellschaftlicher Relevanz darstellt, sondern dies auch von EntscheidungsträgerInnen im makropolitischen Bereich in dieser Reichweite (begrifflich) erfaßt wird. Dies könnte sich z. B. darin äußern, daß die beachtlichen Ressourcen des Ressorts für Innere Sicherheit auch für die Sicherheit von Frauen und Mädchen vor männlicher Gewalt zur Verfügung stehen und hierfür nicht ausschließlich auf die äußerst knapp bemessenen Budgets von Frauenbeauftragten und Frauenministerien zurückzugreifen ist. Unter der Perspektive von Weiterentwicklung formuliert sind die verschiedenen Arenen des Ringens um veränderte sozialpolitische Standards – also die vorne beschriebenen mikropolitischen (Einzel-) kämpfe, die Veränderungen in regionalen Öffentlichkeiten, die Einflußnahme in regionalen Sozialadministrationen, im kommunalpolitischen Bereich und weiteren Feldern institutionalisierter Politik – nicht nur weitgehender als bisher in ihrer gegenseitigen Verwiesenheit wahrzunehmen, sondern hierfür sind auch kontinuierliche Arbeitsstrukturen zu entwickeln. (vgl. hierzu auch Rodenstein 1990.) Der Arbeitskreis ‚Gewalt gegen Frauen – Frauen gegen Gewalt' im Landkreis Karlsruhe stellt ein Beispiel für eine solche Arbeitsstruktur dar.[5] In ihm ist es gelungen, daß sich Frauen in

---

5 Im Herbst 1994 gründete sich dieses Frauenbündnis auf Initiative der Frauenbeauftragten des Landkreises Karlsruhe, der Stadt Bruchsal und der Stadt Waghäusel als Reaktion auf den Mord an einer jungen Frau und mehreren Vergewaltigungen, die innerhalb kürzester Zeit im Landkreis Karlsruhe bekannt wurden.
Im AK sind die unterschiedlichsten Frauenorganisationen aus dem ganzen Landkreis vertreten, z.B. die ASF, die FDP-Frauengruppe, die Frauenunion der CDU, ein Mütterzentrum, der Kreislandfrauenverein, überparteiliche Frauenstammtische sowie die genannten Frauenbeauftragten, zwei Sozialwissenschaftlerinnen und eine Planerin;

kommunalpolitischen Gremien und aus Initiativen gegenseitig bestärken, um in ihren jeweiligen Positionen – z.B. als Angestellte der Sozialadministration, als Kommunalpolitikerin, als Angehörige des Landfrauenverbandes oder eines Mütterzentrums – die veränderten Inhalte durchzusetzen. Hier wird auch darauf Wert gelegt, sich gegenseitig in den neuen Wahr-Nehmungen und ihrer Durchsetzung gegenüber verschiedenen Ausgrenzungsstrategien zu bestärken. Dabei wird die Vermittlung im alltäglichen Lebenszusammenhang genauso als frauenpolitischer Akt angesehen wie z.B. die Vermittlung innerhalb von institutionalisierten kommunalpolitischen Gremien. Eine solche nicht-hierarchische gegenseitige Wahrnehmung in der Zusammenarbeit erwies sich als Basis, um sich wechselseitig Status verleihen zu können. D.h. die Frauen, die im sozialen Nahumfeld, in (Frauen-) Gruppierungen und Gremien (z.B. Ortschaftsrat) einzelner Gemeinden agieren und hier für die brisanten Inhalte einstehen, erfahren Bestärkung durch den Arbeitskreis, u.a. weil in ihm aus dem gesamten Landkreis Frauen unterschiedlicher Gruppierungen, Frauenverbänden und auch Kommunalpolitikerinnen vertreten sind. Andererseits bezieht der Arbeitskreis seine Einflußmöglichkeiten auf landkreisweiter Ebene aus der Tatsache, daß seine Angehörigen in den verschiedenen Gemeinden des Landkreises verortet und hier aktiv sind.[6] Ein Ziel dieses Arbeitskreises ist es,

---

weitere Frauen, z.T. Mitarbeiterinnen aus Gemeindeverwaltungen oder Gemeinderätinnen sind aus Interesse dazu gestoßen. Die Frauen entschieden sich von Anfang an, einen langfristigen Prozeß in Gang zu setzen. Es entstand das Projekt ‚Schritte gegen Gewalt an Frauen und Mädchen im öffentlichen Raum eines Landkreises‘, dessen wissenschaftliche Begleitung vom Frauenministerium Baden-Württemberg bis Ende 1997 gefördert wurde. Mit dem Projekt will der AK auf Gewalt gegen Frauen und Mädchen im öffentlichen Raum einer ländlichen Region aufmerksam machen, Wege zu mehr Sicherheit für sie suchen und konkrete Maßnahmen zur Verringerung von Angsträumen in einer ländlichen Region erreichen. Zentraler Bestandteil ist eine kreisweite Fragebogenaktion, an der sich von November 1995 bis März 1996 über 1000 Frauen und Mädchen beteiligten. Durchgeführt wurden von Ende 1996 bis ins Jahr 1997 weitere Aktionen, Gespräche und Veranstaltungen, um das Thema in die landkreisweiten Öffentlichkeiten und zuständigen Gremien zu tragen. (vgl. ausführlicher dazu die Dokumentation: Arbeitskreis ‚Frauen gegen Gewalt im Landkreis Karlsruhe‘ 1998)
6 Im Rahmen meiner wissenschaftlichen Begleitung des Arbeitskreises versuche ich einzelne Schritte des AK in ihrem frauenpolitischen Gehalt zu bestimmen, d.h. die diversen ‚Frauenpolitika‘ wahrzunehmen und ihre ‚innen- und außenpolitischen Perspektiven zu benennen. Dies geschieht u.a. dadurch, daß das Eintreten gegen Gewalt und die Thematisierungsmuster von Gewalt einerseits, die öffentlich-politische Vorgehensweise des AK andererseits und schließlich die interne Bezugnahme der Frauen im

die Ergebnisse der landkreisweiten VerständigungsProzeße[7] hinsichtlich eines Vorgehens für mehr Sicherheit von Frauen und Mädchen in öffentlichen Räumen in der Regionalplanung zu verankern. Wird dieses Thema als grundlegender Bestandteil von Regionalplanung verankert, könnte die Anzahl der Situationen, in denen Frauen immer wieder an unterschiedlichen Orten in mühsamen Einzelkämpfen für die Berücksichtigung des Themas z.B. bei diversen Planungsvorhaben eintreten, verringert werden. Mit einer Verankerung des Themas der Sicherheit von Frauen und Mädchen in öffentlichen Räumen in der Regionalplanung wären Voraussetzungen für eine Planung geschaffen, die abweicht von der bisher vorherrschenden Praxis, die – in Anlehnung an Köhlers (1990) Ausführungen zur Stadtkulturplanung formuliert – die De-Thematisierung des Sozialen und damit auch die De-Thematisierung des Geschlechterverhältnisses fördert. Was jedoch bedeute, den bestehenden sozialen Hierarchien umso ungebrochener zur Wirksamkeit zu verhelfen.

Schließlich könnten mit einer solchen Veränderung von Regionalplanung die Horizonte und Kapazitäten des sozialadministrativen Systems verrückt werden, was vorne neben der öffentlichen Thematisierung von Frauen als Bedingung für die Erreichung sozialpolitischer Akzeptanz im Interesse von Frauen eingeführt wurde. Die Analyse der Öffentlichkeiten zeigte, daß erst, wenn Frauen die Notwendigkeit der Veränderungen von Horizonten des sozialpolitischen Systems formuliert hatten und Ideen für eine Einflußnahme in diesem Bereich entwickelt wurden, eine ‚Kluft' sichtbar wurde zwischen den angemeldeten Interessen und den Möglichkeiten ihrer Berücksichtigung innerhalb des sozialadministrativen Bereichs. Das ‚Sichtbar-Werden' und Wahrnehmen dieser Kluft ist m.E. deshalb so bedeutend, weil damit die Tatsache, daß diese neuen Ideen so schwer aufgenommen werden, nicht nur mit der mangelnden Durchsetzungsfähigkeit von Frauen zu interpretieren ist, sondern mit der Begrenztheit der

---

AK im Zusammenhang wahrgenommen werden. (vgl. hierzu Knab/Schneider 1998; Knab 1998 a.)

[7] Der Arbeitskreis hat nicht nur auf der Basis der im AK vertretenen Frauen intern Forderungen formuliert, sondern sich die Aufgabe gestellt, Frauen und Mädchen landkreisweit nach ihren Ängsten und Interessen zu fragen. Dies geschah über verschiedene z.T. bereits benannte Vorgehensweisen: über eine vom Arbeitskreis durchgeführte landkreisweite Fragebogenerhebung, die u.a. in den Gemeindemitteilungsblättern veröffentlicht wurde, über Informationsstände in den Kleinstädten, über interne Diskussionen in den verschiedenen Frauenzusammenhängen der AK-Mitglieder (Verwandte, Nachbarinnen, Freundinnen, Frauengruppen) und über öffentliche Veranstaltungen in einzelnen Gemeinden des Landkreises.

Horizonte und Kapazitäten des sozialadministrativen Bereichs, was ihre Aufnahmefähigkeit hinsichtlich dieser Interessen anbelangt und zwar hinsichtlich der Inhalte und hinsichtlich der Art ihrer Anmeldung. Das Wissen um diese Kluft, die auch Interessenskonflikte ausdrückt, ist hilfreich, um Vorgehensweisen von Frauen nicht vorschnell als gescheitert zu bewerten, wenn sich die formulierten Interessen nicht ‚direkt' (z.B. in Gesetzesvorlagen) niederschlagen. Es bedarf häufig vieler solcher Vorstöße, um die Kluft zu überwinden. Die Initiativen von Frauen, die zum ersten Mal einen Mangel wahrgenommen und ihn benannt hatten, sind genauso als einzelne Tropfen eines sich anfüllenden Fasses anzusehen, wie die Initiative, die vielleicht den berühmten Tropfen darstellt, der das, bis dahin schon durch viele Initiativen randvolle Faß zum Überlaufen gebracht hat. Hinsichtlich von Perspektiven bedeutet dies, daß wir nicht nur über neue Qualitäten von Öffentlichkeiten nachdenken bzw. die dazu vorhandenen Ansätze aufgreifen und weiterentwickeln müssen, sondern es ist auch darüber nachzudenken, in welchen weiteren sozialpolitischen Arenen Einfluß genommen werden kann, wie das in den Frauenöffentlichkeiten Verhandelte hier vermittelt bzw. hier aufgenommen werden kann und welche Frauenbezugnahme hierfür wichtig ist. Bereits oben wurde formuliert, daß hierfür eine weitgehendere Strukturbildung zwischen in unterschiedlichen gesellschaftlichen Einflußsphären angesiedelten Frauenzusammenhängen notwendig ist; mit solchen kontinuierlichen Arbeitszusammenhängen könnte auch vermieden werden, daß Frauen, die in Initiativen und vor Ort in informellen oder organisierten Zusammenhängen tätig sind, immer wieder in mühsamer Arbeit die frauenpolitische Relevanz ihrer sogenannten Kleinarbeit auch gegenüber Politikerinnen deutlich machen müssen. Daß in solchen Arbeitszusammenhängen als Grundlage einer für unterschiedliche Gruppierungen tragfähigen Einflussnahme im sozialpolitischen Bereich, Differenzen und Hierarchien zu thematisieren sind, um sie selbst nicht wieder unbesehen weiterzutransportieren, dürfte im Rahmen der Arbeit hinreichend deutlich geworden sein. Abschließend möchte ich, als ein Ergebnis dieser Arbeit, unterschiedliche Reflexionsperspektiven zur Berücksichtigung von sozialräumlichen Differenzen und Hierarchien benennen.

Reflexionsperspektiven zur Berücksichtigung des sozialräumlichen Bezugs

Diese Reflexionsperspektiven sind Resultat sowohl der herausgearbeiteten Qualitäten der oben untersuchten Zusammenhänge als auch der sichtbar gewordenen Grenzen dieser Öffentlichkeiten. Als ein wesentlicher Faktor, der die entwickelten Ansätze in ihrer Wirksamkeit und Weiterentwicklung einschränkt, wurden Verdeckungsmuster, begründet in einer mangelnden Berücksichtigung sozialräumlicher Differenzen, sichtbar. So zeigte sich z.b., daß in ländlichen Regionen gegen Gewalt engagierte Frauen ländliche Öffentlichkeitsbedingungen ansatzweise berücksichtigen, daß sie jedoch über eine Orientierung an in großstädtischen Zusammenhängen entwickelten Thematisierungsmustern diese spezifischen Ansätze z.T. auch selbst übergehen. Weiter wurden unterschiedliche Mechanismen offensichtlich, mit denen Frauengruppen ihren eigenen Status als Bestandteil ländlicher Öffentlichkeiten verdecken und infolgedessen die Möglichkeiten ihrer Einflußnahme nicht gezielt nutzen. Schließlich haben sich stereotype Zuschreibungen, mit denen Frauen, die sich in unterschiedlichen Zusammenhängen gegen Gewalt engagieren, sich gegenseitig wahrnehmen, ebenfalls als eine Begrenzung der Möglichkeiten öffentlicher Einflußnahme und damit als Hinweis für Entwicklungsperspektiven herausgestellt.[8] Folgende drei Reflexionsperspektiven ergaben sich auf dem Hintergrund solcher Ergebnisse:

Biographische Reflexionsperspektive

In professioneller Aus- und Fortbildung erworbenes Wissen ist selten sozialräumlich differenziert, da Aus- und Fortbildung häufig unreflektiert großstädtisch geprägt ist. Andererseits sind viele professionell Tätige in ländlichen Regionen aufgewachsen oder leben bzw. arbeiten seit einiger Zeit hier. Dadurch haben sie Wissen über ländliche Lebenswelten erworben. Viele Professionelle

---

[8] Die verschiedenen Frauengruppierungen praktizieren unterschiedliche Muster, mit denen sie sich selbst aus der regionalen Öffentlichkeit ‚herausdefinieren‘, was die Bezugnahme erschwert. Diese Verdeckungsmuster, d.h. sowohl die gegenseitig reduzierenden, klischeehaften Wahrnehmungen als auch die Muster, mit denen sich Frauen selbst aus der Öffentlichkeit herausdefinieren, sind also die Forschungsergebnisse, die für die Praxis nutzbar zu machen sind. Als Entwicklungsperspektive ist hier zu nennen, daß solche Barrieren einer weitergehenden öffentlichen Bezugnahme zwischen Frauen, die sich in unterschiedlichen Zusammenhängen gegen Gewalt engagieren, wahrnehmbar zu machen sind.

beziehen dieses Wissen in ihre Tätigkeit ein und entwickeln auf dieser Grundlage für ländliche Regionen geeignete Vorgehensweisen. Jedoch stehen diese beiden Wissensbereiche oft unvermittelt und in einem hierarchischen Verhältnis zueinander. Dadurch wird das außerhalb von Aus- und Fortbildung erworbene Wissen kaum als potentieller Bestandteil einer professionellen Kompetenz wahrgenommen oder es wird durch anerkannte professionelle Konzepte häufig verdeckt. Dies verhindert, daß es über eine Reflexion zu mitteilbaren professionellen Standards weiterentwickelt werden könnte. Ein mögliches Mißverständnis möchte ich hier vorab ausräumen: M.E. ist dieses Wissen nicht ‚automatisch' als professionelles Wissen anzusehen. Bleibt dieses ‚landspezifische' Wissen unreflektiert, kann es auch in einer schwierigen Art und Weise wirken, indem z.B. der je spezifische biographische Erfahrungsausschnitt verallgemeinert wird. Oder indem stereotype Zuschreibungen, die auch die Wahrnehmung der in ländlichen Regionen lebenden Menschen prägen, wirksam sind. Deshalb scheint es mir für Professionelle in der ländlichen Bildungs- und Beratungspraxis von zentraler Bedeutung, die eigenen Bilder über Frauen bzw. Frauenzusammenhänge in ländlichen Regionen wahrzunehmen und zu klären, woher sie stammen. D.h. zu reflektieren, aus welchem Typus von Dorf stammen die jeweiligen Erfahrungen, wie ist z.B. die Region, in dem dieses Dorf liegt, geprägt (liegt es in der Nähe eines Ballungsgebietes oder in einer touristischen Region etc.); weiter ist zu fragen, durch welchen spezifischen Status der Eingebundenheit in der Gemeinde sind meine Erfahrungen geprägt, als seit langem hier Verwurzelte, als Neuzugezogene usw.?[9] Aus welchen Zusammenhängen stammen meine Bewertungen und Wahrnehmungen von ländlichen Regionen, wie sind sie geprägt, z.B. großstädtisch, ländlich? Hieraus ergibt sich auch die Konsequenz, daß in professioneller Aus- und Weiterbildung in größerem Ausmaß als bisher geschehen sozialräumliche Unterschiede thematisiert werden.

Regionale Reflexionsperspektive

In ländlichen Regionen leben Frauen mit sehr unterschiedlichen Lebensformen und Interessen. Entsprechend arbeiten professionell und ehrenamtlich Engagierte mit sehr unterschiedlichen Frauengruppierungen zusammen. Eine zentrale Herausforderung in der Arbeit scheint mir, Räume herzustellen, um

---

9 Vgl. hierzu meine biographische Reflexion in Knab 1999, Kap. 2.2. als ein Bestandteil der Vergewisserung des sozialräumlichen Standorts meiner Forschung.

die unterschiedlichen Interessen und stereotypen Zuschreibungen gezielt zu thematisieren und so einer gegenseitigen Entwertung entgegenzuwirken.

Überregionale Reflexionsperspektive

Daßelbe gilt für überregionale und bundesweite Zusammenschlüsse, in die professionell, ehrenamtlich und/oder politisch Tätige eingebunden sind. Das gilt damit auch für die Frauenforschung, in der in Anlehnung und Erweiterung der Klärung des kulturellen Standortes von Frauenforschung auch ihr sozialräumlicher zu reflektieren ist. In überregionalen Zusammenhängen rücken meist unbemerkt großstädtische Aktivitätsformen in den Vordergrund und die spezifisch anderen Voraussetzungen und Vorgehensweisen in ländlichen Regionen werden wenig thematisiert. Falls dies doch geschieht, dann häufig primär unter einer Defizitperspektive. Diese Arbeitszusammenhänge sind daraufhin zu reflektieren, ob darin die jeweils praktizierten Vorgehensweisen im Zusammenhang mit unterschiedlichen Standards der sozialen Infrastruktur oder unterschiedlichen Öffentlichkeitsbedingungen wahrgenommen werden. Eine solche Thematisierung von Unterschieden, bei der auch hierarchisierende Bewertungsmuster von Vorgehensweisen benannt werden, stellt eine wesentliche Basis für frauenpolitische Bündnisse da, die Interessen von unterschiedlichen Frauengruppierungen innerhalb von einzelnen Regionen und zwischen ländlichen und großstädtischen Regionen berücksichtigen. Erst eine solche frauenpolitische Bezugnahme ermöglicht eine sozialpolitische Einflußnahme, die auf die Interessen unterschiedlicher Gruppierungen abgestimmt ist; dabei ist es wichtig, daß nicht nur ‚mitleidig‘ die besonders schwierigen Ausgangsbedingungen in ländlichen Regionen wahrgenommen werden, sondern auch das Wissen um und Interesse an gegenseitigen ‚Anregungsmöglichkeiten‘ vorhanden ist. Die Unterschiede in dieser Qualität zu thematisieren und damit auch die Klischees, die Selbst- und Fremdwahrnehmung von Frauen in ländlichen Regionen prägen, wahrzunehmen und zu überwinden, sehe ich als eine wichtige Grundlage für die Entwicklung frauenpolitisch wirksamer Vorgehensweisen durch Frauen innerhalb von ländlichen Regionen und zwischen städtischen und ländlichen Regionen an.

Reflexion der entwickelten Forschungsperspektive

In den vorausgegangenen Kapiteln habe ich das Konzept des Verdeckungszusammenhangs empirisch übersetzt und eine theoriegestützte Untersuchungsperspektive für Frauenzusammenhänge jenseits reduzierender Definitionen und Zuschreibungen entwickelt. Dieser entwickelte ‚andere Blick' stellt eine wesentliche Ergebnisebene meiner Arbeit dar. Auf einer zweiten Ergebnisebene liegen erste, durch diesen anderen Blick zu Tage geförderte Erkenntnisse über Inhalte und Strukturen von Frauenbezugnahme.

Angesichts der vorgestellten Ergebnisse, die sowohl Hinweise für gemischtgeschlechtliche Öffentlichkeiten in ländlichen Regionen als auch für Frauenöffentlichkeiten in nicht-ländlichen Sozialräumen enthalten, erweist sich die entwickelte Untersuchungsperspektive als eine, die in der Lage ist, die Besonderungstendenzen im Geschlechterverhältnis und Stadt-Land-Verhältnis zu berücksichtigen und zu überschreiten. Dabei hat sich die Perspektive, inhaltliche Thematisierungsmuster und Strukturen von Frauennetzwerken zu analysieren und eine Zusammenschau dieser beiden analytischen Zugänge vorzunehmen, als ergiebig herausgestellt. Mit dieser Perspektive war es möglich, die mehrfache Ausgrenzung – nämlich die von Inhalten, von Verhandlungs-Orten und Artikulations-Wegen – analytisch zu erfassen. Dies erwies sich als Voraussetzung, um die Ausgrenzung überschreitenden Handlungselemente in den (wissenschaftlichen) Blick zu bekommen und „… in ihrer politischen Dimension als Pakt in einem konkreten, gesellschaftsverändernden Unternehmen" (Menne 1994, S. 305) zu theoretisieren. Mit dieser Forschungsperspektive ging es mir nicht darum, alle Ausgrenzungsmuster und überschreitenden Elemente herauszuarbeiten, sondern vielmehr die Untersuchungsperspektive exemplarisch zu erproben. Dabei war es, angesichts der benannten Besonderungstendenzen wesentlich, Vorgehensweisen und Handlungselemente in der Bezugnahme zwischen Frauen, unabhängig davon, ob sie im sogenannten privaten oder sogenannten öffentlichen Bereich angesiedelt sind, in ihrem frauenpolitischen Gehalt zu analysieren.[10] Das Konstrukt des Verdeckungszu-

---

10 Damit habe ich mit der Untersuchung die von Staeheli (1996) für eine Neubestimmung von Öffentlichkeit und Privatheit geforderte Trennung von gesellschaftlichen Räumen und der darin praktizierten Aktivitäten vorgenommen: „Women's activisme is shaped by strategic, and sometimes opportunistic, choices to locate their activisme either in public and private spaces. These choices point to the importance of reconceptualizing publicity and privacy in ways that separate the *content* from the *spaces* in

sammenhangs und seine empirische Übersetzung und Erprobung erwies sich als ergiebiges Raster, um einzelne Elemente im Handeln von Frauen in ihrer frauenpolitischen Qualität als Bestandteile eines Entdeckungszusammenhangs sichtbar zu machen und somit diese Handlungselemente von Frauen in ihrer gesamtgesellschaftlichen Relevanz, nämlich als Vorgehensweisen gegen den gesellschaftlichen Realitätsverlust aufzuzeigen.

‚Mitten hinein in gelebte Frauenbezugnahme' – Forschungsergebnisse für die Praxis nutzbar machen.
Die Bezugnahme zwischen Frauen aus Forschung und Praxis stellt eine Dimension der hier verhandelten Frauenverhältnisse dar. Im ForschungsProzeß selbst spielte dies in mehrfacher Hinsicht eine zentrale Rolle. Darüber hinaus war es für mich eine wichtige Frage und ‚Herausforderung', wie der im Rahmen dieser Arbeit entwickelte ‚andere Blick' in die Praxis vermittelt werden kann mit dem Ziel, daß Frauen ihre eigenen Frauenzusammenhänge in ihrer frauenpolitischen Qualität jenseits reduzierender Zuschreibungen wahrnehmen und entwickeln können.[11] Deshalb begab ich mich nicht nur ‚näher heran' wie im bisherigen ForschungsProzeß, sondern ‚mitten hinein in gelebte Frauenbezugnahme'. Mit engagierten Frauen organisierte ich in drei Landkreisen von Baden-Württemberg Workshops zum Thema ‚Frauennetzwerke in ländlichen Regionen zur öffentlichen Thematisierung von Gewalt gegen Frauen und Mädchen – Reflexion und Weiterentwicklung praktizierter An-

---

which action is taken. Such a distinction creates the possiblity of taking private actions into public spaces and of taking public actions in private spaces." (Staeheli 1996, S. 601) „ ... the idea of a unitary space (metaphorical or material) for politics in which individual interests are set aside is impossible. We need to understand the spaces in which different social groups are best able to discuss their needs, interests, and values ... as a first step in building political institutions and practices where differences can be expressed before consensus building is attempted ... Whether the spaces, acts, and spheres are labelled ‚public' or ‚private' is probably not important. What is important is that we recognize the range of ‚politics' waged by individual and social groups, the content of their acts, and the settings in which they carry to those acts. This understanding is important to our attempts to interpret political actions where ever taken." (Staeheli 1996, S. 617)
11 Meine Zusammenarbeit mit dem oben angeführten Arbeitskreis ‚Gewalt gegen Frauen – Frauen gegen Gewalt', den ich mit Sabine Zürn wissenschaftlich begleitete, stellte ein Vermittlungsfeld der Ergebnisse dieser Arbeit dar.

sätze'.[12] Das beiderseitige Interesse an einer Bezugnahme zwischen Frauen aus Forschung und Praxis ermöglichte in den Workshops, die jeweiligen Kompetenzen zusammenzuführen und wechselseitig weiterzuentwickeln. Auch hier war das Ganze mehr als die Summe der einzelnen Bestandteile. So konnten nicht nur die Forschungsergebnisse für die Praxis nutzbar gemacht werden, sondern auch Erkenntnisse und Fragestellungen aus der Praxis in weitere Theoriebildung einfließen.

Doch das ist eine andere Geschichte und davon soll ein andermal erzählt werden.

---

12 Eine Dokumentation der Workshops unter diesem Titel (vgl. Knab 1996) liegt vor und ist über das Tübinger Institut für frauenpolitische Sozialforschung e.V. zu beziehen (vgl. auch Knab 1998 b). Die Workshops wurden vom Ministerium für Familie, Frauen, Weiterbildung und Kunst Baden-Württemberg und von den beteiligten Landkreisen finanziert.

8. Literatur

Abigt, B.: Bin ich eine Emanze? Evas Mutter antwortet, in: Koch-Klenske, E. (Hg.): Die Töchter der ‚Emanzen'. Kommunikationsstrukturen in der Frauenbewegung, München 1990

Adorno, T.W.: Studien zum autoritären Charakter, Frankfurt/M. 1982

Agrarsoziale Gesellschaft e.V.: Organisationsprobleme ländlicher Familien, Göttingen 1990

Dies.: Vereinbarkeit von Familie und Beruf in ländlichen Gebieten der neuen Bundesländer, Göttingen 1991

Aicher, J. u.a.: Kultur im ländlichen Raum, Tübingen 1988

Aktas, G.: „Türkische Frauen sind wie Schatten." Leben und Arbeiten im Frauenhaus, in: Hügel, I./Lange, Ch./Ayim, M./Bubeck, I./Aktas, G./ Schultz, D. (Hg.), Berlin 1993

Altenkirch, B.: Die Moral des Nicht-Verletzens in Arbeitsbeziehungen von Frauen, in: Studienschwerpunkt Frauenforschung am Institut für Sozialpädagogik der TU Berlin (Hg.): Mittäterschaft und Entdeckungslust, Berlin 1986

Arbeitskreis ‚Frauen gegen Gewalt im Landkreis Karlsruhe' (Hg.): Gewalt gegen Frauen – Frauen gegen Gewalt. Dokumentation einer Kampagne des Arbeitskreises, Karlsruhe 1998 (Zu beziehen: Landratsamt Karlsruhe Anlaufstelle für Frauenfragen, Beiertheimer Allee 2, 76126 Karlsruhe)

Backes, G.: Frauen und soziales Ehrenamt, Augsburg 1987

Bagana, E./Camlikbeli, D.: Lebenssituation von Frauen aus der Türkei und Möglichkeiten der Sozial- und Gemeinwesenarbeit, Berlin 1982

Baker Miller, J.: Toward a New Psychology of Women. Boston 1976. (Dt.: Die Stärke weiblicher Schwäche. Zu einem neuen Verständnis der Frau, Frankfurt/M. 1976)

Ballhausen, A., u.a.: Zwischen traditionellem Engagement und neuem Selbstverständnis – weibliche Präsenz in der Öffentlichkeit, Bielefeld 1986

Balke, K./Thiel, W. (Hg.): Jenseits des Helfens. Professionelle unterstützen Selbsthilfegruppen, Freiburg 1991

Barber, J./Watson, R.: Frau gegen Frau. Rivalinnen im Beruf, Reinbek 1991

Bartjes, H.: Der (un)erforschte Mann. Was ist Männerforschung?, Vortrag gehalten im Mai 1997 an der Ev. Fachhochschule für Sozialpädagogik Hamburg, unv. Ms. Tübingen 1997

Barz, M./Leistner, H./Wild., U.: Lesbische Frauen in der Kirche, Stuttgart 1993

Baurmann, M.C.: Die offene, heimliche und verheimlichte Gewalt von Männern gegen Frauen sowie ein Aufruf an Männer, sich gegen Männergewalt zu wehren, in: Janshen, D. (Hg.): Sexuelle Gewalt. Die alltägliche Menschenrechtsverletzung, Frankfurt/M. 1991

Beck, U.: Risikogesellschaft. Auf dem Weg in eine andere Moderne, Frankfurt/M.. 1986

Beck-Gernsheim, E.: Frauen – die heimliche Ressource der Sozialpolitik? Plädoyer für andere Formen der Solidarität. In: WSI-Mitteilungen, Jg. 44, Nr. 2

Becker-Schmidt, R.: Die doppelte Vergesellschaftung – die doppelte Unterdrückung: Besonderheiten der Frauenforschung in den Sozialwissenschaften, in: Unterkircher, L./Wagner, I. (Hg.): Die andere Hälfte der Gesellschaft, Wien 1987, 10–25

Becker-Schmidt, R.: Probleme einer feministischen Theorie und Empirie in den Sozialwissenschaften, in: Zentraleinrichtung zur Förderung von Frauenstudien und Frauenforschung an der Freien Universität Berlin (Hg.): Methoden in der Frauenforschung, Frankfurt/M.. 1984

Becker-Schmidt, R./Bilden, H.: Impulse für die qualitative Sozialforschung aus der Frauenforschung, in: Flick, U. 1991

Beig, D./Schmid, A.: Frauen zwischen Anpassung und Widerstand, Diplomarbeit an der Universität Tübingen, Tübingen 1990

beiträge zur feministischen theorie und praxis: Politik. Auf der Spur – gegen den Strich, Heft 18, 1986

Dies.: Rassismus, Antisemitismus, Fremdenhaß. Geteilter Feminismus, Heft 27, 1990

Dies.: Gewalttätig, Heft 37, 1994

bell hooks: Schwesterlichkeit: Politische Solidarität unter Frauen, in: beiträge zur feministischen theorie und praxis, Heft 27, 1990, 77–92

Bennholdt-Thomsen, V.: Frauenarbeit und Gewalt, in: Arbeitsgruppe Zukunft der Arbeit, Bielefeld 1985

Bennholdt-Thomsen, V.: Die ,Würde der Frau' ist kein Überbauphänomen. Zum Zusammenhang von Geschlecht, Natur und Geld, in: beiträge zur feministischen theorie und praxis, Heft 12, 1989

Bergdoll, K./Namgalies-Treichler, Ch.: Frauenhaus im ländlichen Raum, Bayreuth 1987

Bergmann, J.: Klatsch – zur Sozialform der diskreten Indiskretion, Berlin und New York 1987

Bilden, H.: Frauen und Psychotherapie oder: verlangt massenhaftes psychisches Leiden von Frauen nur nach Frauentherapie / Feministischer Therapie? In: beiträge zur feministischen theorie und praxis, Heft 2, 1979, 102–113

Bildungs- und Sozialwerk des Landfrauenverbandes Württemberg-Baden (in Zusammenarbeit mit der Landeszentrale für politische Bildung) (Hg.): Angekommen – Angenommen? Seminarbericht des Seminars vom 18. – 19. März 1991

Bitzan, M.: Von der Nische zum Standard. Zur politischen Handlungskompetenz von Mädchenarbeit, unv. Manuskript 1996

Bitzan, M./Funk, H.: Geschlechterdifferenzierung als Qualifizierung der Jugendhilfeplanung, in: Bolay, E./Herrmann, F. (Hg.): Jugendhilfeplanung als politischer Prozeß. Beiträge zu einer Theorie sozialer Planung im kommunalen Raum, Neuwied 1995

Bitzan, M./Klöck, T.: „Wer streitet denn mit Aschenputtel?" Konfliktorientierung und Geschlechterdifferenz, München 1993

Block, J.: Friendship, New York 1980

Bock, G./Duden, B.: Arbeit aus Liebe – Liebe als Arbeit. Zur Entstehung der Hausarbeit im Kapitalismus, in: Gruppe Berliner Dozentinnen (Hg.): Frauen und Wissenschaft. Beiträge zur Berliner Sommeruniversität für Frauen, Juli 1976, Berlin 1977

Böhnisch, L.: Der Sozialstaat und seine Pädagogik. Sozialpolitische Anleitungen zur Sozialarbeit, Neuwied und Darmstadt 1982

Böhnisch, L./Blanc, K.: ‚Land' als Defizit? Zur Situation der Jugendhilfe in ländlichen Regionen, in: Neue Praxis, 17. Jg., 1987, 238–245

Böhnisch, L./Gängler, H.: Regionalität als sozialpädagogisch brauchbares Paradigma? In: Sozialwissenschaftliche Literatur Rundschau, 11.Jg., Heft 16, 1988, 106–112

Böhnisch, L./Schefold, W.: Lebensbewältigung. Soziale und pädagogische Verständigungen an den Grenzen der Wohlfahrtsgesellschaft, Weinheim und München 1985

Böhnisch, L./Funk, H.: Jugend im Abseits? Zur Lebenslage Jugendlicher im ländlichen Raum, München 1989

Böhnisch, L.: „Dranbleiben ist alles!" Bilder des ideologischen Regionalismus im modernen ländlichen Raum. In: Widersprüche, 9. Jg. H. 32/1989, 25–27

Böhnisch, L./Funk, H./Huber, J./Stein, G. (Hg.): Ländliche Lebenswelten, München 1991

Böhnisch, L./Funk, H. 1991: Grundprobleme sozialer Hilfe im ländlichen Raum, in: Böhnisch, L. u.a. 1991, 29–38

Bohnsack, R.: Rekonstruktive Sozialforschung, Opladen 1991

Bokmeier, R.: Frauenbildung: Ziele und Verständnis. In: Stuttgarter Hefte, Beiträge zur katholischen Erwachsenenbildung, 6. Jg. H. 17 u.18/1992, 7–9

Bokmeier, R.: Fort- und Weiterbildung. Ansatz einer befreienden Frauenbildung. In: Stuttgarter Hefte, Beiträge zur katholischen Erwachsenenbildung, 6. Jg. H. 17 u.18/1992, 10–23

Borchert, J.: Innenweltzerstörung, Frankfurt/M. 1989

Brandes, U./Schreiber, P.: Die geteilte Öffentlichkeit – Zur politischen und sozialen Partizipation von Frauen, in: Zeitschrift für Frauenforschung, 4. Jg., H. 4/1986, 7–37

Brauckmann, J.: Die vergessene Wirklichkeit. Männer und Frauen im weiblichen Leben, München 1983

Braun, J./Greiwe, A.: Kontaktstellen und Selbsthilfe – Bilanz und Perspektiven der Selbsthilfeförderung in Städten und ländlichen Regionen, Köln 1989

Braun, S./Praske, Ch.: Frauenliebe. Freundschaft, Lust und Zärtlichkeit, München 1990

Brender, D./Ingendahl. G.: Blickwinkel. Leben und Arbeit von Frauen in Ravensburg, Tübingen und Stuttgart 1993

Breuer, M. u.a.: Neuere Ansätze psychosozialer Versorgung in ländlichen Regionen, in: Burkhart, Ch./Mindel, A. (Hg.): Versuche gegen die Hilflosigkeit, Berlin 1966

Brückner, M.: Frauenarbeit zwischen Gewaltverhältnissen und Aufbruchschancen, in: Straumann, U. (Hrsg.): Beratung und Krisenintervention, Köln 1982

Brückner, M.: Die Liebe der Frauen. Über Weiblichkeit und Mißhandlung, Frankfurt/M.. 1983

Brückner, M.: Frauenhäuser. Die Entwicklung der Frauenhausbewegung im Spiegel ihrer Veröffentlichungen (seit 1980), in: Arbeitshefte zur sozialistischen Theorie und Praxis, Nr. 78, 1988, 39–53

Brückner, M.: Einbettung von Gewalt in die kulturellen Bilder von Männlichkeit und Weiblichkeit, in: Zeitschrift für Frauenforschung, 11. Jahrgang, Heft 1 u. 2, 1993, 47–56

Brückner, M./Meyer, B. (Hg.): Die sichtbare Frau. Die Aneignung der gesellschaftlichen Räume, Freiburg 1994

Brück, B. u.a.: Feministische Soziologie. Eine Einführung, Frankfurt/M. und New York 1992

Brüderl, L.: Theorien und Methoden der Bewältigungsforschung, Weinheim und München 1988

Buchenauer, R.: Partizipation von Frauen im Dorfalltag, in: Hebenstreit-Müller, S./Helbrecht-Jordan, I. (Hg.): Frauenleben in ländlichen Regionen, Bielefeld 1990

Burgard, R.: Mißhandelte Frauen.Verstrickung und Befreiung, Weinheim und Basel 1985

Burger, A./Seidenspinner, G.: Töchter und Mütter. Ablösung als Konflikt und Chance, Opladen 1988

Burmeister, J.: Selbsthilfe-Unterstützung in der Region. Wandel und Wiedergewinnung des Sozialen im ländlichen Raum, in: Balke, K./Thiel, W. 1991, 78–92

Butler, J.: Das Unbehagen der Geschlechter, Frankfurt/M.. 1991

Camenzind, E.: Frauen definieren sich selbst, Zürich 1991

Chassé, K.A.: Ist das Land noch ländlich?, in: Widersprüche, 9. Jg., Heft 32, 1989, 41–48

Chassé, K.A./Pfaffenberger, H. (Hg.): Armut im ländlichen Raum, Trier 1992

Chodorow, N.: The Reproduction of Mothering, Berkeley 1978. (Dt.: Das Erbe der Mütter, München 1985)

Chotjewitz, P.O.: Neuland – Leben in der Provinz, in: Kursbuch 39, Berlin 1975

Cixous, H.: Die unendliche Zirkulation des Begehrens, Berlin 1977

Collins, A./Pancoast, D.: Das soziale Netz der Nachbarschaft als Partner professioneller Hilfe, Freiburg 1981

Conrad, J./Konnertz, U. (Hg.): Weiblichkeit in der Moderne, Tübingen 1986

Cramon-Daiber, B. u.a. (Hg.): Schwesternstreit – über die heimlichen und unheimlichen Auseinandersetzungen zwischen Frauen, Reinbek 1980

Cremer, Ch. u.a.: Frauen in sozialer Arbeit. Zur Theorie und Praxis feministischer Bildungs- und Sozialarbeit, Weinheim und München 1990

Daigler, C.: Organisation von Anerkennung. Erkenntnisse aus einem Praxis- und Forschungsprojekt zur Qualifizierung von Jugendhilfe und Jugendhilfeplanung, unv. Diplomarbeit, Tübingen 1996

Daigler, C./Kaschuba, G./ Maurer, S./ Stauber, B./Wonneberger, E.: Vernetzung in Konkurrenz – Konkurrenz in Vernetzung, in: Müller, S./Reinl, H. (Hg.): Soziale Arbeit in der Konkurrenzgesellschaft. Beiträge zur Neugestaltung des Sozialen, Neuwied/Kriftel/Berlin 1997

Daly, M.: GynÖkologie – eine Meta-Ethik des radikalen Feminismus, München 1981

Devereux, G.: Angst und Methode in den Verhaltenswissenschaften, Frankfurt/M. 1976

Diekmann, A./Herschelmann, M./Pech, D./Schmidt, K. (Hg.): Gewohnheitstäter. Männer und Gewalt, Köln 1994

Diemer, N.: Für eine 'Politik des Sozialen', in: Widersprüche, 9. Jg., Heft 31, 1989, 13–18

Diezinger, A.: Frauen: Arbeit und Individualisierung, Opladen 1991

Diezinger, A.: Geschlechterverhältnis und Individualisierung. Von der Ungleichheitsrelevanz primärer Beziehungen. In: Frerichs, P./Steinrücke, M. (Hg.): Soziale Ungleichheit und Geschlechterverhältnisse, Opladen 1993

Dinnerstein, D.: The Mermaid and the Minotaur: Sexual Arrangements and the Human Malaise, New York 1976 (Dt.: Das Arrangement der Geschlechter, Stuttgart 1979)

Dörhöfer, K. (Hg.): Stadt – Land – Frau, Freiburg 1990

Dornheim, J.: Kranksein im dörflichen Alltag, Tübingen 1983

Dreher, M./Dreher, E.: Gruppendiskussionsverfahren, in: Flick u.a. 1991, 186–188

Duden Fremdwörterbuch, Bd. 5, Mannheim u.a. 1982

Eckart, C.: Selbständigkeit von Frauen im Wohlfahrtsstaat? Wider eine Sparpolitik von verleugneten Abhängigkeiten im Geschlechterverhältnis, in: Widersprüche, 11.Jg., Heft 39, 1991, 39–50

Eckhardt-Aktas, D.: Beziehungsweise Frauen. Streit, Solidarität, Tradition, Frankfurt/M. 1993

Ehrenreich, B./English, D.: For her own Good. 150 Years of the Experts' Advice to Women, New York 1978

Eichenbaum, L./Orbach, S.: Frauen unter sich. Feministische Psychotherapie, München 1982

Eichenbaum, L./Orbach, S.: Bitter und süß. Frauenfeindschaft und Frauenfreundschaft, Düsseldorf u.a. 1991

Elias, N.: Etablierte und Außenseiter, Frankfurt/M. 1990

Enders-Dragässer, U./Block, I./Müller, S.: Das unsichtbare Tagwerk. Mütter erforschen ihren Alltag, Reinbek bei Hamburg 1981

Eyferth, H./Otto, H.-W./Thiersch, H. (Hg.): Handbuch zur Sozialarbeit/Sozialpädagogik. Neuwied u.a. 1987

Fachlexikon der sozialen Arbeit: hrsg. von Deutscher Verein für öffentliche und private Fürsorge, Frankfurt/M. 1993

Fadermann, L.: Köstlicher als die Liebe der Männer. Romantische Freundschaft und Liebe zwischen Frauen von der Renaissance bis heute, Zürich 1990

Faltermaier, T.: Belastende Lebensereignisse und ihre Bewältigung, in: Keupp, H./Rerrich, D. (Hg.): Psychosoziale Praxis – gemeindepsycholgische Perspektiven, München u.a. 1982

Faltermaier, T.: Lebensereignisse und Alltag. Konzeption einer lebensweltlichen Forschungsperspektive und eine qualitative Studie über Belastungen und Bewältigungsstile von jungen Krankenschwestern, München 1987

Fernkorn, L. u.a.: „Mit ihnen kann ich darüber sprechen, mit meiner Tochter konnte ich das nie!", in: beiträge zur feministischen theorie und praxis, Heft 11, 1984, 123–131

Filipp, S.-H. (Hg.): Kritische Lebensereignisse, München 1981

Flick, U., u.a. (Hg.): Handbuch Qualitative Sozialforschung, München 1991

Flick, U.: Stationen des qualitativen Forschungsprozesses, in: Flick u.a. 1991, 148–173

Foucault, M.: Die Archäologie des Wissens, hrsg. von Kremer-Marietti, A., Frankfurt u.a. 1976

Fraser, N.: Widerspenstige Praktiken. Macht, Diskurs, Geschlecht, Frankfurt/M. 1994

Frauenfortbildungsgruppe Tübingen (Hg.): „...Daß eine anders ist und wie sie anders ist." Frauenbildung als Kontroverse, Tübingen 1993

Frauenredaktion im Argument (Hg.): Projekt Frauenbewegung und Arbeiterbewegung, Hamburg 1983

FREI.RÄUME, Zeitschrift der feministischen Organisationen von Planerinnen und Architektinnen (FOPA e.V.): Raum greifen und Platz nehmen. Dokumentation der 1. Europäischen Planerinnentagung, Sonderheft 1992/1993

FREI.RÄUME, Zeitschrift der feministischen Organisationen von Planerinnen und Architektinnen (FOPA e.V.): Regionalentwicklung – feministische Perspektiven, Heft 6, 1993

Friday, N.: Wie meine Mutter, Frankfurt/M. 1984

Funk, H.: Das weibliche Ehrenamt im Patriarchat, in: Müller, S./ Rauschenbach, Th.: Das soziale Ehrenamt, Weinheim und München 1988, 119–126

Funk, H.: Mädchen in ländlichen Regionen. Theoretische und empirische Ergebnisse zur Modernisierung weiblicher Lebenslagen, München 1993

Funk, H./Schmutz, E./ Stauber, B.: Gegen den alltäglichen Realitätsverlust. Sozialpädagogische Frauenforschung als aktivierende Praxis, in: Rauschenbach, T./Ortmann, F./Karsten, M.-E. (Hg.): Der sozialpädagogische Blick. Lebensweltorientierte Methoden in der sozialen Arbeit, Weinheim und München 1993, 156–174

Funk, H. /Kaschuba, G.: Setzen Frauen neue Maßstäbe? Für einen Perspektivenwechsel in der Regionalforschung, in: Pro Regio, Zeitschrift für Eigenständige Regionalentwicklung, Nr. 15, 1994, 4–12

Galuske, M.: Methoden der Sozialen Arbeit. Eine Einführung, Weinheim und München 1999

Gängler, H.: Soziale Arbeit auf dem Lande, Weinheim und München 1990

Gerhard, U./Jansen, M. (Hg.): Differenz und Gleichheit. Menschenrechte haben (k)ein Geschlecht, Frankfurt/M. 1990

Gerhard, U.: Differenz und Vielfalt – Die Diskurse der Frauenforschung, in: Zeitschrift für Frauenforschung, 11.Jg., 1993, 10–21

Gerhard, U./Schwarzer, A./ Slupik, V. (Hg.): Auf Kosten der Frauen. Frauenrechte im Sozialstaat, Weinheim und Basel 1988

Gloria, J.: Schwarzer Feminismus. Theorie und Politik afro-amerikanischer Frauen, Berlin 1993

Gold, R. L.: Roles in Sociological Field Observations, in: Social Forces, 36 1958

Gravenhorst, L./Tatschmurat, C. (Hg.): Töchter-Fragen. NS-Frauen Geschichte, Freiburg 1990

Großmaß, R./Schmerl, Ch. (Hg.): Philosophische Beiträge zur Frauenforschung, Bochum 1981

Habermas, J.: Theorie des kommunikativen Handelns, 2 Bde, Frankfurt/M. 1981

Hagemann-White, C.: Mythos Frau, Berlin 1984

Hagemann-White, C.: Strategien gegen Gewalt im Geschlechterverhältnis, Pfaffenweiler 1992 (mit: Lang, H./Lübbert, J./Rennefeld, B.)

Hagemann-White, C.: Berufsfindung und Lebensperspektive in der weiblichen Adoleszenz, in: Flaake, K./King, V. (Hg.): Weibliche Adoleszenz, Frankfurt/M. und New York 1993, 64–83

Hagemann-White, C.: Das Ziel aus den Augen verloren? Diskussion: Geschlechterverhältnisse und Gewalt gegen Frauen. In: Zeitschrift für Frauenforschung, 11. Jg., Heft 1 u. 2/1993 a, 57–63

Hammer, S.: Töchter und Mütter. Über die Schwierigkeiten einer Beziehung, Frankfurt/M. 1982

Hark, S.: Die Produktion lesbischer Identität, Berlin 1991

Haug, F.: Frauen – Opfer oder Täter? Über das Verhalten von Frauen, Berlin 1982

Haug, F.: Erinnerungsarbeit, Hamburg 1990

Haug, F./Hauser, K.: Privatform und Identität, in: Haug, F. u.a. (Hg.): Subjekt Frau, Argument Sonderband 117, Berlin 1985

Hausen, K.: Zur geschichtlichen Entwicklung von Ideologie und Wirklichkeit der weiblichen Qualitäten, in: Rosenbaum, H. (Hg.): Seminar ‚Familie und Gesellschaftsstruktur‘, Frankfurt 1978

Hausen, K.: Öffentlichkeit und Privatheit, in: Journal für Geschichte, H.1, 1989

Hausen, K.: Überlegungen zum geschlechtsspezifischen Strukturwandel der Öffentlichkeit, in: Gerhard, U. u.a. (Hg.): Differenz und Gleichheit. Menschenrechte haben (k)ein Geschlecht, Frankfurt/M. 1990, 268–282

Hauser, K. Strukturwandel des Privaten? Das ‚Geheimnis des Weibes‘ als Vergesellschaftungsrätsel, Berlin und Hamburg 1987

Hebenstreit-Müller, S./Helbrecht-Jordan, I. (Hg.): Frauenleben in ländlichen Regionen, Bielefeld 1990

Hebenstreit-Müller, S./Helbrecht-Jordan, I.: Junge Mütter auf dem Land. Frauenleben im Umbruch, Bielefeld 1988

Heck, R./Kleinhorst. A. (Hg.): Frauen, Alltag, Politik, München 1986

Heiner, M.: Es geht mehr als man denkt – erprobte Ansätze und Strategien einer kommunalpolitisch orientierten sozialen Arbeit, in: Müller, S. u.a. (Hg.): Sozialarbeit als soziale Kommunalpolitik, Darmstadt und Neuwied 1984

Held, J.: Subjektbezogene Forschungsverfahren für die Berufspraxis, Marburg 1985

Heller, A.: Das Alltagsleben, Frankfurt/M. 1981

Hitzler, R./Honer, A.: Der lebensweltliche Forschungsansatz, in: Neue Praxis, 18. Jg, 1988, 496–501

Honneth, A.: Kampf um Anerkennung. Zur moralischen Grammatik sozialer Konflikte, Frabkfurt/M. [2]1994

Hooks, B.: Black Looks. Popkultur, Medien, Rassismus, Berlin 1994

Hopf, Ch.: Qualitative Interviews in der Sozialforschung, in: Flick u.a. 1991, 177–182

Huber, H.: Mädchen und junge Frauen in der Dorföffentlichkeit, in: Böhnisch, L., u.a. (Hg.): Ländliche Lebenswelten, München 1991, 223–236

Huber, H./Knab, M.: Grundlagen der Beratung für Frauen in ländlichen Regionen. Teil I: Alltägliche Leistungsanforderungen und Bewältigungsformen, Unveröffentlichter Projektbericht, Tübingen 1992

Huber, M./Rehling, I.: Dein ist mein halbes Herz, Was Freundinnen einander bedeuten, Frankfurt/M. 1989

Hügel, I./Lange, Ch./Ayim, M./Bubeck, I./Aktas, G./Schultz, D. (Hg): Entfernte Verbindungen. Rassismus, Antisemitismus, Klassenunterdrückung, Berlin 1993

Hurrelmann, K./Ulich, D. (Hg.): Neues Handbuch der Sozialisationsforschung. Weinheim und Basel 1991

Illien, A./Jeggle, U.: Leben auf dem Dorf. Zur Sozialgeschichte des Dorfes und Sozialpsychologie seiner Bewohner, Opladen 1978

Inhetveen, H.: „Fast immer wie in einem Zwiespalt" – Bäuerinnen und Nationalsozialismus, in: Hebenstreit-Müller, S./Helbrecht-Jordan, I. (Hg.): Frauenleben in ländlichen Regionen, Bielefeld 1990

Irigaray, L.: Speculum. Spiegel des anderen Geschlechts, Frankfurt/M. 1980

Jaeckel, M.: Wer – wenn nicht wir. Zur Spaltung von Frauen in der Sozialarbeit, München 1981

Jäger-Boneberger, A.: Sozialarbeiterische Intervention in der Bildunsarbeit, In: Stuttgarter Hefte, Beiträge zur katholischen Erwachsenenbildung, 6. Jg. H. 17 u.18/1992, 58–66

Jahnsen, D./Aßfalg, M./Mingels, M./Pretsch, H.: Dorfalltag von Frauen im Wandel der industriellen Gesellschaft. Forschungsinitiativprojekt der TU Berlin. Abschlußbericht, Berlin 1984

Jakob, G./Wensierski, H.-J.v. (Hg.) Rekonstruktive Sozialpädagogik. Konzepte und Methoden sozialpädagogischen Verstehens in Forschung und Praxis, Weinheim und München 1997

Jeggle, U./Illien, A.: Die Dorfgemeinschaft als Not- und Terrorzusammenhang, in: Wehling, H.-G. (Hg.): Dorfpolitik, Opladen 1978

Joseph, I. G. (Hg.): Schwarzer Feminismus. Theorie und Politik afroamerikanischer Frauen, Berlin 1993a

Joseph, I. G.: Schwarze Mütter und Töchter. Ihre Rollen und Funktionen in der US-amerikanischen Gesellschaft, in: dies. (Hg.): Schwarzer Feminismus, Theorie und Politik afroamerikanischer Frauen, Berlin 1993b

Jurcyk, K.: Frauenarbeit und Frauenrolle. Zum Zusammenhang von Familienpolitik und Frauenerwerbstätigkeit in Deutschland 1918 bis 1975, Frankfurt/M. und New York 1977

Kalpaka, A./Räthzel, N. (Hg.): Die Schwierigkeit, nicht rassistisch zu sein, Berlin 1986

Kaplan, M.: Schwesterlichkeit auf dem Prüfstand. Feminismus und Antisemitismus in Deutschland 1904–1938, in: Feministische Studien, 3. Jg., 1984, 128–139

Kardorff, E. von: Qualitative Sozialforschung – Versuch einer Standortbestimmung, in: Flick u.a. 1991, 3–8

Karsten, M.-E.: Landfrauen zwischen Tradition und Fortschritt, in: Karsten/Waninger 1985

Karsten, M.-E./Waninger, H.: Haus- und Hof. Bildung und Beruf, Bd.2, Materialien zur Frauenforschung, Bielefeld 1985

Kaschuba, G.: Bildungshorizonte. Biographien und Bildungserfahrungen von Frauen in ländlichen Regionen, Tübingen 1998

Kast, V.: Die beste Freundin. Was Frauen aneinander haben, Zürich 1992

Keppelhoff-Wiechert, H.: Zur Lebenssituation von Frauen auf dem Land, in: Hebenstreit-Müller/Helbrecht-Jordan (Hg.) 1990

Keupp, H.: Psychosoziale Praxis im gesellschaftlichen Umbruch, Bonn 1987

Keupp, H./Rerrich, D. (Hg.): Psychosoziale Praxis – gemeindepsychologische Perspektiven, München u.a. 1982

Keupp, H./Röhrle, B. (Hg.): Soziale Netzwerke, Frankfurt/M. 1987

Keupp, H./Bilden, H. (Hg.): Verunsicherungen, Göttingen 1989

Keupp, H.: Empowerment, in: Kreft, D./Mielenz, I. (Hg.): Wörterbuch Soziale Arbeit. Aufgaben, Praxisfelder, Begriffe und Methoden der Sozialarbeit und Sozialpädagogik, Weinheim und Basel 1996, 4. Auflage

Kickbusch, I.: Vom Verlust des Kontextes und der Leere der Autonomie, in: Argument Sonderband AS 77, Berlin 1982

Kickbusch, I./Riedmüller, B. (Hg.): Die armen Frauen. Frauen und Sozialpolitik, Frankfurt/M. 1984

Kleining, G.: Umriß zu einer Methodologie qualitativer Sozialforschung, in: Kölner Zeitschrift für Soziologie und Sozialpsychologie, 34. Jg., 1982, 224–253

Kleining, G.: Methodologie und Geschichte qualitativer Sozialforschung, in: Flick u.a. 1991, 11–22

Knab, M.: Die Zukunft ist weiblich – aber wieder nichts für Frauen. Kritische Darstellung von linken und neokonservativen Entwürfen einer ‚weiblichen Zukunft' in ihrer Bedeutung für Frauen, unv. Diplomarbeit an der Universität Tübingen, Tübingen 1988

Knab, M.: Hellhörig werden – Studientag der Landrauenvereinigung zum Thema ‚Sexueller Mißbrauch', in: Christliche Frau, Heft 4, 83. Jg. 1994, 24–25

Knab, M: Frauennetzwerke in ländlichen Regionen zur öffentlichen Thematisierung von Gewalt gegen Frauen und Mädchen. Reflexion und Weiterentwicklung praktizierter Ansätze. Dokumentation von Workshops, Tübingen und Ravensburg 1996

Knab, M./Schneider, M.: Ein Netzwerk zur Erhebung und Durchsetzung von Fraueninteressen in der Region: Der AK ‚Frauen gegen Gewalt' im Landkreis Karlsruhe, in: Tübinger Institut für frauenpolitische Sozialforschung e.V. (Hg.) 1998

Knab, M: Innen- und Außenpolitik unserer Frauenpolitik, in: Arbeitskreis ‚Frauen gegen Gewalt im Landkreis Karlsruhe' (Hg.) 1998 a

Knab, M.: Forschungsergebnisse für die Praxis nutzbar machen – frauenpolitische Übersetzung als Bestandteil methodologischer Überlegungen, in: Tübinger Institut für frauenpolitische Sozialforschung e.V. (Hg.) 1998 b

Knab, M./Schön E.: Betroffene – Ehrenamtliche – Professionelle: Frauenpolitisch brisante Interessenkonstellationen, in: Tübinger Institut für frauenpolitische Sozialforschung e.V. (Hg.) 1998 c

Knapp, G.-A.: Arbeitsteilung und Sozialisation. Konstellationen von Arbeitsvermögen und Arbeitskraft im Lebenszusammenhang von Frauen, in: Beer, U. (Hg.): Klasse Geschlecht, Bielefeld 1987, 267–306

Knapp, G.-A.: Macht und Geschlecht. Neuere Entwicklungen in der feministischen Macht- und Herrschaftsdiskussion, in: Knapp, G.-A./Wetterer, A. (Hg.): Traditionen – Brüche. Entwicklungen feministischer Theorie, Freiburg 1992

Koch-Klenske, E. (Hg.): Die Töchter der Emanzen. Kommunikationsstrukturen in der Frauenbewegung, München 1990

Koch-Klenske, E.: Töchter der Emanzen? Die Frauenbewegung, biographisch gesehen, in: dies.: 1990

Köhler, G.: Städtische Öffentlichkeit und Stadtkultur, in: Dörhöfer, K. (Hg.): 1990

Kokula, I.: Weibliche Homosexualität um 1900 in zeitgenössischen Dokumenten, München 1981

Kölner Appell e.V.: Aktionshandbuch gegen Rassismus. Für eine BürgerInnen- und Menschenrechtsbewegung in Deutschland, Köln 1993

Köppen, R.: Die Armut ist weiblich, Berlin 1985

Kolbeck, T.: Landfrauen und Direktverwaltung – Spurensicherung von Frauenarbeit und Frauenalltag, unv. Ms., Kassel 1985

Kohleiss, A.: Frauenrechte in der gesetzlichen Rentenversicherung, in: Gerhard, U./Schwarzer, A./ Slupik, V. (Hg.): Auf Kosten der Frauen. Frauenrechte im Sozialstaat, Weinheim und Basel 1988

Kolip, P.: Freundschaften im Jugendalter. Der Beitrag sozialer Netzwerke zur Problembewältigung, Weinheim und München 1993

Koppert, C. (Hg.): Glück, Alltag und Desaster. Über die Zusammenarbeit von Frauen, Berlin 1993

Koppert, C./Lindberg, B.: Projekt der Moderne. Zu zwanzig Jahren feministischer Zusammenarbeit, in: Koppert 1993

Kosik, K.: Dialektik des Konkreten, Frankfurt/M. 1976

Kristeva, J.: Fremde sind wir uns selbst, Frankfurt/M. 1990

Krüll, M.: Das rekursive Denken im radikalen Konstruktivismus und Feminismus, in: Krüll, M.: Wege aus der männlichen Wissenschaft. Perspektiven feministischer Erkenntnistheorie, Pfaffenweiler 1990

Kulawik, T.: Unbeschreiblich weiblich. Die Unsichtbarkeit der Armut von Frauen, in: Neue Praxis, 20. Jg., 1990, 16–25

Lamnek, S.: Qualitative Sozialforschung, Bd 1: Methodologie, München 1988

Lamnek, S.: Qualitative Sozialforschung, Bd 2: Methoden und Techniken, München 1989

Lamnek, S.: Qualitative Sozialforschung, Bd 2: Methoden und Techniken, Weinheim 1993, zweite bearbeitete Auflage

Landweer, H.: Bekenntnisse einer Konkurrentin. Oder: Welches ‚Ich' spricht?, in: Koch-Klenske 1991

Landweer, H.: Generationen in der deutschen Frauenforschung,in: Modelmog, I./Gräßel, U. (Hg.): Konkurrenz und Kooperation. Frauen im Zwiespalt?, Münster 1995

Lasch, V.: Arbeit und Krankheit, in: Arbeitsergebnisse. Schriftenreihe der Arbeitsgemeinschaft für ländliche Entwicklung, Themenheft: Bäuerinnen und Gesundheit, Nr. 19, März 1992

Léfêbvre, H.: Die Stadt im marxistischen Denken, Ravensburg 1975

Legewie, H.: Feldforschung und teilnehmende Beobachtung, in: Flick u.a. 1991, 189–193

Lenz, I.: Fremdheit/Vertrautheit. Von der Schwierigkeit im Umgang mit kulturellen Unterschieden, in: Knapp, G.-A./Müller, U. (Hg.): Ein Deutschland – Zwei Patriarchate? Dokumentation der Jahrestagung der Sektion Frauenforschung in den Sozialwissenschaften in Hannover 21. – 23. Juni 1991, Bielefeld 1992

Libreria delle donne di Milano: Wie weibliche Freiheit entsteht. Eine neue politische Praxis, Berlin 1988

Lipp, C. (Hg.): Schimpfende Weiber und patriotische Jungfrauen, Bühl-Moos 1986

Lorch-Göllner, S.: Lebensbedingungen und Entwicklungsmöglichkeiten junger türkischer Frauen in einem ländlich strukturierten Gebiet der Bundesrepublik Deutschland, Bern u.a. 1989

Lorde, A.: Ich bin eure Schwester – Wie Schwarze Frauen sich über Sexualität hinaus organisieren, in: dies.: Lichtflut, Berlin 1988

Lutz, H.: Welten verbinden. Türkische Sozialarbeiterinnen in den Niederlanden und in der Bundesrepublik Deutschland, Frankfurt/M. 1991

Marquard, R.: Aufdeckungs- und Hilfsmöglichkeiten in Fällen von sexueller Gewalt gegen Mädchen, in: Arbeitshefte zur sozialistischen Theorie und Praxis, Nr. 78, 1988, 23–33

Martin, E.: Die Frau im Körper, Frankfurt/M. und New York 1989

Martwich, B.: Vom Stadt-Land-Gegensatz zum Stadt-Umwelt-Problem, Göttingen 1977 (Univ. Dissertation)

Maurer, S.: Zwischen Zuschreibung und Selbstgestaltung. Feministische Identitätspolitiken im Kräftefeld von Kritik, Norm und Utopie, Tübingen 1996

Mayr-Kleffel, V.: Frauen und ihre sozialen Netzwerke. Auf der Suche nach einer verlorenen Ressource, Opladen 1991

Menne, B.: Wir Frauen am Land. Ergebnisse regionaler Kultur- und Bildungsarbeit im Mühlviertel, Wien 1994

Meixner, G.: Frauenpaare in kulturgeschichtlichen Zeugnissen, München 1995

Metz-Göckel, S.: Frauen in akademischen Berufen: Wie sie kooperieren, konkurrieren und sich aus dem Weg gehen, in: Koppert, C. (Hg.): Glück Alltag und Desaster. Über die Zusammenarbeit von Frauen, Berlin 1993, 128–146

Meulenbelt, A.: Zur Spaltung von Heterofrauen und Lesben, in: Dies.: Weiter als die Wut, München 1985

Meyer, B.: Frauenpolitik und Frauenmacht, in: Die Neue Gesellschaft, Heft 2, 1988

Meyer, B.: Sind Frauen unpolitisch oder: haben Frauen ein anderes Verständnis von Politik? (Vortrag im Rahmen der Frauenpolitischen Abenduniversität), unv. Ms., Stuttgart 1992

Mies, M: Methodische Postulate zur Frauenforschung, in: beiträge zur feministischen theorie und praxis, 7. Jg. Heft 11, 1984, 7–25

Michaelsen, D./Rösgen, A.: Lebensweltkonzept und weiblicher Lebenszusammenhang, in: Projekt berufliche und politische Bildung für Frauen. Nicht putzen – Putz machen, Saarbrücken 1987

Metz-Göckel, S.: Geschlechterverhältnis, in: Flick u.a. 1991, 351–355

Miner, V./Longino, H. E. (Hg.): Konkurrenz. Ein Tabu unter Frauen, München 1990

Möller, C.: Ungeschützte Beschäftigungsverhältnisse, in: beiträge zur feministischen theorie und praxis, Heft 2, 1983

Morgan, R. (Hg.): Sisterhood is global, New York 1984

Müller, B.: Das Soziale und die Fremden. Interkulturalität als Grundlage sozialer Arbeit – Konsequenzen für die Ausbildung, in: Neue Praxis, 23. Jg., Heft 1 u. 2, 1–11

Müller, S./Rauschenbach, T. (Hg.): Das soziale Ehrenamt, Weinheim und München 1988

Müller, U.: Gibt es eine ‚spezielle' Methode in der Frauenforschung? In: Zentraleinrichtung zur Förderung von Frauenstudien und Frauenforschung an der Freien Universität Berlin (Hg.): Methoden in der Frauenforschung, Frankfurt/M. 1984

Müller, U.: Warum gibt es keine emanzipatorische Utopie des Mutterseins? In: Schön, B. (Hg.): Emanzipation und Mutterschaft, Weinheim und München 1989

Müller, U./Schmidt-Waldherr, H. (Hg.): FrauenSozialkunde, Bielefeld 1989

Münst, S.: Jenseits individueller Identität – Netzwerke feministisch-lesbischer Frauen. In: Marti, M./Schneider, A./Sgier, I./Wymann, A. (Hg.): Querfeldein. Beiträge zur Lesbenforschung, Bern, Zürich und Dortmund 1994

Nadig, M.: Die verborgene Kultur der Frau. Ethnopsychoanalytische Gespräche mit Bäuerinnen in Mexiko, Frankfurt/M. 1986

Nadig, M.: Der feministische Umgang mit der Realität und die feministische Forschung, in: Brede, K./Fehlhaber, H. u.a. (Hg.): Befreiung zum Widerstand. Aufsätze über Feminismus, Psychoanalyse und Politik, Frankfurt/M. 1987

Nahnsen, J.: Bemerkungen zum Begriff und zur Geschichte des Arbeitsschutzes, in: Osterland, M. (Hg.): Arbeitssituation, Lebenslage und Konfliktpotential, Frankfurt/M. 1975

Nave-Herz, R.: Frauen zwischen Tradition und Moderne, Bielefeld 1992

NAKOS (Hg.): Selbsthilfegruppen-Förderung auf dem Land, Berlin 1989

Negt, O./Kluge, A.: Öffentlichkeit und Erfahrung. Zur Organisationsanalyse von bürgerlicher und proletarischer Öffentlichkeit. Frankfurt/M. 1977

Nestmann, F.: Die alltäglichen Helfer, Berlin und New York 1988

Nestmann, F.: Förderung sozialer Netzwerke, in: Neue Praxis, 19. Jg., 1989, 107–123

Nestmann, F./Schmerl, Ch.: Frauen das hilfreiche Geschlecht, Reinbek 1991

Nestmann, F./Schmerl, Ch.: Das Geschlechterparadox in der Social-Support-Forschung, in: dies. (Hg.): Ist Geben seeliger als Nehmen? Frauen und Social Support, Frankfurt/M. 1990, 7–35

Nestmann, F.: Beratung. Bausteine für eine interdisziplinäre Wissenschaft und Praxis, Tübingen 1997

Netzwerk Selbsthilfe Bodensee-Oberschwaben (Hg.): Provinzbuch, Ravensburg 1983

Neumaier, M./Rösgen, A.: Arbeitsprojekte für arme Frauen – eine logische Konsequenz der Frauenarbeit in ‚Sozialen Brennpunkten'? In: Rösgen, A./Neumaier, M./Hillenbrand, W./Luner, B. (Hg.): Gemeinwesenarbeit, Jahrbuch 4: Frauen, München 1987, 179–185

Neusel, A./Tekeli, S./Akkent, M. (Hg.): Aufstand im Haus der Frauen. Frauenforschung aus der Türkei, Berlin 1991

Niessen, M.: Gruppendiskussion, München 1977

Notz, G.: Frauen im sozialen Ehrenamt, Freiburg 1989

Nowack, C.: Lokale Öffentlichkeit und Mobilisierungserfolge. Bürgerproteste in einer Großstadt und einer Kleinstadt im Vergleich, in: Forschungsjournal Neue Soziale Bewegungen, 4. Jg., Heft 4, 1991, 40–49

Nowak, C./Gührs,M.: Das konstruktive Gespräch, Meezen 1993

Oerter, L./Montada, L. (Hg.): Entwicklungspsychologie, München 1982

Oliver, Ch.: Jokastes Kinder. Die Psyche der Frau im Schatten der Mutter, Düsseldorf 1984

Ortmann, H.: Zu einer Re-Vision des Bildungsbegriffs aus weiblicher Sicht, in: Rauschenbach, T./Thiersch, H. (Hg.): Die herausgeforderte Moral, Bielefeld 1987

Ostner, I.: Prekäre Subsidiarität und partielle Individualisierung – Zukünfte von Haushalt und Familien, in: Berger, J.: Die Moderne – Kontinuitäten und Zäsuren, Göttingen 1986

Ostner, I.: Arme Frauen? In: Opielka, M./Zander, M. (Hg.): Freiheit von Armut, Essen 1988

Ostner, I./Schmidt-Waldherr, H.: Politik mit Frauen – über Frauen, Frauenarbeit und Sozialpolitik, in: Opielka, M./Ostner, I. (Hg.): Umbau des Sozialstaats, Essen 1987, 155–166

Pearson, R.: Beratung und soziale Netzwerke: eine Lern- u. Praxisanleitung zur Förderung sozialer Unterstützung, Weinheim 1997

Pfeiffer-Schaupp, H.-U.: Jenseits der Familientherapie. Systemische Konzepte in der Sozialen Arbeit, Freiburg i.B. 1995

Piven, F./Cloward, R.: Die unsichtbare Auflehnung. Steuerung der Innovationskraft und des Widerstandspotentials von Frauen, in: Kickbusch/Riedmüller: Die armen Frauen, Frankfurt/M. 1984

Pongratz, H.: Bäuerliche Traditionen im sozialen Wandel, in: Kölner Zeitschrift für Soziologie und Sozialpsychologie, 43. Jg., 1991, 235–246

Prengel, A.: Annäherung an eine egalitäre Politik der Differenzgedanken gegen Sexismus und Rassismus, in: beiträge zur feministischen theorie und praxis, 13. Jg., Heft 27, 1990, 127–134

Prigge, W.: Hegemonie des urbanistischen Diskurses, in: ders.: Die Materialität des Städtischen, Basel 1987

Projektgruppe Mädchen- und Frauenarbeit (Hg.): Die unentdeckte Kraft. Gestaltungsansprüche von Mädchen und Frauen, Wuppertal 1991

Rabe-Kleberg, U.: Sind Eltern auf dem Land eigentlich altmodischer? Traditionelle soziale Netze und Selbsthilfe auf dem Land, in: Zeitschrift für Frauenforschung, 2. Jg., Heft 4, 1984, 1–23

Randzio-Plath, C.: Frauenmacht. Ausweg aus der Krise, Köln 1987

Rauschenbach, T./Ortmann, F./Karsten, M.-E. (Hg.): Der sozialpädagogische Blick. Lebensweltorientierte Methoden in der sozialen Arbeit, Weinheim und München 1993

Raymond, J.: Frauenfreundschaft, München 1990

Reichwein, R./Cramer, A./Buer, F.: Familie und Haushalt zwischen Politik, Ökonomie und sozialen Netzen, Bielefeld 1993

Reinl, H.: Ist die Armut weiblich? Über die Ungleichheit der Geschlechter im Sozialstaat. Vortrag im Rahmen der Ringvorlesung im Studium Generale an der Universität Tübingen zum Thema ‚Armut in Deutschland‘ 1995, unv. Ms., Tübingen 1995

Rerrich, D.: Selbstorganisierte Frauengruppen. In: Keupp, H./Rerrich, D. (Hg.): Psychosoziale Praxis, München u.a. 1982

Rerrich, D.: Frauenselbsthilfe: Frauen helfen Frauen, in: Nestmann/Schmerl 1991

Rich, A.: Zwangsheterosexualität und lesbische Existenz, in: Schultz, Dagmar (Hg.): Macht und Sinnlichkeit, Berlin 1991

Rich, A.: „Der Kampf, mir meine Wahrnehmungen zu erhalten ...“ Adrienne Rich im Gespräch mit Audre Lorde, In: Schultz, D. (Hg.): Macht und Sinnlichkeit, Berlin 1991

Riedmüller, B.: Frauen haben keine Rechte. Zur Stellung der Frau im System sozialer Sicherheit. In: Kickbusch, I./Riedmüller, B. (Hg): Die armen Frauen. Frauen und Sozialpolitik, Frankfurt/M. 1984, 46–72

Riedmüller, B.: Familienpolitik und soziale Sicherung der Frau, in: Nave-Herz, R./Markefka, M. (Hg.): Handbuch der Familien- und Jugendforschung, Frankfurt/M. 1989, Bd.1: Familienforschung

Rodenstein, M.: Feministische Stadt- und Regionalforschung, in: Dörhöfer 1990

Röhrle, B./Stark, W. (Hg.): Soziale Netzwerke und Stützsysteme, Tübingen 1985

Rösgen, A. u.a. (Hg.): Gemeinwesenarbeit. Jahrbuch, Bd. 4: Frauen, München 1987

Rommelspacher, B.: Mitmenschlichkeit und Unterwerfung, Frankfurt/M. und New York 1992

Rommelspacher, B.: Dominanzkultur. Texte zur Fremdheit und Macht, Berlin 1995

Schaeffer-Hegel, B. (Hg.): Vater Staat und seine Frauen, Pfaffenweiler 1990

Schäfers, B.: Stadt und Land. Zur Entwicklung und gegenwärtigen Differenzierung dichotomer Sozialkategorien, in: Raumplanung und Eigentumsordnung. Festschrift für Werner Ernst, München 1980

Scheu, B.: Abschied von der Landidylle. Zur subjektiven Begründung gesellschaftlichen Engagements Landjugendlicher, Frankfurt/M. u.a. 1989

Schimpf, E.: Das Selbst kommt zum Bildnis: kulturelle Aktivitäten als Aspekt der Lebensbewältigung von Mädchen und Frauen in ländlichen Regionen, Frankfurt/M. u. a. 1997

Schlüter, A./Stahr, I. (Hg.): Wohin geht die Frauenforschung?, Köln 1990

Schmals, K.M./Voigt, R. (Hg.): Krise ländlicher Lebenswelten. Analysen, Erklärungsansätze, Lösungsperspektiven, Frankfurt/M. und New York 1986

Schneider-Kuszmierczyk, H.: Urbanität und Ideologie, Kassel 1984

Schön, B. u.a.: Gratwanderungen, Weinheim 1990

Schülein, J.-A.: Selbstbetroffenheit. Über Aneignung und Vermittlung sozialwissenschaftlicher Kompetenz, Frankfurt/M. 1977

Schultz, D.: Unterschiede zwischen Frauen – ein kritischer Blick auf den Umgang mit ‚den Anderen' in der feministischen Forschung weißer Frauen, in: beiträge für feministische forschung und praxis, Heft 27, 1990, 45–57

Schwarting, F./Stähler, E.: Fraueninteressen und Durchsetzungstrategien, in: Haug, F./Hauser, K. (Hg.): Küche und Staat, Hamburg 1988, 65–83

Schwartz, M.S./Schwartz, Ch.G.: Problems in Participant Observation, in: American Journal of Sociology, 1955, 343–353

Seitz, K.: Die Kolonisierung des Landes – Kritik der Urbanität, in: Zeitschrift für Entwicklungspädagogik, 6. Jg., 1983, 5–13

Sickendiek, U./Engel, F./Nestmann, F.: Beratung. Eine Einführung in sozial-pädagogigsche und psychosoziale Beratungsansätze, Weinheim und München 1999

Siemonsen, K./Zauke, G.: Sicherheit im öffentlichen Raum. Städtebauliche und planerische Maßnahmen zur Verminderung von Gewalt, Zürich 1991

Sirmann, N.: Verhaltensstrategien von Bäuerinnen zur Stärkung ihrer Position in Ehe und Familie, in: Neusel, A./Tekeli, S./Akkent, M. (Hg.): Aufstand im Haus der Frauen. Frauenforschung aus der Türkei, Berlin 1991, 242–268

Smaus, G.: Soziale Kontrolle durch Frauen: Vermittlung repressiver Inhalte in Erziehung und Hilfe, in: Heck, R./Kleinhorst, A. (Hg.): Frauen – Alltag – Politik, München 1986

Sommerfeldt-Siry, P.: Probleme der Erwerbsbeteiligung von Frauen im ländlichen Raum unter besonderer Berücksichtigung junger Frauen, in: WSI-Mitteilungen 9/1988, 520–528

Spiegel, I.: Ländliche Erbinnen – Ergebisse empirischer Untersuchungen zu Lebensweise und Gesundheit von Frauen im ländlichen Raum, in: Dörhöfer 1990

Staeheli, L.A.: Publicity, privacy, and women's political action, in: Environment and Planning D: Society and Space 1996, volume 14, 601–619

Stauber, B.: Lebensgestaltung alleinerziehender Frauen. Balancen zwischen Anpassung und Eigenständigkeit in ländlichen Regionen, Weinheim und München 1996

Stein, G.: Die Tradition in der Moderne – Wertorientierungen in ländlichen Regionen, in: Blätter der Wohlfahrtspflege, 134. Jg., 1987, 288–291

Stiefel, S.: Lebenskünstlerinnen unter sich. Eine Liebeserklärung an die Gelassenheit, Reinbek bei Hamburg 1999

Stiglmayer, A.: Massenvergewaltigung. Krieg gegen Frauen, Freiburg 1993

Studer, B.: Das Geschlechterverhältnis in der Geschichtsschreibung und in der Geschichte des 19. und 20. Jahrhunderts. Überlegungen zur Entwicklung der historischen Themenforschung und zu ihrem Beitrag zur geschichtlichen Erkenntnis, in: Feministische Studien 7, 1989, 85–96

Stoehr, I.: Gründerinnen – Macherinnen – Konsumentinnen? Generationenprobleme in der Frauenbewegung der 90er Jahre, in: Modelmog, I./Gräßel, U. (Hg.): Konkurrenz und Kooperation. Frauen im Zwiespalt?, Münster 1995

Stotz, B.: Zum Umgang mit Differenzen in Arbeitsbeziehungen von Frauen – am Beispiel von autonomen Frauenprojekten im sozialen Bereich, (unveröffentlichte Diplomarbeit) Tübingen 1996

Thiersch, H.: Die Erfahrung der Wirklichkeit. Perspektiven einer alltagsorientierten Sozialpädagogik, Weinheim und München 1986

Thiersch, H.: Soziale Beratung, in: Beck, M./Brückner, G./Thiel, H.U. (Hg.): Psychosoziale Beratung – KlientInnen – HelferInnen – Institutionen, Tübingen 1991

Thiersch, H.: Lebensweltorientierte Soziale Arbeit. Aufgaben der Praxis im sozialen Wandel, Weinheim und München 1992

Thiersch, H.: Strukturierte Offenheit. Zur Methodenfrage einer lebensweltorientierten sozialen Arbeit, in: Rauschenbach, T./Ortmann, F./Karsten, M.-E. (Hg.): Der sozialpädagogische Blick. Lebensweltorientierte Methoden in der sozialen Arbeit, Weinheim und München 1993

Thiersch, H.: Soziale Beratung, in: Nestmann 1997

Thürmer-Rohr, C.: Mittäterschaft der Frau. Analyse zwischen Mitgefühl und Kälte, in: Studienschwerpunkt Frauenforschung am Institut für Sozialpädagogik der TU Berlin (Hg.): Mittäterschaft und Entdeckungslust, Berlin 1989

Thürmer-Rohr, C.: Der Chor der Opfer ist verstummt, in: beiträge zur feministischen theorie und praxis, 7. Jg., Heft 11, 1984, 71–84

Tübinger Institut für frauenpolitische Sozialforschung e.V. (Hg.): Den Wechsel im Blick. Methodologische Ansichten feministischer Sozialforschung, Pfaffenweiler 1998

Vaskovics, L.A.: Raumbezogenheit sozialer Probleme, Opladen 1992

Vaskovics, L.A./Weins, W.: Randgruppenbildung im ländlichen Raum, Stuttgart u.a. 1983

Verein Sozialwissenschaftliche Forschung und Bildung für Frauen – SFBF – e.V. (Hg.): Über weibliches Begehren, sexuelle Differenz und den Mangel im herrschenden Diskurs, Materialband 7, Frankfurt 1990

Voges, W.: Dimensionen ländlicher Alltäglichkeit als Grundlage der Elternarbeit, Augsburg 1981

Wallerstein, I.: Vorwort, in: Werlhof, C. von: Wenn die Bauern wiederkommen. Frauen, Arbeit und Agrobusiness in Venezuela, Bremen 1985, 16–18

Weber-Kellermann, I.: Landleben im 19.Jahrhundert, München 1987

Weg, M./Stein, O. (Hg.): Macht macht Frauen stark. Frauenpolitik für die 90er Jahre, Hamburg 1988

Weisser, G.: Sozialpolitik, in: Aufgaben Deutscher Forschung, Bd.1, Köln und Opladen 1956

Werckmeister, J. (Hg.): Land – Frauen – Alltag, Marburg 1989

Werlhof, C. von: Wenn die Bauern wiederkommen. Frauen, Arbeit und Agrobusiness in Venezuela, Bremen 1985

Westphal-Georgi, U.: Der Sozialstaat wird umgebaut – Perspektiven für die Frauen, in: Prokla, 12. Jg., Heft 49, 1982

Wichert, A.: Die Systematik der Diskriminierung im Rentenrecht, in: Gerhard, U./Schwarzer, A./ Slupik, V. (Hg.): Auf Kosten der Frauen. Frauenrechte im Sozialstaat, Weinheim und Basel 1988

Widersprüche-Redaktion: Sozialpolitik und Politik des Sozialen. Anmerkungen zum analytischen Zugang zu einem Politikfeld. In: Widersprüche, 9. Jg., Heft 32, 1989, 7–15

Widersprüche: Themenheft ,Männlichkeiten', 15. Jg., Heft 56/57, 1995

Wild, U.: Beziehungen unter Frauen. Probleme und Chancen in Geschichte und Gegenwart, in: Pflüger, P.M. (Hg.): Das Paar – Mythos und Wirklichkeit, Olten 1988

Wittig, M.: Les Guérillères. Paris 1969 (In deutscher Übersetzung: Die Verschwörung der Balkis, München 1980)

Witzel, A.: Verfahren der qualitativen Sozialforschung, Frankfurt/M. 1982

Wonneberger, E.: Streß durch Modernisierung und seine gesundheitlichen Folgen, in: Arbeitsergebnisse. Schriftenreihe der Arbeitsgemeinschaft für ländliche Entwicklung, Themenheft: Bäuerinnen und Gesundheit, Nr. 19, März 1992

Young, I.M.: Justice and the Politics of Difference, Princeton N.J. 1990

Biró, Christine
Zwischen Fiktion und Wirklichkeit. Zur Bedeutung weiblicher
Identität in den Bildern Lovis Corinths
Kunstgeschichte, Band 5, 2000, 108 Seiten, Abb., br., ISBN 978-3-8255-0291-1, EUR 25,46

Busch-Salmen, Gabriele / Rieger, Eva (Hg.)
Frauenstimmen, Frauenrollen in der Oper und Frauen-Selbstzeugnisse
Beiträge zur Kultur- und Sozialgeschichte der Musik, Band 1, 2000,
358 + XVI Seiten, br., ISBN 978-3-8255-0279-9, EUR 30,58

Claas, Babette
Gleichberechtigt in den Parteien? Der Gleichberechtigungsartikel
und die Parteien in der Geschichte der Bundesrepublik Deutschland
Feministische Theorie und Politik, Band 14, 2000, 360 S., br.,
ISBN 978-3-8255-0300-0, EUR 30,58

Dörr, Bea / Kaschuba, Gerrit / Maurer, Susanne
„Endlich habe ich einen Platz für meine Erinnerungen gefunden".
Kollektives Erinnern von Frauen in Erzählcafés zum Nationalsozialismus
Forschungen zum Nationalsozialismus, Band 1, 2. Auflage 2000, 176 Seiten, Abb., br.,
ISBN 978-3-8255-0245-4, EUR 12,68

Foster, Helga / Lukoschat, Helga / Schaeffer-Hegel, Barbara (Hg.)
Die ganze Demokratie. Zur Professionalisierung von Frauen für die Politik
Feministische Theorie und Politik, Band 12, 2. Auflage 2000, 350 + XIV Seiten, br.,
ISBN 978-3-8255-0219-5, EUR 25,46

Giesler, Birte
» ... wir Menschen alle sind Palimpseste ... «. Intertextualität in
Hedwig Dohms Schicksale einer Seele am Beispiel der Verarbeitung
von Goethes Wilhelm Meisters Lehrjahre
Thetis – Literatur im Spiegel der Geschlechter, Band 10, 2000, 126 + VI Seiten, br.,
ISBN 978-3-8255-0296-6, EUR 20,35

Keim, Christiane / Merle, Ulla / Threuter, Christina (Hg.)
Visuelle Repräsentanz und soziale Wirklichkeit. Bild, Geschlecht
und Raum in der Kunstgeschichte. Festschrift für Ellen Spickernagel
Kunstgeschichte, Band 6, 1. Auflage 2001, 200 Seiten, 50 Abb., br.,
ISBN 978-3-8255-0335-2, EUR 25,00

Meyer-Renschhausen, Elisabeth u.a. (Hg.)
Die Gärten der Frauen. Zur sozialen Notwendigkeit
von Kleinstlandwirtschaft in Stadt und Land weltweit
Frauen*Gesellschaft*Kritik, Band 35, 2001,
326 Seiten, br., Abb., ISBN 978-3-8255-0338-3, ca. EUR 20,00

Marcello-Müller, Monica (Hg.)
Frauenrechte sind Menschenrechte! Die Schriften
der Revolutionärin und Literatin Amalie Struve. Editionsprojekt
2002, ca. 270 Seiten, br., ISBN 978-3-8255-0341-3, ca. EUR 20,45

Puschmann, Claudia
Fahrende Frauenzimmer. Zur Geschichte der Frauen
an deutschen Wanderbühnen
Frauen in Geschichte und Gesellschaft, Band 34, 2000, 172 Seiten, br.,
ISBN 978-3-8255-0272-0, EUR 25,46

Sitter, Carmen
„Die eine Hälfte vergißt man(n) leicht!" Zur Situation von
Journalistinnen in Deutschland unter besonderer Berücksichtigung
des 20. Jahrhunderts
Frauen*Gesellschaft*Kritik, Band 31, 1998, 580 Seiten, Abb., br.,
ISBN 978-3-8255-0212-6, EUR 25,46

Tübinger Institut für frauenpolitische Sozialforschung (Hg.)
Den Wechsel im Blick. Methodologische Ansichten feministischer
Sozialforschung
Aktuelle Frauenforschung, Band 40, 2. Auflage 2000, 328 Seiten, br.,
ISBN 978-3-8255-0221-8, EUR 25,46

Kroll, Renate / Stoye, Sabine
Bibliographie der deutschsprachigen Frauenliteratur 1998/1999
Belletristik – Sachbuch – Gender Studies.
Bibliographie der deutschsprachigen Frauenliteratur, Bd. 5, 2000, 420 S.,
ISBN 978-3-8255-0312-3, EUR 30,58
Diese jährlich erscheinende Bibliographie erfaßt die von Frauen im deutschsprachigen
Raum publizierten Texte – ein unentbehrliches Nachschlagewerk für Bibliotheken,
(Frauen)Buchhandlungen, WissenschaftlerInnen und alle an Frauenliteratur Interessierte.

FSC
www.fsc.org
MIX
Papier | Fördert
gute Waldnutzung
FSC® C083411

Zeitfracht Medien GmbH
Ferdinand-Jühlke-Straße 7
99095 Erfurt, Deutschland
produktsicherheit@kolibri360.de